环境法学基础理论

王树义 等◎著

中国社会科学出版社

图书在版编目（CIP）数据

环境法学基础理论/王树义等著．—北京：中国社会科学出版社，2023.2
ISBN 978-7-5227-1117-1

Ⅰ．①环…　Ⅱ．①王…　Ⅲ．①环境法学—研究　Ⅳ．①D912.604

中国版本图书馆 CIP 数据核字（2022）第 231401 号

出 版 人　赵剑英
责任编辑　梁剑琴　郭如玥
责任校对　赵雪姣
责任印制　郝美娜

出　　版　中国社会科学出版社
社　　址　北京鼓楼西大街甲 158 号
邮　　编　100720
网　　址　http://www.csspw.cn
发 行 部　010-84083685
门 市 部　010-84029450
经　　销　新华书店及其他书店

印刷装订　北京君升印刷有限公司
版　　次　2023 年 2 月第 1 版
印　　次　2023 年 2 月第 1 次印刷

开　　本　710×1000　1/16
印　　张　29.25
插　　页　2
字　　数　495 千字
定　　价　168.00 元

凡购买中国社会科学出版社图书，如有质量问题请与本社营销中心联系调换
电话：010-84083683

序

理论乃实践之基础。理论指导实践，同时在实践中得到检验、证明和校正。

重视环境法学基础理论的研究，是推动我国环境法学学科发展的客观要求。无论是对环境立法、司法或执法的宏观研讨，还是对具体环境法律制度、法律规范的微观探析，均依赖于对环境法学基础理论的深入研究。离开环境法学基础理论的指导，围绕环境法治一系列具体问题的讨论，均会成为无源之水，无本之木。

任何一个学科，倘若缺乏基础理论研究的有效供给，实践中遇到的各种问题便不能得到合理的解释和有效的解决。

什么是环境法学学科的基础理论？换言之，环境法学究竟包括了哪些基本概念或基本范畴，是需要环境法学人认真探讨的。不弄清环境法学的基础理论，就把握不了环境法学学科自身的专业特点。研究环境法学的基础理论，就是要建立环境法学自身的知识体系，找到环境法学学科自身的专业特点，推动环境法学学科的健康发展。

环境法学方面的教材已然不少，且不时有新教材面世，但基本上大同小异，主要限于对现行环境法律规定所作之诠释。所谓“新”，无非是增加了一些对新颁布的环境法律规范性文件的阐释。罕见环境法学理论教材的出版。

编写一部环境法学基础理论方面的教材，乃隐于心中多年之计划。然而，过去囿于忙于繁杂的事务性工作和科研项目，便一直束之高阁。近些年“闲”下来之后，方决定将计划付诸实施。然，新的问题来了。因年龄、精力等方面的原因，独自完成这一计划，已显得力不从心。既便力所能及，也需假以时日，故邀请了部分学者共同完成这一计划或“心愿”。在此，对本书的各位撰稿人表示衷心的感谢！

本书的撰稿分工如下：

第一章　环境法的概念和名称（王树义，法学博士，上海财经大学特聘教授）；

第二章　环境法的调整对象和保护对象（王树义；皮里阳，法学博士，河南大学副教授）；

第三章　环境法的调整方法（王树义；梁剑琴，法学博士，中国社会科学出版社副编审；陈倩，法学博士）；

第四章　环境法律关系（张毅，法学博士，上海工程技术大学讲师）；

第五章　环境权利与义务（吴卫星，法学博士，南京大学教授）；

第六章　环境法律责任（刘琳，法学博士，中国人民公安大学讲师）；

第七章　环境法律体系和环境立法体系（王树义）；

第八章　环境法治和环境法治体系（王继恒，法学博士，西北政法大学副教授）；

第九章　环境立法、环境行政执法和环境司法（吴宇，法学博士，武汉大学副教授）；

第十章　环境法的目的和功能（钭晓东，法学博士，浙江大学/宁波大学教授；黄秀蓉，经济学博士，浙大城市学院/宁波大学副教授）；

第十一章　环境法的本位和环境法的人文精神（王彬辉，法学博士，湖南师范大学教授；王继恒）；

第十二章　环境习惯法和环境软法（郭武，法学博士，甘肃政法大学教授；张雪峰，上海财经大学博士研究生）；

第十三章　外国环境法、比较环境法和国际环境法（周迪，法学博士，武汉大学讲师）；

第十四章　环境法典编纂（蔡文灿，法学博士，华侨大学副教授）；

第十五章　环境法学的研究对象和研究方法（屈振辉，哲学硕士，湖南女子学院副教授）；

第十六章　环境法学与相关学科（汪再祥，法学博士，海南大学副教授）。

王树义

二〇二二年九月于上海

目　　录

上　　编

下 编

上　　编

第一章　环境法的概念和名称

第一节　环境法的概念

所谓概念，是指对客观事物的一般特征所作的简单概括或者简要说明。通常，人们在认识客观事物的过程中，将自己感觉到的事物的样貌、特点或基本特征抽象出来，加以简要的说明或描述，即为概念。例如，将法的制定、实施、目的和作用等简单概括或抽象出来就形成了法的概念："法是国家制定或认可的，以国家强制力保证实施的，用以调整社会关系的法律规范的总和。"

语义上，概念与定义相通，故概念也作定义解。关于某事物的概念，亦可称作关于某事物的定义。例如，法的概念亦可称作法的定义。

环境法的概念，意即环境法的定义，是指人们对环境法这一法现象的基本样貌、特点或特征所作的简单概括或描述。

一　国内外学者提出的环境法的概念

（一）我国学者提出的环境法的概念

我国早期环境法学者提出的环境法的概念如下：

1. "环境法（又称环境保护法）是指有关保护生活环境和生态环境的法律规范的总称。它调整的是国家机关、企业事业单位和公民之间在保护和改善环境的活动中所发生的各种社会关系。"① 该定义强调三点：其一，环境法又可称作环境保护法，两个名称同义；其二，环境法是有关生活环境和生态环境保护方面的一类法律规范的总称；其三，环境法的调整对象是国家机关、企事业单位及公民之间在保护和改善环境的活动中所产

---

① 罗典荣：《环境法导论》，中国政法大学出版社1988年版，第12页。

生的社会关系。

2. “环境法是由国家制定或认可，并由国家强制保证执行的，关于保护环境和自然资源、防治污染和其他公害的法律规范的总称。”① 该定义强调两点：其一，环境法是由国家制定或认可的，并由国家强制力保证执行的一类法律规范；其二，环境法是一类关于保护环境和自然资源、防治污染和其他公害方面的法律规范。

3. 环境法是“经国家制定或认可的，并由国家的强制力保证实施的，调整人们在合理开发、利用和保护自然资源、防治环境污染和生态破坏过程中所发生的各种社会关系的法律规范的总称”②。该定义认为：第一，环境法也是一类由国家制定或认可的，并由国家强制保证实施的法律规范；第二，环境法是一类调整人们在自然资源的开发利用和防治环境污染及生态破坏的活动中所产生的社会关系的法律规范；第三，环境法的调整对象是人们因开发利用自然资源活动，以及防治环境污染和生态破坏活动所产生的社会关系。

4. “环境法是国家制定或认可的调整因开发、利用、保护和治理环境所发生的社会关系的法律规范的综合体。”③ 该定义认为：第一，环境法是由国家制定或认可的一类法律规范的综合体，强调它是一个综合体；第二，环境法的调整对象是因开发利用、保护和治理环境而产生的社会关系，特别强调治理环境。

5. “环境法，是指国家为了协调人与环境的关系、防治环境问题而制定的，调整因开发、利用、保护、改善环境所发生的社会关系的法律规范或法律规定的总称。”④ 该定义包含三层意思：第一，环境法是国家为了协调人与环境的关系、防治环境问题而制定的，特别强调人与环境的关系；第二，环境法系一类法律规范的总称；第三，环境法用于调整人们因开发利用、保护和改善环境所发生的社会关系。

6. 环境法是“调整人类在开发利用和保护环境中所产生的各种社会关系的法律规范的总和”⑤。该定义认为：第一，环境法是调整一类特定

---

① 金瑞林主编：《环境法学》，北京大学出版社 1990 年版，第 28 页。
② 韩德培、肖隆安主编：《环境法知识大全》，中国环境科学出版社 1990 年版，第 6 页。
③ 马骧聪、蔡守秋：《中国环境法制通论》，学苑出版社 1990 年版，第 1 页。
④ 蔡守秋主编：《环境法教程》，法律出版社 1995 年版，第 15 页。
⑤ 程正康：《环境法概要》，光明日报出版社 1985 年版，第 40 页。

范围社会关系的法律规范的总和，而非总称；第二，环境法的调整对象乃人类在开发利用和保护环境活动中所产生的社会关系，强调人类社会关系。

早期的环境法学者在对环境法进行定义时特别注意以下几点：

首先，强调环境法也是国家制定或认可的，并以国家强制力保证实施的法律规范。其意在说明环境法也是法，也是具有法律效力的法律规范，而非其他的社会规范。因为，当时社会上许多人不知环境法为何物，有的甚至认为环境法不是法。这是由当时人们对环境法的认识水平所决定的。所以，学者们在对环境法下定义时特别强调国家制定或认可，并以国家强制力保证实施。从某种角度来看，学者们基本套用了维辛斯基对法所下的定义。

其次，指出环境法乃一类法律规范的总称或总和。“总称”和“总和”虽然在文字表述上不完全一样，但意思却基本相同。不过，也有的笔者称它为一类法律规范的“综合体”。其意在说明这类法律规范是多种多样的。无论认为环境法是一类法律规范的总称、总和还是综合体，学者们都一致认为，这一类法律规范是用于调整特定领域里的社会关系的。这个特定领域即开发、利用自然资源，保护和改善环境，防治环境污染和其他公害，以及治理环境的活动领域。只不过具体表述和强调的侧重点不尽相同。有的认为适用于开发、利用、保护和改善环境的活动领域；有的认为适用于开发、利用、保护和治理环境的活动领域；有的认为适用于合理开发、利用和保护自然资源，防治环境污染和生态破坏的活动领域；还有的认为适用于保护环境和自然资源，防治污染和其他公害的活动领域。

最后，指出环境法的调整对象具有特殊性，即人们在开发、利用、保护自然资源，保护环境，治理环境，防治环境污染和其他公害的活动中所产生的社会关系。其意在表明环境法有自己单独的调整对象，以此说明环境法是一个独立的法律部门。传统法理学认为，看一个部门法是否为一个独立的法律部门，首先应看其是否具有自己单独的或特殊的调整对象。如果一个法律部门连自己部门法的调整对象都没有，何谈独立的法律部门。特别是在20世纪八九十年代，环境法在我国初显雏形，不被承认。许多人认为环境法并非一个独立的环境部门，认为它是经济法的一个组成部分。其主要理由是环境法没有自己单独的调整对象和特殊的调整方法。因此，老一辈的环境法学者在对环境法下定义时，特别要指明其调整对象。

我国中生代环境法学者提出的较有代表性的环境法的概念如下：

1. “环境法是调整人们在开发、利用、保护和改善环境的活动中所产生的各种社会关系的法律规范的总称。其目的是协调人类与环境的关系，保护人民健康，保障经济社会的持续发展。”① 该定义包含了三层意思：第一，指出环境法是一类法律规范的总称。其意在强调那些不是由国家机关通过行使立法权而颁布的文件，以及那些技术性和政策性文件不是环境法的组成部分，以划清环境法与非环境法的环境保护文件之间的界限。② 第二，指明环境法的调整对象是一类特定的社会关系，即人们在开发、利用、保护和改善环境中所产生的社会关系，以划清环境法与其他部门法之间的界限。③ 第三，突出环境法的目的，强调环境法的目的是协调人类与环境的关系，保护人民健康，保障经济社会的可持续发展。

2. “环境法是调整人们在开发利用、保护改善环境的活动中所产生的环境社会关系的法律规范的总和。其目的是确认、建立和保护符合生态规律的环境法秩序，保护人类健康，促进经济发展。”④ 该定义揭示了三个方面的内容：第一，明确指出环境法具有自己的调整对象——环境社会关系，这种社会关系是因人类—环境关系而产生的；第二，认为环境法是调整环境社会关系的法律规范的总和；第三，强调环境法的目的是确认、建立和保护符合生态规律的环境法律秩序，保护人类健康，促进经济的发展。

3. “我国生态环境法是国家制定或认可的，为实现经济和社会可持续发展目的，调整有关保护和改善生态环境、合理利用自然资源、防治污染和其他公害的法律规范的总称。”⑤ 该定义强调三点：其一，生态环境法是一类适用于特定领域里的法律规范的总称；其二，生态环境法亦为国家制定或认可的；其三，生态环境法的目的是实现经济和社会的可持续发展。

4. “环境法是以保护和改善环境、警惕和预防人为环境侵害为目的，调整与环境相关的人类行为的法律规范的总称。”⑥ 该定义比较有特点：

---

① 王灿发主编：《环境法学教程》，中国政法大学出版社 1997 年版，第 19 页。
② 王灿发主编：《环境法学教程》，中国政法大学出版社 1997 年版，第 19 页。
③ 王灿发主编：《环境法学教程》，中国政法大学出版社 1997 年版，第 19 页。
④ 吕忠梅：《环境法》，法律出版社 1997 年版，第 43—44 页。
⑤ 周珂：《生态环境法论》，法律出版社 2001 年版，第 34 页。
⑥ 汪劲：《中国环境法原理》，北京大学出版社 2000 年版，第 32 页。

其一，非常重视对环境法目的的揭示，开宗明义道明环境法的目的，即保护和改善环境，警惕和预防人为因素所造成的对环境的损害；其二，说明环境法是一类调整与环境相关的人类行为的法律规范的总称；其三，说明环境法的调整对象是与环境相关的“人类行为”，并未用社会关系这个常用的概念。

5. “环境法是以实现人类社会的可持续发展为目的而制定的用以全面协调人与环境的关系，并调整人们在开发、利用、保护、改善环境的活动中所产生的各种社会关系的法律规范的总称。”① 该定义也是首先强调环境法的目的，说明环境法是为实现人类社会的可持续发展而制定的，是用以全面协调人与环境的关系的。其次指明环境法是用于调整一定范围的社会关系的一类法律规范的总称。最后表明环境法的调整对象也是特定的，即人们在开发、利用、保护和改善环境的活动中所产生的各种各样的社会关系。

6. “环境资源法是由国家制定或认可，并由国家强制力保证实施的，调整人们在开发、利用、保护、改善和管理环境资源的活动中所产生的社会关系的法律规范的总称。其目的是协调人类与环境的关系，保护人体健康，促进经济社会的可持续发展。”② 该定义首先强调环境法也是一个法律部门。因为它是由国家制定或认可，并以国家强制力保证实施的。其次说明环境法的调整对象是特定的，即人们在开发、利用、保护、改善和管理环境资源的活动中所产生的社会关系，强调调整对象的特殊性。最后指出环境法的目的，即协调人类与环境的关系。

我国中生代环境法学者对环境法所下的定义，较之早期的环境法学者对环境法所下的定义，具有如下几个方面的特点：

一是普遍重视对环境法目的的说明。在以上所列六个具有代表性的定义中，每一个定义都对环境法的目的作了阐述。这个现象表明，中生代环境法学者非常看重对环境法目的的揭示。对环境法目的的揭示似乎成了对环境法所下的定义的不可或缺的一个组成部分。

二是不再刻意强调环境法由国家制定或认可，并以国家强制力保证实施。在前述所列六个具有代表性的定义中，只有两个定义中出现了“国

① 陈泉生：《环境法原理》，法律出版社 1997 年版，第 23 页。

② 钱水苗：《环境资源法新论》，浙江大学出版社 2001 年版，第 26 页。

家制定或认可”的字眼，而且只有一个定义中出现了“由国家强制力保证实施”的表述。这种现象正好与早期的环境法学者在对环境法进行定义时特别强调环境法是由国家制定或认可，并以国家强制力保证实施的做法相反。这种现象意味着，在中生代环境法学者看来，环境法律规范由国家制定或认可并以国家强制力保证实施，是不言自明的事情，用不着在环境法的定义中再来说明。因为，环境法律规范也是法律规范，而法律规范都是由国家制定或认可并以国家强制力保证实施的。况且，刻意强调环境法由国家制定或认可并以国家强制力保证实施，有套用关于法的概念之嫌。

三是在对环境法调整对象的表述上出现了不同的认识。有的认为环境法的调整对象是“人们在开发、利用、保护和改善环境的活动中所产生的各种社会关系”，有的认为环境法的调整对象是“人们在开发利用、保护改善环境的活动中所产生的环境社会关系”，还有的认为环境法的调整对象是“与环境相关的人类行为”。而早期的环境法学者在环境法的定义中对环境法调整对象的表述则是基本一致的，即人们在开发、利用、保护自然资源，保护环境，防治环境污染和其他公害的活动中所产生的社会关系。这表明中生代环境法学者对环境法基本理论问题开始了自己的独立思考。在关于环境法为一类法律规范的总称或总和的问题上，中生代环境法学者与早期的环境法学者的认识一致。

以上是对我国环境法学者对环境法所下定义的一个简单梳理和分析，从中已能洞悉我国环境法学者对环境法这一法现象的认识或理解。

（二）国外学者提出的环境法的概念

美国乔治敦大学法律中心的威廉·H. 罗杰斯教授认为：“环境法可以被定义为行星家政管理（planetary housekeeping）法。它旨在保护这颗行星和它的人民免受破坏地球及其生命支持系统的活动的危害。”① 该定义其实并非一个规范意义的法律定义。但它起码说明了三点：其一，环境法是一种行为规范，即规则；其二，环境法是一种人类所共同遵守的行为规范；其三，环境法的目的是保护地球和人类的安全，禁止破坏地球和地球的生命支持能力的活动。②

① 王曦：《美国环境法概论》，武汉大学出版社 1992 年版，第 59 页。
② 王曦：《美国环境法概论》，武汉大学出版社 1992 年版，第 59 页。

已故的莫斯科大学法律系教授，苏联环境法学科的创始人弗·弗·彼德罗夫认为：“生态法是为了当代人和后代人的利益，调整社会与自然界相互作用领域里的生态社会关系的法律规范的总和。它规定人们在利用和保护自然环境方向的准则。”① 该定义突出了四个方面的内容：第一，提示生态法的目的，指出生态法是为了当代人和后代人的利益而创制的；第二，说明生态法是人们的一种行为准则，即在利用和保护自然环境的活动方面的行为准则；第三，指出生态法的调整对象为生态社会关系；第四，告诉人们，生态法是一类适用于特定范围的法律规范的总和。这个“特定范围”即社会与自然界相互作用的领域。②

苏联科学院生态法研究所所长姆·姆·布林丘克博士认为，生态法是“根据生态法律思想创设的，调整在自然资源所有制方面，在保证合理利用自然资源和保护环境不受经济活动和其他活动的有害化学、物理和生物影响方面，以及保护自然人和法人的生态权利和合法利益方面所产生的具体社会关系的规范总和”③。该定义表达了两个方面的意思：其一，生态法乃一类法律规范的总和，这类法律规范广泛适用于与自然资源所有制、合理利用自然资源和保护环境，以及保护自然人和法人的生态权利和合法利益有关的活动领域；其二，生态法的调整对象为一类非常具体、非常明确的社会关系，即人们在自然资源所有制方面，利用自然资源，保护环境、自然人和法人的生态权利及其他合法利益方面所产生的社会关系。

苏联功勋法学家阿·亚·苏哈列夫博士认为，“生态法是调整在社会与自然界相互作用过程中所产生的特殊社会关系——生态社会关系的法律

---

① ［俄］弗·弗·彼德罗夫：《俄罗斯生态法》（俄文版），莫斯科：法律文献出版社 1995 年版，第 1 页。

② “社会与自然界相互作用的领域”即人们或人类社会利用自然界和保护自然界的活动领域。彼德罗夫认为，人与社会同自然界是通过两种形式发生相互关系并产生相互作用的，一种形式是“利用自然”，把自然作为人生存的场所、条件和手段；另一种形式是“保护自然”，即保护人与社会同自然界之间进行正常物质交换所应当具备的条件。因为，人在利用自然的同时，必然会对自然界里物质循环和新陈代谢的过程产生影响，并且具有破坏自然界的平衡、生物层和人的平衡的危险。因此，利用自然和保护自然就成了与社会同自然界产生相互作用和相互关系的两种客观的必然形式。

③ ［俄］姆·姆·布林丘克：《生态法概论》，1996 年版，第 3 页；［俄］姆·姆·布林丘克：《生态法》（俄文版），莫斯科：法学家出版社 1999 年版，第 76 页。

规范体系"[①]。该定义强调两点：第一，生态法是指一个法律规范体系[②]，组成该体系的"细胞"乃调整生态社会关系的那些法律规范；第二，生态法调整的社会关系为一类特殊的社会关系。其特殊性在于这类社会关系是在人或社会在与自然界相互作用的过程中所产生的。

苏联功勋法学家布·弗·叶罗费耶夫博士认为："生态法是为了生活在我们共同的唯一的家——地球上的人的利益，为了达到协调社会与自然界之间的关系之目的，而用特殊方法调整生态社会关系的法律规范体系。"[③] 该定义表达了四个方面的内容：第一，同样认为生态法是指生态法律规范体系，意在表明，尚未形成体系的生态法律规范，还不能称为生态法；第二，指明生态法的调整对象为生态社会关系；第三，强调生态法调整生态社会关系采用的是一套特殊方法；第四，特别指明，生态法的目的是协调人类社会与自然界之间的关系，保护地球上的人的利益。

俄罗斯生态法学家恩·弗·库兹涅措娃认为："生态法是为了当代人和后代人的利益，为了保全、恢复自然和改善自然环境质量，主要使用行政方法调整在合理利用和保护自然环境方面所产生的社会关系的法律规范体系。"[④] 该定义说明了四个方面的意思：第一，生态法是指生态法律规范体系，与前面几位法学博士的认识一致；第二，指出生态法调整的社会关系限于合理利用和保护自然环境的活动方面；第三，强调生态法调整社会关系的特殊性在于主要使用行政法律的方法；第四，认为生态法的目的是维护当代人和后代人的利益，保全恢复自然和改善自然环境质量。

国外学者关于环境法的概念与我国学者提出的环境法的概念相比较，两者既具有共同之处，又具有相异之点。

共同之处在于，其定义基本上都由四个方面的主要内容构成：一是说

---

① ［俄］阿·亚·苏哈列夫等：《自然保护活动的法律调整》（俄文版），莫斯科：法律文献出版社 1998 年版，第 24 页。

② 法律规范体系与法律规范的总和是有区别的。体系通常是指事物相互有机联系而构成的一个整体。它们不是随便叠加或者集合在一起的，而是通过事物内部的联系有机地结合在一起的。根据这一认识，一个已经形成体系的，调整在社会与自然界相互作用过程中所产生的社会关系的法律规范群，即生态。

③ ［俄］布·弗·叶罗费耶夫：《生态法》（俄文版），莫斯科：法学家出版社 1998 年版，第 88 页。

④ ［俄］恩·弗·库兹涅措娃：《生态法》（俄文版），莫斯科：法学出版社 2000 年版，第 5 页。

明环境法或生态法系一类法律规范的组合；二是指出被称作环境法或生态法的法律规范群所适用的特定领域或范围；三是指明环境法的调整对象；四是强调环境法的目的。

其相异之点表现在四个方面。第一，中国学者普遍认为环境法是调整特定领域里的社会关系的法律规范的总称或者总和，而国外学者多数倾向于认为生态法或环境法是指已经形成一个相对独立的法律体系的生态法律规范群或环境法律规范群。换言之，尚未发展或形成相对独立法律体系的生态法律规范不能称为生态法或者环境法。第二，中国学者一般认为，环境法的调整对象系人们在开发利用自然资源、保护环境和防治环境污染及其他公害的活动中所产生或形成的社会关系。而国外学者认为，生态法或环境法的调整对象是人或人类社会与自然界相互作用领域里或相互作用过程中所产生或形成的社会关系，以及在保护自然人和法人的生态权利和其他利益方面所产生的社会关系。国外学者主张的调整对象的范围显然要比中国学者宽泛得多。第三，中国学者在环境法的定义中无一提及调整社会关系的方法问题。而国外学者却非常重视说明生态法或环境法的调整方法，强调其是用特殊方法或者主要是用行政法律方法来调整被其调整的社会关系。第四，中国学者普遍认为环境法的目的是协调人类与环境的关系，保护人体健康，促进经济社会的可持续发展。而国外学者则认为环境法的目的是维护当代人和后代人的利益或者地球上人的利益，保全、恢复自然和改善自然环境质量。

二 环境法的概念的再认识

任何概念均会随着社会的发展和人们对客观事物认识的深化而发展变化。纵观中外学者对环境法概念的基本认识，本书提出如下环境法的概念：环境法又称环境保护法或环境与资源保护法，国外多称环境法、自然环境保护法或生态法。它是调整人们在利用、保护、改善自然环境，利用自然资源和防治环境污染的活动中所产生的社会关系的法律规范的总称，其目的是控制或减少人类活动对自然环境或自然资源的不良影响，保护经济社会可持续发展的资源与自然环境的支撑和保障能力，实现人与自然的和谐共处。

该概念表达了以下三个方面的意思，较为客观地描述了环境法的基本特点或特征。

一是指出环境法的形式特征，即一类法律规范的总称。所谓总称，即总的叫法或概括性的名称。将环境法概括为“调整人们在利用、保护、改善自然环境，利用自然资源和防治环境污染的活动中所产生的社会关系的法律规范的总称”，意思是说，环境法乃调整这类社会关系的法律规范的一个笼统的或概括性的名称或叫法。这是因为，调整这类社会关系的法律规范很多，既有调整人们在开发、利用自然资源的活动中所产生的社会关系的法律规范，也有调整人们在防治环境污染的活动中所产生的社会关系的法律规范，还有调整人们在保护、管理、改善自然环境的活动中所产生的社会关系的法律规范。这些法律规范的载体形式多样，有的以综合性环境法律文件的形式存在，有的以单行性环境法律文件的形式独立存在，有的则分别存在于刑事法律、民事法律、行政法律和其他的法律文件之中。这些法律规范中既有实体性法律规范，又有程序性法律规范。并且，每一类法律规范均可自成体系，构成不同的法律规范群，形成一个个单独的法律制度，继而形成一个一个的亚法律部门，如环境污染防治法、自然资源开发利用法、国土整治法、生态保护法、环境保护管理法、环境诉讼法等。但是，它们又都属于同一大类的法律规范，既适用于调整人们在开发利用自然资源、防治环境污染和进行其他方面环境管理活动中所产生的社会关系的法律规范。因此，为了便于环境法学的教学和研究，为了便于在法律实践中表述的方便，人们便在基本达成共识的基础之上，将这类法律规范统一称作环境法，用以概括性地指称或指代这一类法律规范，从而使人们一见到“环境法”或“生态法”这个术语，便能明白该法所涵盖的法律规范的范围或基本内容。

过去，在对环境法下定义时，有的学者习惯用环境法是法律规范的“总和”这种表述，我们认为不甚准确。因为，“总和”的基本含义是指什么东西或某类事物或现象全部加起来的数量或内容。[①] 我们这里要解决的主要是环境法律规范群的名称、叫法或称谓问题，而不是考察其数量或内容的多寡问题。

国外学者认为环境法或生态法是对环境法律体系或生态法律系的指称，我们也认为不甚科学或严谨。倘若只是已经形成体系的环境法律规范

---

① 中国社会科学院语言研究所词典编辑室编：《现代汉语词典》，商务印书馆 1993 年版，第 1540 页。

或生态法律规范才能称作环境法或生态法的话，那么，还未形成体系的这类法律规范又该叫作什么呢？况且，这些法律规范本身就是环境法律规范或生态法律规范，问题的核心是要给这一类法律规范一个概括性的或者总的名称或叫法，而不是苛求其是否已经形成一个“体系”。

二是说明环境法的调整对象，即人们在开发利用自然资源、防治环境污染和从事环境管理活动中所产生或形成的社会关系。指明法律规范的调整对象，是任何一个部门法的定义中不可缺少的基本内容，环境法亦如此。在定义中指明环境法的调整对象，一则表明环境法为一独立的法律部门。因为法律部门划分的基本标准之一，就是看其是否具有自己的调整对象。二则表明与其他部门法的调整对象的区别。

按照定义中的表述，受环境法调整的社会关系是特定的，即人们在因开发利用自然资源、防治环境污染和进行环境管理的活动或过程中所产生的社会关系。为了表示环境法调整对象的特定性或者特殊性，人们给了受环境法调整的社会关系一专门术语——环境社会关系。

环境社会关系，顾名思义，是因从事与“环境”相关的活动而产生或形成的社会关系。不过，这里的“环境”具有特定的含义。其一，它乃广泛意义上的环境，既指作为一个整体的自然环境，又指各种自然环境要素，如大气、水、土地、土壤、森林、草原等；既指作为整体的自然环境和各种自然环境要素，又指各种自然资源。其实，各种自然资源均具有两重性，它们既是自然资源，又是自然环境要素。其二，它仅指由物质构成的自然环境，而不包括含有精神因素的其他“环境”，如社会环境、发展环境等。也就是说，这里的“环境”只指物质环境。

另外，环境社会关系仅指人们在开发利用自然资源、防治环境污染和进行环境管理活动中所产生或形成的人与人之间的社会关系，而不包括人与环境或人与自然、人与物之间的关系。环境法作为一类调整特定社会关系的法律规范，同其他法律规范一样，都是人的行为规范或行为规则，是用于规范人的行为的，迫使人们以科学的方法合理地开发利用自然资源，预防和治理因人的活动对自然环境产生不良的影响和造成生态破坏，从而维护自然环境的良好品质，防止或减少对自然资源的浪费，达到协调人类的发展活动与保护自然环境良好品质之间的关系的目的，保证人与自然的和谐。

调整或协调人与自然的关系或人与自然环境之间的关系，乃环境法的目的。这一目的只能通过规范人的环境行为来达到。正因如此，故环境法是用来调整人的行为关系的。它不能直接调整人与环境或人与自然的关系。

所谓法律调整，就是法律对其调整的社会关系施加影响，或者法律作用于受其调整的社会关系。法律对社会关系的调整是通过调整社会关系参加者的意志行为来实现的。那么，社会关系参加者的意志行为就成了法律调整的直接对象。如果社会关系的参加者中一方具有意志，其行为可以受意志的支配，而另一方却不具有意志，更谈不上行为受意志的支配，那么，这样的“社会关系”，法律是调整不了的。正是从这个意义来说，环境法只能调整人与人之间所产生或形成的社会关系，而不能调整人与环境、人与自然或人与自然物之间的所谓社会关系。

社会关系，本身就是专指人与人之间在其共同的社会实践活动中所结成的相互关系，而不是指人与其他事物或现象之间的关系。人与其他事物或现象之间可以形成或产生相互关系，但那是另外意义上的关系，它们始终不能变成人与人之间的社会关系。所以，环境法不直接调整人与环境或人与自然之间的关系。

三是阐明环境法的目的。在环境法的定义中阐明环境法的目的，是国外尤其是东欧国家环境法学者的通常做法。我国中生代的环境法学者在其为环境法所下的定义中，也普遍重视对目的的阐述。从这一点来看，在环境法的定义中阐明环境法的目的，已成为一种趋势。

然而，尽管学者们都注意到在环境法的定义中阐明环境法的目的，可以使环境法的定义更加严谨或科学，但学者们对环境法目的的认识却不尽一致。从宏观层面来看，中国学者偏向关注人与环境的关系，而国外学者特别注重人的利益。从微观角度考虑，中国学者关注环境法对经济社会可持续发展的促进作用，而国外学者侧重关心环境法保全、恢复自然和改善自然环境质量的功能。

本书定义亦指明了环境法的目的，具体表述为“为了控制或减少人类活动对自然环境或自然资源的不良影响，保护经济社会可持续发展的资源与自然环境的支撑和保障能力，实现人与自然的和谐共处”。

控制或减少人类活动对自然环境或自然资源的不良影响，此乃环境法的直接目的，保护经济社会可持续发展的资源与自然环境的支撑和保障能力，是环境法的间接目的，实现人与自然的和谐乃终极目的。

环境问题，主要是由人类自身不当地开发利用自然资源的活动和向自然环境大量地排放污染物的活动所引起的。因此，环境法最直接的目的，就是要通过规范人们开发利用自然资源和向环境排放污染物的行为，使自然资源得到合理的开发、利用，使自然环境不因人类活动的不良影响受到污染或破坏，使人类的生产生活活动、经济建设活动与自然环境、自然资源的有效利用和保护得到双赢的发展。

经济社会能否持续发展，取决于两个“支撑”：一是足够的自然资源的支撑，二是良好的自然环境质量的支撑。自然资源是人类经济社会发展不可缺少的物质基础。没有这个基础，人类的经济和社会都不可能发展，人类社会也就不可能继续存在。良好的自然环境质量也是人类社会存在和发展不可或缺的条件。清洁的空气、洁净的水、没有污染的土壤等都是人类生活应当具备的条件。

所以，人类经济社会的可持续发展不能离开自然资源和良好的自然环境的支撑。然而，目前的现实是，这两个支撑正在受到威胁或破坏。而威胁或破坏这两个支撑的又正是人类本身。因此，环境法的最终目的就应当是通过规范人们的环境行为，使这两个支撑能摆脱危险，并不断增强，使人类经济社会的可持续发展具有科学保障。

人与自然的和谐相处是 21 世纪世界各国共同关心的最主要议题，也是人类共同努力希望达到的目标。

环境问题，说到底是人与自然的关系问题，是人类社会与自然界的关系问题。因此，解决环境问题，归根结底是要通过约束和规制人的环境行为，使自然环境受到人类的关爱、尊重、呵护。使人与自然相互依存，共处共融。

党的十九大报告明确指出：“人与自然是生命共同体，人类必须尊重自然、顺应自然、保护自然。人类只有遵循自然规律才能有效防止在开发利用自然资源上走弯路，人类对大自然的伤害最终会伤及人类自身，这是无法抗拒的规律。”

尊重自然，关键在于正确认识和处理人与自然之间的关系，不搞人类中心主义。自然界是人类的朋友，不是人类征服的对象，不是人类经济建设活动的资源仓库和人类排放活动的纳污场所，而是与人类的生存和发展息息相关的“共同体兄弟”。它的状况如何，直接关系到人类经济社会的发展。

顺应自然，就是要老老实实地按自然规律办事，不得随心所欲。人类今天面临的环境问题，实际上就是人类不尊重科学、不按自然规律行事，随心所欲所导致的。

保护自然，即是说人类对大自然应当有感恩之心，应当采取措施，为自然界的休养生息、自我发展创造条件，以回报自然。

人与自然的和谐共处不仅是环境法的终极目的，也是人类经济社会可持续发展的可靠保障。

第二节 环境法的名称

名称即事物的名字,[①] 是事物的代号或符号，用于区别一事物和他事物。在一般情况下，名称是对它所指代的事物的高度概括。对一个事物如何称谓或者使用什么样的名称，通常反映了确定事物名称的人对用所定名称指代之事物的基本认识或看法。因此，事物的概念与事物的名称密切相关。研究事物的概念，或者弄清事物的基本含义，往往不能忽视对事物名称的研究，尤其当一个事物具有多个名称或多种称谓时，更是如此。

一 环境法的不同名称

纵观全球，环境法有许多名称。在我国，除了“环境法”[②] 这个名称，还有“环境保护法”[③] “环境资源法”[④] “环境与资源保护法”[⑤] “环境与自然资源保护法”[⑥] “资源环境法”[⑦] “生态法”[⑧] “生态环境法”[⑨] 和“生态保护法”[⑩] 等。

---

① 中国社会科学院语言研究所词典编辑室编：《现代汉语词典》，商务印书馆 1993 年版，第 795 页。

② 金瑞林主编：《环境法学》，北京大学出版社 1990 年版，第 27 页。

③ 韩德培主编：《环境保护法教程》，法律出版社 2003 年版，第 31 页。

④ 钱水苗：《环境资源法新论》，浙江大学出版社 2001 年版，第 27 页。

⑤ 刘健：《环境与资源保护法》，龙门书局 2001 年版，第 14 页。

⑥ 姚慧娥：《环境与自然资源保护法学》，中国法制出版社 2004 年版。其仅在书名中用了“环境与自然资源保护法” 这个名称。

⑦ 江伟钰、陈方林：《资源环境法研究及应用》，中国政法大学出版社 2000 年版，第 10 页。

⑧ 曹明德：《生态法原理》，人民出版社 2002 年版，第 165 页。

⑨ 周珂：《生态环境法论》，法律出版社 2001 年版，第 34—35 页。

⑩ 杜群：《生态保护法论》，高等教育出版社 2012 年版，第 66 页。

这些名称中，用得较多的是“环境法”“环境保护法”“环境与资源保护法”和“环境资源法”。其中，又以“环境法”用得最多最广。其他的依次排序为“环境保护法”“环境与资源保护法”和“环境资源法”。

而“生态法”“生态环境法”“生态保护法”和“资源环境法”等几个名称，用得相对较少，有的名称几乎只有个别学者使用。

国外关于环境法这一法部门的名称，也有不同的认识或主张。欧洲国家多称“污染控制法”，日本称“公害法”或“公害防治法”，苏联和东欧国家早期称“自然保护法”“自然环境保护法”和“环境与自然保护法”，美国一般称作“环境法”。

20世纪70年代，在瑞典首都斯德哥尔摩召开了全球首次“人类高峰会议”，会上发布了著名的《联合国人类环境宣言》（以下简称《宣言》）。受《宣言》的影响，环境法的名称，在许多国家又悄然地发生了变化。例如，日本最初称环境法为“公害法”或“公害防治法”，后改称“环境法”。欧洲国家最早多称“污染控制法”，后亦改称“环境法”。

变化最多的是苏联，早期称“自然保护法”或“自然环境保护法”等，“人类高峰会议”以后逐步改称“环境法”，1976年以后又改称“生态法”。

受苏联“生态法”名称的影响，东欧的一些国家，如波兰、罗马尼亚、保加利亚、捷克斯洛伐克等，20世纪80年代以后，也逐渐改称“生态法”。至今，俄罗斯、独联体的其他国家和东欧多国，均将“环境法”称作“生态法”。

环境法名称的不同是否意味着其含义的不同？换言之，不同的名称是否意味着不同的含义？

不能简单地说环境法名称的不同，就意味着环境法概念的不同。诚如周珂教授所言，“所谓生态环境法就是现代意义上的环境法，因而生态环境法亦可简称环境法。而事实上，环境法的概念更易为人们所理解和接受”①。

也不能笼统地说环境法虽然名称繁多，称谓不一，但是是同一概念，是同一概念的不同表达。例如，韩德培先生就认为，把环境保护法与同环境有关的法律，即所谓“环境法”等同起来也是不妥的。因为这种说法如同将分属于不同部门法的与经济有关的法，都称为经济法一样，在理论

---

① 周珂：《生态环境法论》，法律出版社2001年版，第34页。

上会造成混乱，对实践也有害。①

可见，环境法的名称与其含义密切相关。名称不同，虽可能是同一概念的不同表达，也可能代表着不同的概念。

诚然，给环境法起不同的名称，有时可能是出于学者们对某一名称的偏好，但是，通常情况下，环境法的不同名称，反映了学者们对环境法这一法现象的不同认识。不同的名称意味着不同的概念。

金瑞林认为，"公害法"和"污染控制法"，皆容易被人理解为只限于对环境污染的防治，不能概括环境法的全部内容。俄罗斯等国的"自然保护法"，实际含义是广义的，包括了环境保护、名胜古迹保护和自然资源保护。但自然保护一词中的"自然"的含义，则不很明确。"环境保护法"包括污染防治法和自然环境法两方面。但环境法的任务中并不只限于对环境的保护，还包括提高环境质量，即建设优美、舒适的环境。因此现在趋向于使用"环境法"这一名称。②

曹明德则认为，把这一部门法叫作"环境法"或者"自然保护法"是不准确的。③用"生态法"这一术语全面取代"环境法""环境保护法""环境资源法"，有利于把环境法、自然资源法和国土法等统一到一个部门法中，使其有一个统一的名称，结束各自为政的局面。④

国外的环境法学者也多认为，名称不同，则概念不同。他们强调，法律部门的名称不能根据个人的偏好随意起。给法律部门定名称，应当遵循一定的原则，否则就不合规矩。这个原则是，任何一个法律部门名称的确定，应当以受该法律部门调整后所形成的法律关系的客体为基础。易言之，法律部门的名称，应当以受该法律部门的法律规范调整以后所形成的法律关系的客体为基础构成或确定。例如，土地社会关系受土地法调整，土地社会关系受土地法调整之后形成土地法律关系，土地法律关系的客体系土地。那么，土地就是土地法这个法律部门名称构成的基础。土地法这一法律部门取名为土地法，正是遵循了法律部门名称确定的原则。

再如，自然资源社会关系受自然资源法调整。自然资源社会关系受自然资源法调整之后形成自然资源法律关系。而自然资源法律关系的客体是

① 韩德培主编：《环境保护法教程》，法律出版社 2007 年版，第 28 页。

② 金瑞林主编：《环境法学》，北京大学出版社 1999 年版，第 30 页。

③ 曹明德：《生态法新探》，人民出版社 2007 年版，第 189 页。

④ 曹明德：《生态法新探》，人民出版社 2007 年版，第 190 页。

自然资源。因而，自然资源即自然资源法律部门名称确定的基础。以此类推，水或水资源是“水法”名称构成的基础，矿产资源是“矿产资源法”名称构成的基础，大气则为“大气法”名称构成的基础。

依据上述法律部门名称构成的原则，主张“原则说”的学者们认为，俄罗斯功勋法学家、法学博士奥·斯·科尔巴索夫教授提出的，并在俄罗斯和东欧国家被广泛接受的“生态法”① 这一名称，其实是一个“不得体的”或“不合规矩的”名称。其原因就是该名称的构成不符合法律部门名称构成的原则。“生态”并非生态法律关系的客体，而是生态学科中的一个名词，它指的是生物与生物之间和生物与非生物环境之间相互关系的状态。“生态”本身不是环境要素，也不能指代整个自然环境。因此，“生态”不能作为生态法律关系的客体。生态法律关系的客体只能是“自然”或者“环境”。“自然”或者“环境”才是生态法这一法律部门名称构成的基础。正因如此，将这一法律部门称作“生态法”是不恰当的，而应当称作“环境法”。并且，环境法已经成为国际社会公认的环境保护法律部门的正式名称。它的客观存在和被国际社会的广泛认同，已是一个不争的事实。

主张用“生态法”这一名称的奥·斯·科尔巴索夫，对所谓的法律部门名称构成原则提出强烈质疑。他指出，如果按照“原则说”学者们的主张将“自然”作为生态法律关系的客体，并将此作为生态法这一法律部门名称构成的基础，那么，为何不将这一法律部门直接取名为“自然法”，而称作“环境法”？难道“环境”和“自然”是同一等价物或者说是同一概念吗？②

奥·斯·科尔巴索夫尖锐地指出，如果说法律部门的名称必须以受该法律部门调整以后所形成的相应法律关系的客体为基础，那么，如何解释“刑法”“民法”等法律部门的名称？若按所谓的“名称确定原则”，刑法应当取名“犯罪法”或者“惩罚法”，而民法则应当称作“财产法”。因为，刑事法律关系的客体范围是犯罪和刑罚，而非“刑”。而民事法律关系的客体应为“财产”（商品——物质财富）和“非物质财富”，而非“民”。但为何事实上这两个法律部门并未取名“犯罪法”“惩罚法”和“财产法”，而是称作“刑法”和“民法”，并为世界各国所接受或认同？

---

① ［俄］奥·斯·科尔巴索夫：《生态学：政策与法》（俄文版），莫斯科：（苏联）科学出版社 1976 年版，第 155—156 页。

② ［俄］奥·斯·科尔巴索夫：《生态术语漫谈》，《国家与法》（俄文版）1999 年第 10 期。

显然，法律部门名称的确定并不像主张“原则说”的学者们所说的那么玄乎。在法律部门名称的确定上，需要考虑多个因素的影响，绝不仅仅取决于相应法律关系的客体。①

伊·夫·潘克拉托夫②对“原则说”学者们提出的环境法名称的主张亦持反对意见。他认为，“环境法”这一概念，从法律所要求的准确性方面来看，恰恰是不准确的。因为，“环境”是一个非常广义的概念。它可以指各种各样的环境，如自然环境、人工环境、生活环境、社会环境、国际环境、语言环境、投资环境等。然而，自然环境保护法所要调整的只是人们在自然环境保护、自然资源的利用和保护方面所产生的社会关系，而非在利用和保护其他环境方面所产生的社会关系。调整在利用和保护除自然环境以外的其他环境方面所产生的社会关系，是其他相关法律部门的任务，而非自然环境保护法的任务。如果将关于自然环境保护的法律部门称作“环境法”，倒不如仍旧称作“自然环境保护法”更为准确。甚至继续称作“自然环境保护法”也未尝不可。但称作“环境法”则有所不妥。

前述关于“环境法”名称的讨论，是为了说明一个观点，即“环境法”这一法律部门的多个名称，并不是同一概念——“环境法”的不同表达。不同的名称代表了人们对这一法律部门的不同理解或认识。因此，研究环境法的概念不能离开对“环境法”名称的研究。

目前，在“环境法”这一法律部门的名称使用上，东欧国家多用“生态法”，也有的用“自然环境保护法”或“环境法”。其他国家多用“环境法”或“环境保护法”。我国多用“环境法”，其次用“环境保护法”和“环境与资源保护法”。近些年来，随着“生态法”名称传入我国，有些学者主张用“生态法”这个名称取代“环境法”“环境保护法”和“环境与资源保护法”。

二 关于环境法名称的主要观点和理由

（一）国内学者关于环境法名称的主要观点和理由

1. 主张称作“环境法”的主要理由

名称不同，反映了各个国家环境问题的阶段性和环境立法的侧重点有

① ［俄］奥·斯·科尔巴索夫：《生态术语漫谈》，《国家与法》（俄文版）1999年第10期。

② 伊·夫·潘克拉托夫（и·ф·панкратов）：法学博士、教授，俄罗斯联邦功勋科学活动家，俄罗斯联邦政府立法和比较法学研究所主任研究员。

所不同，但本质上并没有很大区别。“公害法”和“污染控制法”，容易被人理解为只限于对环境污染的防治，不能概括环境法的全部内容。[①]

环境法有广义和狭义之分。广义环境法，就是关于开发利用、保护、治理和改善自然环境的法。而狭义环境法，即指环境保护法，是指保护自然环境的法。

环境法概念有别于传统的环境保护法或公害防治法的概念。另外，环境资源法的概念在国际范围内很少采用，而环境法的概念则较为通行。再者，人类对环境的认识是不断发展的，环境法的调整范围也在不断变化。因此，使用不加定语的环境法概念更能适应这种变化和发展的需要。

2. 主张称作“环境保护法”的主要理由

认为，环境保护法调整的社会关系有特定的范围，并非与环境有关的一切社会关系都由环境保护法调整，它只调整人们在保护和改善环境，合理利用自然资源、防治污染和其他公害中所产生的社会关系。因此，这个法律部门只应称作“环境保护法”，而非“环境法”。把环境保护法与环境法等同，不但理论上造成混乱，而且对实践也有害。

3. 主张称作“环境资源法”的主要理由

认为，环境资源法是从法学角度对有关各种自然因素的法规所作的学术上的概括。环境法和资源法名称在国内外较流行。因此，在这种情况下，采用自然资源法的名称来综合与自然因素有关的法规，可能比较容易为多数人所理解。当然也可以采用环境法、国土地或国土资源法等名称，这都是学术问题，并不妨碍某个具体法规叫什么名称。

4. 主张称作“环境与资源保护法”的主要理由

其实，主张称作“环境与资源保护法”并无其他特殊理由。只是因为 1997 年国务院学位委员会在研究法学学科二级学科博士点的设置时，将原“环境法学”与“自然资源法学”合并，并统一称作“环境与资源保护法学”，为了与博士点名称保持一致，以免造成不必要的新的麻烦，有学者主张将原“环境法”名称改为“环境与资源保护法”，得到一些学者的支持。

不过，也有学者认为，“环境与资源保护法”这个名称，有其特殊的含义，而非简单地为了与博士点名称保持一致。认为，环境与资源保护法

---

① 金瑞林主编：《环境法学》，北京大学出版社 2001 年版，第 27 页。

是调整有关环境资源开发、利用、保护和改善活动方面所产生的社会关系的法律规范的总称。它包括了环境保护法或污染防治法、自然保护法、资源法或能源法、土地法、国土法、区域发展法或城乡规划建设法等法律。这才是称其为“环境与资源保护法”的主要原因。

5. 主张称作“生态环境法”的主要理由

认为，环境保护法、环境法和环境资源法，这三种称谓源于人们对环境概念或法律对环境关系保护范围和重心的不同认识。环境法概念的不同与环境概念的不同直接相关。而环境概念，特别是那些环境因素被纳入法律保护的范围，直接取决于立法者的经济和社会发展目的。环境法的概念则应当体现这种立法要求。基于此，由生态环境概念演绎出了“生态环境法”的概念。

6. 主张称作“生态法”的主要理由

认为，“生态法”这一名称能更加准确地表达法律现象之实质。用“生态法”名称全面取代“环境法”“环境保护法”和“环境资源法”等，并非一个概念游戏，而是反映了它们之间实质上的差异。“生态法”在其哲学理论、伦理学基础以及立法理念、目的等方面均与“环境法”“环境保护法”和“环境资源法”等有着巨大的区别。

7. 主张“资源环境法”的主要理由

认为，资源和环境法是随着资源开发利用、消耗，以及人为行为对环境造成不良影响和危害的情况下，各国为保护本国的资源和环境而制定的法律规范。这两个方面的法律规范相互联系紧密、相互渗透。所以，之所以称作“资源环境法”，就是因为该法是由“资源”和“环境”两方面的法律规定组成的。

（二）国外学者关于环境法名称的主要观点和理由

1. 主张称作“自然保护法”的主要理由

使用“自然保护法”作为环境法律部门的名称，主要是在 1972 年“斯德哥尔摩人类环境会议”召开以前。并且，主要是在东欧国家使用。原因在于，当时，东欧许多国家，其中包括俄罗斯，制定的自然环境保护方面的专门性法律，基本上都取名“自然保护法”，如《俄罗斯苏维埃联邦社会主义共和国自然保护法》《捷克斯洛伐克社会主义共和国自然保护法》等。简单起见，学者们自然而然、顺理成章地将自然环境保护的法律部门称为“自然保护法”。此外，并无其他特殊含义。

2. 主张称作“环境法”的主要理由

认为，自“斯德哥尔摩人类环境会议”以后，“环境”一词广为人知。因此，将“环境”概念引入法律科学理所应当，用“环境法”作为调整人们在与自然环境打交道的过程所产生的社会关系的法律部门的名称合情合理，一目了然。另外，许多国家在“斯德哥尔摩人类环境会议”以后已然将“环境法”作为自然环境保护法律部门的名称，已是大量客观存在的不争事实。它不取决于立法者的意志和学术评价，故而也无须作更多的解释。另外，它符合法律部门名称确定的原则。“环境”即是环境法律关系的客体。

3. 主张称作“生态法”的主要理由

认为，生态学是研究人类社会与自然界相互关系和相互作用的科学。自然保护法、自然环境保护法或环境法是调整人们在保护自然环境、利用、保护和管理自然资源的活动中所产生的社会关系的法律部门。前者的研究对象是人、人类社会与周围自然环境之间的相互作用和相互关系。后者的调整对象是人与人之间在人类社会与自然界相互作用过程中所形成的社会关系。并且，后者的保护对象又是构成整体自然环境所不可或缺的要素或组成部分。显然，生态科学与自然保护或自然保护法学之间有着某种不言而喻的联系。因此，将“生态”一词引入自然保护法学学科，用“生态法”作为自然保护法这个法律部门的名称，较之其他名称更为恰当、更为科学。第一，它言简意赅，意思明确，使人从“生态法”这个名称上便可明白该法律部门调整的社会关系与生态环境有关。第二，“生态法”能够更加准确、科学地反映该法律部门的基本内容。第三，“生态”一词在当今社会已广为人知，生态问题业已成为世人关注的热点。第四，“生态”一词已被多学科、多领域引入，如生态经济、生态农业、生态工程、生态问题、生态危机、生态保护、生态安全等，用以表达与生态环境有关的事物。在这个大背景下，用“生态法”作为“自然保护法”这个法律部门的名称，更容易被世人所理解和接受。第五，“环境法”这个名称，从法律的准确性方面来看，它恰恰是不准确的。因为，“环境”本身是一个非常广义的概念。它可以指各种各样的环境，如自然环境、社会环境、生活环境、学习环境、投资环境等。因此，将“自然环境保护法”称作“环境法”是不妥当的。

第二章　环境法的调整对象和保护对象

第一节　环境法的调整对象

一　传统法学理论关于法律调整对象的认识

弄清法律的调整对象对科学地划分法的部门具有重要的意义。同时，它也是动态地认识和描述法律调整机制如何在社会生活中运作的重要前提。

关于法律的调整对象，马克思有一段精彩的论述。马克思说，“对于法律来说，除了我的行为以外，我是根本不存在的，我根本不是法律的调整对象。我的行为就是我同法律打交道的唯一领域，因为行为就是我为之要求生存权利，要求实现权利的唯一东西，而且因此我才受到现行法的支配。”① 根据马克思的这一论述，法律的调整对象是人的行为，而法律则是为人而设计的规范，是针对人的行为设定的体现立法者意志或要求的规则。如果没有人的行为，规则不过是一堆词句。② 因为，法律的特点和目的就在于规范人的行为模式，“影响（指引、约束、整合）人的行为或行为倾向，使人们的行为达到法律规则和原则所预设、所表达的行为模式”③，以促使人们实施符合法律规定的模式化行为或不实施这些行为④。另外，法律是以人的行为为标准的，它是人的行为本身必备的规律，是人的生活的自觉反映。⑤ 凡是不以行为本身而以当事人的思想方式作为主要

---

① 《马克思恩格斯全集》（第 1 卷），人民出版社 1956 年版，第 16—17 页。

② 张文显：《法学基本范畴研究》，中国政法大学出版社 1993 年版，第 125 页。

③ 张文显：《法哲学范畴研究》（修订版），中国政法大学出版社 2001 年版，第 60 页。

④ ［俄］B. B 拉扎列夫：《法与国家的一般理论》，王哲、周广俊、张兆燕等译，法律出版社 1999 年版，第 124 页。

⑤ 《马克思恩格斯全集》（第 1 卷），人民出版社 1956 年版，第 72 页。

标准的法律，无非对非法行为的公开认可。[①]

马克思关于法律调整对象的这些论述，也是我国法理学界迄今在法律调整对象问题上的一个基本共识。例如，张文显教授明确指出："法律的调整对象是行为，而所谓社会关系不过是人与人之间的行为互动或交互行为，没有人们之间的交互行为，就没有社会关系。法律是通过影响人们的行为而实现对社会关系的调整。"[②] 孙国华教授主编的《法理学》一书认为："法律是调整一定社会关系中、即人与人的关系中的意志行为，调整这种意志行为，实际上也就是调整了这种社会关系。"[③] 而公丕祥教授主编的《法理学》一书也清楚写道："法律作用的最直接对象是人的意志行为，法律是通过影响意志行为来实现对社会关系调整的。"[④]

学者们的上述观点再次表明，法律的调整对象就是人的行为。不过，也有一些学者对这一观点并不完全赞同。他们虽然并不反对人的行为就是法律的调整对象，但认为人的行为只是法律调整的直接对象，而社会关系才是法律调整的最普遍的对象，[⑤] 是法律对其产生影响的最终目的。因此，他们主张在表述法律的调整对象时，还是应当将它表述为社会关系，而不是人的行为。

其实，不论采取哪一种表述，都是正确的。因为，社会关系实质上是人的行为的结果。[⑥] 人的行为一经开始就立即表现为社会关系。[⑦] 充满活力的社会关系都是由行为作用的，没有人的行为，就不会有所谓的社会关系。人与人之间的社会关系是因为人的意志行为才得以建立和存在的。行为和社会关系直接暗示现象和实质的关系。"与此相适应，法律是通过影响人们的行为而实现对社会关系的调整"[⑧]，"法律对社会关系的调节，对社会秩序的维护，对社会利益关系的保障，进而对生产力的促进作用，都

---

① 《马克思恩格斯全集》（第1卷），人民出版社1956年版，第16页。

② 张文显：《法哲学范畴研究》（修订版），中国政法大学出版社2001年版，第60—61页。

③ 孙国华、朱景文主编：《法理学》，中国人民大学出版社1999年版，第229页。

④ 公丕祥主编：《法理学》，复旦大学出版社2002年版，第184页。

⑤ ［俄］B. B 拉扎列夫：《法与国家的一般理论》，王哲、周广俊、张兆燕等译，法律出版社1999年版，第128页。

⑥ 吕世伦等主编：《法哲学论》，中国人民大学出版社1999年版，第111页。

⑦ "生活的生产——无论是自己生活的生产（通过劳动）或他人生活的生产（通过生育）——立即表现为双重关系：一方面是自然关系，另一方面是社会关系。"参见《马克思恩格斯全集》（第3卷），人民出版社1960年版，第33页。

⑧ 张文显：《法哲学范畴研究》（修订版），中国政法大学出版社2001年版，第61页。

是通过对人的行为的影响而实现的，即通过设定和贯彻一定的行为模式来实现其一系列的规范作用和特定的社会作用”①。换言之，法律作用的最直接对象是人的意志行为。它通过调整性规范以授权、禁止和命令的形式表达一定的社会关系模式或一种行为要求，并通过法律活动将社会关系纳入法律设定的关系模式，实现对社会关系的调整。正是从这个意义上说，人的行为或作为人的行为之结果的社会关系，是法律的调整对象。

社会关系是法律调整的对象，但并不是所有的社会关系都必须由法律调整。事实上，法律也不可能调整一切社会关系。在不同的国家、同一国家的不同历史发展阶段，法律调整的社会关系的范围和种类都是不同的。由于社会生活的复杂性、多样性，社会关系的种类繁多、领域广泛并各具特征，如财产关系、人身关系、劳动关系，分别受到不同的法律规范调整。因此，一国全部现行的法律规范又主要基于所调整的社会关系的不同而组成各自相对独立的法律部门，每一个法律部门的调整对象，都是特定的人与人之间的社会关系。

二 环境社会关系——环境法的调整对象

环境法是一个独立的法律部门，这已是一个不争的事实。那么，环境法这一独立法律部门的特定调整对象究竟是什么呢？对此，大多数学者认为，环境法作为法律体系的一个组成部分，虽然其产生的直接社会动因似乎有别于其他的传统法律部门（如人与自然关系的恶化、国家的生态安全受到严重威胁等），但归根结底它是统治阶级在协调社会的经济利益与保护人类赖以生存和发展的自然环境基础这一现实需求之间所作的政治选择，是统治阶级意志的体现。而作为体现统治阶级意志的法，不论其起源过程如何复杂或特殊，都是基于对人的行为的规范化调整这一初始原因的②，都是为了实现对人的行为的社会调整。因此，环境法的调整对象，依然应当是人的行为，或者说作为人的行为结果的社会关系。只不过这种社会关系被特定在人与自然界相互作用的领域里因人的行为或活动而形成的人与人之间的关系。这种社会关系可称作“环境社会关系”。

---

① 吕世伦等主编：《法哲学论》，中国人民大学出版社 1999 年版，第 113 页。

② 吕世伦等主编：《法哲学论》，中国人民大学出版社 1999 年版，第 113 页。

学者们的这一基本认识，在他们对环境法所下的定义中充分体现出来。例如，他们认为："环境保护法是调整因保护和改善生活环境和生态环境，防治环境污染和其他公害而产生的各种社会关系的法律规范的总称。"① "环境法是调整人们在开发利用、保护改善环境的活动中所产生的环境社会关系的法律规范的总称。"② "环境法是指由国家制定或认可，并由国家强制力保证实施的，调整有关环境资源的开发、利用、保护、改善的社会关系的法律规范的总称。"③ "环境法是调整人们在开发、利用、保护和改善环境的活动中所产生的各种社会关系的法律规范的总称。"④ 可见，学者们大多认为，环境法的调整对象是社会关系，而不是其他的什么关系。并且，环境法的法律属性也决定了它的调整对象就是人与人之间的社会关系。因为，"社会关系只有在人与人之间才能产生，人与动物之间、人与各种自然客体之间，都不可能产生社会关系"⑤。

应当指出的是，人类历史的发展进程，由自然环境的基础地位所决定。在人与自然界进行物质交换的过程中所产生的人与人之间的社会关系非常广泛，但并非这些社会关系都是环境法的调整对象。环境法的调整对象只是众多社会关系中一类特定的社会关系，即人们在实施开发利用、保护和改善环境的行为或活动中所形成的人与人之间的社会关系。由于这种社会关系始终是以环境为中介的，所以称为环境社会关系。离开了环境这个中介，就不可能形成环境社会关系。一个人利用环境的行为如何，不仅仅关系到行为人自身的利益，也不仅仅关系到动物的生存、资源的持续利用或良好生态环境的保护，更重要的是，它还影响到他人的生存与发展权益，影响到整个社会的正常运转。因而，必须将人们利用环境资源的行为纳入法律规范设定的社会关系模式。

作为环境法之调整对象的环境社会关系，应当具有以下三个方面的基本特征。

（一）必须具有意志性

所谓具有意志性，即环境社会关系首先应当是一种意志社会关系。这

---

① 韩德培主编：《环境保护法教程》，法律出版社1991年版，第22页。

② 吕忠梅：《环境法》，法律出版社1997年版，第43页。

③ 蔡守秋主编：《环境资源法学教程》，武汉大学出版社2000年版，第45页。

④ 王灿发主编：《环境法学教程》，中国政法大学出版社1997年版，第19页。

⑤ 王灿发主编：《环境法学教程》，中国政法大学出版社1997年版，第20页。

种社会关系的产生、变更或消灭是以人的意志行为为条件的。人的意志行为由人的意志决定，它区别于那些人在客观社会规律、客观自然规律，以及其他与人的意志无关或者说超出人的意志范围以外的客观趋势的影响或作用之下所实施的行为。当然，这并不意味着人在利用自然环境的过程中，其行为不受客观自然规律的影响。

强调环境社会关系的意志属性，在于确定法律有无对其施以法律调整的可能性。因为，法律只能对那些具有意志性的社会关系施以影响，而不可能对那些不具有意志性的关系施以影响。由环境法调整对象的意志属性决定，意志行为之主体只能是有意识且具有意志的人。恩格斯曾说，在人类历史领域进行活动的全是有意识的、经过思虑或凭激情行动、追求某种目的的人。任何事情的发生都不是没有自觉的意图或预期的目的的。诚然，自然界的客观规律对人类发展具有根本的影响，但自然是没有意识的，更不具有意志。对于自然界中有生命的动物来说，同样如此。因为“意识一开始就是社会的产物，而且只要人们还存在着，它就仍然是这种产物”①。动物虽然的确具有从事某种有计划的、经过思考的行动的能力，但这只是动物的本能。人则已经是以意识代替了本能，至少，人的本能是被意识到了的本能。而导致人与动物之间产生这种根本区别的是劳动。劳动就是人以其自身的活动来引起、调节和控制人和自然之间的物质交换的过程。人的行为是社会产生的，即受社会环境和社会关系的制约，并且是从社会习得的，而不是自然的禀赋。人类历史的进程就是人的主体地位不断确立又不断受到威胁和挑战，经过持续努力而在新的条件和水平上不断重新确立的进程。② 农业和工业，尤其是工业，是自然界无论如何都不会自动发生的物质运动过程，它是自然物质力、理性创造力、科学技术力、社会协作力等的有机统一，是人的本质力量和意志行为的积极展示和最高表现。它给人类所带来的巨大的生产力，曾影响和主导了世界历史的进程。因此，社会是“人为”的社会，人始终是社会的主体和构成基础。

环境法律关系作为一种特殊的社会关系，其内容不仅指主体的权利义务本身，还指以权利义务的形式所表现出来的环境法律关系主体的意志行

---

① 《马克思恩格斯全集》（第 3 卷），人民出版社 1996 年版，第 34 页。

② 欧阳康：《社会认识论：人类社会自我认识之谜的哲学探索》，云南人民出版社 2002 年版，第 29 页。

为，而权利义务则是这种意志行为的法律形式。环境法律关系主体之间的彼此联系和相互对应性，决定了具备主体资格无疑是其显著特征。环境法律关系的主体具有能动性和受动性，受动性具有某种前提的意义，但是，真正代表主体本质特征的仍然是能动性。因此，虽具有受动性但缺乏能动性的动物，不能成为环境法律关系的主体。而且，对权利，它也是以意识为界的。美国环境伦理学家霍尔姆斯·罗尔斯顿曾说，权利这类东西只有在文化习俗的范围内，在主动性的社会学意义上才是真实存在的，它们是用来保护那些与人格不可分割地联系在一起的价值的。权利概念在大自然中是不起作用的，因为大自然不是文化。权利与被感觉到了的利益有关。“rights”（名词）一词的真正作用，是给道德代理者指出“正确的”行为的某些（但不是全部）要求。权利是从人所信奉的法律或道德的规范中所推导出来的，它不能被张冠李戴地用来标志动物和植物所固有的、独立于人类而存在于自然界之中的那些价值。① 至于因环境侵权所引起的无行为能力人的权益损害的救济，法律实际上是通过一种拟制的方式，将这种损害关系拟制为侵害人和无行为能力人的监护人之间的关系，进而使其权益得到保障。这种拟制方式说明环境法调整的对象只能是意志社会关系。

在此，有人可能会就环境法中大量存在的有关非人的意志行为内容的规范，如土地、森林、矿藏等，对环境法调整对象的意志性进行质疑。不过，须知人的意志行为并非一种虚空的幻象，法律也并非飞来之物，土地、森林、矿藏等自然存在物，以及一些自然事件，如洪水、地质灾害等，它们虽然并非人的行为，但它们是法律秩序所规定的人的意志行为的条件，它们之所以成为法律规则的内容，乃是因为它们同人的意志行为有关，或是作为其行为的条件。基于这些条件或结果所创设的行为规则，所体现的是社会本身固有的属性，它已经摆脱了单纯偶然性和单纯任意性的形式。而且，法的内容的意志方面占支配地位，而法的内容的知识、智慧方面则是一定意志的“载体”。②

（二）必须与利用自然客体或其之间的生态联系有关

在哲学上，主体与客体这两个概念是相对统一的范畴，它们各以对方的存在为自身存在的前提，客体相对于主体而言，是主体的实践对象和认

---

① ［美］霍尔姆斯·罗尔斯顿：《环境伦理学》，杨通进译，中国社会科学出版社 1999 年版，第 35 页。

② 孙国华、朱景文主编：《法理学》，中国人民大学出版社 1999 年版，第 35 页。

识对象。人的意志只有通过具体的对象活动才能获得外化、对象化。[①] 在物质生产实践中，“主体是人，客体是自然”[②]。具体到环境法律关系中，其客体一般只有物和行为，这种物和行为都具有特定性。其中，就物来说，只能是表现为自然物的各种自然资源和资源产品。然而，独立于主体而存在的、构成自然生态系统的各种环境资源要素，并不都是环境法律关系的客体。作为环境法律关系客体的物必须是人们可以影响和控制并具有生态功能的自然物。环境法正是通过对某些具体的自然物的直接保护来保护相应的社会关系的。就人们利用自然客体的意志行为来说，其结果对自然环境产生的影响是双重的，即不仅影响到自然环境要素本身，又影响到各环境要素之间的生态联系。环境法调整对象的形成必然要与自然客体发生直接的联系：或是与直接从自然环境中获取物质、能量或能源有关，如矿产资源的开采、狩猎等；或是与直接与利用自然环境的有效物质有关，如利用土壤的肥力、水体的自然净化能力等；或是与直接向自然环境输入“人为”的物质有关，如向环境排放废弃物；或是与改造被利用的自然客体有关，如土壤改良、水利工程设施修建，等等。总之，作为环境法调整对象的社会关系必须是在直接与利用自然客体或和自然客体之间的生态联系有关的活动中形成的社会关系。这是环境法的调整对象区别于其他法律部门的调整对象的第二个基本特征。

（三）必须是环境法律规范效力范围内的社会关系

法律是体现国家意志要求的实在法律规范和秩序体系。法律创制过程本身即体现了立法者的主观选择、要求和价值取向。哪些社会关系应当由法律来调整，哪一类社会关系应当由哪一类法律规范来调整，通常都有明确的规定。不同的法律规范对不同的社会关系产生作用。正因如此，法律规范按照调整对象的不同，被划分或组合为不同的法律部门。每个法律部门主要对属于其调整对象范围的社会关系进行调整。法律调整的实践就是按照法律规范的分工来进行。因此，作为环境法调整对象的社会关系，除了具有前述两个基本特征以外，还有一个特征，即必须属于环境法律规范的效力范围。

---

① 欧阳康：《社会认识论：人类社会自我认识之谜的哲学探索》，云南人民出版社 2002 年版，第 347 页。

② 《马克思恩格斯全集》（第 46 卷上），人民出版社 1979 年版，第 22 页。

法律是将主体的行为作为分类标准的。由于行为与社会关系之间的内在统一性，法律规范对主体行为所具有的约束力实际上就是其对特定社会关系的效力。不属于环境法律规范调整的特定社会关系范围的社会关系，不是环境法的调整对象。环境法对环境社会关系的调整，是通过对人们开发利用、保护和改善环境的意志行为的调整来实现的。与传统法律部门的调整对象相比较，环境社会关系同人与自然的关系有着更为紧密、更为直接的联系，因为环境法所直接作用的保护对象就是某些环境资源要素，而这些环境资源要素的危机状态和急需保护的社会需求也恰恰是环境法律规范不断产生和一个新兴的法律部门产生的直接动力。需要强调的是，自然环境要素作为重要的生产资料，它对法的影响尽管是最根本、具有最终意义的，却是间接的，要借助于对社会关系具体形式和内容的影响来实现。

三　“人与自然的关系”与环境法的调整对象

然而，环境法学界在关于环境法的调整对象问题上并未形成完全一致的认识。最值得关注的是一种反传统观念的出现，即认为环境法不仅调整人与人之间的关系，也调整人与自然之间的关系，“如果环境法不能调整人与环境的关系，那么环境法就没有存在和发展的必要，就丧失了它的基本功能和意义，就永远达不到它的目的”①。例如：“经过人们的长期摸索和反复探讨，逐渐形成了独特的环境法基本理论，这就是有关调整人与自然的关系和相应的人与人的关系的法学理论。”②“环境资源法的调整对象是因开发、利用、保护、改善环境资源而发生的社会关系，包括因开发、利用、保护、改善环境资源所发生的人与人的关系和人与自然的关系这两个方面。”③“可持续发展法律不仅调整人与人之间的关系，也调整人与自然生态之间的关系。”④有学者还为环境法调整人与自然的关系寻找历史根据，从法对人与自然关系调整的演化、人与自然的关系成为法律调整对象的原因以及可持续发展理论为人与自然关系的立法奠定了完整的伦理基

---

① 蔡守秋主编：《环境法教程》，法律出版社 1995 年版，第 17 页。

② 蔡守秋主编：《环境资源法学教程》，武汉大学出版社 2000 年版，第 172 页。

③ 蔡守秋：《调整论：对主流法理学的反思与补充》，高等教育出版社 2003 年版，第 25 页。

④ 陈泉生：《21 世纪法制研究：可持续发展与法律变革》，法律出版社 2000 年版，第 127 页。

础进行演绎，[①] 认为“法律直接调整人与自然的关系是法律价值的升华”[②]。环境法调整人与自然关系论还影响到了传统法律部门的研究，如有学者认为环境犯罪的客体应是“双重客体”，即“刑法所保护的而为环境犯罪所直接侵犯的人与自然之间的生态关系和为环境犯罪所间接侵犯的人与人之间的社会关系”[③]。

“环境法理论中出现的关于环境法可以调整人与自然关系的问题虽然看似是一个环境法调整对象的问题，其实并不仅仅是环境法的部门问题，它关系到整个法律关系的重新认识，关系到我们是否应当告别迄今为止的法律传统。”[④] 这一观点一经提出，虽然不乏附和或支持的声音，但是反对的声音也很强烈。例如，李艳芳教授对“人与自然关系法律调整论”提出质疑，认为“环境法理论研究中出现的关于法律调整人与自然关系的观点主要是来自西方成为一种学术时尚的‘生态伦理学’，是一种希望将现实中并不存在的理想的伦理关系法律化的思潮”，但是生态伦理学在突出自然的价值判断的时候完全走向了反科学的方面。它在本质上是与法律讲究实际、崇尚科学相矛盾的。所以，对于环境法来说，是鲜有积极意义的，更不应当作为理解环境法调整对象的基本依据，“把生态伦理学关于人与自然的关系问题提升到哲学层面上，其实是一个以自然为中心还是以人为中心的问题”，“法律（环境法）直接体现出对人的行为的规范和限制，在处理人与自然关系的问题上所持的仍然是价值立场；在人与自然的关系问题上，所持的是人类中心主义的立场。法律在人与自然的关系中所看到的是人与人的关系，在横的向度上看到的是这一部分人与那一部分人、个人与整体等之间的关系，在纵的向度上看到的是今天的人与明天的人、这一代人与下一代人之间的关系”[⑤]。李爱年教授则直接以“环境保护法不能直接调整人与自然的关

---

① 李挚萍：《试论法对人与自然关系的调整》，《中山大学学报》（社会科学版）2001 年第 2 期。

② 李挚萍：《法律直接调整人与自然的关系是法律价值的升华》，《东南学术》2004 年第 5 期。

③ 付立忠：《环境刑法学》，中国方正出版社 2001 年版，第 203 页。

④ 李艳芳：《关于环境法调整对象的新思考——对“人与自然关系法律调整论”的质疑》，《法学家》2002 年第 3 期。

⑤ 李艳芳：《关于环境法调整对象的新思考——对“人与自然关系法律调整论”的质疑》，《法学家》2002 年第 3 期。

系”为命题，强调“人与自然之间不存在法律关系”，认为环境保护法调整人与自然关系的观点“违背了法学的基本原理，混淆了法律规范与技术规范的界限”，“否认了人的主观能动性”和“把人之子系统与生态大系统对立起来”。[①] 法理学者对此观点亦有正面的回应，如张文显教授认为“法律关系是人际相互关系”，“有些学者之所以把人对物、人与自然的关系也说成是法律关系，一个重要的原因恐怕就是忽略了法律关系的相关性、对称性、可逆性和双向性，没有注意到人对物、人与自然的关系实质上不具有严格意义上的相互性”。[②]

针对这些质疑或驳斥，环境法调整人与自然关系论的支持者亦作出强烈的回应来捍卫这一被宣称是“对主流法理学的反思与补充”的观点，强调“当谈到环境资源法的调整对象时，环境资源法是主体，调整是一种特殊的行为，对象是因开发、利用、保护、改善环境资源所发生的人与自然的关系和人与人的关系。在这时，并不存在人或物是主体或客体的问题；因为法律是主体，不宜将主体简单地理解为人，客体是人与人的关系和人与自然的关系，不能把人与人的关系理解为人、把人与自然的关系理解为物”[③]。“环境资源法能否调整人与自然的关系，与自然（包括动植物）是否成为主体无关，因为人与自然的关系可以是主体和客体之间的关系。”[④] 有学者认为法律对人与自然关系的调整可以分为直接调整和间接调整两种方式，鉴于目前仍属于主流且发挥着主要作用的间接调整方式，即传统法学所支持的通过调整人与人之间的关系来达到人与自然之间和谐的调整方式所具有的局限性，所以产生了法对人与自然关系进行直接调整的必要性，即法律直接对人的意志和自然的意志进行协调，平衡人的利益和自然的利益，从而实现人与自然的和谐。[⑤] 郭红欣在其《环境保护法能够调整人与自然的关系——兼与李爱年教授商榷》一文中，更是强调“环境保护法对人与自然关系的调整并不意味着自然是法律关系的主体”，该理论“是对传统法理学的突破”，认为依据传统法学基本原理关于“所有法都是调整社会关系的观点”推导出“环境保护法不能调整人

---

① 李爱年：《环境保护法不能直接调整人与自然的关系》，《法学评论》2002 年第 3 期。

② 张文显：《法哲学范畴研究》（修订版），中国政法大学出版社 2001 年版，第 97 页。

③ 蔡守秋：《调整论：对主流法理学的反思与补充》，高等教育出版社 2003 年版，第 25 页。

④ 蔡守秋：《调整论：对主流法理学的反思与补充》，高等教育出版社 2003 年版，第Ⅶ页。

⑤ 李挚萍：《法律直接调整人与自然的关系是法律价值的升华》，《东南学术》2004 年第 5 期。

与自然关系的结论”值得商榷，“‘所有法都是调整社会关系的’这是正命题，它并没有包括‘所有法都不能调整人与自然的关系’等负命题，因为社会关系与人与自然的关系并不是一件事物”。[①]

不过，环境法调整人与自然关系论的支持者也反复强调其观点的实质“是要求人们在行为过程中，考虑到自然环境的承受能力，限制人的行为，要求人类在自然允许的限度内，从事各种活动，实现人类社会的进步与发展，实现人与自然的和谐统一”[②]，这与主流观点似乎并不矛盾。虽然迄今大多数人可能未必赞同环境法调整人与自然关系论支持者所宣称的“是对主流法理学的补充”或“是对传统法理学的突破”，但承认这一反传统观念的确提出了一个重要的理论问题。

四　客观认识环境法的调整对象

显然，学者们在研究环境法的调整对象时常常将环境社会关系和人与自然的关系相联系，这是由环境法的最基础、最直接的目标——保护和改善环境，协调人与自然的关系所决定的，不同观点的分歧在于对人与人的关系同人与自然的关系之间的辩证关系存在不同理解。我们认为，对作为环境法调整对象的环境社会关系同人与自然的关系之间的联系应当辩证地看待。

（一）社会关系和人与自然的关系是同一劳动过程的两个方面

人与人之间的社会关系和人与自然的关系是同一劳动过程的两个方面，分属于两个不同的范畴，是劳动将它们联结起来的。马克思指出，“劳动首先是人和自然之间的过程，是人以自身的劳动来引起、调整和控制人和自然之间的物质交换的过程”[③]。劳动不仅使人对自然产生影响，同时也对人本身产生影响。因为，人们对自然环境的影响并不是相互隔绝的，而是在具体社会机体之内形成的，“为了进行生产，人们相互之间便发生一定的联系和关系；只有在这些社会联系和社会关系的范围内，才会有他们对自然界的影响，才会有生产”[④]。也就是说，生产

---

① 郭红欣：《环境保护法能够调整人与自然的关系——兼与李爱年教授商榷》，《法学评论》2002 年第 6 期。

② 郭红欣：《环境保护法能够调整人与自然的关系——兼与李爱年教授商榷》，《法学评论》2002 年第 6 期。

③ 《马克思恩格斯全集》（第 1 卷），人民出版社 1956 年版，第 603 页。

④ 《马克思恩格斯全集》（第 1 卷），人民出版社 1956 年版，第 344 页。

劳动一方面是人与自然之间的物质交换，另一方面是人与人之间活动的交换，这两方面内容的统一构成生产方式，构成人们的社会生活。“社会生活在本质上是实践的。”① 人与人的关系中存在着人与自然的关系，人与自然的关系只有对社会的人才是一种关系。人与自然的关系是人与人的关系的基础，它必然制约、决定着人与人关系的产生、形成、性质、范围和发展。由于人与自然之间最基本的交往活动是人改造自然的物质生产、劳动或实践，所以，社会生活在此种活动中所结成的生产关系也就成为人与人之间最基本的社会关系，以它为基础，其他人际关系才发展起来，拓展开来。

在马克思看来，劳动不仅对整个人类社会的物质生活具有决定性的意义，而且对人类社会的形成与发展具有决定性的意义。劳动既使人与人之间的关系同人与自然的关系成为一种共时性的同构关系，也使人与自然的关系不再是一种纯自然的关系，而是一种具有社会性的关系。可以说，人类社会历史既是人的自然活动过程的表现及其结果的积淀，又作为自然历史过程制约着人的活动及其结果。从历时性观，社会的发展是客体性与主体性、确定性与非确定性相统一的过程。② 人与自然的关系和人与人的关系是互为中介的，人与自然关系的外在化必然伴随着人与人关系的异化。然而，在人与自然的关系中，虽然人始终处于能动的创造者的地位，能够通过对自然的认识和实践实现自己的目的，但人的意志行为除了受客观经济规律的制约之外，也必然要受自然生态规律的制约。当前日益严重的生态退化问题，已证明了这一点。

（二）具有社会性的人与自然的关系并不等同于社会关系

的确，环境社会关系是在人通过劳动的方式与自然发生交互作用的过程中产生的，因此它同人与自然的关系有着非常密切的联系。然而，人与自然的关系毕竟不是人与人的关系。虽然劳动使人与自然的关系不再是一种纯自然的关系，而是具有社会性的关系，但是，具有社会性的关系并不等同于社会关系。社会关系是一个特定的范畴，特指人与人在共同的活动过程中所结成的以生产关系为基础的各种相互关系。这种关系的主体是人，它以人的有意识、有一定目的性的共同活动为基础。而人与自然的关

---

① 《马克思恩格斯全集》（第3卷），人民出版社1960年版，第5页。

② 李文阁：《回归现实生活世界》，中国社会科学出版社2002年版，第259页。

系，从实践论和认识论的角度来讲，是一种对象性关系，即“主客体”关系①。在这种关系中，人始终是对自然界产生影响的活动主体，自然界只是人的活动对象。人与自然的关系虽然对环境社会关系的产生起着决定性的作用，但其本身不是一种社会关系。因此，断然地说“人和人的关系，直接就是人与自然界的关系……而人与自然界的关系直接就是人和人之间的关系”② 是不正确的。

马克思是把自然作为人的实践、认识的对象纳入人的活动范围来研究和考察人与自然的关系的。③ 在认识论、实践论和价值论领域，主体是唯一的，是人对自然界的认识和实践，主体具有唯一性。在人类社会实践中，“主客体”的关系，不仅是指人与物的关系，而且是以“我”为“主”，以物为“客”、为“对象”的关系模式。它蕴含着辩证的矛盾：人与自然进行物质交换，已经超出了纯自然存在的范围而形成了一种人与自然的对立关系；人与自然界的自然联系只有通过社会方式才能实现。马克思在《德意志意识形态》中曾说：“凡是有某种关系存在的地方，这种关系都是为我而存在的；动物不对什么东西发生‘关系’，而且根本没有‘关系’；对于动物来说，它对物的关系不是作为关系存在的。”④ 马克思

---

① 人与自然的关系具有双重含义：其一，作为“自然存在物”的人与自然的关系，是一种自然关系，它从本体论的角度强调以自然为核心，突出的是人对自然的从属关系，把人与自然统一于自然生态系统；其二，作为“社会存在物”的人与自然的关系，是一种对象性关系，或称“主客体”关系，强调人与自然的关系是一种实践性和认识性关系。本体论与实践论有着本质的区别：本体论是研究物质存在的理论；而实践论是研究人与自然的对象性关系的理论。本体论意义上的人与自然的关系，是自然科学的研究对象；实践论意义上的人与自然的关系，则是社会科学的研究对象。因此，我们在使用“人与自然”这对范畴的时候，首先应当明确是在什么领域内研究什么问题。显然，环境法属于社会科学范畴，其调整对象问题与其他传统法律部门相比，虽具有特殊性，但它仍属于社会科学领域内的基本问题。这时我们所指的“人与自然的关系”，是社会学意义上的“人与自然的关系”。而且，我们在谈论人的生存与持续发展时，是从认识论和实践论的角度来探讨现实生活世界的人与自然的关系的。这种人与自然的关系则显著区别于自然科学的社会科学的研究对象。

② 公丕祥：《权利现象的逻辑》，山东人民出版社 2002 年版，第 261 页。

③ 在哲学史上，人和自然的关系问题往往被归结为物质和精神的关系问题：自然被当作物质世界，而人被看成精神性的东西；人和自然不仅彼此分离，而且相互对立。由于找不到人和自然统一的现实基础，人们不是将人归结为自然，就是将自然归结为某种精神实体。这两种观点的对立就是唯物主义和唯心主义的对立。只有马克思主义哲学立足于人类实践这一中介才最终实现了自然观和历史观的统一。参见刘曙光《人的活动与社会历史发展规律的关系》，民族出版社 2002 年版，第 115—116 页。

④ 《马克思恩格斯全集》（第 1 卷），人民出版社 1995 年版，第 81 页。

在批判费尔巴哈离开人的社会性和人的实践活动纯自然主义地谈论人与自然的关系时说："他没有看到，他周围的感性世界决不是某种开天辟地以来就直接存在的、始终如一的东西，而是工业和社会状况的产物，是世世代代活动的结果。"① 人与自然之间关系的形成，同人与人之间在历史上形成的关系一样，都遇到由前一代传给后一代的大量生产力、资金和环境。也就是说，"在人类历史中即在人类社会的产生过程中形成的自然界是人的现实世界；因此，通过工业——尽管以异化的形式——形成的自然界，是真正的、人类学的自然界"②。事实上，只要有人类社会存在，自然界就不再是纯粹的自然界，而是同人的实践活动紧密相连的人化的自然界，即人类学意义上的自然界，人与自然的关系是一种内在的、社会性的关系。关于人与自然关系的不同思想传统对人类开发利用自然的意志行为的影响是有所不同的。但是，贯穿于18世纪以来的理性社会的两种对立的自然观——传统"人类中心论"和"生态中心论"，虽然其实质分歧在于如何看待人类在自然界中的位置，但归根结底都是出于对人类自身的关注。

马克思曾指出："环境的改变和人的活动的一致，只能被看作并合理地理解为革命的实践。"③ 人与自然、世界的统一是建立在人的感性活动基础之上的，离开了劳动、实践，便无法理解人与自然的统一性。人与自然、主体与客体的统一问题并不是一个理论问题，而是实践问题，现实生活完全能够证明它们的统一。④ 自我中心是生命存在的必要条件。生物是以自我为中心的，人也不例外。现实生活世界的人是对象性和意识性、受动性和能动性的统一，是确定性和非确定性、继承与创造的统一，其本质就是超越自然的限定性。马克思说："首先应当避免重新把'社会'当作抽象的东西同个人对立起来。个人是社会存在物。因此，他的生命表现，即使不采取共同的，同其他人一起完成的生命表现这种直接形式，也是社会生活的表现和确证。"⑤ 之所以如此，根本在于，人与他物的关系只有对社会的人才是现实的。⑥ 自然并非在于人

---

① 《马克思恩格斯全集》（第1卷），人民出版社1995年版，第76页。
② 《马克思恩格斯全集》（第42卷），人民出版社1979年版，第128页。
③ 《马克思恩格斯全集》（第3卷），人民出版社1960年版，第4页。
④ 李文阁：《回归现实生活世界》，中国社会科学出版社2002年版，第125页。
⑤ 《马克思恩格斯选集》（第1卷），人民出版社1979年版，第56页。
⑥ 李文阁：《回归现实生活世界》，中国社会科学出版社2002年版，第208页。

的存在，而是人的他在，是社会存在，是人的本质力量的展示。“自然界的人的本质只有对社会的人说来才是存在的，因为只有在社会中，自然界对人说来才是人与人联系的纽带，才是他为别人的存在和别人为他的存在，才是人的现实的生活要素；只有在社会中，自然界才是人自己的人的存在问题。只有在社会中，人的自然的存在对他来说才是他的人的存在，而自然界对他说来才成为人。因此，社会是同自然界的完成了的本质的统一，是自然界的真正复活，是人的实现了的自然主义和自然界的实现了的人道主义。”①

（三）从人的发展角度看，人与自然的关系实质上是人与人的关系

为正确地说明人与自然的相互关系，毫无疑问，我们应当坚持马克思主义的唯物历史观方法论，从社会实践上界定人与自然的关系，着重从主体的角度，即从作为创造者的人的形成和发展方面来考察人与自然的关系。因为，对人与自然关系的认识，总是随着人类实践活动的发展而深化的，而对人与自然关系的优化则是从人的需要和利益角度来考虑的。主体的充分发展将决定人化自然和人类发展的方向。列宁曾说：“必须把人的全部实践——作为真理的标准，也作为事物同人所需要它的那一点的联系的实际确定者——包括到事物的完整的‘定义’中去。”② 从实践论和认识论的角度看，我们在提出人与自然的关系时，实际上是把人定义为社会关系的总和，把自然定义为人的对象性存在，从而把人与自然的关系纳入了人与人的关系。人与人之间的社会关系和人与自然关系的这一统一基础在于人的社会性本质及其发展需求。

社会和自然界的复杂相互作用是对立面的相互作用，是相互紧密联系但又不能互相归并的不同物质运动形式的相互作用。③ 但现实生活中的人与自然界的关系，不可能不反映人与人之间的关系。人是社会性的存在，而“社会是人们相互作用的产物”④，是“人的真正的共同体”⑤。人是社会的构成基础和存在的本质。社会在本质上就是现实的人的活动和关系的存在。社会的一切都产生于人又复归于人，社会的一切都是人为的和为人

① 《马克思恩格斯全集》（第42卷），人民出版社1979年版，第122页。
② 《列宁全集》（第32卷），人民出版社1985年版，第85页。
③ 傅华：《生态伦理学》，华夏出版社2002年版，第328页。
④ 《马克思恩格斯全集》（第4卷），人民出版社1972年版，第320页。
⑤ 《马克思恩格斯全集》（第1卷），人民出版社1972年版，第487页。

的。现实的人作为社会的本体不是传统本体论意义上的不可分析的原子式的终极的点，而是一个具有多种规定的存在。人的现实性既体现在他是一个实体、属性、活动和关系的统一整体性存在，也体现在他是自然属性、社会属性和精神属性的统一的存在。[①] 因此，人类的整体利益和长远利益既是人类认识和实践活动的出发点和归宿点，也是促进人类保护自然环境的依据，更是评价人与自然关系的根本尺度。人类之所以要保护自然环境，归根结底是为了人类的整体利益和长远利益。

人与自然的关系问题，实质上就是人与自然关系背后的人与人的关系问题。这是因为，离开了社会，既不会有人的生成，也不会有人化自然的生成，更不会有人与自然的关系。

归结为一点，环境社会关系是在人与自然关系的基础上产生或形成的。可以说，没有人与自然之间的关系，就没有环境社会关系。人与自然的关系是环境社会关系产生的前提，它决定着环境社会关系的产生和发展；环境社会关系是人与自然关系的本质体现，它的调整状态反过来又会影响到人与自然的关系。二者之间密切联系，相互影响，相互作用。但它们又是两个不同的概念，绝不能将二者等同起来。环境社会关系并不是人与自然的关系在社会关系领域内完全对称的反映。而且，人与自然的关系除不可能被量化为各个对应于具体的人与人之间的社会关系外，它具有基础性、普遍性的特点，是一个具有社会性的动态的历史发展过程，而法律是无法调整社会过程的。但是，这并不等于法律不对这一社会过程起作用。环境法是通过对具体的环境社会关系的调整，将人开发利用环境资源的意志行为纳入新的社会关系模式，抑或阻碍自然生态环境的继续恶化，抑或促进人与自然关系的和谐发展。

第二节　环境法的保护对象

一　环境法保护对象的界定

环境法，又称环境保护法，这就是说，将“环境”视为此一法规范

① 欧阳康：《社会认识论：人类社会自我认识之谜的哲学探索》，云南人民出版社 2002 年版，第 244 页。

所欲保护之对象。[①] “环境保护正是此一法规范存在之目的。”[②] 因此，通常认为环境法的保护对象是环境。有人提出，环境法的保护对象是人所享有的环境权益。这实际上混淆了环境法的保护对象和环境法的保护客体。环境法的保护对象是各种自然环境要素和由各种自然环境要素构成的整体自然环境，环境法的保护客体才是人所享有的环境权利和其他环境权益。环境法的保护对象是环境法的保护客体的存在载体，而环境法的保护客体则是环境法的保护对象所承载的具体内容。

然而，“环境”并非一个具体的实体性描述，而是一个极其抽象、内容有待填补的概念。尽管环境一词是一个常用词，但是站在不同的立场，不同的人、不同的学科对环境的描述是不同的。它既可以被描绘为一个有限的范围，又可以被描绘为几乎是无限的空间或者要素。因为环境总是相对于某一中心事物而言的，它因中心事物的不同而不同，随中心事物的变化而变化。

《辞海》将环境概括为“围绕着人类的外部世界。按环境要素属性，可分为自然环境和社会环境”[③]。“生态学所讲的环境，是以整个生物界为中心、为主体，围绕生物界并构成生物生存的必要条件的外部空间和无生命物质，如大气、水、土壤、阳光及其他无生命物质等，是生物的生存环境，也称为‘生境’。”[④] 对环境和环境问题进行全面、系统研究的环境科学，给环境所下的定义一直是以人类为中心而言的。它是指人群周围的境况及其中可以直接、间接影响人类生活和发展的各种自然因素和社会因素的总体，包括自然因素的各种物质、现象和过程及在人类历史中的社会、经济成分。[⑤] 这里，环境既包含自然因素，也包含社会和经济的因素。有学者依照社会学、空间上以及生态学上的观点，将环境区分为“社会环境”“自然环境”和“人为环境”:[⑥] “社会环境”是指由人际关系、社会、文化、经济与国家组织制度所交错形成的人类生活空间；“自然环境”则包含动植物与微生物组织在其生存空间、水、土地与空气的存在

---

① 参见陈慈阳《环境法总论》，中国政法大学出版社 2003 年版，第 4 页。
② 陈慈阳：《环境法总论》，中国政法大学出版社 2003 年版，第 4 页。
③ 《辞海》，上海辞书出版社 1989 年版，第 3150 页。
④ 金瑞林主编：《环境法学》，北京大学出版社 2002 年版，第 2 页。
⑤ 参见《中国大百科全书 · 环境科学》，中国大百科全书出版社 2002 年版，第 134 页。
⑥ 参见陈慈阳《环境法总论》，中国政法大学出版社 2003 年版，第 8—9 页。

状态，是各种天然形成的物质和能量的总体；“人为环境”则包含建筑物、工厂、道路以及交通工具等所结合而成的，是经过人类劳动的改造或加工而创造出来的。值得注意的是，上述分类是相对的，它们之间存在着相互交叉之处，不应加以绝对化。那么，作为环境法保护对象的“环境”究竟指的是什么呢？

首先，环境科学中的基本概念和原理是环境立法应该遵循的自然科学理论基础。因此“环境”在法律上的定义必然以环境科学关于“环境”的定义为依据，而且在质的规定性方面二者是一致的。[①] 它指的是围绕人类而存在的由自然要素所构成的物质环境，是为人类生存和发展提供的必要的物质条件和空间，而不是其他任何非物质环境。虽然各种社会因素可能对环境保护和环境立法产生重要的影响作用，却不是环境法上所称的“环境”，不能成为环境法的保护对象。[②]

其次，环境法上的“环境”与环境科学上的“环境”概念又不完全等同。在环境法上，环境作为法律的保护对象，是通过与之相联系的社会关系发挥作用的。因此，它必须体现环境法调整社会关系的特点。从环境科学的理论来说，一切与人类生存和发展有直接或间接关系的环境要素、成分、状态都是人类环境系统的组成部分，都是环境科学的研究对象。但是，整个自然界和无限的宇宙空间不可能都成为环境法的保护对象，既无必要，又无可能。那么，环境法保护对象的范围应当如何确定呢？俄罗斯联邦生态法学界[③]的学者们对这一问题展开了广泛而又深入的探讨。[④]

俄罗斯联邦生态法学界部分人认为，生态法的保护对象，从理论上说就是自然或者自然环境。因为，自然或自然环境，是将自然界的所有要素、成分、现象有机地结合为一个统一整体的庞大生态系统。它是人的居住场所、基本生存条件和手段。它的各个组成部分的质和量的状况以及总体自然环境质的状态的优劣，直接关系到人的生存、人体健康和人类社会经济的发展。因而，生态法的保护对象应当是作为一个整体的自然界或自

---

① 参见金瑞林主编《环境法学》，北京大学出版社 2002 年版，第 4 页。

② 参见吕忠梅《环境法学》，法律出版社 2004 年版，第 33 页。

③ 环境法在俄罗斯联邦现被称作“生态法”。20 世纪 70 年代以前，苏联环境法学界将环境法称作自然保护法、自然环境保护法，70 年代始称作环境法，80 年代以后称作“生态法”。参见《俄罗斯生态法》（王树义著，武汉大学出版社 2001 年版）“环境法的概念”部分。

④ 以下俄罗斯生态法学界关于生态法保护对象的探讨，参见王树义《俄罗斯生态法》，武汉大学出版社 2001 年版，第 26—29 页。

然环境。

这一说法，颇有道理。不过，自然界或者自然环境是一个涉及范围很广的概念。它是各种自然客体、自然资源和自然现象的总和。将自然或者自然环境作为生态法的保护对象，虽然能够使法律特别注意到它所保护的主要内容是保护自然环境的质的状态，但这种保护是不现实的。因为，除了地球行星这个自然综合体以外，整个宇宙空间，其中包括宇宙里的月亮、太阳、太阳系行星、恒星、卫星等自然客体都属于自然界。那么，这些自然客体是否都是生态法的保护对象呢？回答显然是否定的。例如太阳，太阳目前是不受人的任何影响的。它按照自然的规律存在和运动着，不可能受到人的意志的支配或影响，更不会以人的意志为转移。其他的自然客体，如恒星、银河系等也是如此，目前也还不可能被人的意志所支配。因此，即使将自然或自然环境视为生态法的保护对象，但实际上也并不能真正包括自然界里的所有自然客体，如太阳、月亮、恒星、卫星等。并且，即使人为地规定法律对这些自然客体实施保护，其实也没有任何实际意义。因为，事实上人的意志及其活动目前还不可能对它们产生影响，因而也就不可能对其进行保护。

弗·弗·彼得罗夫①等人认为，在现今的历史时期内，作为生态法保护对象的只能是那些具体的与社会发生交互作用，并且能够受到人类活动影响的自然客体和自然资源。凡是现今人类社会还不能对其产生影响（即目前人类的活动还不能对其产生有害影响和目前的科学技术手段还不能对其产生保护作用或保护效果的）的自然客体，不属于生态法保护对象的范围。

为了科学地确定生态法保护对象的范围，俄罗斯生态法学家恩·弗·库兹涅措娃等人提出，生态法的保护对象应当具有以下三个方面的特征：②

第一，具有天然起源性。这就是说，作为生态法保护对象的自然客体，应当是在自然界里天然存在的，或者是被自然界本身的力量所创造的自然客体，如土地、水、大气、原始森林、野生动、植物等。它们的产生

---

① 莫斯科大学原法律系系主任，苏联和俄罗斯联邦著名的环境法学家，其代表作有《自然的法律保护》《生态法》等。

② 参见［俄］恩·弗·库兹涅措娃《生态法》（俄文版），莫斯科：法理学出版社 2000 年版，第 6—7 页。

或存在不依赖于人的劳动，或者说不包含人的劳动。当然，这也并不完全排除人类为了恢复、再生自然资源和改善自然环境要素的某些性能而参与自然客体或自然资源的再创造。例如，森林的再生就离不开人类劳动的参与。尽管某些自然客体或自然资源在恢复、再生或创造过程中可能有某些人类劳动的参与，但是，只要它们被置入了自然界，并且汇入了自然界的天然生态联系系统之中，有益于自然界的生态平衡和自然环境质量的改善，那么，它们也是生态法的保护对象。例如，通过人的劳动而再生的森林、其他绿色植物，在繁殖场里繁殖、养大并放归自然的野兽、鸟、鱼等。

马克思曾在强调自然客体与社会财富的差别时指出，自然不包括火车头、铁路、电话、走锭精纺机等。这些都是人类活动的产物，都是人类意志支配自然的结果。而作为生态法保护对象的自然客体或自然资源，则不是人类活动的产物。

第二，与整个自然环境或自然环境要素之间具有相互的生态联系。即是说，作为生态法保护对象的自然客体应当是自然环境的一个组成部分，应当与其他组成部分和整个自然环境之间发生长期的、相对稳定的相互作用或相互联系。这是生态法保护对象最主要的特征。凡是与自然界脱离了联系，而且不是处于自然的状态，又不与自然环境发生长期、稳定之相互作用的，不是生态法的保护对象。例如，人们从自然界里捕捉来并由人工饲养的野兽、鸟类（如关在动物园里饲养供人观赏的野兽、鸟类）、已被砍伐下来的树木、已被开采出来的矿物、已从自然水体中取出来的水（自来水管道里的水和贮水池的水）等。

不属于生态法保护对象范围的还有人们为了满足其经济需要和其他需要而由人工繁殖、饲养的家畜、家禽、农用牲口、庄稼等。从某种意义上说，它们已经脱离了自然的状态，脱离了与自然界的天然联系，并与自然环境不发生相对稳定的长期相互作用，而仅仅只是被当作了一种财产。因此，它们也不是生态法保护的对象。它们的生产、利用和保护主要由调整财产关系的法律部门予以调整。

第三，具有社会生态价值。即除了具有经济价值，还应具有生态的、文化的、休息的、保健的和审美的价值，可以满足人的物质利益、生态利益及认知的需要，有利于维护自然界里的生态平衡。

凡破坏人的利益的自然现象、自然成分和自然力，如土壤侵蚀、土地荒芜、水灾、泥石流以及数量上对自然生态平衡构成威胁的野生动物等，均不属于生态法保护对象的范围。因为，它们对自然环境和生态平衡是有害的。

将上述标准适用于环境法保护对象的界定中可知，环境法的保护对象，应当是具有天然起源性，能与人类社会发生交互作用，并且可能会受人类活动影响，具有生态价值的自然因素。作为环境法的保护对象，除了必须对人类的生存和发展产生影响以外，还必须是人类的行动和活动（包括利用经济和科学技术手段）所能影响、调节或支配的那些环境要素，否则法律的保护便没有实际意义。随着科学技术的进步和社会的发展，人类活动对自然界影响的范围会越来越大，环境法的保护对象也会随之扩展。因此，环境法的保护对象并非静态不变的，而是在动态发展和客观变化着的。微生物、遗传基因等就是在发展过程中被纳入环境法的保护对象范围的。

二　外国及我国台湾地区环境法的保护对象

由于各个国家和地区的环境与自然地理状况不同，环境问题不同，环境保护的要求和目的不同，所以它们的环境立法对其保护对象的规定也各异。如：

1969 年美国《国家环境政策法》将环境分为自然环境和人为环境两部分，并且进一步具体列举："其中包括但不限于空气和水——包括海域、港湾、河口和淡水；陆地环境——其中包括但不限于森林、干地、湿地、山脉、城市、郊区和农村环境。"在美国 1980 年通过的《综合环境反应、赔偿和责任法》（又称《超级基金法》）中也对环境列举如下：根据《1976 年渔业保护和管理法》在美国专属管辖权下的通航水域、边境水域和海水中的自然资源，在美国或美国管辖之下的其他地表水、地下水、饮用水源、地表或地层或者周围空气。其中，自然资源是指土地、鱼、野生生物、生物区系、空气、水、地下水、饮用水源以及其他资源。

1986 年印度《环境保护法》第 2 条"定义"中规定："'环境'包括水、空气、陆地以及三者之间的相互关系和三者与人类、其他生物、植物、微生物及其他物质间的相互关系。"

1987 年葡萄牙《环境基本法》将环境的概念定义于现实中全部自然

和人类环境的范围。同时它将环境的概念分为两部分，一部分作为自然环境定义在第6条的“自然”之中，包括大气、水、土壤和底土、植物和动物；另一部分则以“人类环境”为名规定在第17条中，包括乡村、自然和文化遗产，以及污染的不同种类。①

1990年英国《环境保护法》第1条规定：“环境是由下列媒介的全部或者部分组成的，也就是指大气、水以及土地；大气的媒介包括建筑物内的空气以及其他高于或者低于地面的自然或者人为构造物内的空气。”

1991年保加利亚《环境保护法》第1节之（1）增补条款对“环境”所下的定义是：“相互联系并影响生态平衡与生活质量、人体健康、历史文化遗产以及自然风光和人类基因要素和元素的综合体。”

1991年乌克兰《自然环境保护法》第5条规定：“乌克兰领域内属于国家保护、调整、利用的范围包括：自然条件和状态下以及自然—社会条件和状态下的自然环境的整体；进入经济循环的自然资源，及在国民经济循环中未被利用的自然资源（包括土地、地下资源、水资源、大气、森林和其他植物、动物界）；自然景观和其他自然综合体。”

1993年日本《环境基本法》第14条规定：“本章中规定的有关环境保护政策的制定与实施，应遵循基本理念，以确保下列事项为宗旨，既要力求使各种政策相互有机地衔接，又要综合而有计划地推行。1. 为了保护人体健康和生活环境，并且妥善地保护自然环境，必须使大气、水、土壤及其他环境的自然构成要素保持在良好的状态上。2. 在谋求确保生态系统的多样性，保存野生生物物种，以及确保其他生物的多样性的同时，要按照地区的自然、社会条件，系统地保护森林、农地、水边地等多样的自然环境。3. 必须保持人与自然的充分互动。”

1993年德国起草的《环境法典（总则部分）草案》第2条规定：“环境是指生物圈、气候、乡村和经批准保护的自然物体。”“所谓生物圈，是指地表、水、空气和生存的生物体（自然资源）以及它们的相互存在的关系。”

1999年加拿大《环境保护法》第3条规定：“‘环境’是指地球的组成成分，包括：1. 大气、土地和水；2. 所有大气层；3. 所有的有机物质、无机物质和生物体；4. 互相影响的自然系统，包括第1项至第3项

---

① 汪劲：《环境法学》，北京大学出版社2006年版，第2页。

所提到的成分。”

2002 年俄罗斯联邦《环境保护法》第 4 条规定：“1. 防止污染、衰竭、退化、损害、毁灭及经济活动和其他活动的其他不良影响的环境保护对象是：土地、地下资源、土壤；地表水和地下水；森林和其他植物、动物和其他生物体及其遗传基因；大气、大气臭氧层和地球周围的宇宙空间。2. 未受人类影响的自然生态系统、自然景观和自然综合体，应当首先予以保护。3. 列入世界文化遗产名录和世界自然遗产名录的客体，国家自然保护区，包括生物圈保护区、国家自然禁区，自然遗迹，国家公园、自然公园和森林公园，植物园，医疗保健地和疗养区，其他自然综合体，俄罗斯联邦土著少数民族的原始生存环境、传统的居住和经济活动地区，具有特殊自然保护价值的科学、历史文化、美学、休闲、保健和其他重要意义的客体，俄罗斯联邦的大陆架和专属经济区，以及稀有的或濒临灭绝的土壤、森林和其他植物、动物和其他生物体及其栖息地，应当加以特别保护。”

2002 年我国台湾地区“环境基本法”第 2 条第 1 款规定：“本法所称环境，系指影响人类生存与发展之各种天然资源及经过人为影响之自然因素总称，包括阳光、空气、水、土壤、陆地、矿产、森林、野生生物、景观及游憩、社会经济、文化、人文史迹、自然遗迹及自然生态系统等。”

2008 年韩国《环境政策基本法》第 3 条规定：“本法所称‘环境’系指自然环境和生存环境；‘自然环境’系指包括地下、地表（包括海洋）和土地中的所有生物及其周围的非生物在内的自然条件（包括生态系统和自然景观）；‘生存环境’系指与人类日常生活有关的环境，例如空气、水、废物、噪声、振动、恶臭和阳光等。”

（一）环境法保护对象的立法模式分析

各个国家和地区环境法保护对象的立法模式大体上可以分为三类：

1. 概括式

采用这类模式的主要有印度、葡萄牙和保加利亚。概括式规定能够反映环境法保护对象的基本特性，整体而全面，具有高度的综合性和较强的科学性，但往往较为抽象，也不利于公众的理解和接受，在法律适用过程中不易操作和把握。

2. 列举式

采用这类模式的主要有美国、英国、日本和俄罗斯联邦。列举式规定简明扼要，可以使法律上环境的含义和范围更加明确和具体，但是不可能穷尽庞大复杂的环境的所有要素，存在举一漏万的缺陷，并且环境法的保护对象是随着环境科学的进步以及与环境相联系的社会关系的发展而发展的，因此，各国在立法上多采用了不穷尽列举法，使用了“包括但不限于”“等等”这样的术语，以利于环境法上“环境”内涵和外延的发展。在出现法律没有列举，但又确须法律加以保护的对象时，可以通过法律扩大解释的方式加以弥补。

3. 概括加列举式

采用这种模式的主要有乌克兰、德国、加拿大、韩国和我国台湾地区。概括加列举式规定综合了概括式和列举式二者的优点，既给出了概括凝练的科学定义，又列举出一些特别重要的保护对象作为具体例子加以说明。全面、概括性的定义为今后环境法的发展和环境法保护对象的扩大提供了依据，留出了空间。而列举式的例证不仅进一步解释和说明了环境的概念，便于公众理解和把握，而且着重强调了国家或地区重点保护的对象，有助于环境保护和法律的施行。

（二）环境法保护对象的立法内容分析

从内容上看，各个国家和地区的环境法基本上都尽可能明确和具体地对其有能力加以保护并且必须加以保护的对象作了规定，而对那些目前人类尚无力保护或认识有待深化的环境要素则未作明确规定。大气、水、土地、森林、野生动植物等自然客体都具有自然环境要素与自然资源的双重属性，是各个国家和地区环境法都予以保护的对象。这些自然客体都是自然环境的重要组成部分。它们在自然界里具有不同的生态功能，在社会生活中又起着各种不同的作用，如经济的、保健的、文化的、审美的作用等。同一种自然客体往往能起几种资源的作用。例如土地，土地既是生产手段，又是建造房屋和其他建筑物的空间基础。它既拥有土壤资源，又拥有食品资源。再如森林，森林既是一种生产原料、燃料资源，又是一种保健资源。它还能起到调节气候、保持水土的作用，也为野生动物提供了天然的栖息场所。① 大气是指包在地球外面的自然形成的气状外壳。它是地球上一切生物存在不可或缺和不可替代的条件。大气的生态功能在于，它既能保证生物呼吸的生理过程，又能保

① 参见王树义《俄罗斯生态法》，武汉大学出版社2001年版，第30页。

护生物不受有害宇宙射线的辐射。同时，它还是太阳能的导体和地球上气候条件及天气情况形成的基础。因此，大气不仅受到各国国内法律的保护，而且受到国际条约的保护。[①] 各个国家和地区将上述自然客体列为环境法的保护对象，不仅说明这些自然客体对人的生存和生活具有十分重要的意义，而且说明这些自然客体能够受到人类活动的不良影响，必须对其进行法律保护。

此外，很多国家和地区还将自然保护区、国家公园、自然遗迹等自然区域列为环境法的保护对象，并给予特殊保护。因为这些自然区域分别代表不同自然地带的环境和生态系统，具有各种不同的生态功能。它们能够保护、恢复、发展、引种、繁殖生物资源，保存和丰富生物物种的多样性，维护生态平衡。它们不仅能够完整地保存自然环境的原初状态，而且可以为科学研究、环境监测与评价提供客观依据。因此，很多国家和地区的立法将其与大气、水、土地等自然环境要素或自然资源一起，列为环境法的保护对象，予以法律保护。

除了以上这些环境法的传统保护对象，有的国家和地区还在法律规定当中列入了一些新的保护对象，例如：印度将微生物列为环境法的保护对象；日本和我国台湾地区将生态系统列为环境法的保护对象；俄罗斯联邦将遗传基因、臭氧层、地球周围的宇宙空间和自然生态系统列为环境法的保护对象等。这些新型保护对象的出现，无疑是环境法保护对象动态发展的最佳例证。

（三）环境法保护对象范围的动态发展

如前所述，环境法保护对象的范围不是一成不变的，而是随着环境问题的变化和经济社会的进步，不断地动态发展着。以俄罗斯联邦为例，几次重大的生态立法直接反映了这一发展轨迹。

1960 年苏俄《自然保护法》第 1 条“必须保护的自然客体”规定：“苏俄境内的一切自然资源，无论是在经济上已经开发利用的或是尚未开发利用的，均受国家保护，并对其利用加以调整：1. 土地；2. 矿藏；3. 水（地面水、地下水和土壤水）；4. 森林和其他野生植物、居民区绿化林木；5. 典型景观、稀有的名胜自然客体；6. 疗养区、森林公园保护带和市郊绿化区；7. 动物（有益的野生动物群）；8. 大气。”

① 参见王树义《俄罗斯生态法》，武汉大学出版社 2001 年版，第 36 页。

而在1991年通过的《俄罗斯苏维埃联邦社会主义共和国自然环境保护法》和1995年通过的《俄罗斯联邦受特殊保护的自然区域法》所确定的生态法的保护对象包括：天然生态系统、臭氧层、微生物、遗传基因、土地、地下资源、水、大气、森林以及除森林以外的其他植物界、动物界、自然景观、国家自然禁区、国家自然保护区、国家公园、自然公园、自然遗迹、树木公园和植物园、医疗保健地和疗养地。

到了2002年，俄罗斯联邦《环境保护法》第4条规定："1. 防止污染、衰竭、退化、损害、毁灭及经济活动和其他活动的其他不良影响的环境保护对象是：土地、地下资源、土壤；地表水和地下水；森林和其他植物、动物和其他生物体及其遗传基因；大气、大气臭氧层和地球周围的宇宙空间。2. 未受人类影响的自然生态系统、自然景观和自然综合体，应当首先予以保护。3. 列入世界文化遗产名录和世界自然遗产名录的客体，国家自然保护区，包括生物圈保护区、国家自然禁区，自然遗迹，国家公园、自然公园和森林公园，植物园，医疗保健地和疗养区，其他自然综合体，俄罗斯联邦土著少数民族的原始生存环境、传统的居住和经济活动地区，具有特殊自然保护价值的科学、历史文化、美学、休闲、保健和其他重要意义的客体，俄罗斯联邦的大陆架和专属经济区，以及稀有的或濒临灭绝的土壤、森林和其他植物、动物和其他生物体及其栖息地，应当加以特别保护。"

与1960年苏俄《自然保护法》相比，20世纪90年代所确定的生态法的保护对象范围，最明显的发展变化就在于增加了天然生态系统、臭氧层、微生物和遗传基因。

1. 天然生态系统。20世纪60年代以后，随着全球性环境问题的日趋严重，生态系统的保护问题也被提上了人类的议事日程。生态系统具有三大基本功能，即能量流动、物质循环和信息传递。在一个稳定的生态系统中，各种生物种类的组成、各种种群的数量比例以及能量和物质的输入与输出等都处于一种相对稳定的状态。而各个生态系统之间以及生态系统的各组成成分之间又处于一种相对的动态平衡状态，常称为生态平衡。其中，任何一个生态系统或者生态系统中的任何一个组成成分遭到外界的干扰或者破坏，生态系统的平衡就会受到影响，如果超出了生态系统的自我调节能力，那么整个自然生态平衡就会被打破，甚至导致整个生态系统的崩溃。因此，保护生态系统就是保护生态平衡，维护人类社会经济的稳定持续发展和生态安全。

2. 臭氧层。臭氧层是近地空间中最重要的部分。它能够有效地吸收对地球生物有害的太阳紫外线 UV-B 和 UV-C，而又不阻碍对生物无害的太阳紫外线 UV-A 的通过。正是有了臭氧层这道天然屏障，地球上的人类和其他生物才能不受有害的太阳紫外线的辐射，才能正常地生存、生长和繁衍。然而，自 20 世纪 50 年代以来，由于人类活动的影响，大气中的氯氟烃类物质不断增加，促进了臭氧层的分解，使臭氧层遭到破坏，有害太阳紫外线对地球的辐射明显增加，从而对人类及其他生物的生存和发展构成严重威胁。俄罗斯联邦明确将臭氧层列为其生态法的保护对象，一是表明俄罗斯联邦对臭氧层保护问题的高度重视，二是对国际社会关于臭氧层保护立法的积极回应。

3. 微生物。微生物是组成生态系统的四个组成成分之一，是生态系统中的分解者。它们能把动植物的残体、粪便和各种复杂的有机化合物进行分解，吸收某些分解产物，最终将有机物分解成简单的无机物，归还到环境中去。而这些被归还到环境中的简单无机物，参与物质循环以后又可被重新利用。微生物在生态系统中的作用就是保证生态系统的物质循环。因此，微生物是生态系统中不可缺少的有机组成部分。保护微生物就是保护生态系统正常的物质循环。

4. 遗传基因。遗传基因是存在于染色体上的遗传因子。自然环境的恶化会导致遗传基因的破坏或减少。而遗传基因的破坏或减少又会直接影响物种的增加、灭失和性状的改变，从而使自然环境内部的结构和功能发生不良的变化。所以，保护遗传基因也是俄罗斯联邦生态法的重要任务之一。

而到了 2002 年，俄罗斯联邦《环境保护法》确定的保护对象范围又出现了新的进展，主要表现在：

1. 增加了“地球周围的宇宙空间”。自苏联在 1957 年发射第一颗人造卫星后，人类便开始了对外层空间的探索和利用。随着科学技术的不断发展，人类在外层空间的活动领域不断扩张和深入。在过去的几十年间，虽然外层空间已经成为科学、国防和商业利用的重要资源，但是近地轨道的人造污染也日益成为严重问题。根据污染源的不同，外空活动造成的环境污染可以分为化学污染、生物污染、电磁干扰和核放射污染以及空间碎片污染。面对这一问题，俄罗斯联邦已经开始积极地采取应对措施，包括制定《空间活动法》等一系列相关法律规范。地球周围的宇宙空间已经成为俄罗斯生态法重要的保护对象之一。

2. 扩大了特别保护区域的范围，包括列入世界文化遗产名录和世界自然遗产名录的客体，俄罗斯联邦土著少数民族的原始生存环境、传统的居住和经济活动地区，具有特殊自然保护价值的科学、历史文化、美学、休闲、保健和其他重要意义的客体，俄罗斯联邦的大陆架和专属经济区。这些保护区域的范围比之前的表述更加全面、科学，同时保持了与国内法和国际法发展的协调一致。其中，列入世界文化遗产名录和世界自然遗产名录的客体，是全人类公认的具有突出意义和普遍价值的文物古迹及自然景观，具有生态、审美、文化、科研等多重价值，是人类罕见的、无法替代的财富。保护这些遗产是全人类共同的事业。

可以预见，随着科学技术的不断进步，人类经济社会的持续发展，环境意识的逐渐增强，环境法保护对象的范围还会呈现出更多的发展动态。

三　我国环境法的保护对象

我国在 1979 年《环境保护法（试行）》中仅对“环境”作了列举式规定。该法第 3 条规定：“本法所称环境是指：大气、水、土地、矿藏、森林、草原、野生动物、野生植物、水生生物、名胜古迹、风景游览区、温泉、疗养区、自然保护区、生活居住区等。”其后，在 1989 年制定的《环境保护法》，对环境的定义作了概括加列举式的解释。该法第 2 条规定：“本法所称环境，是指影响人类生存和发展的各种天然的和经过人工改造的自然因素的总体，包括大气、水、海洋、土地、矿藏、森林、草原、野生生物、自然遗迹、人文遗迹、自然保护区、风景名胜区、城市和乡村等。”2014 年修订后的《环境保护法》又增加了“湿地”这一环境因素。现行《环境保护法》第 2 条规定：“本法所称环境，是指影响人类生存和发展的各种天然的和经过人工改造的自然因素的总体，包括大气、水、海洋、土地、矿藏、森林、草原、湿地、野生生物、自然遗迹、人文遗迹、自然保护区、风景名胜区、城市和乡村等。”

与 1979 年发布试行的《环境保护法（试行）》相比，1989 年《环境保护法》对环境法保护对象的规定更为科学、合理。首先，从形式上看，1989 年《环境保护法》将原来单纯的列举式规定改为概括加列举式规定，既给出了整体全面的概括性定义，又列举了 14 种重要的环境因素作为例证，更加科学、明确，有助于快速、准确地理解和把握环境的概念，有利于法律的适用和实施。其次，从内容上看，1989 年《环境保护法》第 2 条的前半部分对环境的定义作了比较科学的规定，揭示了法律意义上环境的本质属性——是人类赖以生存和发展的各种自然因素的总体；后半部分所列举的 14 种环境因素更为科学，范围更广。[①] 例如，从“水”中分列出海洋，并放置在所列举的环境因素中的第三位，体现了海洋对于人类生存和发展日益显著的重要性；将野生动物、野生植物和水生生物概括为野生生物，使条文更加简练，同时还扩大了保护对象的范围，将微生物纳入其中；将名胜古迹、风景游览区、温泉、疗养区概括为自然遗迹、人文遗迹和风景名胜区，表述更加简明、科学，与现行的国内法（如《风景名胜区条例》）和国际法（如我国加入的《保护世界文化和自然遗产公约》）所采用的定义保持一致。

与 1989 年《环境保护法》相比，现行《环境保护法》突出了湿地的重要地位。湿地与森林、海洋一起并称为全球三大生态系统。它作为地球水域与陆地交界的过渡地带，形成一个不同于陆地和水域的独特生态系统，具有陆地与水域系统不可替代的功能。我国是湿地资源大国。我国湿地具有类型多、绝对数量大、分布广、区域差异显著、生物多样性丰富的特点。但长期以来，由于对湿地重要性的认识不足，人们对湿地进行掠夺式的开发和破坏，导致天然湿地大量消失，生物多样性锐减，水质恶化，湿地生态功能急剧下降，直接影响我国水资源供给安全，降低江河沿岸蓄洪防涝功能，水涝灾害发生的风险增加，破坏野生动植物栖息地。湿地保护正面临巨大威胁。面对如此情形，我国作为《湿地公约》的缔约国，理应将湿地列为环境法的保护对象，以满足我国环境保护事业的现实需求，更何况三大生态系统中的森林和海洋早已被列入环境法的保护对象范围。为了加强湿地保护，维护湿地生态功能及生物多样性，我国还于 2021 年 12 月 24 日通过了《湿地保护法》。

根据现行《环境保护法》第 2 条的规定，作为我国环境法保护对象的“环境”，其范畴并不是无限的，不是所有的自然因素。它特指对人类的生存与发展有影响的那些自然因素的总体，不包括社会或经济等其他因素。第 2 条所列举的 15 种环境因素是当前与我国公民关系最密切的自然

---

① 参见金鉴明等《环境保护法述评》，中国环境科学出版社 1992 年版，第 2—3 页。

因素，既是人们生存和发展所必需的，又是法律能够加以保护的。

我国的环境法学者在谈及环境法上“环境”的概念时，基本都直接采纳了现行《环境保护法》第 2 条的定义。① 此外，还有学者为归纳或者解释现行《环境保护法》第 2 条的规定，而给出了与其含义相似的表述。如吕忠梅所著《环境法学》一书中认为：“环境是以人类为中心的物质环境。”② 曹明德主编的《环境与资源保护法》一书中认为：“环境与资源保护法学所研究的环境是以人类为中心对象的环境——人类环境，即可以直接或间接影响人类生存和发展的各种自然因素和社会因素的总体。”③ 陈泉生所著《论环境的定义》一文中认为：“法律定义上的环境，应当是与人类生存和发展有密切关系的生活环境和生态环境，其基本是自然环境，但也不排斥与人类生活有密切关系的人为环境。”④

尽管现行《环境保护法》对环境法保护对象的规定有了很大的进步，但笔者认为，现行规定仍有尚待改进和完善之处。

第一，应当将土壤列为环境法的保护对象。土壤是土地上有机自然因素与无机自然因素长期相互作用所形成的肥沃表层。我国的土壤污染形势十分严峻。“受镉、砷、铬、铅等重金属污染的耕地面积近 2000 万公顷，约占耕地总面积的 1/5。全国每年因重金属污染而减产粮食 1000 多万吨。另外，受重金属污染的粮食每年也多达 1200 万吨，合计经济损失至少 200 亿元人民币。”⑤ 除耕地之外，我国工矿区、城市也存在土壤污染问题。2014 年发布的《全国土壤污染状况调查公报》显示，全国土壤环境状况总体不容乐观，部分地区土壤污染严重，耕地土壤环境质量堪忧，工矿业废弃地土壤环境问题突出，对农产品质量安全和人体健康构成了严重威胁。更严重的是，被污染的土壤向环境输出的物质和能量，又可引起大气、水的污染和生物多样性破坏，加剧整体环境的污染，进而威胁国家的生态安全。土壤污染的这种客观形势亟须通过法律手段予以应对。《土壤

① 参见韩德培主编《环境保护法教程》，法律出版社 2007 年版，第 2—3 页；蔡守秋主编《环境资源法教程》，高等教育出版社 2004 年版，第 1—4 页；周珂等主编《环境法》，中国人民大学出版社 2021 年版，第 4 页；汪劲《环境法学》，北京大学出版社 2018 年版，第 1—2 页。

② 吕忠梅：《环境法学》，法律出版社 2004 年版，第 1 页。

③ 曹明德主编：《环境与资源保护法》，中国人民大学出版社 2008 年版，第 4 页。

④ 陈泉生：《论环境的定义》，《法学杂志》2001 年第 2 期。

⑤ 王树义：《关于制定〈中华人民共和国土壤污染防治法〉的几点思考》，《法学评论》2008 年第 3 期。

污染防治法》已于2019年1月1日起正式施行。我国应当在环境保护基础性法律中明确并强调土壤作为环境法保护对象的地位，突出国家对土壤污染防治的重视，提高人们的土壤污染防治意识。

第二，城市和乡村不应列为环境法的保护对象。城市和乡村显然与条文中列举的其他自然因素不是同一类别、同一层面上的概念。城市和乡村是基于一定的地域范围而形成的社会，属于社会环境的范畴。它们不是自然因素，不具有天然起源性，不应当列为环境法的保护对象。并且，城市和乡村都是综合性的概念，具有极其丰富的内涵和外延，其中很多内容都不是由环境法来调整和规范的，也不是环境法能保护得了的。因此，城市和乡村并不属于环境法的保护对象。

总而言之，环境法的保护对象是环境法学的基础性概念，其定位最终决定着环境法的发展趋势和方向。科学地界定环境法的保护对象，有助于环境法学基础理论问题的研究，进而才有可能在实务上采取相应的法律对策，以确保人类赖以生存和发展的环境得到全面、有效的法律保护。

第三章　环境法的调整方法

环境法调整方法是环境法的基本理论问题之一，长期以来，并没有得到应有的重视。学者们通常在论证环境法是一个独立的法律部门时，将环境法调整方法的特殊性作为论据之一，而不是将环境法调整方法作为一个独立的概念从源头展开分析，极易忽略环境法调整方法本身所具有的价值及其理论意蕴。

法律对社会关系的调整是通过各种法律调整方法的实施来发挥作用的，法律调整方法的发展是法律发展的一根红线。环境法的发展与环境法调整方法的发展密切相关：一方面，环境法调整方法的发展是环境法发展的重要方面和表现形式，体现了环境法的发展；另一方面，环境法调整方法发展的需要给环境法注入了鲜活的生命力，推动了环境法的发展。

第一节　环境法调整方法的概念和特征

一　环境法调整方法的概念

环境法的调整方法属于法律调整方法的范畴，要谈环境法的调整方法必须从法律调整方法的概念出发，将环境法学中的理论问题提到一般原理的层次，使之能够被纳入法的一般理论的统一体系当中。

（一）法律调整方法

法律调整方法与法律调整紧密相关，法律调整方法不仅是法律调整的基础和核心内容，也是影响法律功能发挥的最关键因素。

一般来讲，法律调整是法的一般理论中具有原则性意义的重要组成部分。苏联法学家阿列克谢耶夫认为：“法律调整，是按照经济基础的要求、按照某一社会制度的社会需要，为了调整、保护、发展社会关系，运用一系列法律手段（法律规范、法律关系、个别性规定等）对社会关系所施加的有成效的、规范性、组织性作用。”[①] 法律调整揭示的是法律现实的、动态的、起积极作用的方面，而法律调整是通过法律调整方法予以实施并发挥作用的，法律调整方法是构成法律调整的建筑材料，没有法律调整方法，就没有法律系统的运行，从而就无法实现法律调整的功能。

对于法律调整方法，学者们一般将其解释为国家调整社会关系时用以影响这些关系的手段和方式。[②] 但由于法律对社会关系的影响是通过许多具体调整手段实现的，实际上很难总结出一种抽象的法律调整方法，导致法律调整方法的含义并不明确。[③] 因此，我们需要对法律调整方法有更为直观的认识。

从法律对社会关系的影响来看，法律调整可以分为事前和事后两个阶段。将社会关系转化为法律关系以完成法律的调整任务，这一环节为事前调整。[④] 在事前调整阶段，法律调整方法是一种引导性的方法，法律的强制性隐而不显，法律调整只通过立法途径实现，以预设规则的形式对法律主体的行为施加影响。而当法律关系的运行遇到障碍时，法律调整的第二个阶段便开始了，法律强制的可能性转为现实性，事前调整阶段隐而不显的国家权力出场，法律调整方法通过认定、归结法律责任，实施法律制裁，使被破坏的权利义务关系得到恢复。[⑤]

---

① ［苏］阿列克谢耶夫：《法的一般理论》（上册），黄良平、丁文琪译，法律出版社 1991 年版，第 300 页。

② 如苏联法学家阿列克谢耶夫认为，法律调整的方法，就是施加法律影响的手段，是这些手段的配合，表明在某一社会关系领域对各种法律工具和法律影响手段的利用。参见［苏］阿列克谢耶夫《法的一般理论》，黄良平、丁文琪译，法律出版社 1991 年版，第 306 页。《中华法学大辞典》写道：法律调整的方法，是法通过其固有的一系列法律手段作用于社会关系的方法、方式的总和，是施加法律影响的手段，是这些手段的配合，表明在某一社会关系领域对各种法律工具和法律影响手段的利用。参见《中华法学大辞典》（法理学卷），中国检察出版社 1997 年版，第 119 页。又如蔡守秋教授认为，法律调整的方法，是指法律对其调整对象施加影响的办法、方法、手段、工具和类型的总称。参见蔡守秋《调整论：对主流法理学的反思与补充》，高等教育出版社 2003 年版，第 555 页。

③ 张文显：《再论当代中国的法律体系》，《法学研究》1994 年第 1 期。

④ 事前调整阶段所使用的调整方法为：第一，确定法律关系的主体条件，保证符合一定条件的主体可以参加法律关系，确定法律关系主体的地位与性质；第二，确定法律关系的客体范围，确定一定的客体进入法律调整的范围；第三，确定法律主体的权利义务关系、权利和义务的确定性和权利主体的自主性程度；第四，法律事实的选择。参见徐国栋《对民法的调整对象和调整的方法的再认识》，《法学》1993 年第 9 期。

⑤ 徐国栋：《对民法的调整对象和调整的方法的再认识》，《法学》1993 年第 9 期。

从法律规则的逻辑结构来看，有学者从“三要素说”出发，认为“假定”明确了法律调整社会关系的范围，“处理”和“法律后果”为法律的调整方法，①也有学者支持“二要素说”，认为法律调整方法所涵摄的主要是“处理”和“制裁”②。无论是目前“新三要素说”通说地位的确立还是“新二要素说”的提出，③对于法律调整方法而言，“假定”要素即便能够独立存在，也仅为法律适用提供了条件，构成法律对准用对象的筛选，对法律的调整方法并不起实质性的制约作用。根本上讲，法律调整方法还是以行为模式为核心，通过授予法律主体以权利、为主体设定义务的方式来调整人们的行为。

（二）环境法的调整方法

根据定义法律调整方法的思路，研究环境法的调整方法首先要明确什么是环境法律调整。蔡守秋教授认为，所谓环境法律调整，是指作为主体的环境法影响、改变、协调（包括建立、产生、确认、赋予、作用、控制、改进、改善、消灭等）特定对象（包括人、人的行为、状态、关系、事项、工作和秩序等）的活动。④上述定义从主体、对象等方面描述了环境法律调整，即环境法律调整的主体是环境法，这里的环境法既包括环境专门法，也包括其他法律部门的相关法律规范；环境法律调整的对象是环境社会关系，即因开发、利用、保护、改善环境资源而发生的社会关系。

在法治时代，将法律视为主体已经越来越易为人们所接受，但还是面临一个“主体一般为人”的哲学常识问题。黑格尔关于主客体辩证统一的观点中介绍了“目的的自身内反思”与“目的的向外反思”两方面因素的“行动”概念，使第二自然作为机械过程的消极性也成为主体自身意志的组成部分，⑤绝对观念因异化产生的客体化趋势不断复归于自身，

---

① 参见刘鹏《论经济关系的法律调整方法》，《湖南农业大学学报》（社会科学版）2004年第4期。

② 参见徐澜波《论宏观调控法的调整方法——从经济法的调整方法切入》，《法学》2020年第7期。

③ 参见雷磊《法律规则的逻辑结构》，《法学研究》2013年第1期。

④ 参见蔡守秋《调整论：对主流法理学的反思与补充》，高等教育出版社2003年版，第560页。

⑤ 参见周阳《论黑格尔的“Handlung”与马克思的“Praxis”——“在我的物象—世界中行动”与“在物象—世界中我的行动”》，《现代哲学》2021年第5期。

实现了主体性的重建。[①] 谢晖教授引入了两个概念进一步说明："客体主体化"和"良性异化"。简单来讲，法律为法律调整之主体就是将形式是客体化的法律，注以活的精神实体之后主体化的结果，法律是规范化的人的精神，是人之主观能动性的表现形式，人在法律框架下的行为，是人们容易正确接受并能够产生良性异化效果的。[②]

结合上述认识，从环境法对环境社会关系的影响来看，环境法调整方法指的是，环境法对环境社会关系施加法律影响的所有方式、方法的总和。环境法律调整过程中对法律事实的过滤和选择，以及对环境法律关系主体、客体、内容等事项的确定，都属于环境法在事前调整阶段所使用的方法。而利用国家权力进行的行为规制和权利保障、责任追究等，则是环境法在事后调整阶段所使用的方法和手段。

从环境法律规则的结构来看，环境法调整方法是由行为模式和法律后果构成的规范结构，在事前预防、事中管控、事后救济的适用域中寻求对环境利益的协调方式。这就揭示了环境法调整方法的本质内容。"就法律调整方法的内容看，其本质就是法律部门的全部规范中所反映出来的行为模式，是产生该部门法律所调整的特定社会关系的原因，经过归纳、抽象提炼后可反映该法律部门所调整的社会关系的路径和程式。"[③] 因此，环境法律规则中的行为模式和法律后果共同构成了环境法调整方法的结构性内容，包括义务性规范、禁止性规范、允许性规范对环境行为的模式化的抽象概括及其招致的法律后果。

二 环境法调整方法的基本特征

法律调整方法是各法律部门通用的理论概念，环境法调整方法不仅应当有法律调整方法必须具备的一般性特征，亦应有其特性。因此，环境法的调整方法至少具有以下特征。

（一）法律性

治理环境必须以法治为保障，"法治兴则国家兴，法治衰则国家乱；

---

① 参见张明《毛泽东与卢卡奇阶级意识理论的比较研究》，《思想教育研究》2020年第8期。

② 参见谢晖《法学范畴的矛盾辨思》，法律出版社2017年版，第251—252页。

③ 参见徐澜波《论宏观调控法的调整方法——从经济法的调整方法切入》，《法学》2020年第7期。

什么时候重视法治、法治昌明，什么时候就国泰民安；什么时候忽视法治、法治松弛，什么时候就国乱民怨”[①]。现代法治观要求坚持法律的至上性，“作为一种社会组织方式，法治的本质就是坚持法律至上，保障自由，限制权力”[②]。因此，环境法调整方法的首要特征即为法律性。

脱离了法律至上这个先决条件，对环境法调整方法的认识就会流于泛化，环境法律调整也将无从谈起。在全面依法治国的时代要求下，法律具有至上地位，这点毋庸置疑并已成为共识。而在认识环境法调整方法的时候强调环境法作为法律的至上性，看似理所应当，实际上是将法律调整方法与依附于社会的社会调整方法和依赖于市场的经济调整方法相区别的前提。旨在避免环境法调整方法的法律性被削弱，无论环境法调整方法的外在表现是社会的还是市场的，环境法调整方法的法律性一定是其首要的、最主要的特征。

（二）动态性

环境法调整方法的动态性包括两个方面：

一方面，环境法调整方法的工具属性使其成为直接作用于行为的手段，并随着事实世界中环境社会行为的变化而变化，具有强适应性。只有涉生态环境的社会交往停止，才会流于静止，因此，环境法的调整方法始终保持着动态的运作状态。

另一方面，“调整方法也是一个动态系统，它至少是在两种态势下进行演变和运行：一是系统的总体运动，由法律调整的社会关系、社会生活变动所导致的法律部门不断分化与综合运动，实现法律调整方法的不断更新与完善；二是由法律工具的可选择性和变易性引起的系统内的局部运动”[③]。环境法调整方法因其自身稳定的规范结构而具有自主性和独立性，成为调整方法系统中的重要组成部分。因此，系统的总体运动和发展必将会对环境法调整方法产生一定的影响。而环境法的调整方法本身也并非一成不变的，受人们认知水平和能力的限制，以及科技发展水平的制约，环境法无法事无巨细地反映所有社会交往状态，有些新问题、新表现是根据

① 习近平：《深刻认识宪法修改的重大意义》（2018年1月19日，习近平同志在中国共产党第十九届中央委员会第二次全体会议上讲话的一部分），载习近平《论坚持全面依法治国》，中央文献出版社2020年版，第194页。

② 李先涛：《法治中国建设的核心基础与行动指引》，《东岳论丛》2016年第12期。

③ 参见何文龙《国民经济运行法律调整方法论——兼论经济法调整方法》，《当代财经》1996年第8期。

时代变迁和社会情势变化慢慢浮现的。当新的调整对象被纳入环境法的调整范围时，环境法调整方法的行为模式和法律后果也将随之更新，从而推动总体系统的发展。

（三）综合性

由于环境问题的特殊性和环境社会关系强烈而鲜明的广泛性、复杂性和综合性，使环境领域的特定问题始终处于交叉地带。在人类活动与自然资源的物质交往过程中，环境介质的作用场域十分广泛，使得环境法的发散性极强，无法从任何一个单一的传统法部门中派生演绎，而只能是一种综合性的法律规范，调整环境社会关系的法律并不统归于一个法律部门，而归属于不同的法律部门，环境法调整方法也必然具有综合性，这是由环境法的本质特征决定的。环境法调整方法不仅涉及环境私益的保护，也涉及环境公益的维护；不仅包含平等主体间的环境法律关系，也包括环境行政管理法律关系；环境保护法律规范不仅体现为宪法中的国家环境保护义务，还散见于环境刑事立法、自然资源物权等领域，既涉及利益填补和损害补偿，也涉及强制和惩罚。

从环境法调整方法的历史发展可以看出，采用民刑法调整不足以解决环境与资源危机，过度硬性的行政法调整无疑会暴露缺陷，完全市场化的经济调整也难以实现人与自然的和谐。单一的调整方法无法完成环境法调整环境社会关系的任务，必须运用多种调整方法，也唯有采用多种调整方法，才能适应环境与资源法律问题的解决和处理。因此，综合多元的法律调整方法是环境法调整方法的基本特征。[①] 具体体现为对传统部门法调整方法的综合，包括以调整管理与被管理关系为主的行政法律调整方法和以调整平等关系为主的民事法律调整方法，二者各有其调整界域，并行不悖。

第二节　环境法调整方法的分类

根据不同分类标准可以将法律调整方法作不同划分，如公法调整方法、私法调整方法[②]；权威性调整方法、自治性调整方法[③]；事前调整方

① 参见杜群《环境法融合论》，科学出版社 2003 年版，第 46 页。
② 参见杜群《环境法融合论》，科学出版社 2003 年版，第 46 页。
③ 参见《中华法学大辞典》（法理学卷），中国检察出版社 1997 年版，第 121—122 页。

法、事后调整方法[①]；民事法律方法、行政法律方法和刑事法律方法[②]；放任性调整方法、强行性调整方法、提倡性调整方法、制裁性调整方法等[③]。

上述分类虽然视角不同，但都具有普遍适用性，都描述了法律对其所调整的对象施加的法律影响。法律调整方法的性质主要取决于法律调整对象，调整强权性法律关系的方法多属于公法方法、权威方法、行政或刑事法律方法，调整平权性法律关系的方法多属于私法方法、自治方法、民事法律方法。这也是法律调整方法与法律调整对象常被人们一并作为划分法律部门的标准的主要原因。[④] 除了从法律的调整对象入手，还有的学者从法律调整的角度出发，将法律调整方法分为宏观调整方法、微观调整方法；一般调整方法、个别调整方法；应然调整方法、实然调整方法；强制性调整方法、自主性调整方法等[⑤]。

近年来，各种法律调整方法相互融合的趋势越来越明显，再加上环境法等新兴法律学科的出现和兴起，使得将法律调整对象与法律调整方法结合起来作为划分法律部门标准的传统路径不断受到质疑，[⑥] 更有学者认为这种划分方式只是人们的主观认识和研究法学的有意识的活动，是为了符合理论和实践需要对现有法律以特定标准进行的分类整理而已，不具有绝对的客观性和普适性。[⑦]

---

① 参见徐国栋《对民法的调整对象和调整的方法的再认识》，《法学》1993 年第 9 期。

② 参见顾功耘、刘哲昕《论经济法的调整对象》，《法学》2001 年第 2 期。

③ 参见谢晖《论法律调整》，《山东大学学报》（哲学社会科学版）2003 年第 5 期。

④ 罗玉中认为划分法律部门的主要标准是法律所调整的社会关系，凡是调整同一社会关系的法律规范，便划归为同一法律部门。法律调整社会关系的方法对法律部门的划分不是没有意义的，但不能是一个重要因素。参见罗玉中《法律：社会关系的调整器》，时事出版社 1985 年版，第 67—68 页。汪劲认为划分我国法律部门一般通过法所调整的社会关系或法在调整社会关系时所适用的方法来判断，但主要标准是法的调整对象。参见汪劲《环境法学》，北京大学出版社 2006 年版，第 123 页。韩德培认为部门法的划分主要根据所调整的不同社会关系进行的，调整方法在划分部门法中是次要和派生的标准。参见韩德培主编《环境保护法教程》，法律出版社 2015 年版，第 53 页。张文显则认为法律规范所调整的社会关系是划分法律部门的重要标准，但它不能解释同一社会关系需由不同法律部门来调整这一法律现象，因此，还需将法律规范的调整方法作为划分标准。参见张文显主编《法理学》（第五版），高等教育出版社 2018 年版，第 103 页。

⑤ 参见谢晖《法学范畴的矛盾辨思》，法律出版社 2017 年版，第 253 页。

⑥ 参见徐澜波《论宏观调控法的调整方法——从经济法的调整方法切入》，《法学》2020 年第 7 期。

⑦ 参见张继恒《范式转型与理论拓掘：经济法“地位之争”再评论》，《人大法学评论》2013 年第 1 辑。

环境法的调整对象决定了环境法的调整方法，环境法调整对象上的认知分歧必然使人们对环境法调整方法的认识出现分歧。最主要的莫过于对“环境法是否有其特殊的调整方法”的讨论。

一　环境法是否有其特殊的调整方法

环境法是否有其特殊的调整方法一直是学界争论的主要问题，不仅有其他部门法的学者否认环境法有特定的调整方法，连环境法学内部也存在较大分歧。

长久以来，法律调整方法与法律部门的划分紧密相关。[①] 有学者认为每个法律部门都应有与其调整对象相适应的特定调整方法；[②] 而有的学者则认为一个法律部门可以同时具有多种法律调整方法；[③] 还有的学者认为所有法律共用一套具有“超部门”性质的法律调整方法，即每个法律部门的调整方法具有“多方面性”“通用性”“超部门性”，这些方法并不专属于哪一个法律部门，而是各法律部门通用的[④]。

在理论层面，无论是否承认环境法独立的法律部门地位，对于环境法的调整方法而言，其综合性特质是不言而喻的，并且已经成为共识。“环境问题的特点和内在规律决定了环境法调整方法的综合性和某些法律制度的综合性。……环境法这样的理论进化趋势也必然决定了在法律调整手段的选择上，只能是综合性的，根据实际的需要选择强制程度不同的调整方

---

① 一般认为，法律部门的划分标准主要是法所调整的社会关系和法律调整方法。罗玉中认为划分法律部门的主要标准是法律所调整的社会关系，凡是调整同一社会关系的法律规范，便划归为同一法律部门。法律规范对社会关系调整的方法对法律部门的划分不是没有意义的，但不能是一个重要因素。参见罗玉中《法律：社会关系的调整器》，时事出版社1985年版，第67—68页。汪劲认为我国划分法律部门的主要标准是法的调整对象，一般通过法所调整的社会关系或法在调整社会关系时所适用的方法来判断。参见汪劲《环境法学》，北京大学出版社2006年版，第123页。韩德培认为部门法的划分主要根据所调整的不同社会关系进行，调整方法在划分部门法中是次要和派生的标准。参见韩德培主编《环境保护法教程》，法律出版社2015年版，第53页。

② 俄罗斯学者弗·姆·奇希克瓦泽和茨·阿·亚姆波莉斯卡娅在《论苏维埃法的体系》中指出，每一个法律部门都只有一种属于本法律部门的固定的法律调整方法。参见王树义《俄罗斯生态法》，武汉大学出版社2001年版，第43页。

③ 俄罗斯学者伊·弗·帕弗洛夫在《论苏维埃社会主义法的体系》中认为，一个法律部门同时具有几种法律调整的方法。参见王树义《俄罗斯生态法》，武汉大学出版社2001年版，第43页。

④ 俄罗斯学者弗·恩·亚柯夫列夫在《农业保险法律关系》中认为，每一个法律部门的调整方法都具有“多方面性”“通用性”和“超部门性”。参见王树义《俄罗斯生态法》，武汉大学出版社2001年版，第43—44页。

法与手段。”[①] 环境法调整方法的综合性，即对民事、行政、刑事手段的综合运用，这些手段并非简单的聚合，而是具有内在规律的有机组合。[②] 在环境法律调整的过程中，存在着以多种方法调整同一环境利用行为的情况，主要以行政调整方法为主，兼有民事和刑事调整方法。[③]

学者们的分歧主要在于对环境法调整方法的独特性的认识。

认为环境法调整方法不具有独特性的学者，多以环境法调整方法是对传统方法的综合运用为由展开论述。例如，“从本源上说，独立的法律调整方法概有四种：刑事方法、民事方法、行政法方法、宪法方法，所谓其他法律部门的调整方法，如经济法的调整方法、环境法的调整方法、劳动保障法的调整方法等，只不过是这几种方法的综合运用而已，谈不上独特性”[④]。苏联也有学者只承认民事调整方法和行政调整方法。[⑤] 但有学者从同样的角度出发，得出了相反的结论。例如，有学者认为环境法所调整的对象和方法同其他法律部门有着明显的区别，在表现和实现国家意志的方式方法上有自己独特鲜明的个性，采取了综合调控机制，即综合运用各个法律部门的手段，对环境社会关系实现综合调整。[⑥] 更有学者指出，在环境法与民法、刑法的交叉领域之外，民法、刑法等部门法不宜也不能对环境法的调整方法有过多的侵入和干预，应有明确的界限。[⑦]

不过，环境法学界的多数学者仍然认为环境法调整方法是具有独特性的[⑧]。如苏联学者所言，行政法律方法和民事法律方法的广泛应用并不能

---

① 张璐：《部门法研究范式对环境法的误读》，《甘肃政法学院学报》2009 年第 3 期。

② 参见梁忠《界权论：关于环境法的另一种解释》，《中国地质大学学报》（社会科学版）2019 年第 2 期。

③ 参见吴凯杰《论环境法典总则的体系功能与规范配置》，《法制与社会发展》2021 年第 3 期。

④ 李拥军：《当代中国法律体系的反思与重构》，《法制与社会发展》2009 年第 4 期。

⑤ 苏联学者姆·姆·布林丘克和恩·弗·库兹涅措娃认为，在法律科学中只承认两种调整方法，即行政法律方法和民事法律方法（任意方法）。参见王树义《俄罗斯生态法》，武汉大学出版社 2001 年版，第 44 页。

⑥ 参见吕忠梅《环境法新视野》，中国政法大学出版社 2000 年版，第 92—94 页。

⑦ 参见张式军、田亦尧《后民法典时代民法与环境法的协调与发展》，《山东大学学报》（哲学社会科学版）2021 年第 1 期。

⑧ 例如常纪文、徐祥民、巩固、宋福敏等。参见常纪文《中国环境法治的历史、现状与走向——中国环境法治 30 年之评析》，《昆明理工大学学报》（社会科学版）2008 年第 1 期；徐祥民、巩固《关于环境法体系问题的几点思考》，《法学论坛》2009 年第 2 期；宋福敏《论我国环境法的理论研究特色》，《沈阳师范大学学报》（社会科学版）2017 年第 4 期。

否认各法律部门特有的调整方法，全球性环保任务对法律调整在各个领域的渗透，就是生态法在传统的两种法律调整方法之外特有的生态化方法，即将环境利用行为生态化的调整方法。① 我国有学者主张环境法的调整方法包括基本的法律调整方法和特有的调整方法，我国公认的传统法律调整方法主要是民事法律调整方法和行政法律调整方法，而环境法特有的调整方法是调整人与自然关系的方法，可称之为生态化方法。②

关于生态化的调整方法，有学者归纳了六大具体内容：第一方面是对法律关系客体的调整，将客体的种类和范围用法律形式确定下来，环境法中权利客体与传统法律部门的权利客体有所不同，有着自身的特点。比如，不具有个人意义的环境要素不是传统的权利客体，却是环境法中非常重要且构成环境法重要特色的权利客体，这些权利客体不是传统法律所能涵盖的，需要作出专门的明确界定。第二方面和第三方面实际上是对法律关系主体的调整，明确法律关系的主体的范围和法律地位。环境法的权利主体对传统权利主体有极大的发展。例如，后代人是以集体的形式享有环境权益的，并且其中的权利义务关系呈现出一种动态的平衡，是环境法中极具特色的权利主体，是对传统法权利主体的拓展，传统法对其权利主体的法律地位、享有权利承担义务的形式以及法律保障都没有相应的规定；另外，传统的权利主体在环境法中的地位和权利义务关系与传统部门法也存在较大的出入，这些都需要不同于传统法的专门规定。第四方面所涉及的生态人进行生态利用活动应当遵守的规则，这与环境法的特点有关，环境法的调整对象是在生态利用活动中所形成或产生的。而任何一种生态利用活动又是与其是否符合自然规律的要求联系在一起的。人类为了顺利地进行生态利用活动，就必须遵循自然规律，就必须使每一个与生态利用有关的行为生态化。从法律角度看，这是对法律关系主体权利义务关系的规定，自然规律表现在法律上就是法律关系主体必须遵守的规则，构成权利主体的权利义务关系。第五方面则是对法律制裁的规定，法律制裁是法律责任的集中体现，是国家保护和恢复法律秩序的强制性措施，权利义务关

① 苏联学者弗·弗·彼德罗夫和布·弗·叶罗费耶夫认为，生态法作为俄罗斯联邦法律体系中的一个独立的法律部门，不仅具有单独的调整对象，而且具有自己特殊的调整方法，这种调整方法绝不是各法律部门“共用”或“通用”的调整方法，而是生态法所特有的调整方法。参见王树义《俄罗斯生态法》，武汉大学出版社2001年版，第45页。

② 参见蔡守秋《调整论：对主流法理学的反思与补充》，高等教育出版社2003年版，第556页。

系没有法律强制措施的保障，也就失去了现实意义，环境法特有的权利主体、客体以及权利义务关系也需要相应的法律制裁措施作后盾。第六方面实际上要求综合运用各种法律部门对环境社会关系予以调整，将环境法中特有的对权利主体、客体以及相应的权利义务关系渗透扩张到其他部门法中，环境法具有强烈的开放性，它与传统法律部门之间是交流和协同的。[①]

还有学者从环境法的科学属性出发，认为“环境法必须建立在符合生态规律的环境科学基础之上，它的特殊调整方法，既包括强行性规范与任意性规范，尤其是提倡性规范的结合，还包括法律化的技术性规范的大量采用”[②]。环境法在调整环境社会关系时，不仅综合运用了行政的、民事的、经济的、刑事的法律方法和手段，而且规定了环境影响评价制度、“三同时”制度、排污申报登记制度、排污收费制度等，这是其他法律部门所不可能规定的法律制度，使得它在调整方法上与其他法律部门有着明显的不同。[③] 持类似观点的学者认为，环境法调整方法的特殊性恰在于诸如环境标准、环境技术性准则、污染物排放的总量控制、排污收费、缴纳生态补偿费等方法，这是环境法实现其目标所不可缺少的，也是其他部门法所不具备的。[④]

综合上述观点来看，首先，环境法调整方法的综合性显然无法充分说明环境法的调整方法具有独特性。其次，环境法能否调整人与自然的关系尚未形成学界共识，不能将其作为环境法调整方法具有独特性的有力证据。而从生态化调整方法的六个方面来看，不过是法律对环境法的主体、监管部门及其权利义务以及环境法的对象等所作的规定，本质上是传统法律调整方法根据生态自然的客观规律，在价值、理念、原则、规则、责任上的绿化和变形。最后，环境技术性标准和环境税费等制度的实施，体现在对法律关系的调整上，属于管理与被管理者之间的环境法律关系的范畴，仍然是环境法行政调整方法的具体运作形式，不能将调整方法上的展开或发展作为论证环境法调整方法独特性的依据。因此，对环境法调整方法是否具有独特性，以及如何证明此种独特性的问

① 参见王树义《俄罗斯生态法》，武汉大学出版社 2001 年版，第 46—49 页。

② 吕忠梅：《论环境法的本质》，《法商研究》（中南政法学院学报）1997 年第 6 期。

③ 参见王灿发主编《环境法教程》，中国政法大学出版社 1997 年版，第 36 页。

④ 参见常纪文主编《环境法学》，中国方正出版社 2003 年版，第 48 页。

题还有待研究。

二 根据环境法不同调整对象的分类

（一）环境行政调整方法

工业革命之后，环境问题成为不容忽视的全球性议题，受国际环境保护风潮的影响，我国开始对环境领域出现的重大问题予以重视。为了有效应对环境问题，权威行政组织的干预成了必然。行政干预以国家权力为基础，通过层级式的行政机构采取强制命令解决特定领域出现的社会问题。庞德认为，在近代社会，法律是最重要的社会控制手段，[①] 法律通过有秩序地和系统地适用强力来调整关系和安排行为，主要依靠的就是法律对政治组织社会的强力的依赖。在法律社会化的发展趋势中，对于像自然环境一类的公共物品，当其他手段无法有效解决已经出现的问题时，国家势必通过依靠行政强力的法律来进行调整。而今，依托于国家法律处理环境问题不仅是一国的必然选择，而且十分有效。

我国在国家主治的制度惯性下，始终以政府行政调整为主，这是由社会发展现实和环境法本身的特质共同决定的。行政手段对公共领域的问题具有天然的调整力上的优势，自由主义经济发展带来的环境负外部性，必然会催化国家在环境保护领域的角色成长，而以命令管控为中心。环境法律较其他调整手段而言更能统合最普遍的环境利益，将不同主体间相互交往的共通性需求外在化，以强制性效力规范对环境行为提出模式化的要求。政府是社会公益的维护机关，政府的组建本来就在于对国家之根本问题的维系，以行政主导的方式解决环境问题也是对环境公共利益最有力的保障形式，环境问题带来的潜伏性危险也能通过强制性的政府干预有效降低长期权重，克服时间贴现。因此，环境行政调整方法的主导地位是不容撼动的，这也是环境法调整方法以行政调整方法为主的根本原因。

长期以来，我国环境管理体制采取集中调整的模式，在环境法调整方法上主要依赖单向度的管理与被管理的命令控制性调整。但问题在于，在政府主导的思维定式下，环境问题完全依赖于中央自上而下的立法向度予以解决，挤占了环境法其他调整手段的成长空间，致使我国环境民事调整

---

① ［美］罗斯科·庞德：《通过法律的社会控制》，沈宗灵译，商务印书馆 2013 年版，第 9—11 页。

方法发育不足。对权力的推崇会相应地带来过分集权的后果，从而出现以经验代替理性的现象，环境法治易走向危机应对式的形式主义，环境法的功能发挥难以得到保证。因此，环境法调整方法的发展离不开对多元化调整方法的探寻。

（二）环境民事调整方法

平等的环境社会关系主体在社会交往的过程中，基于保护生态环境的基本考量自由安排其行为，据此形成的环境社会关系经环境法调整后，成为包含一定权利义务内容的环境法律关系，而环境法调整平等主体间环境社会关系的一系列方法就叫作环境民事调整方法。《民法典》和《环境保护法》及其他相关法律法规中调整平等私主体之间环境法律关系的制度规范共同构成了环境法的民事调整方法体系。也就是说，环境民事调整方法是环境法（广义）在调整环境社会关系的过程中具有民事法律属性的方法。

环境民事调整方法与环境行政调整方法相比，最大的区别就在于其所调整的环境社会关系的主体所处的地位是平等的、非特权的，无管理、从属、依赖、隶属关系，亦无高低、强弱之分，而且只能是法律意义上的平等主体，并以主体的意思自治为行为原则。环境民事调整方法作为环境法调整方法的一个部分，其特殊性就在于它能够直接作用于“自然原因下的人的行为”①，强调的是环境法律行为中生态环境的媒介属性，这是某一社会关系能为环境法调整的必要条件，也是环境民事调整方法与环境行政调整方法的共同之处。

但是并非所有涉及生态环境要素的民事社会关系都能为环境民事调整方法所调整，只有以保护环境为目的的行为引起的环境民事社会关系，才能够为环境法的民事调整方法所调整。如果不是出于保护环境，而是以物权上的所有、使用、收益、处分为目的，那该行为及由此产生的社会关系就属民法调整，而非环境民事调整方法所涉对象，这是区别环境民事调整方法与民事调整方法的关键。无论是环境法的一元目的论还是二元目的论，都强调环境法对生态环境和人体健康的保护作用，环境民事调整方法和民事法律调整方法往往在保护私主体的人身利益和财产利益方面重合，这正是人们难以区分二者或忽视环境法的民事调整方法最特殊的功能的根本所在。

从这个意义上讲，目前我国环境法的民事调整方法在实践层面的体量

---

① 谢晖：《论法律调整》，《山东大学学报》（哲学社会科学版）2003年第5期。

是非常有限的，甚至可以说，之前除《侵权责任法》的相关规定外，在环境法范围内并没有真正意义上的环境民事调整方法。直到2020年《民法典》颁布，其中的“绿色条款”成为环境法民事调整方法的典型。

其一，《民法典》规定平等主体从事民事活动需遵循“绿色原则”①，在性质上属于非指导性的一般准则，具有实际的适用价值和裁判功能。在司法实践中，“绿色原则”处于附加性、从属性地位，并不对裁判结果发挥实质性的影响，但法官在论证说理方面将其作为重要原则援引，在“绿色原则”对生态环境倾斜保护的价值指引下，判决结果往往朝着有利于环境保护的方向发展。“绿色原则”的确立固定了生态保护在民法领域的价值共识，以“有利于”的结构模式设置“增益”性条款，弥补了传统环境行政调整方法可能产生的政府失灵和实效不佳等缺点，彰显了生态文明的时代特性，形成了与“命令—控制”型调整并行不悖又相互补充的方法体系，为维护环境公共利益、弘扬环境保护理念提供了新的视角。

其二，《民法典》物权编设置了一系列绿色条款。除确定资源权属的纯民事条款外，有诸多以维护环境公共利益为根本目标，涉及生态环境保护的规定。例如，（1）业主的环保义务和业主大会或业主委员会对“任意弃置垃圾、排放污染物或噪声”的民事责任请求权。②（2）要求相邻权人在利用和排放自然流水时应当尊重水的自然流向。③（3）对不动产权利人绿色排放的规定。④这几条均对民事行为赋予环保限制，“不得违反国家规定”排放有害物质，表面上是对依法排污的重申，实际上暗含着更高的环境保护要求。（4）建设用地使用权的设立应当符合“绿色原则”的要求，⑤对建设用地使用权的取得设定权利边界，包括对出让和划拨方式都赋予环保限制，通过直接的私法规定起到间接保护生态环境的效果。尤其是划拨用地，与国家环境规划和土地管理紧密相关，对以政府为主体的土地开发利用行为提出了生态环境保护的要求。（5）对用益物权的绿色规定为“保护和合理开发利用资源、保护生态环境”⑥，即在实践中，用益物权人的权利行使首先要“遵守法律有关规定”的生态环境保护事项，没有具体引致规

---

① 参见《民法典》第9条。
② 参见《民法典》第286条。
③ 参见《民法典》第290条。
④ 参见《民法典》第294条。
⑤ 参见《民法典》第346条。
⑥ 参见《民法典》第326条。

则时可以援引“绿色原则”，实现传统物权的“绿化”。

其三，《民法典》合同编规定了合同的履行应以“避免资源浪费、污染环境、破坏生态”为原则，① 以反向环保激励的方式引导合同履行，后又具体规定了民事主体的后合同义务和绿色包装义务。遗憾的是，法律仅对合同缔结方作了一般义务要求，并非强制性约束，因此不涉及合同的效力问题，但其进步意义不容小觑。例如，（1）旧物回收的后合同义务。②该项义务是以民法原则为指导，根据交易习惯，在合同履行完成等其他法定情形发生后的义务，义务的履行是后合同行为。如果从维护公益的角度理解，新增的“旧物回收”义务打破了合同的相对性，涉及除合同双方当事人之外的不特定多数人，可以视为对原有后合同义务的生态化拓展。（2）绿色包装义务。该项义务是对合同包装方式的漏洞补充规则，③“在性质上也可解释为合同附随义务”④。绿色包装义务作为兜底性选择，仅在当事人无约定或约定不明并且没有通用方式时适用。该条是考虑到日常生活中的过度包装情形有环境污染和浪费资源的可能，为《民法典》回应实践要求所设，在充分尊重意思自治的基础上，将环境负外部性因素纳入民事调整范围。

其四，《民法典》继受《侵权责任法》相关规定并实现升级，在第7章侵权责任编增设“环境污染和生态破坏责任”⑤，以侵权之债重拾被遗漏的生态利益，形成了与公法管制规则相对称的私法填补规则，完善了环境私益侵权责任并创造性地发展了环境公益侵权责任。环境私益侵权属于一般环境侵权，除了继续适用举证责任倒置规则和无过错责任原则之外，《民法典》细化了对多人环境侵权的责任分担并规定了惩罚性赔偿责任。此外，将生态环境损害写入《民法典》，为环境公益诉讼和生态环境损害赔偿诉讼提供了实体法基础，“建立了公共利益保护的司法操作机制”⑥。

但是上述环境民事调整方法在实践中依然存在诸多适用困境，主要体现为：

---

① 参见《民法典》第509条。

② 参见《民法典》第558、625条。

③ 参见《民法典》第619条。

④ 参见刘长兴《〈民法典〉合同编绿色条款解析》，《法学杂志》2020年第10期。

⑤ 参见《民法典》第1229—1235条。

⑥ 参见吕忠梅《中国民法典的“绿色”需求及功能实现》，《法律科学》2018年第6期。

第一，绿色附随义务并非合同给付内容，只能通过当事人约定获得生存空间。第二，旧物回收义务依赖于对交易习惯的识别，存在极大的解释和证明空间，而且第 625 条设定的适用条件限制了具体的应用场景。第三，对于绿色包装义务，虽然在适用上规定相对明确，但如何判断过度包装、合理包装、有利于节约资源和保护环境的包装的标准非常困难。第四，绿色合同条款并没有相应的法律后果，更缺少对违反义务的行为的救济规则，导致绿色条款缺乏落实的动力，与法律预期相比，现实效果大打折扣。而且违反绿色合同义务并不能导致合同无效、瑕疵担保、损害赔偿、违约等责任，合同的“绿化”并不实用、彻底。第五，虽然生态环境损害指向生态环境本身的观点已经成为共识，但二元的侵权责任体系也带来了许多问题，主要是针对生态环境损害领域的争议。2022 年 1 月 12 日，最高人民法院发布《关于审理生态环境侵权纠纷案件适用惩罚性赔偿的解释》，解决了学界长期争论的生态环境损害赔偿能否适用惩罚性赔偿、如何适用的问题，使生态环境惩罚性赔偿真正起到了对恶意污染环境、破坏生态行为的震慑、预防、惩罚作用。

不可否认的是，《民法典》中具有生态指向的绿色条款不仅突破了传统的民法逻辑架构，促进了环境法与民法的衔接，还充实了环境法的调整方法体系，是实现生态文明建设、构建现代环境法律秩序的重要推动力，其进步意义昭然若揭。

（三）环境法调整方法的新发展

环境法调整方法的新发展，并不是超越环境行政调整方法和环境民事调整方法，在传统调整方法范围外寻求全新的调整方法，而是以不同方法为基础，通过不同的组合形式实现环境法调整方法创新和发展。

环境法调整方法被视为多种传统调整方法的综合，但仅以“综合性调整方法”或“多元的调整方法”概括环境法调整方法的新变化，既无法揭示其与传统调整方法之间关系的内核，更不能反映不同调整方法之间共存共促、相互耐受的发展模式。因此，需要借助嵌合理论，更形象地展示各调整方法相互融合的全貌，并借用异源嵌合体模型，来解释环境法中近来出现的“新方法”与传统调整方法之间的关系。

“嵌合”是生物遗传学中的概念，嵌合体分为同源嵌合和异源嵌合两种形式，异源嵌合体又包括整体嫁接、组织合并、胚胎合并、移植等构建方法。[①] 在社会科学领域，“所谓嵌合是指作为整体层面的系统内部各要素之间所具备的包含、重叠、互补，并且具备内在一致性的一种结构性联系”[②]。囿于环境保护的客观需求，异源异质的民事和行政调整方法不是割裂的、孤立的，在环境保护事项上所具有的重叠性，使它们具有交互效应的嵌合关系，能够形成有机连接的嵌合结构。环境行政调整方法和环境民事调整方法的属性和来源迥异，但在调整目标上具有一致性。因此，环境法的调整方法是对民事调整方法和行政调整方法的“嵌合”性整合。按照异源嵌合的基本逻辑，不同调整方法的融合模式大体可以概括为嫁接、吸收、新设三种。

其一，“嫁接”模式是指在一种调整方法上完整嫁接另一种调整方法的模式，二者具有可分性。我国环境法调整方法以行政调整方法为主导，结合实际情况，目前的“嫁接”模式只能是将民事调整方法嫁接于行政调整方法上。如排污权交易制度，采用的就是在环境法行政调整方法之上完整嫁接环境法民事调整方法的模式。在排污权交易制度中，相关环境法主体在第二阶段可以通过市场交易，对“排污权”[③] 进行权利交换。将“排污权”作为交易对象实质上是对环境资源利用权的商品化，此时的排污权交易可以被看作一种动态债权，[④] 是环境民事调整方法的表现形式。但由于排污权交易是基于解决环境外部性问题和公共物品分配而产生的制度，[⑤] 第一阶段基于总量控制的行政许可部分依然属于环境行政调整方法。排污权交易制度吸纳了平等自愿原则，环境行政主管部门在排污权的交易阶段根据区域污染物排放总量，仅对交易主体的资格、条件等进行审核，对虚假行为、瞒报谎报行为进行管控。

其二，“吸收”模式是不同调整方法相互融合内嵌的模式。“内嵌”

---

① 参见刘福岭等《现代医学辞典》，山东科学技术出版社 1990 年版，第 710 页。

② 张晓岚：《内部控制、内部控制信息披露及公司治理——嵌合治理框架的建构及理论诠释》，《当代经济科学》2011 年第 6 期。

③ 排污权并不像经济学家认为的那样，将污染环境的权利作为一项权利来看待。高丽红教授认为在法律中，排污权可以被看作一种用益物权。参见高丽红《论排污权的法律性质》，《郑州大学学报》（哲学社会科学版）2003 年第 3 期。

④ 参见高丽红《论排污权的法律性质》，《郑州大学学报》（哲学社会科学版）2003 年第 3 期。

⑤ 参见陈德湖《排污权交易理论及其研究综述》，《外国经济与管理》2004 年第 5 期。

即无法分离的结合，“吸收”模式的环境法调整方法既不属于任何一种传统调整方法，但又具备行政调整方法和民事调整方法的性质，如环境税制度。在环境税制度中，税务机关代表国家权力行使征税权，环境保护主管部门负责对污染物进行监测管理，法律要求环境保护主管部门应当与税务机关建立涉税信息共享平台和工作配合机制。① 这些都是行政调整方法的表现形式。而环境税制度利用税收内化环境负外部性的意旨则是民事调整方法的制度表达。过去的排污收费制度虽然也是将环境负外部性内部化的制度措施，但在此种“吸收”结构下，行政管理手段容易吞噬依赖市场的民事调整方法。政府的财政税收来源于本地龙头企业时，政府对这些企业的环境污染和生态破坏行为就更容易持放任态度，而且行政机关对环境污染行为的收费、罚款在很大程度上代替了污染治理和对环境污染行为的禁止，生态环境并不能得到改善。企业的排污获益大于收费损失就会助长污染者扩大生产规模弥补收费支出的势头，滋生“收费排污”的怪相，污染物排放的累计效应产生的环境危害还是会转嫁至社会，这种调整方法就失去了它原本应当发挥的效果。《环境保护税法》和《环境保护税法实施条例》的颁布和施行，将原来的环境行政收费改革为国家征税，国家行政机关的公共管理行为由原来环境保护主管部门的环境管理行为转变为国家税务机关的课税行为，环境保护主管部门在涉税征收方面由原来的收费主体变成监测者和主要配合者。环境税制度得以依靠税收法定原则，弱化了环境行政主管机关的绝对控制，也就助长了民事调整方法的发展，从而更有效地将环境污染和生态破坏的社会成本内化到生产成本中，再通过市场实现对环境资源的分配，改善企业和消费者的生产或消费行为，对解决排污费制度带来的问题起到了积极作用。

其三，“新设”模式是指在已有调整方法上进行创新，吸纳各调整方法的特点而形成的新型调整方法。“新设”模式与“吸收”模式的调整方法都具备各传统调整方法的特征，但差别在于，前者暗含着各传统调整方法的性质，既有可能更偏向行政调整方法，也有可能更偏向民事调整方法；后者虽然也具备各传统调整方法的特征，但并不归属于任何一种方法，而且可以轻易地将主体、对象、手段等要素作性质区分。典型的“新设”型调整方法，如生态环境损害赔偿制度中的磋商前置。相关部门

① 参见《环境保护税法》第15条。

经省政府、设区的市政府指定，与赔偿义务人就生态环境损害赔偿有关事宜开展磋商，磋商主体是行政管理与被管理关系，属于环境行政调整方法，磋商方式是平等协商，属于环境民事调整方法。但整个制度结合起来，磋商主体的特殊性和权利处分的合意性，使磋商制度既不属于行政调整方法又不属于民事调整方法，无法将其仅归属于任何一种传统的调整方法，而成为新的调整方法。

三　根据环境法调整方法之内容的分类

环境法的调整方法对行为进行调整所形成的行为模式并不是行为本身，而是经过抽象的法律公式，被规定于义务性规范、授权性规范和禁止性规范当中，以允许和禁止的方式为人们设定肯定式和否定式的法律后果，每一套行为模式和法律后果构成一种基本调整方法实现对环境社会关系的调整。苏联法学家弗拉基米尔·拉普捷夫将法律调整方法分为强制性指令方法（包括命令和禁止的方法），自主决策方法（包括协商方法和认可方法），建议方法。[①] 其中，强制性指令方法来源于义务性规范和禁止性规范，自主决策方法主要来源于授权性规范，建议方法主要来源于宣示提倡性规范。

义务性环境法律规范在环境法中最为常见，但是只有在积极型环境法律关系中，环境义务才被附加了独立的意义，严格义务才能突破硬性联系与权利人的环境利益直接相关。严格来讲，义务应当是无条件的、严格的，只能依照环境法律的要求或严格命令，并以国家强制手段为保证，而不是遵循某种规律或习惯。实际上，环境法律中存在着大量的义务性规范，表示的并不是严格意义上的义务，而是合乎法律规定的行为能够满足人们的某种法律期待，或者是这种行为能够在事实累积的层面上产生一定的法律后果，需要法律强调该行为的规定性和从事该行为的必要性。

因此，环境义务可以被分为三种类型：其一，是否履行义务与环境法律后果无关，如公民有积极保护环境的义务，违反该种义务并不产生相应的法律后果。其二，不履行或不完全履行环境义务将产生一定的法

---

① 参见［苏］弗拉基米尔·拉普捷夫《经济法的对象和方法》，吴长福译，《经济问题》1985 年第 4 期。转引自 B. B. 拉普捷夫《经济法：方法、目的、原则》，赵玉龄译，《环球法律评论》1984 年第 6 期。

律后果，但与国家强制无关，如企业优先使用清洁能源的义务，不遵守此类义务并不意味着不利的法律后果，仅代表权利的实现受到妨碍，权利人的利益无法满足或无法充分满足，环境法律效果受到影响而已，并不具有处罚内容，只有对该项义务的违法进一步发展为违法行为时，环境法才能对之进行否定性评价。其三，不履行或不完全履行环境义务将产生严格的不利法律后果，这种义务属于严格的环境法律义务，也是环境法中占比最大的义务类型，经常与责任相联系，义务的绝对性就体现为这种环境义务当中，法律对严格环境义务提出了最严格的履行和遵守要求。

权利和义务是不容分割的，但权利和义务的具体内容被包含在不同的规范结构中，即授权性规范和禁止性规范。授权性规范与禁止性规范常结合在一起，授权性规范赋予人们自己作出积极行为的权利，以一般允许的模式允许被授权的权利人完成一定的积极行为，禁止性规范则以一般禁止的模式为义务人设定不为一定行为的义务。授权性规范和禁止性规范中的一般允许和一般禁止是环境法中最基本、最核心的关系状态，包括积极内容的权利和消极内容的义务。积极内容的权利规定在授权性规范当中，表现为“有权”“享有……的权利”“可以”等规范形式，消极内容的义务规定在禁止性规范当中，以“严禁”“禁止”“不得”等规范形式表示。除此之外援引性规则对于正确处理行政处罚和刑罚的关系有重要意义，如“构成犯罪的，依法追究刑事责任”“尚不够刑事处罚的，依法给予行政处分”等。①

由此，结合弗拉基米尔·拉普捷夫对法律调整方法的划分，根据环境法调整方法的内容，环境法的调整方法可分为强制指令方法、授权任意方法、引导激励方法三种。

强制指令方法是行使国家权力的结果，当然指涉于禁止性规范中，以国家强制力为保证，除此之外还包括第三种义务类型，即与不利法律后果相联系的环境义务性规范。

授权任意方法是协调属性的方法，不具有强制控制的性质，是不完全的去权力化的调整方法，有很强的约束弹性，以促进环境社会交往、调节环境利益关系为主旨，具有自愿性、互利性。

---

① 参见《草原法》第61条、66条，《电力法》第70—74条等。

引导激励方法是鼓励授益性的调整方法，通过获益诱导或提倡鼓励以最小的成本促进环境法律主体积极守法，依赖于自我价值实现的自觉和自律，与肯定性法律后果相关，以物质奖励、精神奖励为表现形式，包括奖金、奖品、晋升、减免税征、表彰嘉奖、荣誉标识等。

第三节　环境法调整方法与环境法调整机制的关系

一　环境法调整方法与环境法调整机制的区别

根据《法律辞海》的定义，“法律调整机制”又称“法律机制”，指的是法律规范从形成、实施到产生调整社会关系效果的整个运行过程的综合原理，以动态视角从法律各个方面的联系考察法律对社会关系的调整及其运行过程。[①] 从上述定义中就能看出法律调整机制的特性，即联系性、动态性、有序性、综合性。这里的法律调整机制不仅包含法律规范的形成，还包括法律实施、法律实效。

阿列克谢耶夫在《法的一般理论》（下册）中专设一篇研究法律调整机制，指出“法律调整机制最一般的定义可以是：用来保证对社会关系实现有效法律影响的各种法律手段的统一体系”[②]。阿列克谢耶夫将法律调整机制，即法起作用的工具性机制，分为三种：专门法律的机制、心理机制、社会机制，[③] 我国也有学者持类似观点[④]。

约20年前，环境法学界就有对于环境法调整机制的专门论述。如2002年黄开智就指出环境法调整机制作为环境法律调整的目的和

---

① 参见王启富、陶髦《法律辞海》，吉林人民出版社1998年版，第1063—1064页。

② ［苏］阿列克谢耶夫：《法的一般理论》（下册），黄良平、丁文琪译，法律出版社1991年版，第371页。

③ 参见［苏］阿列克谢耶夫《法的一般理论》（上册），黄良平、丁文琪译，法律出版社1991年版，第373页。

④ 如宋瑞兰等认为法律调整不是只靠专门法律机制就能完成的过程，只有综合运用法律调整的专门法律机制和法律调整的社会机制、心理机制，才能更好地完成法律调整过程，实现法对社会的调整职能。社会机制从法、法的运作与社会环境的联系分析法律调整系统，而心理机制从三个层次（自觉遵守、被动遵守、国家强制）影响着法律的调整。参见宋瑞兰《论法律调整机制》，《法律科学》（西北政法学院学报）1998年第5期；魏清沂《试论法律调整机制》，《甘肃政法学院学报》1997年第1期；成红、张辉《论循环经济法律调整机制》，《社会科学》2006年第4期。

手段的桥梁，是环境法调整利益关系的一系列过程。① 到2003年，蔡守秋教授在《调整论：对主流法理学的反思与补充》中从组织制度角度出发，将环境法调整机制分为行政调整机制、市场调整机制、社会调整机制，又从克服外部不经济性出发具体论述了四种调整机制。② 自他提出环境法的调整机制包括行政调整机制、市场调整机制和社会调整机制之后，学界基本都是援用该观点、遵循此种路径进行研究。③

所谓环境法的调整机制，简单来讲，就是环境法对其所调整的对象施加全部法律影响的环节和要素的有机统一。具体而言，环境法调整机制指的是，党和国家制定或认可的环境规范（包括环境法律法规和环境政策），从规范创制阶段起，为实现生态秩序，利用各种环境法调整方法（手段）对其所调整的环境社会关系施加全部法律影响的系统过程，不仅将环境法律实在的各种现象集合起来加以描绘，而且以系统化的形态说明环境法律调整的效果和功能，从而揭示某种环境法律现象在环境法律体系

---

① 参见黄开智《环境法律调整机制初探》，2002年中国环境资源法学研讨会。

② 参见蔡守秋《调整论：对主流法理学的反思与补充》，高度教育出版社2003年版，第542—545页。四种调整人与自然关系和人与人关系的方法和机制包括：第一，直接的市场交易形式，通过产权界定和交易使外部性内在化，即通过市场机制和制度克服或降低外部不经济性；第二，企业内部交易形式，通过兼并使原来的外部性成为联合企业的内在成本，即通过企业机制克服或降低外部不经济性；第三，公关财政支出的形式，通过共有财产、公共品的方式克服市场失灵以降低个别厂商和个人面临的外部性，即通过政府经济政策措施克服或降低外部不经济性；第四，通过国家（包括立法、行政和司法）立法禁止、限制和控制，即通过环境资源法律机制和制度克服或降低外部不经济性。

③ 代表性的如丁霖从环境法律规范中归纳总结了国家调整机制、市场调整机制和社会调整机制的实践表达，并对各种机制进一步作了细致、详尽的划分。参见丁霖《论环境法典化背景下环境法调整范围的再次厘定——以法律调整机制为视角》，《中国地质大学学报》（社会科学版）2020年第2期。刘耀辉认为环境法调整机制的变革即政府环境义务在性质上、内容上和履行方式上的嬗变。参见刘耀辉、龚向和《环境法调整机制变革中之政府环境义务嬗变》，《法学杂志》2011年第5期。钭晓东认为环境法的调整机制即利益调整机制，目前面临市场与政府"双重失灵"的问题，"以末端应对为中心、以命令控制为中心、以制定法为中心、以利益限制为中心、以个体主义方法论为中心"的"五大思维倾向"是其中的主要症结，而以"民立、民意、民智、民富、民用"为核心的民本思想将为环境法调整机制运行中"五大思维倾向"的突破提供指引，为环境法调整机制实现多中心变革开拓路径，从而促进环境法调整机制"从单一政府定位到多元社会选择"的改良，推动"自上而下"与"自下而上"互动，实现环境治理的"从统治到治理到善治"的转型。参见钭晓东《环境法调整机制运行双重失灵的主要症结》，《河北学刊》2010年第6期；钭晓东《民本视域下环境法调整机制的变革——温州模式内在动力的新解读》2010年版，第18—30、35—46、48—57、75—80页；Tou Xiaodong, "Guimei S. Citizen-Oriented Reforms of Environmental Law's Working Mechanism", *China Legal Science*, 2013, pp. 52-75。

中发挥的特定职能及其相互之间的联系。

与“机制”相比，“方法”本身内含了一种静止力，具有被动特性。如果没有主体有意识地使用，“方法”就会因为缺少推动力而留于静止，任何能够起作用的方法，都始于方法使用者出于特定目的的运用。因此在形式上，环境法调整方法由静态到动态的过程，依赖于主体活动，而且需要以主体活动的目的为中介。环境法调整方法的设置必然涉及规范要素的表达，体现对环境法律关系、环境法利益的调整，但这些方面仅在静态层面展现了环境法调整方法的内容，环境法调整方法的动态运作只有与目的相关联，通过在法律实施环节对环境法调整方法有意识地使用，国家意图达至的环境法目的才能具有秩序指向性。严格来讲，环境法调整方法的动态运作只能说明它的运行形式，而不能构成环境法调整方法本身的内容，主体意图使用此种方法而不用彼种方法，或者准备同时使用多种方法时，方法始终处于被选择的地位，环境法调整方法只需要提供对权利（权力）和义务关系的模式化安排即完成了使命。

由于环境法调整方法只着眼于微观层面的技术性和工具性，对环境法律调整综合系统的运作过程回应有限。正因为环境法调整方法的静止倾向，所以可以散见于不同的环境法律规范当中，或分散在同一环境法律规范的不同环境法律制度当中，而无法从整体上联结整个环境法律调整活动。

一方面，各种环境法调整方法之间的依存联系较弱，每种方法都可以独立存在，分别具有不同的运作逻辑和功用。单纯的环境行政调整方法不会因为环境民事调整方法的缺失而无法发挥作用，引导激励性调整方法也不会因为强制指令性调整方法的存在而丧失其本身的价值。另一方面，动态运作的环境法调整方法虽然能够贯穿于整个环境法的调整过程，但即便是对同一环境法调整方法的使用，主体和对象的不同也会使同一种环境法调整方法以不同形式呈现。

因此，环境法调整方法自身无法观照环境法律的实施或实现，更不能统摄环境法律秩序。我们不能说某种环境法调整方法表达了法律实施的真义，包含了法律秩序的内容，而只有全部环境法调整方法体系化的动态运作才能被赋予此种意涵，但这恰恰是环境法调整机制之所指。显然，与环境法调整方法相比，环境法调整机制对事实世界受制于环境法律调整的解释力更强，也更加全面、系统。

二 环境法调整方法与环境法调整机制的联系

我国学者对法律调整机制的研究大多集中于法理学领域，如王天木、吕世伦、公丕祥、宋瑞兰、范健、谢晖等，① 均从某种程度上揭示了法律调整机制的本质，都承认法律调整机制的动态性、系统性、多元联系性，诸观点在论述上虽有些许差异，但大多殊途同归。而在学者们对法律调整机制的研究中，往往绕不开的一个概念就是法律调整方法，即认为法律调整机制是建立在法律手段或调整方法之上的过程性概念。

从下述对法律调整机制最具代表性的定义中，即可发现法律调整方法与法律调整机制的关系："法律调整机制，简言之，是指调整在社会活动中所形成的社会关系的各种法律手段或方式、阶段的总和，是运用各种法律手段调整社会关系的有机过程。"②

首先，与法律调整方法一样，"法律调整机制的概念，是从法律调整的概念中派生出来的"③。环境法调整方法和环境法调整机制都是环境法律调整的技术性派生概念，都强调通过直接调整人的行为而间接调整环境社会关系。只不过与环境法调整方法相比，环境法调整机制的内容更加丰富，是对环境法律调整活动的系统性涵括，理论触地更为广泛，它所描述的是环境法对社会生活施加全部法律影响、对其所调整的对象进行调整的系统运作过程。

其次，环境法调整机制是由各种环境法的调整方法所构成的巨系统，是环境法调整方法运动的结果和产物。"法律调整机制是通过法律手段予以实施并发挥作用的。法律手段是构成法律调整机制的'建筑材料'。没

---

① 参见王天木主编《法理学》，中国政法大学出版社 1992 年版，第 173、181—182 页；吕世伦、公丕祥主编《现代理论法学原理》，黑龙江美术出版社 2018 年版，第 151、178 页（《现代理论法学原理》有三个版本，最早一版于 1996 年由安徽大学出版社出版，但对该定义并无修正。且该定义与公丕祥所撰专门文章中的论述一致）；公丕祥《法律调整》，《江海学刊》1989 年第 1 期；宋瑞兰《论法律调整机制》，《法律科学》（西北政法学院学报）1998 年第 5 期；范健《论法律调整机制》，《南京大学学报》1987 年第 4 期；谢晖《论法律调整》，《山东大学学报》（哲学社会科学版）2003 年第 5 期；谢晖《法学范畴的矛盾辨思》，法律出版社 2017 年版，第 250、256 页。

② 吕世伦、公丕祥主编：《现代理论法学原理》，黑龙江美术出版社 2018 年版，第 178 页。

③ ［苏］阿列克谢耶夫：《法的一般理论》（下册），黄良平、丁文琪译，法律出版社 1991 年版，第 371 页。

有法律手段，就没有法律系统的运行，从而也就没有法律调整机制。”[①] 环境法在长期理论和实践的沉淀中已经发展出了许多新的调整措施，这些措施在调整方法上既有可能表现为单一的调整方法，也有可能是多种调整方法的综合运用，这些方法的有机运作共同构成了环境法调整机制最基础的制度单元。

最后，从环境法调整机制的外部实现来看，环境法调整机制是通过环境法的调整方法对外表现的，几乎所有在环境法律调整过程中起作用的调整方法都能涵括在环境法调整机制当中。环境法调整机制要描述的是，一个由行为引起的环境社会事实在人与人之间形成了环境社会关系，经过环境法调整机制这个“装置”的“黑箱运作”后，产生特定的、为人们所追求的理想环境法律秩序，从而达到环境法律调整目的的过程。其中的“黑箱运作”就是对环境法调整方法的运用，即通过一定的法律手段对环境行为进行调整，使引起环境社会关系的社会事实转化为法律事实，再借由法律事实所承担的权利行使或义务履行任务对环境法律关系进行合秩序目的的间接调整。

总的来看，环境法的调整方法不仅是环境法调整机制的基础，也是影响环境法律功能发挥的关键因素。如果说环境法律调整是环境法调整机制的表达内核，那么环境法调整方法就是环境法调整机制的外显方式。

---

① 宋瑞兰：《论法律调整机制》，《法律科学》（西北政法学院学报）1998 年第 5 期。

第四章　环境法律关系

第一节　环境法律关系的概念及特征

一　环境法律关系的概念

环境法律关系是由环境法律规范所规定的，通过环境法律规范实施所形成的与环境相关的环境社会关系。法律关系理论作为法学中的重要理论，最先主要由德国著名法学界萨维尼在《当代罗马法体系》一书中建构成形，其建构法律关系理论的目的，一是解决当时德国私法中广泛存在的体系性问题，二是试图借助法律关系，弄清“权利”的本质。[①] 萨维尼借助法律关系这一体系性方法，推演出了整个私法体系，从而奠定了法律关系理论在私法中的基础性地位。可以说，法律关系理论是促进法律规范体系化和促进权利本质清晰化的重要理论工具。

根据法律关系构成要件理论，环境法律关系是由作为形式要件的环境法律规范与作为实质要件的受环境法律规范调整的社会关系所构成的法上的权利义务（或权力责任）关系。从逻辑结构上看，法律关系的需要由两大要件构成，一是“关系”，二是“法律”。其中，“关系”是法律关系的素材，是存在于客观世界的各种事实联系，可称为法律关系的实质要件；“法律”是指对事实联系进行法律评价与界定的规范体系，是将事实关系上升为法律关系的形式要件，可称为形式要件。换言之，法律关系是生活关系（实质要件）与法律规则（形式要件）结合的产物，是生活事实与规范世界沟通的桥梁。[②] 主流法学理论认为，受法律调整的关系为社会关系，因此，环境法律关系是由受环境法律关系调整的社会关系。根据

---

① 参见陈锐《法律关系理论溯源与内容重塑》，《政法论丛》2020 年第 6 期。

② 参见王本存《行政法律关系的功能与体系结构》，《现代法学》2020 年第 6 期。

不同标准，环境法律关系具有不同的分类，具体而言，依据形成环境法律关系的法律规范不同，可以划分为污染防治法律关系与生态保护法律关系；依据环境法律主体在环境法律关系中的地位与相互关系，可以划分为平权型环境法律关系（横向环境法律关系）与隶属性环境法律关系（纵向环境法律关系）；依据构成环境法律关系的主体是否具体化和特定化，可以划分为绝对环境法律关系与相对环境法律关系；依据法律关系存在的形态，可以划分为抽象法律关系与具体法律关系。[①]

环境法作为新兴的法律部门，其调整对象、调整模式等与传统法学理论有着重大区别。传统法学理论重点关注人与人关系，忽视人与自然关系的重要性，或将人与自然关系仅视为人与人关系的一种过渡状态，归根结底还是调整人与人关系，如将对物权解释为一种对人权。[②] 因此部分学者认为法律能且仅能调整人与人之间的关系。正因为传统法律理论只考虑人的社会属性而忽视了人的自然属性，导致人与自然关系的矛盾和冲突，迫使人们重新思考人与自然的关系以及与之相应的法学理论与理念规则，[③] 从而推动环境法的兴起。从法律关系的形式要件上看，不是所有环境社会关系都属于环境法律关系，而是那些重要的，由国家通过制定环境法律规范予以保护或调整的环境社会关系才属于环境法律关系。

环境法律关系包含以下几层含义：

（一）环境法律关系是与环境保护有关的一种社会关系

法律关系是一种社会关系，环境法律关系则是一种与环境保护有关的社会关系，即环境社会关系。环境社会关系仅指以保护环境为主要内容的人与人之间的权利义务关系，还是包括人与自然之间的关系，存在一定争议。有学者认为环境法律关系是为实现人与自然和谐共生而形成的人与人之间的社会关系，[④] 也有学者认为环境社会关系不仅包括人与人之间的关系，还包括人与自然之间的关系。[⑤] 认为环境社会关系仅包括人与人关系的观点试图通过调整人与人之间的关系实现对人与自然关系的间接调整，

---

① 参见吕忠梅《环境法律关系特性探究》，《环境法评论》2018 年第 1 期。

② 参见［美］霍菲尔德《基本法律概念》，张书友编译，中国法制出版社 2009 年版，第 101 页。

③ 参见吕忠梅《环境法回归 路在何方》，《清华法学》2018 年第 5 期。

④ 参见张璐主编《环境与资源保护法学》（第三版），北京大学出版社 2015 年版，第 22 页。

⑤ 参见蔡守秋主编《环境资源法教程》（第三版），高等教育出版社 2004 年版，第 75 页。

且将人与自然的关系置于社会关系之外。但从人的基本属性来看，人是自然性与社会性的统一，人类社会是由人化的自然和自然化的人所组成的综合体，因此，社会关系不仅包括人与人的关系，还应包括人与自然的关系。[①] 人与自然之间的和谐共生是环境法学区分于其他部门法学的重要价值追求，生态资源环境作为环境法学的调整对象的重要组成部分，理应重视人与自然关系背后的人与人关系，即与环境保护有关的社会关系，并使之体现在环境法律理论和制度之中。

（二）环境法律关系是由环境法律规范所确认的社会关系

不是所有的社会关系都属于法律关系，只有经过法律规范确认的社会关系才属于法律关系。在生产生活实践中，存在纷繁复杂的关系，受法律调整的关系仅是所有社会关系中的一部分。同样，环境社会关系的内容十分广泛，只有受到环境法律规范确认的那部分社会关系才属于环境法律关系。在人与自然关系中，生态资源环境是人类生存的载体，人类无时无刻不在与生态资源环境发生联系，比如通过呼吸与空气发生联系、通过行走与土地发生联系等，但不是所有与生态资源环境发生联系的关系都属于环境法律关系，只有那些频繁出现、比较重要、可能影响社会主体环境权益进而影响到生态环境的环境社会关系，[②] 经由立法机关通过制定相关环境法律规范予以调整那部分关系，才属于环境法律关系。由此可见，环境法律关系并不是一成不变的，而是与当下经济社会发展关系相适应的，随着经济社会发展而发生变化的特殊的社会关系，其范围既受到经济社会发展阶段的影响，也受到立法主体对人与自然关系理念的影响。

（三）环境法律关系是以权利义务、权力责任等为主要内容的社会关系

传统的法学理论认为权利义务是法律关系的主要内容，有些学者甚至将法律关系的内容与权利义务等同起来。在传统的法学理论中，特别是在私法领域，认为法律关系是以权利义务作为纽带的社会关系。诚然，权利义务关系是法律关系最主要的表现形式，环境法律关系中也存在大量通过对主体设定相应权利和义务的方式，调整主体行为，进而实现对生态环境进行保护的情形。但是，作为具有综合性的环境法律规范，不仅具有私法

---

① 参见蔡守秋主编《环境资源法教程》（第三版），高等教育出版社 2004 年版，第 75 页。

② 参见吕忠梅《环境法回归 路在何方》，《清华法学》2018 年第 5 期。

属性的法律规范，还存在大量公法属性的法律规范，在公法属性的法律规范中，法律关系的主要内容则更多以权力责任的形式表现出来。在权利家族体系中，无论是权利义务，还是权力责任都只是权利本质属性的某个维度的体现，此外还存在其他表现形式。不过权利义务、权力责任是环境法律关系最主要、最核心的内容。

二　环境法律关系的特征

环境法律关系是由环境法律规范作用于与环境要素有关的生产生活关系后形成的环境社会关系。它与其他法律关系一样，包括三个不可或缺的构成要素，即主体、客体和内容，但由于受到环境要素的介入，环境法律关系呈现出以下特征。

（一）环境法律关系是以环境为媒介的社会关系

环境法律关系的重要特征在于环境要素作为媒介在人与人的关系中承担着重要的地位。在传统法律关系中，缺乏对环境要素的必要观照，涉及人之外的物体时，将其作为私权的客体，置于法律关系的次要地位，例如在论述物权关系时，往往将物权转化为对世权加以阐释，即将对物权转化为对人权，将人与物之间的关系转化成人与人之间的关系。环境法律关系重视作为媒介的环境要素的功能与地位，强调人与自然之间可以形成有效的法律关系，或者人与人之间的关系中突出环境媒介的特殊地位。

（二）环境法律关系具有综合性和广泛性

第一，环境法律关系具有学科上的交叉属性。环境法律关系是生态科学与法律科学结合的产物，环境法律规范往往建立在环境技术规范基础之上，具有鲜明的交叉学科属性。在认识和把握环境法律关系时，应当做到环境技术规范与环境法律规范的平衡，切勿以环境技术规范代替环境法律规范，将环境法律沦为科技的工具，而应超越科技界限，追求实证技术外的人文价值。[①] 第二，环境法律关系在主体、客体、内容等构成要素方面具有广泛性。环境法律关系主体构成的广泛性，不仅包括一般法律主体的公民、法人及其他组织，还包括国家和人类整体，甚至还涉及未出生的后代人；环境法律关系的客体具有广泛性，主要包括自然环境要素、人为环

① 参见周珂等主编《环境法》，中国人民大学出版社2016年版，第17页。

境要素乃至全球生态系统；环境法律关系的内容具有广泛性，比如包括环境污染防治、大气污染防治、水污染防治、噪声污染防治、有毒有害物质污染防治等污染防治型法律规范，而且包括野生动植物资源保护、森林资源保护、草原资源保护、渔业资源保护、土地资源保护、矿产资源保护、人文生态环境保护等保护型法律规范。第三，环境法律关系的综合性和广泛性还体现在，这种社会关系既涵盖了平等主体间的民事关系，又涵盖不平等主体间的行政关系、刑事关系以及其他多种性质的法律关系。正因为环境法律关系具有综合性和广泛性，在理论上，有学者提出环境法是领域法的学术主张，在司法实践中需要通过“三审合一”等综合性审判模式予以应对。

第二节　环境法律关系的构成

一　环境法律关系的构成要件

从外部看，人、环境要素、环境法律规范三者是环境法律关系的核心构成要件。在法律关系构成要件中，作为实质要件的“关系”和作为形式要件的“法律”是必不可少的两大要件。就环境法律关系而言，环境法律调整的“关系”是与环境保护有关的社会关系，当中包含人的要素与环境的要素。因此，环境法律关系的核心构成要件包括人、环境要素、环境法律规范三大要件。

包含环境要素是环境法律关系与其他法律关系相区别的重要原因。“相对于传统法律调整主体之间的直接法律关系，环境法律关系最鲜明的特色在于其具有间接性——主体间因为有环境介质才能形成法律关系。”①因为环境要素的介入，环境法律关系呈现出“人—环境—人”的关系模式。环境要素在环境法律关系中具有不可或缺的地位，在分析具体环境法律关系或环境权利本质时，应当充分考量环境要素对权利义务所带来的变化。甚至，环境要素与现有法律关系理论或权利理论的融合程度，决定着环境法学基础理论的成熟程度。这种融合不仅是将现有的权利理论解释为与环境要素相关的理论，而且要将环境要素的特殊性嵌入既有的权利理论之中，进而发展出一种符合环境法逻辑体系的权利理论。

① 吕忠梅：《环境法律关系特性探究》，《环境法评论》2018年第1期。

传统的法律关系理论主要关注人与人之间的关系，比如在私法领域，对人权（特定权利）是指人与人之间的关系，对物权（不特定权利）通常也被转化成特定主体与不特定主体之间的人与人的关系，此时，作为客体的“物”被淡化了。将法律关系限定在人与人之间的关系，有利于通过明确当事人之间的权利义务关系推动法律实践，但存在权利行使的外部性受到忽视的弊病。将“外部性效应”排除在权利分析之外，是传统私权理论无法有效回应受外部性效应引起的生态环境保护问题的关键原因。

在“人—环境—人”的环境法律关系中，应当重视环境要素的地位。当环境要素在法律关系中足够显著且复杂时，人与人的权利义务关系亦要纳入环境要素予以考量。例如，在当环境要素简单明了时，环境要素可以是人与人关系之间的媒介或桥梁，比如工厂因污染某片土壤造成周围居民人身健康受到损害时，受污染的土壤作为环境要素成为工厂经营者与周围居民之间侵权关系的媒介或桥梁；当环境要素足够复杂且显著时，人与人之间的关系可能会被人与环境的关系所阻断，或者说此时，人与环境的关系是直接关系，人通过环境要素作为媒介再与人发生的关系是间接关系，例如类似蝴蝶效应的联系中，某一细微的改变造成一连串的连锁反应，这种经过不断延长或稀释的联系，虽然是客观存在的联系，但未必符合法律上值得评价的因果关系。比如某车主驾驶汽车排放的温室气体，通过与其他温室效应结合，造成海平面上升，进而造成某岛国居民的居住问题受到威胁。此时，车主的温室气体排放行为与岛国居民居住问题受到威胁之间存在客观上的联系，属于人与人之间的关系，但这种联系已被大气这一环境要素不断稀释，呈现在人们面前的“人—环境—人”的关系，可能被切分为“人—环境”和“环境—人”的关系。在此情形下，人与环境的关系是直接关系，通过环境的媒介形成的人与人的关系是间接关系。

受法律调整的“关系”应当主要是直接关系、有效关系。环境法律关系主要以“人—环境—人”的形式所呈现。由于环境要素具有复杂性、系统性、综合性等特征，通过环境要素作为媒介形成的人与人之间的联系，有时较为清晰，有时却复杂到难以判断两者之间的联系，这也是环境侵权因果关系判断困难之原因所在。因此，根据环境要素在法律关系中的显著程度，环境法律关系呈现出两大类关系：当环境要素在该“关系”中较为清晰时，环境法律关系呈现出与自然有关的人与人的关系；当环境要素在该“关系”中较为复杂时，环境法律关系呈现出人与自然的关系。

二 环境法律关系的构成要素

从内部看，主体、客体和内容这三者是环境法律关系的必要构成要素。根据法学原理，法律关系由三个不可或缺的要素构成：主体、客体和内容，环境法律关系也是如此。环境法律关系中，主体是环境法律行为的发起者，客体是环境法律行为的作用对象，内容是环境法律行为本身。[①]主体、客体和内容三大要素不同的组合形成了丰富而具体的环境法律关系。

（一）环境法律关系的主体

1. 环境法律关系的主体构成

环境法律关系的主体是权利的享有者和义务的承担者，或者说是环境法律关系中享受权利或承担义务的当事人，通常称为“权利义务主体”或“权利主体”。环境法律关系主体是环境法律行为的发起者，是权利和义务的载体，是环境法律关系的重要参与者和首要构成要素，缺乏主体，环境法律关系就缺乏形成的起因和存在的意义。生态资源环境是人类社会存在和发展的载体，人类社会的生产生活实践分秒离不开生态资源环境，因此，人类社会中各类主体都可能是环境法律关系的参加者，都可能成为环境法律关系的主体。从实定法层面上看，凡经生态（环境）法律规范所确认和调整的生态（环境）关系的参加者，都能成为环境法律关系的主体，只是在不同的环境法律关系中，各主体的地位、身份、承担的权利义务内容有所差异。[②] 从我们现有的环境法律规定来看，我国环境法律关系的主体主要包括个人（自然人）、单位（法人及非法人组织）、国家、国家机关等。从环境法理论来看，也有人主张人类整体、尚未出生的后代人以及部分自然体可成为环境法律关系的主体或者赋予其有限的主体资格。

（1）个人（自然人）。个人是环境权利和环境义务的主要承担者，是环境法律关系的重要主体。我国宪法、环境保护法、自然资源法等法律规定，我国公民享有广泛的环境权利并须承担相应的义务。比如《环境保

---

① 参见蔡守秋主编《环境资源法教程》（第三版），高等教育出版社 2004 年版，第 74 页。

② 参见曹明德《论生态法律关系》，《中国法学》2002 年第 6 期。

护法》第6条规定："一切单位和个人都有保护环境的义务，并有权对污染和破坏环境的单位和个人进行检举和控告。"自然人是社会属性与自然属性的统一，生态资源环境是生态价值与经济价值的统一。自然人在作为环境法律关系主体时，除了展现其具有社会性，还特别展示了其自然性，比如自然人不仅是生态资源环境的经济价值的开发者和享受者，也是生态资源环境的生态价值的受益者。其中，作为经济价值而形成的法律关系通常受到传统部门法学的调整，比如民事法律关系、经济法律关系等，基于生态价值内容而形成的法律关系受到传统法学理论的忽视，这正是环境法律关系存在的制度空间。

（2）单位（法人及非法人组织）。单位（法人及非法人组织）是社会经济生产的重要参与者，其从事生产、经营或业务活动，都必须占用基本的场所、空间，都需要使用自然资源作为其生产资料，并向环境中排放废气、废水、废渣等物质。单位作为经济生产的重要组织，在创造丰富物质财富的同时，也对生态环境造成前所未有的承载压力，在环境污染和生态破坏的重要主体，是环境法律法规重点规制的对象。所以，单位是环境法律关系的重要参与者，是环境义务和环境责任的重要承担者。

（3）国家（国家机关）。国家是人类社会的重要建构形式，是领土、人口和政权的有机统一体。国家作为独立的政治地理单元，由于生态系统恢复能力、资源禀赋差异，以及环境治理能力的差异，可能存在不同程度的生态资源环境问题。现代国家理念要求国家能够给公民提供良好、美丽的生态环境，从而国家成为管理和改善生态环境的重要职能主体，比如我国《宪法》第26条规定："国家保护和改善生活环境和生态环境，防治污染和其他公害。国家组织和鼓励植树造林、保护林木。"从宪法的层面规定了国家承担的环境保护义务，这种义务与国家的环境行政管理职权融合在一起，是一种包含权力责任内涵的复合型的法律关系。

（4）人类整体、后代人及部分自然体。自然人、单位、国家是常规的法律关系主体，在环境法律关系理论出现以前已在其他法律关系中承担着重要的主体资格，因此，将以上主体拓展至环境法律关系中，是一种水到渠成的事情。但环境法律关系的特殊性还体现在对传统法律关系主体的突破和挑战上，比如不少学者认为人类整体、后代人及部分自然体应当且可以成为环境法律关系的主体。人类整体，生态系统具有客观性和整体性，一片狭小的区域可能形成一个小生态系统，但整个地球甚至宇宙也属于一个生态系统，在整个大生态系统面前，作为个体的自然人被逐渐隐去，而呈现出作为整体的人类的前途和命运，比如全球变暖效应，此时，人类作为整体纳入与自然的关系之中，因而，人类可以成为环境法律关系的主体；后代人，生态资源环境的品质具有耗损性，不同历史时期的人类拥有的自然资源禀赋和生态环境品质具有差异性，如果不受节制地滥用资源和过度开放，将造成资源耗竭和生态危机，对于尚未出生的后代人而言，将面临糟糕的生存环境，从可持续发展的角度，有不少学者主张应当赋予后代人一定的环境权利，认为后代人的权利对应的是当代人对整体意义上的“人类”能够持续存在所负的道德义务，[①] 故应承认后代人作为环境法律关系主体的资格；自然体，受“生态主义”思潮影响，部分学者认为通过权利概念的塑造，可以将权利拓展至除人之外的自然体，认为环境或者自然能够而且应当拥有其合法权利，而且在国际上有些国家也确实通过立法确认了自然体的权利，例如厄瓜多尔的《宪法》（2008 年）第 71 条第 1 款规定：“自然，孕育生命的大地母亲，享有生存、保全并按照其周期、结构、功能与进化过程获得再生的权利：任何人、民族、团体或部落，均可向公共机构要求其承认自然的权利。”[②] 不过，人类整体、后代人、部分自然体能否作为法律关系的主体或是环境权利的主体，跟目前主流的法律理论和体系存在较大的龃龉，仍停留在学理论证与探索阶段，为法律理论的发展进化提供了新的视角和可能。

2. 环境法律关系主体的特征

环境法律关系主体具有广泛性、不特定性、开放性等特征。从广泛性上看，我国环境法律关系的主体包括国家、国家机关、一切单位和个人，此外，公众通常作为概括性概念被视为环境法律关系的特色的主体。将“公众”视为环境法律关系的主体，是与一般法律关系主体相区别的重要特征。当公众作为环境法律关系的主体时，存在两个维度的理解：一是“作为个体的公众”，二是“作为整体的公众”。当主体被视为“作为个体的公众”时，环境法律关系的概括性权利被转化为作为具体个人享有的个体性权利；当主体被视为“作为整体的公众”时，将从宏观的视角审

① 参见杨朝霞《论环境权的主体——对主流学说的检视和修正》，《吉首大学学报》（社会科学版）2020 年第 6 期。

② 参见杨朝霞《论环境权的主体——对主流学说的检视和修正》，《吉首大学学报》（社会科学版）2020 年第 6 期。

视人与自然的关系，将人类作为生态系统的成员，进行系统化考虑。从不特性上看，将“公众”视为环境法律关系的主体，还在于当生态环境发生损害时，往往造成不特定多数人的合法权利同时遭受侵害的结果，或者是难以确定具体的利益相关人，因此，借助具有集合性概念的“公众”作为环境法律关系的主体，既符合生态利益的公共利益属性，也符合通过特定机关和组织代表公众提起环境公益诉讼的实践逻辑。从开放性上看，环境法律关系的主体在类型、范围等方面具有开放性，[①] 在历史发展过程中，法律关系的主体类型呈现多样化态势，就环境法律关系而言，除常规的法律关系主体外，非人自然体、后代人等在学理上都成为法律关系主体的深度探讨；主体范围也呈现扩大化趋势，作为具有公共性的环境法律关系，主体资格一般没有限制，摆脱了“人格”属性、行为能力等限制，环境法律关系的主体呈现开放性状态。

（二）环境法律关系的内容

美国著名分析法学代表霍菲尔德指出，将一切法律关系皆化约为“权利”与“义务”关系是造成清晰理解、透彻表述和正确解决法律问题的最大障碍之一，[②] 因此，他将内涵丰富但含混不清的广义的“权利”与“义务”分解为 8 个基本法律概念。将（广义）权利细分为权利（claim）、特权（privilege）、权力（powers）、豁免（immunities）；将（广义）义务细分为义务（duties）、无权利（no-rights）、责任（liabilities）、无权力（disabilities）。[③] 并将这 8 个基本概念视为“法律的最小公分母”。这 8 个基本法律概念相应形成 4 组相关的法律关系：权利—义务、特权—无权利、权力—责任、豁免—无权力。在这些基本法律概念中，“特权”和“义务”是相反关系，“豁免”与“责任”亦是相反关系，所以 4 组法律关系可进一步简化为权利—义务关系和权力—责任关系。并且，因为权利与权力二者之间具有显著异质性，无法相互化约，因此，法律关系最低限度的内容至少有二：一是权利—义务关系，二是权力—责任关系。[④]

---

① 参见李萱《法律主体资格的开放性》，《政法论坛》2008 年第 5 期。

② 参见［美］霍菲尔德《基本法律概念》，张书友编译，中国法制出版社 2009 年版，第 26 页。

③ 参见刘杨《基本法律概念的构建与诠释——以权利与权力的关系为重心》，《中国社会科学》2018 年第 9 期。

④ 参见陈锐《法律关系内容的重构：从线性结构到立体模型》，《法制与社会发展》2020 年第 2 期。

1. 环境法律关系内容的构成

环境法律关系的内容是指主体间形成的权利—义务关系或权力—责任关系。按照传统法律关系理论，法律关系主要以主体所享受或承担的权利义务的形式呈现，故通常将法律关系的内容称为权利义务关系。虽然广义的权利概念内涵丰富，其中也暗含权力内涵，但由于权力从权利中剥离之后，有着其自身的独立的运行逻辑，且与权利构成既统一又对立的法律机制，需要对权力的配置及其运行给予足够关注。

从环境法律规范内容看，环境法具有公私法兼具的典型属性，环境法律关系不仅包含了权利和义务内容，更包含了大量的权力和职责内容，前者更多地体现为私法关系，后者更多地体现为公法关系。[①] 将环境法律关系视同于权利—义务关系，不利于正确体现环境法中大量权力和职责为内容的特性。并且环境法基本制度的设计基本是围绕“环境权利”和“环境权力”及其相应的环境义务和环境责任的配置而展开的。[②] 因此，环境法律关系的内容包含但不限于：一是环境权利与环境义务关系；二是环境权力与环境责任关系。[③]

（1）环境权利与环境义务关系。环境权利与环境义务关系是指平等主体间的平权型法律关系，或称为与环境有关的权利义务关系（简称环境权利义务关系）。环境权利义务关系是以良好环境（公民生态利益）为内容，针对行为的法律关系。[④] 一般而言，环境权利包括实体性权利与程序性权利，实体性环境权利包括人身属性的享受权与经济属性的使用权，程序性环境权利是由保障实体性环境权利的实现而派生的权利，主要包括环境知情权、环境治理权、环境监督权、环境请求权等。

实体性环境权利。根据权利内容和属性的差异，可以将实体性环境权利进一步划分为两大类：一类是具有人身属性的享受权，另一类是具有经济属性的使用权。环境享受权是学界认为的狭义上的环境权，即以享受良好生态环境为内容的一项权利。环境享受权以自然人为主体、以具有生态

① 参见史玉成《环境法的法权结构论》，《中国法学》2016年第5期。

② 参见史玉成《环境法的法权结构论》，《中国法学》2016年第5期。

③ 除此之外，还不排除有其他不太常见的特殊的法律关系形式，比如在具有非排他性、共享性的生态利益面前，法律关系的形式是特权—无权利关系（我可以，你不能要求我不可），即每个人都可以享有非他性享用优美生态环境的自由，其他人不能要求我不可以享用之。

④ 参见林孝文、金若山《从法律概念中探寻法律关系——霍菲尔德法律关系理论研究》，《湘潭大学学报》（哲学社会科学版）2013年第7期。

价值的自然资源与生态环境为客体、以非排他性享受生态利益为内容。由于具有生物属性的生命体才能感知和欣赏生态环境之美，因此，环境享受权的主体是具有生物属性的自然人，而将单位、国家等非人主体排除在外。环境使用权是指对自然资源和生态环境进行使用（或利用）并从中获益的一项权利。针对自然资源与生态环境的使用主要包括两大行为：一是从自然界中获取资源的行为，二是向自然界中排放污染物的行为。由于对生态环境的利用行为不具有人身属性，因此其权利主体具有一般性，除自然人外还可包括从事生产经营活动的经济主体，如企业、国家等。根据对自然资源与生态环境使用的程度或方式的差异，可将环境使用权进一步划分为一般性使用权（本能性利用权）和特殊性使用权（开发性利用权）。所谓本能性使用权是指基于本能性生存与发展目的，对自然资源与生态环境的利用行为，主要表现为人类普通生活方式对环境的利用，环境享受权与一般性使用权具有高度重叠性；所谓开发性使用权是指以获取经济利益为目的，开发利用自然资源或者向环境排放废弃物的权利。[①] 由于开发性使用权的过度扩张可能会造成环境污染与生态破坏，妨害本能性使用权的实现，因此，开发性使用权通常通过许可授权的方式予以规制，如许可使用、特许使用等。

程序性环境权利。程序性环境权利是为维护和实现实体性环境权而派生出来的权利，这些权利具有普遍性，不属于环境法专属权利，但由于实体性环境权利依赖此类程序性权利方可实现，具有其特殊性和重要性。通常而言，程序性环境权利保护环境知情权、环境信息权、环境监督权、环境请求权等。有效获取与环境相关的信息情况，是参与或监督环境治理的重要前提，故在《环境保护法》中明确规定了信息公开和公众参与的各项制度，保障公民的环境知情权和监督权。环境监督权是公众拥有监督环境保护行为的权利，监督的对象主要包括负有环境管理职责的国家及国家机关，以及其他负有环境保护义务的市场主体。环境请求权是指实体性环境权利受到侵害时权利主体得以向义务主体提起排除妨害或行政给付的权利。根据起诉对象的差异，可以将环境请求权区分为私法上的请求权与公法上的请求权，其中私法上的请求权是基于平等主体间的权利义务关系，主要遵循私法逻辑与程序，公法上的请求是基于纵向主体之间的权利义务

---

① 参见王社坤《环境利用权研究》，中国环境出版社 2013 年版，第 184 页。

关系，主要表现为基本权利的保障形式，要求国家或行政主体积极防治生态危害且要保障和改善生态环境，满足人们对美好生活的向往。

（2）环境权力与环境责任关系。环境权力与环境责任关系是指不平等主体间的隶属型环境法律关系，或称为与环境有关的权力责任关系（简称环境权力责任关系）。环境权力责任关系以保护环境（国家环保义务）为内容，通常表现为行使国家权力过程中的管理和服从关系。根据霍菲尔德关于法律关系的分解，狭义的“权利—义务关系”可以简单理解为“我主张，你必须”；“权力—责任关系”可简单理解为“我能够，你必须接受”。[①] 由于权力可被视为有改变某种法律关系的能力，因此权力责任关系可视为针对关系的法律关系。[②] 由于自然资源与生态环境具有公共物品属性，环境利益是典型的公共利益，通过权力机制实现环境保护目标是现代环境法治的基本路径之一，因此，环境法一开始就无可避免地打上了权力的烙印。[③] 从现有法律规范来看，我国实在法表达环境利益的法权形式主要是环境权力。[④] 甚至，不少学者提出环境法应以环境权力为本位，主张重视政府环境行政权力在实现环境法目的中的核心作用。[⑤]

在环境法领域，环境权力与责任关系主要涉及环境规范制定权、环境管理权、环境处理权、环境监督权等。[⑥] 环境规范制定权是指有立法权限的国家立法机关依照宪法和法律规定，制定与环境保护与自然资源开发利用相关规范性文件、规划以及各类环境标准等；环境管理权是指负有行政管理职权的管理主体，依法落实环境保护相关制度的各类环境管理活动，例如落实环境影响评价制度、“三同时”制度、排污收费制度、许可证制度、限期治理制度、环境污染与破坏事故的报告及处理制度等；环境处理权是相关主体依法对违反相关环境保护规范的自然人、法人和其他组织进行制裁，化解环境纠纷的行为；环境监督权是指各类主体依据相关规范对

① 参见沈宗灵《对霍菲尔德法律概念学说的比较研究》，《中国社会科学》1990 年第 1 期。

② 参见林孝文、金若山《从法律概念中探寻法律关系——霍菲尔德法律关系理论研究》，《湘潭大学学报》（哲学社会科学版）2013 年第 7 期。

③ 参见史玉成《环境法的法权结构论》，《中国法学》2016 年第 5 期。

④ 参见郭延军《环境权在我国实在法中的展开方式》，《清华法学》2021 年第 1 期。

⑤ 参见何佩佩《环境法本位的反思及环境法多元化保障手段》，《政法论丛》2017 年第 3 期。

⑥ 参见史玉成《环境利益、环境权利与环境权力的分层建构》，《法商研究》2013 年第 5 期。

污染环境、破坏生态的行为进行监督举报等行为。我国环境法中存在大量的权力责任关系，让环境法呈现出强烈的“管制法”色彩。

2. 环境法律关系内容的特征

环境法律关系内容的核心特性是非排他性。首先，环境法律关系的内容都与环境资源有关，即具体的权利义务或权力责任都与开发、利用和保护环境资源相关。这是环境法律关系区别于其他法律关系的主要因素。其次，环境资源的特殊性决定了环境法律关系的内容具有非排他特性。环境资源的特殊性在于其具有准公共物品属性，在消费上具有非排他性与非竞争性，具体权利义务（权力责任）关系在环境资源中将受到非排他性与非竞争性两大特性的约束与改造。比如在私权领域中，权利义务关系是一种互相对抗的关系，表现为“我有你无”的关系。比如在某一物品所有权中，我有权利禁止你使用，你则无权利禁止我使用；我有使用该物品的特权，你则无特权使用该物品。但在环境法律关系中，权利义务关系可以是一种和谐、共生、共享、双向的法律关系，比如，对于某生态环境而言，我有自由享用该生态环境的特权，你也有特权自由享用该生态环境；我有排除他人损害环境的权利，你也有权利排除他人损害该生态环境。[①]依照霍菲尔德的法律概念，环境法律关系内容的非排他性主要表现在：(1）主体享有的权利（请求权）具有非排他性，比如我国环境公益诉讼制度中，《民事诉讼法》第55条规定法律规定的机关和有关组织可以提起诉讼，人民检察院在特定情况下也可以提起诉讼，虽然提起诉讼秩序有先后，但都同时享有诉讼资格，都享有相关权利（请求权）。(2）主体享有的特权（自由）具有非排他性，在环境法律关系中表现为各主体在不妨碍其他人的情况下，均享有亲近、享受自然环境的自由。(3）主体享有的权力具有非排他性，权力是指建立或变更某种法律关系的能力，是从事环境事务管理的重要基础，权力的非排他性在环境关系中主要表现为“多头管理”的事权交叉与重叠。(4）主体享有的豁免具有非排他性，豁免是对抗权力的重要武器，在环境法律关系中，严格尊重相关规定从事环境资源开发、利用和保护活动的整体，享有对抗“权力”的资格，这种

---

① 参见蔡守秋、张毅《论公众环境权的非排他性》，《吉首大学学报》（社会科学版）2021年第5期。

豁免资格具有普遍性。[①]

（三）环境法律关系的客体

1. 环境法律关系客体的构成

环境法律关系的客体是权利义务（权力责任）所指向的对象或所能实际作用的事物。作为环境法律行为的作用对象，主要包括生态、资源和环境等。客体原是哲学概念，与主体相对应，是指主体认识和实践的对象。在法律关系中，主体是指法律行为的发出者，客体是法律行为指向对象。按照一般法律理论，法律关系客体的类型主要包括四大类：物、人身、精神产品和行为。[②] 在环境资源法中，法律关系的主要客体是环境资源（物）和对环境有影响的行为。[③] 不过，也有学者认为法律关系的客体在不断的拓展过程中，将环境作为环境法律关系客体，不足以反映环境法的真正使命，生态利益能够涵盖人与自然的共有特征，反映环境的本质特性，应该进一步明确生态利益才是环境法律关系的客体。[④] 由于环境要素（自然要素）是多种功能的集合体，具体包括环境支持功能、资源供给功能、生态保障功能等，[⑤] 因此，识别具体的环境法律关系客体，本质上是在识别环境要素的不同功能取向。环境法律关系客体中的物主要包括资源和环境要素，如土地、空气等，通常表现为一种公共性、共享性的自然资源和生态环境要素，与民法上具有排他性的私权的物具有本质区别。环境法律关系客体中的行为主要指主体作出的对环境资源产生影响的各种行为或活动，主要包括各种开发、利用、保护环境资源的行为和活动。

2. 环境法律关系客体的特征

环境法律关系的客体具有其特殊性，一是客体的范围十分广泛，二是作为环境法律关系客体的物，具有公共性、共享性、非排他性等特征。环境法律关系的客体的范围主要受到环境法保护对象或调控对象的调整而发生变化，从我国目前的法律规范看，《宪法》第 9 条规定的矿藏、水流、森林、山岭、草原、荒地、滩涂等自然资源，还包括《环境保护法》第 2

---

① 参见蔡守秋、张毅《论公众环境权的非排他性》，《吉首大学学报》（社会科学版）2021 年第 5 期。

② 参见雷磊《法的一般理论及其在中国的发展》，《中国法学》2020 年第 1 期。

③ 参见蔡守秋主编《环境资源法教程》（第三版），高等教育出版社 2004 年版，第 77 页。

④ 参见王刚《环境法律关系客体新论》，《中国海洋大学学报》（社会科学版）2010 年第 6 期。

⑤ 参见杨朝霞《论环境权的性质》，《中国法学》2020 年第 2 期。

条规定的大气、水、海洋、土地、矿藏、森林、草原、湿地、野生生物、自然遗迹、人文遗迹、自然保护区、风景名胜区、城市和乡村等天然或人工改造的自然因素的总体。这些都属于受我国法律保护或调整的与环境资源有关的范围，在具体的法律关系中得以成为环境法律关系的客体。环境法律关系的客体不同于传统私权法律关系的客体，具有公共性、共享性、非排他性等特征。传统私权法律关系的客体，比如民法上的物，一般具有稀缺性、可支配性、排他性等特征，而环境法律关系的客体，例如作为环境要素的大气，具有公共物品属性，总体而言，具有总量上的充沛性、消费上的非排他性。当生态环境足够充沛、质量足够良好，人类的消费未达到饱和或“拥挤点”之前，生态环境具有纯公共物品属性，表现为非竞争性和非排他性，即我消费不能排除你消费，我消费也不会影响你消费。[①] 这种非排他特性是由生态环境固有的公共物品属性以及环境资源法对于公共利益的价值追求共同决定的。

第三节 关于环境法律关系的几种观点

一 关于环境资源法调整对象及范围的不同认识

针对法律调整对象和范围素来存在不同观点，在环境资源法兴起后，关于环境资源法除调整人与人关系外，能否调整人与自然的关系引起了强烈的讨论，主要表现在对蔡守秋《调整论：对主流法理学的反思与补充》一书观点的学术争鸣。[②] 因此，对于环境资源法的调整对象与范围存在以下两种观点：一是环境资源法仅调整人与人的关系，二是环境资源法既调整人与自然的关系又调整和环境资源有关的人与人的关系。

---

① 参见蔡守秋、张毅《论公众环境权的非排他性》，《吉首大学学报》（社会科学版）2021年第5期。

② 参见《东南学术》2004年第5期刊载的系列文章，主要包括陈泉生：《一场法学研究范式的革命》；蔡守秋：《争鸣——法学前沿理论发展的动力》；卓泽渊：《“调整论”并不构成对主流法理学的挑战》；周珂：《从人与自然关系的法律演变看“调整论”之挑战》；周训芳：《“调整论”并没有实现预期的理论目标》；李挚萍：《法律直接调整人与自然的关系是法律价值的升华》；梅宏：《从法与利益的角度驳“调整论”之“调整”》；郑艺群：《主流法学固守“现代”话语还能走多远》；周辉：《环境法只能调整生态利益在人与人之间的分配》；黄雀莺：《法学理论岂能回避对人与自然关系的调整》；秘明杰：《质疑“调整论”》；陈魏：《以史为鉴求证“调整论”之法律关系》等。

（一）环境法律仅调整人与人之间的关系

传统观点认为法律关系是法律规范对社会关系的裁剪，而社会关系是由人与人构成的关系，因此，法律关系能且仅能调整人与人之间的关系，不能调整除人与人关系外的关系。有学者认为环境法律关系是人与人之间以环境为媒介而形成的间接互动关系，表现为“人—环境—人”关系，与传统法律关系中主体间的直接互动关系相区别。因为有环境媒介的介入，造成法律关系中因果关系、致害机理和受损程度等方面的判断难度，但因此将这种关系认为是人与自然的关系是一种误解，其本质上仍然是人与人之间的关系。① 有学者认为人与自然之间不存在法律，人与自然关系的重建依赖于人的社会关系的重建，应当坚持环境法调整人与人关系的观点，才能找到解决环境问题的合理方法。② 有学者提出认为法律调整人与自然关系的观点看似将人与自然资源两方面等量齐观，但没有侧重，没有抓住生态问题的主要矛盾和矛盾的主要方面，认为在人与自然关系中，人类真正能够控制和调整的只是人类自己的行为，在调整人与自然的关系中，关键处和落脚点还是人、人的行为和人与人的关系，换言之，法律只有通过调整人与人之间的关系才能实现对人与自然关系的调整。③

（二）环境法既调整人与自然的关系又调整和环境资源有关的人与人的关系

对环境资源法调整对象和范围的不同认识，主要体现在对环境社会关系内涵和范围的不同理解上。有学者针对传统法律调整对象和范围进行反思，对社会关系内容进行创造性扩充，认为环境社会关系不仅包括与环境资源有关的人与人的关系，还包括人与自然的关系，提出环境资源法不仅能调整人与人的关系，还能调整人与自然的关系，即环境法律关系包括人与自然的关系和与环境资源有关的人与人的关系。④ 另有学者也指出生态（环境）社会关系既包括人与人之间的关系，也包括人与自然之间的关系。⑤ 从广义上看，法律关系是指通过法律规范所形成和建立的各种关系，因此，环境法律关系可理解为由环境资源法调整的各种关系，包括环

---

① 参见吕忠梅《环境法回归 路在何方》，《清华法学》2018 年第 5 期。
② 参见李爱年《环境保护法不能直接调整人与自然的关系》，《法学评论》2002 年第 3 期。
③ 参见邱本《自然资源环境法哲学阐释》，《法制与社会发展》2014 年第 3 期。
④ 参见蔡守秋主编《环境资源法教程》（第三版），高等教育出版社 2004 年版，第 74 页。
⑤ 参见曹明德《论生态法律关系》，《中国法学》2002 年第 6 期。

境资源法律规范所涉及的人与人的关系和人与自然的关系，合称为“环境资源社会关系”。[①] 有学者赞成环境资源法可以调整人与自然的关系，认为这种调整分为直接调整和间接调整，其中间接调整是传统法律关系理论中通过调整人与人关系来实现对人与环境关系的间接调整，但由于这种间接调整存在局限性，无法达到追求人与自然生命共同体的目的，因此产生法律对人与自然关系的直接调整的需要。[②]

概括而言，在环境法兴起之前，传统的法律关系理论重点关注作为主体间的人与人的关系，重点研究人与人之间的权利义务关系，对人与自然的关系的缺乏必要观照。按照传统法律关系理论观点，自然资源和生态环境是主体间权利义务内容所指向的对象，是法律关系的客体，法律能且仅能通过调整人与人之间的关系，不能直接调整人与自然的关系。并且认为人与自然的关系归根结底属于人与人的关系，法律可以通过调整人与人的关系实现对自然关系的间接调整。随着生态危机的爆发与升级，人们开始对人与自然的关系以及相应的法学理论进行反思。其中，部分环境法学倡导法律关系理论应当正视环境要素的特殊性，重视调整人与自然关系的必要性及意义。

二 关于环境法律关系内容构成的不同认识

（一）环境法律关系的内容视同于权利义务关系

受到早期法律关系理论的影响，不少学者将法律关系的内容与权利义务关系等同起来，认为法律关系是法律规范在调整人们行为过程中所形成的各种权利义务的关系，根据社会关系的差异以及法律规范的异同，形成了不同类型的权利义务关系。例如受环境法律规范调整所形成的法律关系内容为环境权利义务关系，其中环境权利（生态权利）是指环境法律关系主体享有的某种权能或利益，环境义务（生态义务）是环境法律关系主体所受的法律约束或承担的责任，二者是对立统一关系，环境义务的设立是为了保障环境权利的实现。[③] 在将环境法律关系

① 参见曹明德主编《环境与资源保护法》（第三版），中国人民大学出版社2008年版，第18页。

② 参见李挚萍《法律直接调整人与自然的关系是法律价值的升华》，《东南学术》2004年第5期。

③ 参见曹明德《论生态法律关系》，《中国法学》2002年第6期。

的内容视同为权利义务关系的前提下，环境法存在两种价值取向上的争论：一是以环境权利为本位，认为环境法应当以环境权为基石范畴，以环境权利的保障和实现作为环境法律制度体系构建的出发点和着眼点；二是以环境义务为本位，认为环境权利在学理上存在主体模糊、内容模糊、性质与传统权利理论不符等弊病，造成环境法实效不彰等后果，环境义务才是实现环境保护目的的主要路径。[①] 将权利义务范式用于环境法研究，极大地促进了环境法基础理论的发展，特别是环境权内涵的深化，不过将环境法律关系与宽泛的权利义务等同起来，不利于对环境法律关系内容的清晰把握。

（二）环境法律关系的内容包括权利义务关系和权力责任关系

环境法律关系包括以环境权利和环境义务为内容的平权型环境法律关系和以环境权力和职责、权利和义务为内容的隶属型法律关系。环境法律关系是二者的有机统一体。[②] 认识到环境权利义务规范与环境权力责任规范二者之间存在结构失衡与运行冲突的可能性，因此，不少学者从权力责任的视角来理解环境法律关系，为环境权利义务关系提供有力补充。借助“权力与权利”的“法权”概念将环境法律关系划分为政府环境权力与政府环境权力的关系，政府环境权力与企业环境权力的关系，政府环境权力和企业环境权利的关系，政府环境权力与公民环境权利的关系，企业环境权力与企业环境权力的关系，企业环境权利与企业环境权利的关系，企业环境权利与公民环境权利的关系，公民环境权利与公民环境权利的关系；政府环境权力和政府环境责任的关系，企业环境权力和企业环境责任的关系，企业环境权利和企业环境义务的关系，公民环境权利和公民环境义务的关系。[③] 对环境法律关系内容的不同理解，有效促进了环境法学研究范式的转换，特别是“权利与权力”结合的“法权”概念作为环境法律关系的内容，有助于将环境利益分解为环境权力和附着在人格权和财产权上的个人环境利益，安放在现有的权利体系之中，能够较为符合实在法中环境利益保护的基本逻辑和尊重权利体系的立法格局。[④]

---

① 参见何佩佩《环境法本位的反思及环境法多元化保障手段》，《政法论丛》2017 年第 3 期。

② 参见史玉成《环境法的法权结构理论》，商务印书馆 2018 年版，第 42 页。

③ 参见朱春玉《环境法律关系新解》，《郑州大学学报》（哲学社会科学版）2018 年第 6 期。

④ 参见郭延军《环境权在我国实在法中的展开方式》，《清华法学》2021 年第 1 期。

第五章　环境权利与义务

第一节　环境权利与义务概述

权利与义务是法学研究的核心问题。当今各国环境法数量庞大，条文众多，大多呈现出立法膨胀和碎片化的特点，这对于环境法的学习、研究和实施带来诸多不便。为消解这种不便，各国在立法上大多走向综合性、系统性立法的路径，一些国家已经制定出环境法典；在环境法学研究方面也需要进行理论上的提炼和概括，以便为纷繁复杂的环境法律现象提供融贯性的解释，而环境权利与义务的研究则是一条重要的进路。

一　环境权利与义务的类型

权利与义务虽是法学研究中的一个基础概念，但何谓环境权利与义务却不是一个很容易说清的问题。由于环境法作为领域法的属性，其与民法、行政法等存在交叉之处，环境法上的权利与义务多种多样。以环境权利为例，有学者认为，环境权利的主体包括国家、企业、公民甚至自然物，由此环境权利的类型包括自然资源的国家所有权、企业的环境资源开发利用权、公众环境权利以及未来世代人类的权利和自然物的权利这两种新型权利。[①] 显然，这种观点是将环境权利等同于环境法上的权利，可以说这是一种最广义的环境权利概念。

本章所谓“环境权利与义务”并非等同于“环境法上的权利与义务”，而是特指“公众的环境权利与义务”，不包括国家、企业在环境法上的权利与义务，也不包括自然物的权利。所谓“公众”是指公民以及

---

① 参见汪劲等《类型化视角下的环境权利研究》，北京大学出版社 2020 年版，第 21—35 页。

社会团体、基金会、民办非企业单位等社会组织，这些社会组织有的具有法人资格、有的不具有法人资格。从另一个角度而言，“公众”也可以表达为“公民、法人和其他组织”。本章“环境权利与义务”可以从不同角度加以类型化：（1）从法律主体角度，可以分为公民或者自然人的环境权利与义务、社会组织的环境权利与义务；（2）从权利与义务的内容角度，可以分为实体性的环境权利与义务、程序性的环境权利与义务；（3）从权利与义务的位阶角度，可以分为宪法位阶的环境权利与义务、法律位阶的环境权利与义务。

二 环境法代际发展中的环境权利与义务

现代环境法诞生于20世纪60年代末70年代初，可以将其半个世纪的发展历程划分为几个不同的阶段或者世代，以显示其代际发展的过程。在学术上环境法的代际划分有不同的标准和结果，从而形成第二代环境法、第三代环境法甚至第四代环境法的不同主张。①

从比较环境法视角来看，第一代环境法起源于20世纪60年代末70年代初，其主要特征是采用基于“命令与控制”的直接规制模式，第二代环境法产生于20世纪80年代末，其在“命令与控制”模式基础之上更多地采用基于市场的经济激励措施，例如排污权交易和环境税费。第三代环境法在内容上的主要特征是承认以环境权为核心的环境保护权利，这方面里程碑式的国际立法是联合国欧洲经济委员会于1998年通过的《在环境事务中获取信息、公众参与决策与诉诸司法的公约》（《奥胡斯公约》），该公约建立在公众环境知情权、参与环境决策权和诉诸司法的权利三个支柱之上，意在保障公众环境权。《奥胡斯公约》序言第八段规定，缔约方承认每个人都有生活在适合其健康和福祉的环境中的权利（right to live in an environment adequate to his or her health and well-being），并有为今世后代之利益保护和改善环境的义务。序言第九段规定，为了能够主张这项权利、遵守这项义务，公民必须能够在环境事务中获取信息、有权参与决策和诉诸司法。公约第1条规定了“宗旨”（objective）：“为

① 参见王树义、皮里阳《论第二代环境法及其基本特征》，《湖北社会科学》2013年第1期；郭武《论中国第二代环境法的形成和发展趋势》，《法商研究》2017年第1期；蔡守秋、王萌《论美国第四代环境法中“一体化多模式”的治理方式》，《中国人口·资源与环境》2019年第11期。

了促进保护今世后代每个人生活在适合其健康和福祉的环境中的权利，每个缔约方应当根据本公约规定，保障在环境事务中获取信息、公众参与决策和诉诸司法的权利。”《奥胡斯公约》创新之处在于增加个人维度（personal dimension）以实现对环境风险的法律控制。换言之，一个人（无论其是不动产的所有权人、消费者或者环境非政府组织等）通过实施公约规定的主观权利（subjective rights）即知情权、参与权和诉诸司法权，不仅可以保护其私人利益，亦可保护公共利益即一个清洁的环境，这样清洁环境权（the right to a clean environment）便成为第三代环境法的关键词。[①] 由此可见，公约序言和第 1 条规定的环境权与公约三支柱——获取信息权、公众参与决策权和诉诸司法权之间存在目的与手段的关系，前者是目的性权利，后者是工具性权利。

与《奥胡斯公约》类似，在当代各国环境法中“公众的环境权利与义务”也受到越来越多的关注和重视。例如《俄罗斯联邦环境保护法》第三章专章规定了“公民、社会团体和非商业组织在环境保护领域的权利和义务”。《爱沙尼亚环境法典总则》第四章规定了环境权利（environmental rights），其中第一节系统规定了“满足健康和福祉需求的环境权”（right to environment that meets health and well-being needs）与环境程序性权利（environmental procedural rights）。可见，第三代环境法采用新的“基于权利的方法”（right-based approaches）去促进环境保护和环境法的实施，这样与前两代环境法采用的“管制方法”（regulatory approaches）迥然有别。

2014 年修订的《环境保护法》标志着我国环境法开始迈入第三代环境法的新时期，该法第五章专章规定了“信息公开和公众参与”，首次以法律的形式确认了获取环境信息、参与环境保护和监督环境保护这三项具体的环境权利，被认为是本次修法的亮点之一。[②]《环境保护法》第 56 条第 1 款规定：“对依法应当编制环境影响报告书的建设项目，建设单位应当在编制时向可能受影响的公众说明情况，充分征求意见。”本款规定将公众参与环境影响评价的时间由以前的“报批”建设项目环境影响报告

---

① See Hannes Veinla, “Codification of Environmental Law”, 5 *juridica International* 58 (2000), pp. 62-63.

② 参见袁杰主编《中华人民共和国环境保护法解读》，中国法制出版社 2014 年版，第 186 页。

书前征求公众意见，提前至“编制”环境影响报告书阶段，明确了参与公众的范围，即“可能受影响的公众”。该条第 2 款规定：“负责审批建设项目环境影响评价文件的部门在收到建设项目环境影响报告书后，除涉及国家秘密和商业秘密的事项外，应当全文公开；发现建设项目未充分征求公众意见的，应当责成建设单位征求公众意见。”该款增加了环评公众参与的两项保障机制：一是环境影响报告书全文公开，二是环评审批机关发现建设项目未充分征求公众意见的，应当将环境影响评价报告书退回建设单位，要求重新编制。[①]《环境保护法》第 58 条规定了社会组织的环境公益诉讼制度，标志着我国环境公益诉讼制度正式落地生根，对于促进我国环境法的实施和发展将产生历史性影响。由此可见，《环境保护法》将我国公众环境权利的立法确认和保护提高到了一个新阶段。

如前所述，公众环境权利与义务可以分为公民的环境权利与义务、社会组织的环境权利与义务，实体性环境权利与义务、程序性环境权利与义务。本章重点研究的是公民环境权利与义务、实体性环境权利与义务，尤其是公民环境权。因为实体性公民环境权是程序性环境权利的基础，前者是目的性权利，后者是工具性权利，是对于前者的保障和救济。以下两节将分别从公民环境权和公民环境保护义务的角度展开。

第二节　公民环境权

公民环境权基本可以等同于环境权，它是环境法学的核心范畴。40 年来，我国学者在环境权领域取得了比较丰硕的研究成果。然而，环境权也是我国环境法学中最富有争议的议题之一，至今肯定者有之，否定者亦有之。从各国宪法文本来看，20 世纪 70 年代尤其是 90 年代以来越来越多的国家在其宪法中明确承认了环境权。因此，从实证法角度而言环境权已经成为当今时代重要的宪法基本权利，这是不争的事实。我国 2018 年《宪法修正案》的通过标志着进入了“生态文明入宪”的新时代，是否有必要进一步在宪法中明文确认环境权是一个值得认真探讨的重要问题。

---

① 参见袁杰主编《中华人民共和国环境保护法解读》，中国法制出版社 2014 年版，第 196—198 页。

一　环境权理论的提出

（一）环境权理论产生的时代背景

环境权理论的产生具有深刻的时代背景，它是生态危机全球化、环境保护运动高涨的产物。从法律和法学发展的角度而言，它是环境保护从法律保护到宪法保护的时代产儿。

环境保护的第一个阶段是法律保护，这个法律保护又大致经历了两个时期。在早期面临着环境污染、生态破坏，那个时候还来不及大规模的环境立法，所以这是一个民刑法沿用的时期，就是用传统的民法和刑法保护环境。[①] 比如说民法当中的侵权法，英美法中的妨害（nuisance）、侵犯（trespass）等制度都可以一定程度上起到保护环境的作用。后来发现这个保护力度不够，所以到了第二个时期就是管制立法，这个管制立法在英国工业革命早期就有一些，尤其是防止煤烟型污染的立法。但是大规模的管制立法是要到20世纪五六十年代，尤其像在美国，1969—1979年联邦制定了20多部环保法律。在这个背景之下，环境法作为一个独立部门法或者作为一个法律学科成长起来了。

但是在大规模管制立法背景下，仍然存在管制失灵。环境的状况非但没有改善，反而越来越恶化了，20世纪中叶前后发生了震惊世界的八大公害事件。到了20世纪六七十年代前后，发现仍然对环境保护不足。这时候怎么办呢？从环境保护的角度来看，有识之士就想到了宪法。因为宪法具有最高的实证法规范效力，大家希望通过把环境保护条款写入宪法，使得环境保护具有宪法的位阶，环境的价值和地位能够被宪法锁定。这是一个很重要的背景，就是说从法律的保护怎么走向宪法的保护。

这个宪法的环境保护主要有两大模式，第一个模式就是把环境保护作为国家的政策或者指导原则，在德国法上称为国家目标，这里我们把它统称为基本国策或者国家目标。最初环境保护入宪就是把它作为国家目标，可能最早的是1948年的意大利宪法，然后在20世纪60年代、70年代很多国家就把环境保护作为国家的政策或者国家的职责把它写进去了。当

---

① 参见叶俊荣《环境问题的制度因应：刑罚与其他因应措施的比较与选择》，载叶俊荣《环境政策与法律》，月旦出版公司1993年版，第143页。

然，最受学界关注的是1994年德国基本法的第20a条规定了一个国家目标条款。

20世纪70年代以来，尤其是21世纪以来，如果一个国家修宪或者制定新宪法，很有可能采用第二种模式——人权模式。1972年《斯德哥尔摩宣言》原则1指出："人类有权在一种能够过尊严和福利的生活的环境中，享有自由、平等和充足的生活条件的基本权利。"这在国际法上最早体现了人权跟环境的连接。当然，原则1是否就是环境权的规定在学术上有争议，但是它清楚地表明了环境保护或者环境的质量与我们人类的福利，与我们人类的基本权利的享受有着非常密切的关系。

运用人权来保护环境又大致分为两个路径，第一是绿化现有的人权，利用已有的人权规定把它重新解释，这样传统的生命权、健康权等权利甚至表达自由也能起到一定的环境保护的作用。在比较法上广受关注的是印度宪法第21条生命权条款，这在全世界范围内产生了非常广泛的影响，包括在南亚尼泊尔、巴基斯坦，甚至非洲一些国家，在司法裁判中可能会考察、援引印度的司法实践。再比如说1950年的《欧洲人权公约》，在那个年代之下，它不可能有环境权的规定。但是，在后来欧洲人权法的司法实践中，尤其是20世纪八九十年代以来，频繁运用该公约第8条家庭隐私权来保护环境利益，这是该公约机制下保护环境的一条最重要管道。第二是一个更加雄心勃勃的提议，就是创设一个独立的新的实体性的环境权。这个实体性的环境权于20世纪六七十年代在欧美、日本提出来。

（二）美国的环境权理论

20世纪60年代，在美国开展了一场大讨论：公民要求保护环境，要求在良好环境中生活的宪法根据是什么？在这场讨论中，密歇根大学的萨克斯教授提出了"环境公共信托论"。1970年萨克斯教授在《密歇根法律评论》上发表了《自然资源法中的公共信托原则：有效的司法干预》（*The Public Trust Doctrine in Natural Resources Law*：*Effective Judicial Intervention*）这一划时代的论文，并出版了《保卫环境：公民诉讼战略》（*Defending the Environment*：*A Strategy for Citizen Action*）一书，系统地提出了"环境公共信托论"，主张将公共信托原则运用于自然资源保护这一领域。萨克斯教授认为："公共信托思想建立在三个相关的原则基础之上。其一，某些利益——例如空气与海——对全体国民具有如此重大的意义，以至于将这些利益作为私人所有权的客体是很不明智的。其二，这些利益蒙受自然如此巨大的恩惠，而不是某个企业的恩惠，以至于这些利益应该提供给全体国民自由使用，不论国民的经济地位如何。其三，政府的主要目的是增进一般公众的利益，而不是按照从广泛的公共用途到有限的私人收益用途重新分配公共物品。”①

萨克斯教授提出环境公共信托论的首要任务是明确普通公民拥有一种对安全和健康环境的权利，法律体系应当承认这种权利。第二项任务是确保公民完全由资格借助法律体系的权威来强制执行这种权利。第三项任务是建议激发行动的最有效方式是从法院获得一个可予以强制执行的司法命令。② 萨克斯教授的环境公共信托论为美国环境权理论提供了相当坚实的法理基础。

（三）日本的环境权理论

日本环境权理论的产生与 1970 年召开的两次会议密切相关。第一次会议是 1970 年 3 月在东京举行的“关于环境破坏的东京公害研讨会”，会后发表了《东京宣言》，宣言第 5 项提出：“我们请求，把每个人享有的健康和福利等不受侵害的环境权和当代人传给后代的遗产应是一种富有自然美的自然资源的权利，作为一种基本人权，在法律体系中确定下来。”③ 通过这次会议，环境权作为一项基本人权和法律权利的观念得到了广泛的传播。第二次会议是 1970 年 9 月召开的“日本律师联合会第 13 届人权拥护大会”，仁藤一、池尾隆良两位律师在会上作了题为“‘环境权’的法理”的报告。他们指出：“为了保护环境不受破坏，我们有支配环境和享受良好环境的权利；基于此项权利，对于那些污染环境、妨害或将要妨害我们的舒适生活的行为，我们享有请求排除妨害以及请求预防此种妨害的权利。”④ 仁藤一、池尾隆良提出的环境权理论的中心内容包括：（1）环境权不仅是一种基本人权，而且还是与所有权、人格权并驾齐驱的私权。（2）环境是地域居民的共有财产，地域居民有权对污染行为行使侵害排除请求权。（3）环境权是国家、自治体制定公害规制的根据。

---

① ［美］约瑟夫·L. 萨克斯：《保卫环境：公民诉讼战略》，王小钢译，中国政法大学出版社 2011 年版，第 139—140 页。

② ［美］约瑟夫·L. 萨克斯：《保卫环境：公民诉讼战略》，王小钢译，中国政法大学出版社 2011 年版，中文版序言，第 3 页。

③ 转引自陈泉生、张梓太《宪法与行政法的生态化》，法律出版社 2001 年版，第 98 页。

④ 参见杜钢建《日本的环境权理论和制度》，《中国法学》1994 年第 6 期。

(4) 环境权成为“无过失责任”原则的根据。[①] 之后，日本大阪地区的律师在大阪律师会中成立了环境权研究会，并于1973年11月，将有关环境权的各种论文汇集成册，使之成为日本第一部系统、全面地研究环境权理论的书籍。

环境权理论提出以来，在日本引发了极大的争议。作为私权的环境权理论受到了强烈的批判，其中以加藤一郎的《“环境权”的概念》等批判性论文较具代表性。然而，环境权以日本权威的宪法学说为根据，作为宪法上一种新的人权已得到宪法学界承认。[②] 不过，关于环境权的宪法根据，日本环境权论者有三种不同的主张。

第一种主张是从宪法第25条的生存权条款中寻找环境权的宪法根据，[③] 认为公民享有健全而舒适的环境是生存权重要的基础性内容。

第二种主张认为环境权产生于宪法第13条关于幸福追求权的规定。[④] 依日本学界之通说，该条是宪法所保障的“概括性人权”之总称。由此幸福追求权条款可引申出何种权利？日本宪法学界曾主张过的权利包括生命权、名誉权、身体的自由、行政之正当法律程序的保障、隐私权、环境权、和平生存权、自己决定权等。虽然环境权等已为学界大多数学说所承认，但是日本最高法院仅承认过“肖像权”之保障。[⑤]

第三种主张即是所谓“双重包装”或“双重根据”的理论，即认为环境权的法的根据，不仅是单从宪法第25条的生存权，同时也应该从第13条所保障的幸福追求权之中去寻求。随着时间的推移，单纯依据生存权或幸福追求权来解释环境权的人越来越少，“双重包装论”或“双重根

---

① 参见［日］大阪律师会环境权研究会《环境权》，日本评论社1973年版，第22—24页。转引自罗丽《日本环境权理论和实践的新展开》，载武汉大学环境法研究所编《第一届中法环境法学术研讨会会议论文汇编》，2006年，第56页。

② 参见［日］岩间昭道《环境保全与〈日本国宪法〉》（代序），载冷罗生《日本公害诉讼理论与案例评析》，商务印书馆2005年版，第5—6页。

③ 《日本国宪法》第25条规定：“一切国民都享有维持最低限度的健康的和有文化的生活权利。国家必须在生活的一切方面努力提高和增进社会福利、社会保障以及公共卫生事业。”

④ 《日本国宪法》第13条规定：“一切国民都作为个人受到尊重。对于国民谋求生存、自由以及幸福的权利，只要不违反公共福祉，在立法及其他国政上都必须予以最大尊重。”

⑤ 参见萧淑芬《“我国”与日本宪法“概括性条款”保障规范之初探》，《经社法制论丛》第31期。

据论”已成为日本宪法学界大多数学者的共同主张。[①] 例如，神户大学的浦部法穗教授精辟地指出，“现行宪法虽未就自然环境的保护有直接规定，但宪法第 13 条与第 25 条，得作为环境权的根据。亦即，对于未受各个基本权规定所包含，且对人格的生存必要不可欠缺的自由，宪法第 13 条系概括地以之为幸福追求权加以保障，而环境权亦属一种人格权，故为第 13 条所保障。不过，由于宪法第 13 条应系概括的自由权保障规定，故以宪法第 13 条根据的环境权，系一种对抗环境破坏的防御权。此外，在环境权的请求权方面，亦即在为维持或改善良好的自然环境，而要求国家积极采取措施的请求权方面，则是以宪法第 25 条为根据。”[②]

二　环境权的概念与特点

（一）环境权的概念

关于环境权的概念，学界可谓见仁见智，众说纷纭。根据对环境权主体和权利内容的范围大小的不同认识，可以将其类型化为以下四种。

1. 最广义环境权说

根据最广义环境权说，环境权的主体和内容均极为宽泛，代表学者为蔡守秋教授与陈泉生教授。蔡守秋教授在《环境权初探》一文中认为，环境权的主体包括国家、法人和公民，在 2002 年的文章中，他指出，环境权的主体有逐渐扩大的趋势，目前已形成个人环境权、单位法人环境权、国家环境权和人类环境权等概念；环境权的内容日益完美，目前已包括合理开发利用环境资源、享受适宜的环境条件、保护和改善环境等内容。[③] 陈泉生教授认为，环境权的权利主体不仅包括公民、法人及其他组织、国家乃至全人类，还包括尚未出生的后代人。环境权的内容包括生态性权利和经济性权利，前者体现为环境法主体对一定质量水平环境的享有并于其中生活、生存繁衍，其具体化为生命权、健康权、日照权、通风权、安宁权、清洁空气权、清洁水权、观赏权等。后者表现为环境法主体对环境资源的开发和利用，其具体化为环境资源权、环境使用权、环境处

---

① 参见［日］大须贺明《生存权论》，林浩译，法律出版社 2001 年版，第 195—197 页；杜钢建《日本的环境权理论和制度》，《中国法学》1994 年第 6 期。

② ［日］阿部照哉等：《宪法》（下），周宗宪译，元照出版公司 2001 年版，第 210 页。

③ 参见蔡守秋《环境权初探》，《中国社会科学》1982 年第 3 期；蔡守秋《论环境权》，《金陵法律评论》2002 年春季卷。

理权等。[①]

2. 广义环境权说

相对于最广义环境权说，广义环境权说在环境权的主体或者内容方面有所限缩，代表学者是吕忠梅教授和周训芳教授。吕忠梅教授认为，环境权是公民享有的在不被污染和破坏的环境中生存及利用环境资源的权利。其主体包括当代人和后代人，其内容包括环境使用权、知情权、参与权和请求权。其中，环境使用权包括日照权、清洁空气权、清洁水权等，参与权包括参与国家环境管理的预测和决策过程、参与开发利用的环境管理过程以及环境保护制度实施过程、参与环境纠纷的调解等，请求权包括对行政行为的司法审查、行政复议和国家赔偿的请求权，对他人侵犯公民环境权的损害赔偿请求权等。[②] 周训芳教授认为，环境权包括国际法上的人类环境权与国内法上的公民环境权，其内容包括良好环境权与环境资源开发利用权。所谓良好环境权是生态性、精神性权利，指当代和未来世代的人类个体和整体生活在一个适合于人类健康和福利的环境中的权利，具体包括清洁空气权、清洁水权、安宁权、环境观赏权等；环境资源开发利用权主要是当代的个体的人基于生存目的而对自然资源的财产权利以及从事与自然资源有关的财产性活动的权利，包括土地资源开发利用权、渔业资源捕捞权、狩猎权、探矿权、采矿权等。[③]

3. 本能性环境利用权说

与狭义环境权说实质内容类似的是汪劲教授、王社坤教授等提倡的本能性环境权说。汪劲教授在其《环境法学》一书中认为，人类的环境利用行为可以分为“本能利用行为”和“开发利用行为”两大类，前者是人类为了生存繁衍，或为了谋求高质量的物质、精神与文化生活而能动地（主动或被动）利用环境的行为，后者是指行为人以谋取自然的经济利益为目的，利用环境排放或者处理废弃物质与能量、开发自然资源等利用环境的行为。[④] 但是，汪劲教授在该书中并未明确指出“本能环境利用行为”与环境权的关系。在随后的《环境法学》（第二版）中，他明确主

① 参见陈泉生《环境权之辨析》，《中国法学》1997 年第 2 期；陈泉生、张梓太《宪法与行政法的生态化》，法律出版社 2001 年版，第 117 页。

② 参见吕忠梅《再论公民环境权》，《法学研究》2000 年第 6 期。

③ 参见周训芳《环境权论》，法律出版社 2003 年版，第 169 页。

④ 参见汪劲《环境法学》，北京大学出版社 2006 年版，第 71—74 页。

张，本能利用行为是自然人对于自然产品与环境效益的利用，具有基本人权的属性，以本能利用行为为中心的“环境权”概念应运而生。[①] 实际上，汪劲教授基本上是将“本能环境利用权”等同于实体性的公民环境权，不过在最近的学术论文中，他采用了“环境享有权”这一概念，似乎有以此取代“本能环境利用权”概念之意。[②]

4. 狭义环境权说

按照狭义环境权说的观点，环境权在权利主体和内容两方面同时予以大幅度限缩，代表学者为吴卫星教授。他认为，环境权的主体应仅限于自然人，国家、法人或其他组织、自然体、后代人都不是法律意义上的主体。环境权是一种对一定环境品质的享受权，是实体性的权利，不包括经济性权利和程序性权利。作为一种实体性的权利，环境权不同于传统的物权及其他权利，其客体虽是以物质形态存在的环境及其构成要素，但其内容却是从物质的客体中呈现出来的生态的、文化的、精神的或审美的利益。[③] 本书采狭义环境权说，我们认为，所谓环境权，是指公民在良好环境中享受一定环境品质的基本权利。这个定义包含了以下含义：

第一，环境权的主体是公民，不包括不具有自然生命的法人、组织或国家，也不包括动植物或其他自然体。但是，在一国境内的外国人或无国籍人作为自然人也应有享受良好环境的权利。因此，更确切地说，环境权的主体是自然人。

第二，环境权的客体是能够对人类生产或生活产生直接或间接影响的环境及其构成要素，不包括国家的行为。

第三，环境权的内容是具有生态性的、审美的、精神的、文化的利益，是对于良好品质的享受，这种良好品质可以通过环境质量标准等予以具体化和量化。

第四，环境权在性质上是一种宪法基本权利，具有宪法位阶。环境权作为宪法基本权利的一种得以被确认，是当代宪法对社会现实生

① 参见汪劲著《环境法学》（第二版），北京大学出版社 2011 年版，第 52—55 页。

② 参见汪劲《论环境享有权作为环境法上权利的核心构造》，《政法论丛》2010 年第 5 期；汪劲《进化中的环境法上的权利类型探析——以环境享有权的核心构造为中心》，《上海大学学报》（社会科学版）2017 年第 2 期。

③ 参见吴卫星《环境权内容之辨析》，《法学评论》2005 年第 2 期；吴卫星《环境权研究——公法学的视角》，法律出版社 2007 年版，第 73—101 页。

活的积极回应，是宪法人性尊严和人权保障之理念在当今环保时代的具体体现。

第五，环境权所指向的义务人是国家，环境权对国家的立法权、行政权和司法权具有拘束力。这种拘束力既体现了环境权的防御权功能，即免于国家的侵犯，当国家自身侵犯公民环境权时，公民可以请求排除侵害。同时，这种拘束力还体现在环境权的给付请求权功能方面，这体现了环境权的社会权性质。环境权的享有，环境质量的提高，有赖于国家积极的干预经济，并且应该积极地进行环境基础设施的建造和维护。因此，环境权虽是一种新兴的社会权，但与其他社会权一样，环境权本身同时存在自由权性质与社会权性质的两重侧面。

（二）环境权的特质

1. 环境权具有集体共享的特征

传统的权利可以为权利主体独占性的享有，例如财产所有权人可以对其财产行使占有、使用、收益和处分的权利，也即可以对其财产行使独占性的排他性的权利。环境权虽然是一种个人人权，但是，由于地球环境具有整体性，因此，它具有集体共享的特征，即某一区域的所有人共同享有一定环境质量的环境权，环境质量无法为个人独占性的享有。由于环境权的这种集体共享或者社会连带的特征，有许多学者认为环境权属于“第三代人权”。

前联合国人权与和平分委员会主任卡莱尔·瓦萨克（Karel Vaska）首先提出了三代人权理论。他把三代人权分别对应于法国大革命所提出的“自由、平等、博爱”。他认为，第一代人权是产生于美、法大革命之后的公民权利和政治权利，它是一种免于政府干预的自由。第二代人权是产生于19世纪末20世纪初社会主义运动之后的经济、社会和文化的权利，它是一种要求国家积极干预的权利。第三代人权的产生则与第二次世界大战后反对殖民主义压迫的民族解放运动有密切关系，它是集体人权或者社会连带性权利（solidarity rights），包括环境权、发展权、和平权、人类共同继承遗产权、交流和人道主义援助权。瓦萨克在1979年7月人权国际协会第十届研究会议的开幕讲演中说，第三代的新人权“新就新在它们表示了新的渴望；新在从人权的观点来看，它们把人类的范畴输入它经常被忽视的领域、过去留给国家或国家间的领域……新在它们既可以用来反对国家，又可以要求从国家那里得到权利。但首要的是（这里包含它们的基本特点)，只有通过这个社会舞台上个人、国家、公共的和私人的团体以及国际社会等所有角色的共同努力，这些权利才能实现。”① 笔者认为，三代人权理论比较准确地反映了人权内容的历史发展以及各代人权的差异性，但是不能把环境权简单地归类为集体人权，虽然环境权具有集体共享的特征，但是其权利的享有和行使者仍然可以也应当是个人。从实证法角度而言，除1981年《非洲人权和民族权宪章》第24条规定环境权的享有者是“一切民族”外，各国宪法一般都确认环境权的主体是每个人（everyone，every person，everybody）、每个公民（each citizen），或者所有公民、所有人（all citizens，all persons，all）。

2. 环境权的内容是具有生态性的、审美的、精神的、文化的利益

环境权实质上是一种对一定环境品质的享受权，是实体性的权利。各国法律往往将其称为清洁环境权（Right to a Clean Environment）、健康环境权（Right to a Healthy Environment）或良好环境权（Right to a Good Environment）。例如，1980年第8次修改的《韩国宪法》第33条规定：“国民有生活于清洁环境之权利，国家及国民，均负有环境保全之义务。”1993年通过的《俄罗斯联邦宪法》第42条规定：“人人有权享有良好环境及有关环境状况之可靠资讯，也有权要求因违反环保法律所造成的对其健康或财产损害之赔偿。”1995年通过的《芬兰宪法修正案》第14a条规定：“每个人都对自然及其生态多样性、环境和文化遗产负有责任；政府部门应当确保公民享有健康环境权，并且有机会影响与其生活环境有关的决策。”

环境权的直接客体是环境以及各种环境要素，其中包括土地、水、森林、草原等各种自然资源。此种环境资源的价值具有多元性。罗尔斯顿指出，自然的价值包括经济价值、生命支撑价值、消遣价值、科学价值、审美价值、生命价值、多样性与统一性价值、稳定性与自发性价值、辩证的（矛盾斗争的）价值、宗教象征价值。② 他对环境价值的分类虽然烦琐，却道出了环境价值的多样性。而环境保护心理学为我们了解环境价值提

---

① ［美］斯蒂芬·P. 马克斯：《正在出现的人权：八十年代的新一代人权?》，赵红野译，《法学译丛》1982年第2期。

② 参见［美］罗尔斯顿《哲学走向荒野》，刘耳、叶平译，吉林人民出版社2000年版，第119—150页。

供了另外一个向度。[①] 环境保护心理学以及生态心理学家认为，在环境价值中包含着重要的心理成分或心理学价值，以威尔逊在其《生命的未来》以及美国心理学会《心理学导引》中所强调的“荒野”的环境价值为例，其中的心理学意义表现在三个方面：（1）身心的治疗与治愈。人的身心疾病，具有源自环境失调的起因，包括居住和构建环境、自然环境以及社会环境，同样，和谐自然的环境本身，也具有对人类身心疾病的医治和疗愈的作用。（2）心理的满足与和谐。环境价值中包含着对人类心灵的慰藉，“原野、森林、草场、河流、蓝天”这些象征人与自然和谐的意象，实际上也是人的内在和谐不可或缺的重要元素。（3）心性的需要与发展。环境价值与传统的伦理价值和社会价值同样重要，并且将人的道德思考提升于生态和自然的层面，这是人类心性的一种新的境界，这本身便意味着人类心性的发展。[②]

在环境价值多元性的背景下，经济法、物权法注重的是对资源的开发，对其经济价值的利用。而环境法则是从自然资源的生态价值出发，侧重于对资源的保护。与之相对应的是，环境权本质上是对于环境资源的质量或品质的享受，是对其非经济价值的利用和享受。而对于环境资源经济价值的利用和享受，则是物权的内容。因之，环境权虽是一种实体性的权利，但它不同于传统的物权及其他权利，其客体虽是以物质形态存在的环境及构成要素，但其内容却是从物质的客体中呈现出来的生态的、文化的、精神的或审美的利益。[③] 例如，联合国 1994 年《人权与环境原则草案》第 13 条指出：“任何人皆享有基于文化、生态、教育、健康、生活、娱乐、精神或其他之目的，而公平享受因自然资源之保护及永续利用所生利益之权利。

---

① 环境保护心理学（environmental conservation psychology）是 21 世纪的一个新兴学科，2003 年《人类生态观察》（*Human Ecology Review*）第 2 期是“环境保护心理学”的专辑，这可视为环境保护心理学家面对全球生态危机的宣言。2005 年 7 月 7 日，美国心理学会的《心理学导引》（*Monitor on Psychology*）刊登专稿，介绍“环境保护心理学”，题目为“荒野的呼唤”（Call of the Wild），环保心理学呈现出一种新学科的发展趋势，引起了国际学术界的关注。参见徐锋、申荷永《环境保护心理学：环保行为与环境价值》，《学术研究》2005 年第 12 期。

② 参见徐锋、申荷永《环境保护心理学：环保行为与环境价值》，《学术研究》2005 年第 12 期。

③ 吕忠梅教授在关于“环境权的公共信托理论分析”中明确地指出，公共信托显然不是为环境资源的经济功能而设定的，作为公共信托的环境权实际上是对环境资源的生态价值和文化美学等价值的肯定。参见吕忠梅《沟通与协调之途——论公民环境权的民法保护》，中国人民大学出版社 2005 年版，第 83—84 页。

其包括生态上平等接近自然之权利。任何人皆享有保存独特遗址之权利，而与生活于该区域人民或族群之基本权利相合致。”① 此点正是环境权作为新兴的权利所表现出来的特质，从而区别于传统的其他权利。

3. 环境权的类型多样

环境权是一个权利束，包括了众多的子权利。以笔者之见，环境权包括“免于污染的权利”和“环境享有权”。前者包括清洁空气权、清洁水权、安宁权等，后者包括达滨权、景观权、历史环境权等。其中，某些环境权（如景观权、清洁水权）已经在某种程度上获得法律的肯认。

例如，一向在司法实践中否定环境权诉讼主张的日本，在晚近的判例中出现了新动向，承认了景观利益是受法律保护的利益。日本最高法院2006年3月30日在“国立景观诉讼”的判决中认为，与良好的景观相邻接的地域内居住的、日常享受该景观惠泽之人，对良好的景观所具有的客观价值的侵害，应该说是有密切的利害关系之人，这些人所具有的享受良好景观的惠泽的利益，应该是值得法律保护的利益。② 该判例将景观利益视为受法律保护的个人利益，虽然景观利益尚不能等同于环境权或景观权，但至少向环境权或景观权的法律确认迈进了一大步。

联合国经济、社会和文化权利委员会2002年11月26日发布的关于水人权的第15号一般性意见明确宣告：“水人权赋予人人能为个人和家庭生活得到充足、安全、可接受、便于汲取、价格上负担得起的水的权利。”③ 虽然该一般性意见将《经济、生活与文化权利国际公约》第11条“充足生活水准权”和第12条“健康权”作为水人权的主要法律渊源，并未提及环境权（因为环境权本身在全球性国际人权公约中没有得到明确承认），但是从学理上而言，清洁的水人权可视为环境权的类型之一，这一点已被一些国家的司法实践所认可。例如，在阿根廷，清洁的饮用水的权利被视为宪法上的健康环境权的基本组成部分，法院屡次命令政府提供饮用水，建造饮用水处理设施，医治因受污染饮用水而受到损害的个人，以及实施其他环境补救措施。在2005年一个针对印度尼西亚水资源

---

① 李建良：《论环境保护与人权保障之关系》，《东吴大学法律学报》2000年第2期。

② 参见吉村良一《景観保護と不法行為法》，《立命館法学》2006年6号。

③ Committee on Economic, Social and Cultural Rights, *General Comment No. 15: The Right to Water* (*arts.* 11 *and* 12 *of the International Covenant on Economic, social and Cultural Rights*), UN Doc. E/C. 12/2002/11. para. 2.

法的合宪性的判决中，印度尼西亚宪法法院认为，水权是2000年宪法所保障的环境权的一个重要部分。①

三　环境权入宪的比较分析

自20世纪70年代开始，环境权被载入宪法。为了更清晰地呈现环境权入宪的图景，我们可以从以下两个方面对各国环境权入宪进行比较。

（一）环境权入宪之时间比较

表5-1　环境权入宪之时间比较

时间	国　　家	数量
1970—1979年	南斯拉夫联邦、葡萄牙、西班牙、秘鲁	4
1980—1989年	智利、土耳其、厄瓜多尔、萨尔瓦多、尼加拉瓜、菲律宾、韩国、巴西、匈牙利	9
1990—1999年	贝宁、莫桑比克、克罗地亚、圣多美和普林西比、几内亚、哥伦比亚、马其顿、布基纳法索、斯洛文尼亚、捷克、保加利亚、加蓬、蒙古、安哥拉、多哥、佛得角、刚果共和国、马里、挪威、斯洛伐克、巴拉圭、南斯拉夫联盟、吉尔吉斯、南非、塞舌尔、俄罗斯、摩尔多瓦、比利时、哥斯达黎加、阿根廷、白俄罗斯、阿塞拜疆、格鲁吉亚、埃塞俄比亚、乌干达、芬兰、喀麦隆、乍得、乌克兰、拉脱维亚、尼日尔、委内瑞拉、墨西哥	43
2000—2009年	印度尼西亚、塞内加尔、东帝汶、希腊、巴勒斯坦、卢旺达、圭亚那、罗马尼亚、中非共和国、法国、刚果民主共和国、伊拉克、苏丹、南苏丹、亚美尼亚、塞尔维亚、尼泊尔、黑山、土库曼斯坦、马尔代夫、玻利维亚	21
2010年至今	肯尼亚、多米尼加、牙买加、摩洛哥、索马里、埃及、毛里塔尼亚、越南、津巴布韦、斐济、突尼斯	11

环境权入宪的“黄金十年”之所以产生，我们认为原因主要有二：

第一，20世纪90年代是可持续发展理论迅速发展和普及的年代，可持续发展促使各国更加重视环境保护，也唤醒了人民的环境权利意识。1987年联合国环境与发展委员会发布了重要报告——《我们共同的未

① See David R. Boyd, *The Environmental Rights Revolution: A Global Study of Constitutions, Human Rights, and the Environment*, The University of British Columbia Press, 2012, pp. 129, 174.

来》，第一次系统地阐述了可持续发展理论。《我们共同的未来》在附录一《世界环境与发展委员会环境法专家组通过的关于环境保护和可持续发展法律原则建议摘要》中，第 1 条即开宗明义宣布“全人类对能满足其健康和福利的环境拥有基本的权利”①，明确地将环境权提升至基本人权地位。1992 年里约会议虽然没有明确地提及环境权，但其通过的一系列公约和文件均充分地体现了可持续发展的思想，里约会议极大地推动了可持续发展思想的传播和发展。

第二，20 世纪 90 年代苏联和东欧原社会主义国家体制转轨，纷纷通过制定新宪法确认了环境权。这些国家包括南斯拉夫联邦、克罗地亚、马其顿、斯洛文尼亚、捷克、保加利亚、斯洛伐克、吉尔吉斯、俄罗斯、摩尔多瓦、阿塞拜疆、格鲁吉亚、乌克兰和拉脱维亚，共有 14 个国家之多，约占该时期环境权入宪国家数量的三分之一。

为什么有社会主义传统的国家热衷于在宪法中规定环境权呢？这在很大程度上关系到社会主义国家的人权观念和文化——社会权中心论。人权的经典分类是类型化为自由权和社会权，如果立基于这种两分法，则一般将环境权归类为社会权。传统社会主义国家一般重视社会权，忽视自由权，事实上社会权的观念和实证化乃是 19 世纪末 20 世纪初社会主义运动的产物。而资本主义国家则强调自由权，轻视社会权，就像美国人权学者亨金指出，美国的宪法权利先于政府而存在，表现为不受政府干涉的自由与权利，但它并不包括“经济和社会权利”。②

苏联、东欧原社会主义国家虽然自 20 世纪 90 年代以来进行体制转型，但社会主义传统仍然会有所延续。事实上，自 20 世纪 90 年代以来，中东欧国家在推进民主化和市场化的进程中，社会基本权利在宪法变迁中发挥着独特的凝聚团结意识的功能。③ 诚如有学者指出的，公民意义的社会权是社会主义制度瓦解后唯一能够凝聚团结意识的凭借，也是旧的经济社会瓦解后个人诉诸集体保障的唯一凭据，贸然取消这些人民习以依赖的

① 参见世界环境与发展委员会《我们共同的未来》，王之佳等译，吉林人民出版社 1997 年版，第 454 页。

② 参见［美］L. 亨金《权利的时代》，信春鹰等译，知识出版社 1997 年版，第 210—211 页。

③ 参见吴卫星《环境权入宪之实证研究》，《法学评论》2008 年第 1 期。

基本保障，在政治上是不可想象的。[①] 因此，作为社会权的环境权被具有社会主义传统的国家所青睐，也就不足为奇了。我们不要忘了，世界上第一个规定环境权的国家正是当年的南斯拉夫社会主义联邦共和国。

（二）环境权入宪之地域比较

地理学上将地球大陆分为亚洲、欧洲、非洲、北美洲、南美洲、大洋洲和南极洲，合称七大洲。但由于南极洲无人居住，南美洲和北美洲常合称美洲，所以又有五大洲的说法。通过考察，笔者发现环境权条款分布于五大洲国家宪法之中，环境权的普遍性或者普世性特征越来越明显。从各洲情况来看，环境权入宪的国家数量在非洲是最多的，而在大洋洲是最少的，亚洲、欧洲和美洲则介于二者之间（见表 5-2）。值得注意的是，大洋洲长期以来是宪法环境权的“不毛之地”，但是 2013 年斐济新宪法首开先例，第 40 条第 1 款明确规定“每个人都有权拥有清洁、健康的环境”。

表 5-2　环境权入宪之地域比较

地域	国家	数量
亚洲	土耳其、菲律宾、韩国、蒙古、吉尔吉斯、阿塞拜疆、格鲁吉亚、东帝汶、伊拉克、尼泊尔、土库曼斯坦、马尔代夫、越南、亚美尼亚、巴勒斯坦、印度尼西亚	16
欧洲	葡萄牙、西班牙、匈牙利、马其顿、斯洛文尼亚、捷克、保加利亚、挪威、斯洛伐克、俄罗斯、摩尔多瓦、比利时、芬兰、白俄罗斯、乌克兰、拉脱维亚、希腊、罗马尼亚、法国、塞尔维亚、黑山	21
非洲	贝宁、莫桑比克、圣多美和普林西比、几内亚、布基纳法索、加蓬、安哥拉、多哥、佛得角、刚果（布）、马里、南非、塞舌尔、埃塞俄比亚、乌干达、喀麦隆、乍得、尼日尔、科特迪瓦、塞内加尔、卢旺达、中非共和国、刚果（金）、苏丹、南苏丹、肯尼亚、索马里、埃及、毛里塔尼亚、津巴布韦、突尼斯、摩洛哥、科摩罗	33
美洲	智利、厄瓜多尔、尼加拉瓜、巴西、哥伦比亚、巴拉圭、秘鲁、哥斯达黎加、阿根廷、委内瑞拉、墨西哥、圭亚那、玻利维亚、多米尼加、牙买加	15
大洋洲	斐济	1

① 参见雷文玫《再访“社会权”——一九九〇年代中东欧国家的宪法变迁社会权入宪之研究》，载《当代公法新论——翁岳生教授七秩诞辰祝寿论文集》（下），元照出版公司 2002 年版，第 584 页。

可见，环境权入宪的主力军是亚非拉的广大发展中国家或者最不发达国家，欧洲国家中则主要是原社会主义性质的中东欧国家。之所以环境权入宪的非洲国家最多，一方面是非洲国家的数量本身在五大洲中是最多的，但是更主要的原因还是非洲所面临更为严峻的环境问题。另外，1981年通过的《非洲人权和民族权宪章》率先在区域性人权公约中规定了环境权，该宪章对于很多非洲国家在20世纪90年代以来增加宪法环境权条款想必发挥了促进作用。可以相互对照的是，在美洲国家中，作为富裕的发达国家的美国和加拿大均未在联邦宪法中承认环境权，在宪法中确认环境权的都是一些发展中的拉丁美洲国家。凡此种种，说明环境权并非奢侈品。“更为经常的情形是，环保对于穷人具有极为重要的意义，他们比富人更依赖初级产品和自然资源。渔夫、樵夫、农民、猎人和采集者——与那些富有者相比更不可能逃避环境恶化；而且，他们比富有者更能利用以自然为基础的劳动密集型机会。穷人与环保的利害关系是根本性的。”①事实上，对于穷人尤其是土著民族来说，他们与环境有着更为密切的关系，更加依赖于环境，不仅是物质上的、资源上、生计上的依赖，也包括宗教、精神、文化等层面的依赖。

四　环境权的中国生成与入宪路径

（一）现行法律规范中的环境权

我国最早规定环境权的立法是1980年颁布的《化学工业环境保护管理暂行条例》，其第39条规定“企业职工和家属享有在清洁环境中生活和劳动的权利，也有保护环境和国家资源的义务，对于污染环境破坏资源综合利用的单位和个人，有权进行监督、制止和检举”。之后，1981年《轻工业环境保护工作暂行条例》第34条第1款规定：“职工有在清洁适宜的环境中生活和劳动的权利，有积极保护环境的义务。对于严重污染环境和破坏自然资源的单位和个人，职工有权提出意见，直至向上级主管部门反映情况，检举揭发。各级领导有保护检举人的责任，不得打击报复。”1982年《城市市容环境卫生管理条例（试行）》第4条规定：“城市所有单位和个人，都有享受良好卫生环境的权利，同时也有维护和改善

①［英］蒂姆·海沃德：《宪法环境权》，周尚君、杨天江译，法律出版社2014年版，第152页。

市容环境卫生的义务。”2005 年 12 月 14 日发布的《国务院关于落实科学发展观加强环境保护的决定》指出：“积极推进经济结构调整和经济增长方式的根本性转变……建设资源节约型和环境友好型社会，努力让人民群众喝上干净的水、呼吸清洁的空气、吃上放心的食物，在良好的环境中生产生活。”2009 年《中国人民解放军环境保护条例》第 6 条规定：“军队所有单位和人员都有保护和改善环境的义务，都有在符合规定标准的环境中工作和生活的权利、对环境质量知情的权利以及获得环境损害补偿的权利，并有权对污染和破坏环境的行为进行监督、检举和控告。”国务院新闻办公室发布的《国家人权行动计划（2009—2010）》，明确将“环境权利”列为经济、社会与文化权利之一种，《国家人权行动计划（2012—2015）》亦是如此。

但是在我国狭义的法律层面，环境权尚未获得明确的、正式的、普遍性的承认。2002 年通过的《环境影响评价法》第一次提出了“公众环境权益”这一名词，该法第 11 条第 1 款规定：“专项规划的编制机关对可能造成不良环境影响并直接涉及公众环境权益的规划，应当在该规划草案报送审批前，举行论证会、听证会，或者采取其他形式……”但是何谓“公众环境权益”，包括哪些具体的权利或者利益，该法并未明确。汪劲教授认为，公众环境权益既是公民基本权利中与享受优美环境相关的、非独占性的权利和利益的集合，也是公民对其正常生活和工作环境享有的不受他人干扰和侵害的权利与利益。[①] 从此概念的外延来看，公众环境权益当然包含了环境权。但是，《环境影响评价法》只是规定在规划编制过程中将公众环境权益作为应当考虑的因素，并未从正面的角度确认一般性的公众环境权益，这是其局限性之所在。在《环境保护法》修订过程中，蔡守秋教授主张在新《环境保护法》中确立环境权，建议明确规定“一切单位和个人都有享用清洁、健康的环境的权利，也有保护环境的义务”[②]。但是，环境权否定论者认为环境权的概念过于抽象笼统，环境权应当是一些具体的权益而不是某种抽象的权利，保护公民环境权应当主要通过保护其与环境有关的具体权益加以实现。[③] 最终，新《环境保护法》没有规定一个一般性的实体性环境权，只是在

① 汪劲：《环境法学》（第三版），北京大学出版社 2014 年版，第 64 页。

② 蔡守秋：《确认环境权，夯实环境法治基础》，《环境保护》2013 年第 16 期。

③ 袁杰主编：《中华人民共和国环境保护法解读》，中国法制出版社 2014 年版，第 187 页。

第五章“信息公开和公众参与”规定了获取环境信息、参与和监督环境保护的权利（第 53 条）、举报的权利（第 57 条）、环保组织的公益诉权（第 58 条）。

虽然全国人大及其常委会的环境立法迄今没有从正面的角度确认一般性的环境权，但是一些地方立法作出了积极的回应。1987 年颁布的《吉林市环境保护条例》第 8 条规定：“公民有享受良好环境的权利和保护环境的义务。”21 世纪以来，很多地方环境立法明确规定了环境权，2015 年 1 月 13 日修订通过的《广东省环境保护条例》是一个最新的立法例，该条例第 5 条第 1 款规定：“公民、法人和其他组织依法有享受良好环境、知悉环境信息、参与及监督环境保护的权利，有权对污染环境和破坏生态的行为进行举报，有保护和改善环境的义务。”各地环境保护条例除了规定一个实体性的环境权之外，大多同时规定了获取信息、检举、控告、损害赔偿请求权等。

（二）环境权的宪法化及其路径分析

1. 1982 年《宪法》与环境权

我国现行《宪法》没有环境权的明文规定，《宪法》中与环境保护直接相关的是第 1 章“总纲”中的三个条款：一是第 9 条第 2 款：“国家保障自然资源的合理利用，保护珍贵的动物和植物。禁止任何组织或者个人用任何手段侵占或者破坏自然资源。”二是第 22 条第 2 款：“国家保护名胜古迹、珍贵文物和其他重要历史文化遗产。”三是第 26 条：“国家保护和改善生活环境和生态环境，防治污染和其他公害。国家组织和鼓励植树造林，保护林木。”从法律规范的性质来看，这两条应归类为“环境基本国策”或“国家目标条款”，即将环境保护视为国家的一项宪法任务、一项基本职责，而非赋予公民宪法性的环境权。

在我国 2004 年宪法修正案（第四修正案）制定和通过前后，有不少学者建议增加环境权条款。例如，徐显明教授建议在现行宪法第四次修改的时候明确载入十项人权，包括隐私权、知情权、财产权、生存权、发展权、环境权、迁徙自由、平等权、正当程序权、接受公正审判的权利。他认为，“环境权的成立，可改造目前我国的环境管理体制。如果环保部门在行使权力过程中不满足公民对净水、净气、稳静及永久资源的要求，而是在征收排污费过程中首先获得了部门利益，那么环保的目标恰好可能是侵害公民环境权的"[①]。在2018年我国宪法第五修正案通过前，也有学者主张环境权入宪，例如周叶中教授认为，应当在《宪法》第26条确认国家环保义务的基础上增加一条："中华人民共和国公民有享有良好环境的权利和保护环境的义务。"[②] 吕忠梅教授建议在现行《宪法》第47条后增加一条即第48条规定："中华人民共和国公民有在良好环境中生活的权利和保护环境的义务。环境权的内容和行使由法律规定。"[③]

2018年3月11日第十三届全国人民代表大会第一次会议通过的宪法修正案没有确认环境权，但是仍然对于环境保护和生态文明建设作了必要的回应，与环境保护相关的核心要点是"生态文明入宪"，具体内容包括：（1）将《宪法》"序言"第七自然段中"推动物质文明、政治文明和精神文明协调发展，把我国建设成为富强、民主、文明的社会主义国家"修改为"推动物质文明、政治文明、精神文明、社会文明、生态文明协调发展，把我国建设成为富强民主文明和谐美丽的社会主义现代化强国，实现中华民族伟大复兴"（宪法修正案第32条）；（2）《宪法》第89条"国务院行使下列职权"中第六项"（六）领导和管理经济工作和城乡建设"修改为"（六）领导和管理经济工作和城乡建设、生态文明建设"（宪法修正案第46条）。

笔者认为，生态文明入宪是我国环境宪法的新发展，环境保护作为基本国策或者国家目标得以强化，有助于其进一步被纳入国家立法和决策主流之中。但是，生态文明入宪并非我国环境宪法发展的终极目标，它并不能替代环境权入宪，当然，生态文明入宪可以成为环境权入宪的先行者和铺路石，环境权入宪是值得我们期待和努力的方向。

2. 宪法环境权中国生成的路径分析

环境权具有宪法位阶，那么宪法环境权如何在中国生成？我认为有宪法解释和宪法修改两条路径。

（1）宪法解释路径

如前所述，我国宪法没有环境权的明文规定，但有三个涉及环境与资源保护的条款，一是《宪法》第9条第2款"自然资源保护"条款，二

---

① 徐显明：《人权建设三愿（代序）》，载徐显明主编《人权研究》第2卷，山东人民出版社2002年版，第5页。

② 参见周叶中《关于适时修改我国现行宪法的七点建议》，《法学》2014年第6期。

③ 吕忠梅：《环境权入宪的理路与设想》，《法学杂志》2018年第1期。

是第22条第2款“历史文化遗产保护”条款，三是第26条“环境保护”条款。这三个条款均位于我国《宪法》第一章“总纲”之中，从规范性质来看，应当属于“环境基本国策”或者“环境政策”条款，只是课以国家环境与资源保护之义务，而非赋予公民环境权利。① 但是，如果采取非原旨主义的宪法解释方法，亦可从“环境政策”条款推导出公民环境权。② 在比较法上也有可资借鉴的先例，例如在1997年的一个案件中，罗马尼亚最高法院基于政府环境保护的宪法义务引申出健康环境的宪法权利。③ 1975年希腊《宪法》第24条第1款规定“保护自然环境和文化环境是国家的职责”，并未明确确认一项宪法权利。但是，希腊的多数法律学者和最高行政法院均认为，《宪法》第24条将环境保护不仅视为国家义务，而且也是一项个人权利和社会权利。④

我国《宪法》第2章“权利与义务”没有环境权的明文规定，但有两个人权条款可能成为环境权的“寄居条款”。一是第33条第3款：“国家尊重和保障人权。”二是第38条：“中华人民共和国公民的人格尊严不受侵犯。禁止用任何方法对公民进行侮辱、诽谤和诬告陷害。”有学者主张我国《宪法》第33条第3款（人权条款）规定，是类似于美国联邦宪法第9修正案的宪法未列举权利条款或者人权概括条款，可以为环境权等新兴宪法权利的保护提供规范支持。⑤ 而如果我们将《宪法》第38条所谓的“人格尊严”解释为类似德国宪法上的“一般人格权”（也即作为人格权的一般规定、概括性规定），则环境权作为一项个别性的宪法人格权就可以融入该条款之中。⑥ 美国、德国也曾有学者提出主张，将美国联邦宪法第9修正案（宪法未列举权利条款）和德国《基本法》第1条人性尊严的保障以及《基本法》第2条第2项自由发展人格之权，作为引申

---

① 参见陈海嵩《国家环境保护义务的溯源与展开》，《法学研究》2014年第3期。

② 参见吴卫星《我国环境权理论研究三十年之回顾、反思与前瞻》，《法学评论》2014年第5期。

③ David R. Boyd, *The Environmental Rights Revolution: A Global Study of Constitutions, Human Rights, and the Environment*, The University of British Columbia Press, 2012, pp. 200-201.

④ Jonas Ebbesson (ed.), *Access to Justice in Environmental Matters in the EU*, Kluwer Law International, 2002, p. 261.

⑤ 张薇薇：《“人权条款”：宪法未列举权利的“安身之所”》，《法学评论》2011年第1期。

⑥ 关于宪法第38条的学理解释，请参见林来梵《人的尊严与人格尊严——兼论中国宪法第38条的解释方案》，《浙江社会科学》2008年第3期。

出环境权的宪法渊源，唯在法制实践中没有得到司法判例的肯定和承认。

（2）宪法修改路径

虽然通过宪法解释可以为宪法环境权的中国生成找到“落脚点”，但是此种路径选择具有环境权保护的“碎片化”和不周延性、宪法解释的不稳定性两大局限性，例如此种路径很大程度上依赖于法院对宪法条文进行扩张解释，一般要求法院具有相当的司法能动性和权威性，[①] 而我国法院的司法权威和司法素养恐怕难以承担这项“使命”。在大力推进生态文明建设的背景下，通过宪法修改路径确认环境权成为不少学者、人大代表和政协委员的共识。笔者认为，通过宪法修改路径增设一个明确的、独立的环境权条款是一个较优的选择。因为其能够更好地发挥环境权入宪的宣示功能、警示功能、教育功能和促进立法功能。当然，鉴于我国的实际状况，环境权入宪的人权保障功能和安全网功能尚不能完全发挥，只能随着我国宪制的发展而逐步显现。但是，虽然我国法院无权以独立的宪法环境权条款作为审查法律是否合宪的依据，甚至暂时也不大可能以环境权直接作为裁判的依据。不过，这并不代表宪法环境权条款就不能被司法适用，至少宪法环境权可以作为裁判的理由，可以作为法院对法律进行合宪性解释的依据。

综上所述，鉴于环境权入宪在我国生态文明建设中的重要功能，我们认为通过修改宪法确认公民环境权是一种较好的路径选择，特此建议借鉴中国实践和国外经验在我国现行《宪法》第二章“公民的基本权利和义务”增加一个环境权条款：

第X条　中华人民共和国公民有在清洁、健康、生态平衡的环境中生活的权利，有依法及时获取环境信息、参与环境决策以及通过诉讼保护环境的权利。

国家有义务通过适当的立法和其他措施保护和改善环境，防治污染和其他公害。

该条共分两款，第一款规定公民的权利，其中前半句规定的是公民环境权，后半句规定的是知情权、参与权和诉诸司法权，以便借由这些程序性权利来进一步保障环境权。环境权用“清洁、健康、生态平衡”加以

---

① 参见吴卫星《派生性环境权宪法渊源的比较研究》，《南京大学法律评论》2016年春季号。

修饰，同时兼顾了人类的利益和环境本身的利益，是人类中心主义和生态中心主义的调和。而第一款后半句的程序性权利，实乃对于各国环境权入宪的借鉴。第二款与第一款相对应，规定的是国家环境政策或者国家环保义务，是将《宪法》第一章“总纲”第26条加以修改后合并过来的。

第三节 公民环境保护义务

公民环境保护义务对于整个环境法律体系而言具有重要价值，它与公民环境权利相互配合，为环境法基本原则的落实提供了个人层面的行动方案。尤其是公民环境保护义务中的自主部分，在法律设定的行为标准之外，对公民提出了更高的要求。它“不以消极不产生污染”为限，而是以改善生态环境，实现可持续发展为目标。[①] 为使公民环境保护义务具有超越环境法律部门的效力，有必要在宪法层面确立公民的环境保护基本义务，并在环境基本法或者环境法典中予以具体地展开。

一 公民环境保护义务的类型划分

2014年修订的《环境保护法》第6条第1款对公民环境保护义务作出了概括性规定：“一切单位和个人都有保护环境的义务。”该条第4款同时规定：“公民应当增强环境保护意识，采取低碳、节俭的生活方式，自觉履行环境保护义务。”有学者认为这一条与日本1993年《环境基本法》的相关条文非常相似。[②] 该法第9条规定：“国民必须根据基本理念，为防止环境保全上的妨害，努力减低伴随其日常生活活动所造成的对环境的负荷……协助国家或者地方公共团体实施关于环境保全的对策。”[③] 此条包含两种公民一般环境保护义务，即“自主义务”与“协力义务”。所谓“自主义务”在消极层面指向公民不得从事污染环境的行为，在积极层面则指向公民从事改善环境的行为，并且不受到法律规定的限制，可以超越法律制定的标准；“协力义务”是指公民对其他主体所承担的环境保护义务负有协助的义务。[④] 不管是我国《环境保护法》第6条还是日本

① 参见陈慈阳《环境法总论》，元照出版公司2011年版，第355—356页。
② 参见曹炜《环境法律义务探析》，《法学》2016年第2期。
③ 汪劲：《日本环境基本法》，《外国法译评》1995年第4期。
④ 参见陈慈阳《环境法总论》，元照出版公司2011年版，第355页。

《环境基本法》第9条，其规定的都是原初的公民环境保护义务，即民法学者所称的“第一性义务”。公民因污染环境、破坏生态而承担的排除妨碍、消除危险、恢复原状（修复生态环境）等义务则属于“第二性义务”。我们在此探讨的主要是原初的公民环境保护义务而非由其衍生而来的相关义务。

除了上述分类，公民环境保护义务还可以被划分为“实体义务”和“与程序相关联的义务”，前者包括消极义务与积极义务，亦被称为不作为义务与给付义务。[①] 任何行为都伴随一定的风险，公民的日常生活不可避免地会对环境造成影响，因此，不作为义务并非要求公民一概不得从事任何对环境可能造成不利影响的活动，但至少公民不得违反环境保护法律法规的规定。遵守环境保护法律法规，是对公民最低限度的要求。目前，我国环境领域绝大多数法律条文采取的都是通过设定义务的方式对相关主体的行为加以限制。不作为义务中包含一项重要的内容，即公民的容忍义务：公民既负有容忍第三人为保护环境而积极作为的义务，也负有容忍第三人在法律允许的情况下对环境造成不利影响的义务。[②] 正如相邻不动产权利人互负容忍义务，为了彼此尊重、和谐发展，生活在共同的环境之中的人们亦负有一定限度的容忍义务。以德国《联邦自然保护法》为例，该法第10条第1款规定，各邦可以要求土地所有人与使用权人必须忍受该法授权实施的自然保护措施或景观维护措施，除非该项措施将对土地的使用造成不具期待可能性的影响。[③] 爱沙尼亚《环境法典总则》第10条规定，如果由于压倒一切的公共原因需要开展某项活动，在没有合理的替代方案，并且已经采取必要的措施来减少环境威胁或重大环境妨害的情况下，公民必须容忍此种环境威胁或者妨害。[④] 至于积极（给付）义务，则要求公民积极主动地采取行动，预防环境风险，改善生态环境，转变生活方式。以生活垃圾分类投放义务为例，我国《固体废物污染环境防治法》第49条规定，产生生活垃圾的单位、家庭和个人应当依法履行生活垃圾源头减量和分类投放义务，承担生活垃圾产生者责任。任何单位和个人都应当依法在指定的地点分类投放生活垃圾。

---

① 参见陈慈阳《环境法总论》，元照出版公司2011年版，第355页。

② 参见陈慈阳《环境法总论》，元照出版公司2011年版，第355页。

③ 参见陈海嵩《公民环境保护宪法义务的比较法探析》，《环境法评论》第2辑。

④ See General Part of the Environmental Code Act §10 (2011).

就与程序相关联的义务而言，颇具代表性的是公众对环境保护活动的参与和监督，这既是公民行使程序性环境权利的途径，也是履行环境保护义务的需要。法国《环境法典》第 L110-2 条第 2 款规定："每个人都有义务监督环境保护，并对环境保护做出贡献……"① 在多元环境治理的格局下，公民身份内含"权利—义务"的互动结构，这不仅呼唤公民环境权利的张扬，亦呼唤公民对环境保护公共事务的参与和监督。②

二　公民环境保护义务的宪法表达

公民环境保护义务不仅存在于环境法的条文之中，它还可以经由转介条款进入民法，对民事主体的行为产生规范作用。《民法典》中的"绿色条款"就作出了此种尝试。如果说环境保护义务的确立是为了让公民将环境保护目标内化于心，那么"绿色条款"的制定则为从事民事活动的主体提供了行为准则，敦促公民将环境保护意识外化于行。③ 经由"绿色条款"的"桥梁"，环境法的价值将会源源不断地输入民法之中，为环境保护义务与民事权利的冲突和摩擦提供缓冲地带。④《环境保护法》中公民环境保护义务的缺失将制约"绿色条款"通道作用的发挥。虽然借由民法转介条款，公民环境保护义务的效力得到了极大延伸，但是仅仅依靠转介条款不足以实现公民环境保护义务超越环境法律部门效力的功能。对此，仍要寻求宪法对公民环境保护义务的规范表达，以提升公民环境义务的效力层次。

我国宪法尚未纳入公民环境权的条款，也没有明确将环境保护义务确立为公民的基本义务。有学者在整理归纳了世界各国宪法中关于环境保护的条款之后发现，确认公民环境权的宪法大多也有公民环境保护义务的规定。⑤ 例如，《葡萄牙共和国宪法》第 66 条第 1 款规定："人人都享有有益健康与生态平衡的生活环境的权利，同时有保护生态环境的义务。"

---

① 《法国环境法典》（第一至三卷），莫菲等译，法律出版社 2018 年版，第 5 页。

② 参见秦鹏、杜辉《环境义务规范论：消费视界中环境公民的义务建构》，重庆大学出版社 2013 年版，第 5 页。

③ 参见秦鹏、冯林玉《民法典"绿色原则"的建构逻辑与适用出路》，《大连理工大学学报》（社会科学版）2018 年第 3 期。

④ 参见秦鹏、冯林玉《民法典"绿色原则"的建构逻辑与适用出路》，《大连理工大学学报》（社会科学版）2018 年第 3 期。

⑤ 参见吴卫星《环境权理论的新展开》，北京大学出版社 2018 年版，第 81—84 页。

《俄罗斯联邦宪法》第 42 条规定了公民环境权，第 58 条规定“人人都有保护自然环境和珍惜自然资源的义务”。有学者提出，我国《宪法》虽然没有直接规定公民的环境保护义务，但是从有关条文中可以解释公民环境保护义务的内涵：《宪法》第 9 条作为禁止性规范包含公民的不作为义务；第 26 条在表面上虽然是对国家环境保护义务的规定，但可以解释公民的协力义务；第 51 条作为权利限制条款隐含公民行为的边界，可以间接解释公民的环境保护义务；第 53 条规定公民负有“爱护公共财物”“遵守公共秩序”“尊重社会公德”的义务，其亦可以容纳公民环境保护义务的内涵。①

三　环境法典中的公民环境保护义务

虽然我国《环境保护法》第 6 条对公民环境保护义务作出了概括性规定，但由于“环境保护”这一概念包罗万象，很难从中直接推导出对公民的规范性要求。② 在环境法律法规未尽之处，公民仍要反求诸己。第 6 条虽处在《环境保护法》的“总则”章节，但由于该法自身没有发挥出作为基本法所应有的功能，第 6 条更难谓环境义务体系中的“基本义务”了。但在具体环境保护义务缺失时，《环境保护法》第 6 条很难发挥填补作用。为此，有不少国家将公民环境保护义务规定在环境基本法或者环境法典中，以统率环境法诸领域，发挥体系效力。

《俄罗斯联邦环境保护法》序言中规定：“根据俄罗斯联邦宪法，每个人都有享受良好环境的权利，每个人都有保护自然和环境，珍惜自然财富。”该法第三章第 11 条第 3 款规定，公民在环境保护领域的如下义务：保护自然和环境；善待自然，珍惜自然财富；遵守法律规定的其他要求。《独联体国家生态示范法典》第 16 条第 3 款规定，公民应当承担以下义务：（1）遵守生态立法；（2）促进落实旨在合理利用自然资源、保护环境以及确保国家生态安全保障的措施；（3）关注日常生活、劳动过程中的个人生态安全保障问题，以及在居住地或者临时居住地的个人生态安全保障问题；（4）预防因其自身过错可能导致的生态安全威胁；（5）遵守

---

① 参见张震《公民环境义务的宪法表达》，《求是学刊》2018 年第 6 期。

② 参见陈海嵩《〈民法总则〉“生态环境保护原则”的理解及适用——基于宪法的解释》，《法学》2017 年第 10 期。

生态立法的其他要求。[①] 我国理论与实务界已有编纂环境法典的动议，全国人大常委会2021年度立法工作计划提出“研究启动环境法典、教育法典、行政基本法典等条件成熟的行政立法领域的法典编纂工作”[②]，今后可以考虑在我国环境法典总则篇中纳入公民环境保护义务的内容。

---

① 参见《独联体生态示范法典·爱沙尼亚环境法典（总则）》，刘洪岩、马鑫、张忠利译，法律出版社2022年版，第37—38页。

② 参见中国人大网，http：//www. npc. gov. cn/npc/c30834/202104/1968af4c85c246069ef3e8ab36f58d0c. shtml，2022年3月15日最后访问。

第六章　环境法律责任

第一节　环境法律责任的概念和特征

一　法律责任的概念

从理论研究的意义上说，法律责任与权利、义务这两个法学核心范畴有着最为密切和重要的逻辑关联。法理学中，法律责任包括广义的法律责任和狭义的法律责任。广义的法律责任就是一般意义上的法律义务的同义词，狭义的法律责任则是由违法行为所引起的不利后果，也有的认为是由违反第一性义务而引起的第二性义务。为了避免引起某种混乱，越来越多的学者倾向于只采用狭义上的“法律责任”这一术语，本书所讲的环境法律责任也是基于狭义的法律责任而言的。当代法学中，对“法律责任”概念的界定主要有以下几种学说：

“义务说”认为法律责任是义务，责任也都是因义务而起。正如张文显教授在《法哲学通论》中所言，《布莱克法律词典》对法律责任的定义也是采用了义务说，即“因某种行为而产生的受惩罚的义务及对引起的损害予以赔偿或用别的方法予以赔偿的义务”[①]，此外，付子堂教授在《法理学高阶》中也采用了此定义作为范例来论证义务说。义务说点明了义务与责任的密切关联，但这也限制了责任的内涵。

张文显教授在对比研究了法律责任内涵的多种学说之后，提出了“新义务说”，其认为，“法律责任是由于侵犯法定权利或违反法定义务而引起的、由专门国家机关认定并归结于法律关系的有责主体的、带有直接强制性的义务，即由于违反第一性法定义务而招致的第二性义务”[②]。这

① 张文显：《法哲学通论》，辽宁人民出版社 2009 年版，第 286 页。

② 张文显主编：《法的一般理论》，辽宁大学出版社 1988 年版，第 222 页。

种“新义务说”认为法律责任是由违反第一性义务引起的第二性义务。较之义务说，新义务说更为完善，其不仅只是将法律责任定义为义务，而且将法律规范、法律行为、法律关系等与法律责任联系在了一起，这也就弥补了义务说的局限性。当前，我国法学界提到义务说往往选择用新义务说的含义来替代义务说的含义。不论是义务说还是新义务说都容易引起义务与责任的混淆，责任确实会因义务而产生，但义务不是引起责任的唯一原因，义务当然也不等同于责任。这可能也是义务说的局限性所在。

“后果说”认为，法律责任是违法者承担的不利后果。后果说突出了法律责任的强制性，所谓强制性是说法律责任并不是责任人自愿承担的，而是法律强制责任人承担的；也描述出了法律责任的一些表象特征，包括法律责任与责任人的原本目的是相违背的，实际上法律责任也剥夺了责任人的某些利益。例如，沈宗灵教授认为，法律责任是行为人由于违法行为、违约行为或者由于法律规定而应承受的某种不利的法律后果。[①] 再如，周永坤教授认为，法律责任是指由于某些违法行为或法律事实的出现而使责任主体所处的某种特定的必为状态。[②] 后果说将法律责任界定为一种不利后果，这是有局限性的。除了不利成果式的承担方式之外，法律责任的承担方式当然包括消极的、片面的否定式评价或不利后果，甚至说这是最为主要的承担方式，但这却不能包含所有的承担方式，除了损害赔偿、惩罚这种常见的责任方式之外，法律责任的承担方式还包括一些中性的不带有明显否定态度的责任方式，甚至包括了一些带有公益色彩的承担方式，甚至对责任人本身也是有益的。总而言之，法律责任不全是不利后果，不利后果也并不是全部属于法律责任。

然而，法律地位说，也被叫作责任能力说，更加注重的是法律责任的主观方面。法律地位说认为，法律责任是行为人对自己行为负责的表现，强调了法律责任在道义层面的内容与含义，也体现了法律责任人的责任能力。但是，法律地位说的局限性也是比较明显的，显然，法律责任不仅只是行为人主观的心理状态或责任能力而已，也不仅只是社会对行为人的评价而已，还应当包括一些客观要素和一些强制因素。

至于“综合说”，是将法律责任定义为一种综合的责任，认为法律责

---

① 沈宗灵主编：《法理学》（第三版），北京大学出版社 2009 年版，第 336 页。

② 周永坤：《法律责任论》，《法学研究》1991 年第 3 期。

任是行为人的主观心理状态、社会对其进行的价值评断以及一些客观要素的综合，是主观责任与客观责任的统一。正如付子堂教授所言，这些不同的学说都从不同的角度定义了法律责任的内涵，但都不是法律责任的全貌。因此，付子堂教授在吸收义务说、后果说、法律地位说等学说的合理因素的基础上，提出了一个新的法律责任的概念：法律责任是有责主体因法律义务违反之事实而应当承受的由专门国家机关依法确认并强制或承受的合理的负担，[①] 这也被人称为综合负担说。这种综合负担说较之后果说等学说更为全面，但是也未将法律责任的某些形式纳入囊中，例如，法律责任不仅来源于违反义务，除了专门国家机关依法确认之外，法律责任也包括了一些当事人合意承担的责任形式以及当事人主动承担的责任形式，这些都应属于法律责任的范畴。

总而言之，不论是采用“义务说”还是“后果说”，抑或是“法律地位说”“负担说”等其他学说，还是“综合说”，法律责任的根本性质都是相似的，关键要素无非“否定性评价”或“谴责”或“补偿”，其实质是国家统治阶级对违反法定义务、超越法定权利界限或滥用权力的违法行为所作的法律上的否定性评价和谴责，是国家强制违法者作出一定行为或禁止其作出一定行为，从而补救受到侵害的合法权益，恢复被破坏的法律关系（社会关系）和法律秩序（社会秩序）的手段。[②] 法律责任反映的是国家对实施违法行为的有过错的主体的惩罚，它体现在违法主体要接受人身、财产或组织性质的国家强制剥夺和限制措施。[③] 不论是否选择某种学说，又或者选择哪一种学说，我们都应明确的是法律责任的含义应包括以下因素：

第一，法律责任的来源因素，应当包括义务、法律规定等来源，绝不是仅仅来源于义务。

第二，法律责任的褒贬因素，所谓的褒贬因素是想说明法律责任不应仅仅只是一种否定性的评价或贬义的评判结果，还包括了一些中性的评价。

第三，法律责任的责任人因素，法律责任的承担当然需要具有责任能

---

① 付子堂主编：《法理学高阶》，高等教育出版社 2008 年版，第 309 页。

② 张文显：《法律责任论纲》，《吉林大学社会科学学报》1991 年第 1 期。

③ ［俄］B. B. 拉扎列夫：《法与国家的一般理论》，王哲等译，法律出版社 1994 年版，第 37 页。

力的人或组织来承担。

第四，法律责任的承担方式因素。法律责任承担方式既包括自我承担的方式，也包括他人代为的承担方式；既有传统的赔偿、惩罚方式，也有一些中性的承担方式。

二　环境法律责任的概念

关于环境法律责任的概念，环境法学者根据各自对环境法律责任的理解，给出了不同的定义，大致有以下几种观点①：

违法行为说。持该学说者认为，环境违法行为与环境法律责任人紧密相连，只有实施环境违法行为的人才承担环境法律责任。环境违法行为是承担环境法律责任的前提，环境法律责任是环境违法行为的必然结果。例如，有学者认为："环境法律责任是指违反环境保护法律、法规的单位和个人所应承担的责任。"② 也有学者理解为："环境法律责任是指违法者对其环境违法行为应承担的具有强制性的法律后果。"③ 还有学者认为："生态法律责任是指以备专门授权的环境保护管理机关、司法机关和其他得到授权的主体为代表的国家与实施了生态违法行为的人（自然人、公职人员或法人）之间在对违法行为人适用相应惩罚方面所形成的法律关系。其实质在于，实施了生态违法行为的人应对其行为承担不良的后果。"④

义务违反说。持该学说的学者认为，环境违法行为仅仅是行为人承担环境法律责任的原因之一，行为人之行为若违反经行政和民事合同约定的义务，也应当承担环境法律责任。例如，有学者认为："环境法律责任是环境法主体因不履行环境义务而依法承担的否定性的法律后果。"⑤ 此处的环境义务不仅包括法定的环境义务，也包括约定的环境义务。也有学者认为："环境法律责任是指环境法律的主体因违反环境法律法规的规定，或违反环境行政和民事合同的约定，破坏了法律上或合同中的功利关系或道义关系所应承担的对人、单位、国家、社会和环境的补偿、惩罚或其他性质的具有强制性的不利法律后果。"⑥

---

① 参见王树义等《环境法基本理论研究》，科学出版社 2012 年版，第 99—101 页。

② 佟柔主编：《中国民法》，法律出版社 1990 年版，第 43 页。

③ 吕忠梅：《环境法学》，法律出版社 2011 年版，第 141 页。

④ 王树义：《俄罗斯生态法》，武汉大学出版社 2001 年版，第 378 页。

⑤ 王灿发主编：《环境法学教程》，中国政法大学出版社 1997 年版，第 117 页。

⑥ 常纪文：《环境法律责任原理研究》，湖南人民出版社 2001 年版，第 22 页。

环境危害说。该学说认为，只要行为人的行为造成了环境损害或有造成环境损害的极大危险时，就应依法承担环境法律责任。例如，有学者指出："环境法律责任，是指造成或可能造成生态环境污染和破坏的当事人依法所应承担的法律后果。"① 还有学者给环境法律责任下定义为："公民、法人或者其他组织对其危害环境活动所承担的否定性的法律后果。"② 此学说虽然回避了环境法律责任的产生原因，但其表述并不排斥将环境违约行为及法律的直接规定作为环境法律责任的产生原因。

综合说。持该学说的学者认为，以上三种学说略显不全面，因此综合了三种学说，将环境法律责任的定义做得更为完整。例如，有学者认为："环境法律责任是指行为人之行为违法、违约或基于法律特别规定，并造成环境损害或可能造成环境损害时，行为人应承担的不利的法律后果。"③ 明显这一定义既承认了环境法律责任的产生原因是环境违约行为与环境违法行为，也在定义中强调了环境危害这一要素。还有学者认为："环境法律责任是指因实施了违反环境法的行为者或者造成生态破坏和环境污染者，依据环境法的规定，应当承担的法律责任。"④

本书基本赞同综合说，同时认为，也应在定义中彰显出环境风险这一要素。因此，本书认为，环境法律责任，是指行为人之行为违法、违约或基于法律特别规定，并造成或可能造成生态环境污染和破坏的，依法所应承担的法律后果。

三　环境法律责任的特征

环境法律责任是法律责任的一种具体类型，但与其他部门法的法律责任相比具有以下特征：

（一）环境法律责任是一种综合性的法律责任

环境法律责任是一种综合性的法律责任，其中既包括环境民事法律责任，也包括环境行政法律责任与环境刑事法律责任；但绝不是环境民事法律责任、环境行政法律责任与环境刑事法律责任的简单叠加。与此同时，我们还面临了另一个情况：也许是囿于我国法律法规体系的现状，也许是

① 周珂等主编：《环境法》，中国人民大学出版社 2021 年版，第 79 页。

② 高家伟：《欧洲环境法》，中国工商出版社 2000 年版，第 147 页。

③ 张梓太：《环境法律责任研究》，商务印书馆 2005 年版，第 36 页。

④ 王社坤编著：《环境法学》，北京大学出版社 2015 年版，第 123 页。

因为环境法的天性，也许是由于环境法律责任的发展不足，我国当今的环境法律责任的立法表现仍旧是分散的，在《民法典》《环境保护法》《水污染防治法》《行政处罚法》《大气污染防治法》《噪声污染防治法》《刑法》等多部法律以及最高人民法院、最高人民检察院发布的司法解释中均规定了不同面向的环境法律责任，也对同一面向的环境法律责任问题进行了类似的或略有不同的规定。

（二）环境法律责任对传统部门法造成了一定冲击

如上所述，环境法律责任包括环境民事、行政、刑事法律责任。每一种具体类型在遵循民法、行政法、刑法的基本规定之后，也在实践与理论中对传统部门法形成了一定冲击，尤其是在法律责任的构成要件上。这一点在环境民事法律责任中尤为明显，环境民事法律责任对传统民法责任的归责原则、举证责任、承担方式等都有所发展。具体来说，归责原则中环境民事法律责任采用了无过错原则，主观上是否存在过错不再直接影响环境民事法律责任的成立与否；举证责任方面，环境法律责任采用了举证责任倒置的规则，规定由侵权行为人来承担证明侵权行为与损害结果之间不存在因果关系的举证责任；承担方式中，环境民事法律责任除了传统的填平性责任以外，还发展、运用了惩罚性赔偿责任等。以上这些变化都是由于环境损害的特殊性而逐渐发展出来的，不论是实践还是立法都已采纳了这些新的规则。

（三）环境法律责任具有动态发展性

环境法律责任是由环境民事、行政、刑事法律责任组成的一种综合性法律责任，直到现在，较之传统部门法律责任，环境法律责任仍呈现出较为明显的动态发展性，不论是环境法律责任的主体客体等构成要件、范围，还是环境法律责任的功能、核心，都还在发展之中。环境法律责任与传统部门法律责任一样都调整人与人之间的社会关系，但不同的是，环境法律责任是通过环境这一中介来调整人与人之间的社会关系的，但环境法律责任又不单一地将环境看作单纯客体，而是形成了“人—环境—人”的架构。正是如此，环境民事、行政、刑事法律责任之间也形成了一种交互性与交叉性，环境法律责任整体也就呈现出一种动态发展的特征。除此之外，环境法律责任以保护与实现环境权为核心和宗旨，[①] 而环境权的内

---

① 吕忠梅：《环境法学》，法律出版社 2011 年版，第 143 页。

涵与外延仍未形成一个较为固定、统一的通说，因此，环境法律责任当然也就会随着环境权的变化而相应发展。

（四）环境法律责任的功能具有特殊性

环境民事、行政、刑事法律责任共同构成了环境法律责任，环境法律责任的功能当然也带有了传统民事、行政、刑事法律责任的功能，包括惩罚功能、填平功能、教育功能、预防功能，与此同时，环境法律责任还具有生态修复的功能，并且这是环境法律责任的主要功能。生态修复功能，是指实现环境法律责任，还应追求治理环境污染、修复生态破坏的目的，达到提高环境质量与生态品质的效果。一次又一次的环境污染事件迫使人们越来越重视环境问题的出现及其严重性，也迫使人们开始关注其行为给环境造成的损害与破坏。生态修复功能的实现，不仅需要环境法律责任中的财产责任，例如对生态损害的赔偿与补偿责任；也需要环境法律责任中的非财产责任，例如土地复垦、恢复植被等修复生态的责任方式。生态修复功能是民事、刑事、行政法律责任不曾具有的功能，也是民事、刑事、行政法律责任无法达到的功能，这是由法律责任的含义所决定的。刑事法律责任与行政法律责任这种公法责任关注的是人类行为对国家公权力与管理秩序的损害，刑事法律责任与行政法律责任更为关注的也是如何惩治这些违法者与侵权人；民事法律责任这种私法责任关注的则是人类行为对其他私主体的损害，其强调的也是对环境损害的填平救济。因此，传统的三大部门法律责任都未考虑过人类行为对生态利益的损害与破坏，自然也就需要专门的环境法律责任，才能实现环境法律责任的特别功能。

第二节 环境法律责任的分类与构成

依据我国现有立法体系，环境法律责任主要有两种分类方法。第一种是以环境法律责任的主体为分类标准，可以将环境法律责任分为公民环境法律责任、单位环境法律责任、国家环境法律责任。第二种则是以环境法律责任的属性为分类标准，可以将环境法律责任分为环境民事法律责任、环境行政法律责任、环境刑事法律责任。本书将采用第二种分类方法对三种具体的环境法律责任类型进行简要论述。

一 环境民事法律责任

（一）环境民事法律责任概述

环境民事法律责任，是指单位或个人因污染环境或破坏生态导致他人人身、财产、人格以及环境损害而引发的民事法律责任，包含了物权责任、合同责任和侵权责任①。

我国立法历来重视物权与环境保护的关系，从《物权法》到《民法典》越来越彰显。《民法典》第 9 条②从规定了民事活动的整体原则，被称为“绿色原则”，除此之外，《民法典》第 247 条③、第 250 条④、第 251 条⑤还规定了矿藏、水流、海域、森林、野生动植物等的权属。第 294 条⑥、第 286 条第 1 款⑦、第 326 条⑧、第 346 条⑨分别规定了不动产权利人的环保义务、业主的环保义务、用益物权的行使规则、建设用地使用权的设立原则。当上述权利受到侵害时，权利人可以依据《民法典》要求行为人承担侵害物权的侵权责任，请求排除妨害、消除危险、损害赔偿等。

相较于《合同法》，《民法典》中的合同编与时俱进地强调了履行合同中应尽的环境保护义务，第 509 条规定：“当事人在履行合同过程中，应当避免浪费资源、污染环境和破坏生态。”第 619 条规定：“出卖人应当按照约定的包装方式交付标的物。对包装方式没有约定或者约定不明确，依据本法第五百一十条的规定仍不能确定的，应当按照通用的方式包装；没有通用方式的，应当采取足以保护标的物且有利于节约资源、保护

---

① 吕忠梅主编：《环境法学概要》，法律出版社 2019 年版，第 199 页。

② 《民法典》第 9 条：民事主体从事民事活动，应当有利于节约资源、保护生态环境。

③ 《民法典》第 247 条：矿藏、水流、海域属于国家所有。

④ 《民法典》第 250 条：森林、山岭、草原、荒地、滩涂等自然资源，属于国家所有，但是法律规定属于集体所有的除外。

⑤ 《民法典》第 251 条：法律规定属于国家所有的野生动植物资源，属于国家所有。

⑥ 《民法典》第 294 条：不动产权利人不得违反国家规定弃置固体废物，排放大气污染物、水污染物、土壤污染物、噪声、光辐射、电磁辐射等有害物质。

⑦ 《民法典》第 286 条：业主应当遵守法律、法规以及管理规约，相关行为应当符合节约资源、保护生态环境的要求。

⑧ 《民法典》第 326 条：用益物权人行使权利，应当遵守法律有关保护和合理开发利用资源、保护生态环境的规定。所有权人不得干涉用益物权人行使权利。

⑨ 《民法典》第 346 条：设立建设用地使用权，应当符合节约资源、保护生态环境的要求，遵守法律、行政法规关于土地用途的规定，不得损害已经设立的用益物权。

生态环境的包装方式。”除此之外，实践中当然还会出现标的物与环境相关的合同责任，这与普通的合同责任无异。

《民法典》第1230条规定：“因污染环境、破坏生态发生纠纷，行为人应当就法律规定的不承担责任或者减轻责任的情形及其行为与损害之间不存在因果关系承担举证责任。”这就是环境侵权责任。相较于普通的民事侵权责任，环境侵权责任具有明显的特殊性，因此这也是本书在环境民事法律责任中重点论述的部分，下文所称的环境民事法律责任实则特指环境侵权责任。

（二）环境侵权的复合性

环境侵权是指因生产活动或其他人为原因，造成环境污染和生态破坏，并给他人人身、财产、人格以及环境等权益造成损害或损害危险的法律事实。与一般的民事侵权相比，环境侵权带有极强的复合性这一特征，具体如下：

1. 环境侵权主体的复合性

一方面，环境侵权的被侵权人具有不确定性。一般民事侵权中的权利人必须是确定的，但环境侵权的受害主体不仅包括当代人，也可能包括了后代人，这就给环境民事法律责任的实现造成了一定难度，也对环境民事法律责任的构成要件与归责原则提出了考验。另一方面，环境侵权的当事人地位往往在事实上是不平等的，因为环境侵权的行为人大多是在经济地位、获取信息能力以及拥有科技知识等方面具有明显优势的大型企业，而受害人往往只是普通的公民，这也对环境民事法律责任的举证规则提出了新的要求。

2. 环境侵权对象的复合性

环境侵权对象具有广泛性，既包括自然人与物，也包括动物、土壤等自然要素，乃至整个生态系统。将此转换为法学中的权益，就包括了一般侵权涉及的财产权益、人身权益，也包括了一般侵权不太涉及的人格权益与环境权益。当然，环境权益、环境权等的概念还有待形成通说，环境权是否是环境侵权的客体也众说纷纭，但环境侵权行为会对整个生态环境造成不良影响，这一点是毋庸置疑的。这也给环境民事法律责任的实现提高了难度。

3. 环境侵权的原因行为具有价值双重性

在一般民事侵权中，所有的侵权行为都是纯粹的无价值行为，是具有完全法律否定性的违法行为，是法律明令禁止的行为，因此要承担相应的法律责任。而在环境侵权中，环境侵权行为往往是一些合法的日常经营行为，甚至也给社会的经济发展带来了客观价值与客观效益，只是因为人类科学技术水平所限，这些日常经营行为给他人或生态系统造成了实际损害或损害风险。环境侵权的原因行为同时具有客观价值性与危害性，这就是价值的双重性。因此，环境民事法律责任的实现则要肩负对这一双重价值性的平衡功能。

4. 环境侵权具有潜伏性、不明确性、持续性以及难以恢复性

环境侵权往往是作用于环境要素之上、以环境要素为中介的侵权类型。而空气、水等环境要素具有极强的流动性，这样的环境要素之上的环境侵权往往也具有极强的潜伏性与不明确性，也就必然具有了持续性，同时囿于人类科学技术手段有限，这种损害后果往往也难以恢复。这样的特性就给举证带来了极大的困难，但将视角放在整个环境生态之上，可以发现侵权人已经对环境造成了污染或破坏。在泰州市环保联合会与泰兴锦汇化工有限公司等环境污染侵权赔偿纠纷案中，最高人民法院认为，虽然河流具有一定的自净能力，但是环境容量是有限的，向水体大量倾倒副产酸，必然对河流的水质、水体动植物、河床、河岸以及河流下游的生态环境造成严重破坏。如不及时修复，污染的累积必然会超出环境承载能力，最终造成不可逆转的环境损害。因此，不能以部分水域的水质得到恢复为由免除污染者应当承担的环境修复责任。

5. 环境侵权因果关系的复杂性

绝大多数环境侵权的因果关系都不是一目了然的，具体来说，侵权人、被侵权人、侵权行为是如何造成损害结果的都极为复杂。这也是环境侵权与一般侵权之间的一个区别。这一方面是因为环境侵权中环境的媒介性，如前所述，环境侵权往往是作用于环境要素之上、以环境要素为中介的侵权类型，这就导致环境侵权与一般侵权相比平添了一份间接性，环境损害后果往往不是直接、立即显现的，因果关系自然也就复杂了很多。另一方面，生态环境本身的动态性与多元性也导致了环境侵权因果关系的复杂性。有时候单一的排污行为并不会直接导致环境损害后果发生，而是众多行为的叠加，甚至有时还包括自然因素的叠加，才导致了环境损害后果发生。如何甄别这种情况中的因果关系更是难上加难，这就对环境民事法律责任的实现规则提出了新的要求与期待。

（三）环境民事法律责任的归责原则与构成要件

1. 环境民事法律责任的归责原则：无过错责任原则

环境民事法律责任的归责原则，是指在人为原因导致环境污染和其他公害，并致他人权益受危害时，确定行为人的侵权民事责任应采用的标准和原则。环境民事法律责任归责原则的历史演进经历了结果责任原则阶段、过错责任原则阶段、过错推定原则阶段和现在确立的无过错责任原则阶段。无过错责任，是指无论行为人有无过错，法律规定应当承担民事责任的，行为人应当对其行为所造成的损害承担民事责任。[①]

我国《民法典》规定一般侵权采用的是过错责任原则，[②]《民法典》第1229条规定："因污染环境、破坏生态造成他人损害的，侵权人应当承担侵权责任。"据此，环境侵权采用的是无过错责任。这不仅是我国的选择，绝大多数国家的立法都在环境侵权归责原则的规定中选择了无过错责任原则。私法责任产生于市场经济运作过程中市场主体对意思自治的背离，主要解决的是经济利益与经济利益、人格利益与人格利益、经济利益与人格利益的冲突与纠纷；而环境法律责任则产生于经济、社会进一步发展的过程之中，更为关注的是环境利益与经济利益、环境利益与人格利益、环境利益与环境利益的冲突与纠纷。从某种角度来看，环境法律责任弥补了私法责任的功能。因此，环境侵权中采用了无过错责任来弥补过错责任，避免私益行为对社会公益的损害。环境民事法律责任实施的无过错责任，也被称为"过错的客观化"，即对于行为人造成的损害，不论其个人的心理状态如何，只要违反了谨慎、明智的"理性人"在经济生活中的注意义务这一客观的社会准则，除法定的无责任能力外，即认其为过失。[③]

2. 环境民事法律责任的构成要件

依据《民法典》第1229条，我国环境民事法律责任采用的是无过错责任的归责原则，因此，环境民事法律责任的构成要件有三，即环境侵权行为、环境损害后果，环境侵权行为与环境损害后果之间存在因果关系。

（1）环境侵权行为

环境民事法律责任的构成，须以行为人实施了污染环境、破坏生态的

---

① 王树义等：《环境法基本理论研究》，科学出版社2012年版，第108页。

② 《民法典》第1165条：行为人因过错侵害他人民事权益造成损害的，应当承担侵权责任。依照法律规定推定行为人有过错，其不能证明自己没有过错的，应当承担侵权责任。

③ 邱聪智：《公害法原理》，三民书局1984年版，第182页。

行为为基本要件。在一般侵权中，侵权行为这一要件往往隐含了该行为具有违法性的内容，但环境侵权中并不要求环境侵权行为具有违法性。一方面，违法行为是严重的过错行为，过错又不限于违法行为，还包括了大量的违反道德规范和社会规范的不正当行为，[①] 这就厘清了侵权行为与违法性本就是两个要件。另一方面，如前所述，环境侵权的原因行为具有价值双重性，如果要求环境侵权行为具有违法性将会导致大量的环境侵权行为逃脱应尽的法律责任。因此，《最高人民法院关于审理环境侵权责任纠纷案件适用法律若干问题的解释》第 1 条规定："侵权人以排污符合国家或者地方污染物排放标准为由主张不承担责任的，人民法院不予支持。"

（2）环境损害后果

无损害无救济。环境民事法律责任的构成，也须以行为人导致了环境损害后果污染环境、破坏生态为基本要件。根据《民法典》《环境保护法》的相关规定，环境民事法律责任的损害后果包括以下几种类型：第一，财产损害。例如，因土壤污染致使农作物减产的财产损失，因水污染致使水生动植物减产、死亡的财产损失，因污染风景区致使经营者因游客减少而减损门票收入的财产损失等。第二，人身损害。例如，因环境污染、生态破坏造成的自然人受伤、致残、致病、致死等，即对公民生命健康权的侵害。第三，环境享受损害。这是环境侵权与一般侵权不同的一部分，但这一部分在法学理论中仍有争议，环境享受损害是否属于环境损害后果的范围、环境享受损害的标准等都有待进一步发展与确认。环境享受损害主要包括了妨碍他人依法享受适宜环境的权利或正常生活、降低环境要素的功能与价值而造成的非财产性损害。第四，生态环境损害。《最高人民法院关于审理生态环境损害赔偿案件的若干规定（试行）》与《民法典》第七编侵权责任的第七章环境污染和生态破坏责任[②]都规定了生态

---

① 王利明：《我国〈侵权责任法〉采纳了违法性要件吗?》，《中外法学》2012 年第 1 期。

② 《民法典》第 1234 条：违反国家规定造成生态环境损害，生态环境能够修复的，国家规定的机关或者法律规定的组织有权请求侵权人在合理期限内承担修复责任。侵权人在期限内未修复的，国家规定的机关或者法律规定的组织可以自行或者委托他人进行修复，所需费用由侵权人负担。

《民法典》第 1235 条：违反国家规定造成生态环境损害的，国家规定的机关或者法律规定的组织有权请求侵权人赔偿下列损失和费用：（一）生态环境受到损害至修复完成期间服务功能丧失导致的损失；（二）生态环境功能永久性损害造成的损失；（三）生态环境损害调查、鉴定评估等费用；（四）清除污染、修复生态环境费用；（五）防止损害的发生和扩大所支出的合理费用。

损害赔偿的相关内容。从现有立法体系来看，环境侵权案件与生态环境损害赔偿案件是两种具体的类型，但大体上可以认为生态环境损害赔偿也是环境民事法律责任中的一种特殊类型。第五，环境风险。一般民事侵权的损害后果都是实际发生的损害后果，环境损害后果包括环境风险又是环境侵权的一个特点。《最高人民法院关于审理环境民事公益诉讼案件适用法律若干问题的解释》第 1 条①明确将重大风险引入环境损害后果之中。《民法典》第 997 条②规定了禁止令之后，最高人民法院于 2021 年 12 月 27 日发布了《最高人民法院关于生态环境侵权案件适用禁止令保全措施的若干规定》。我国司法实践中也出现了预防性环境民事公益诉讼的案例。2020 年 3 月 20 日，昆明市中级人民法院对社会高度关注的“云南绿孔雀”公益诉讼案作出一审判决：被告中国水电顾问集团新平开发有限公司立即停止基于现有环境影响评价下的戛洒江一级水电站建设项目。

（3）环境侵权行为与环境损害后果之间存在因果关系

环境侵权行为与环境损害后果之间存在因果关系是指直接的因果关系。然而实践中，要论证环境侵权行为与环境损害后果之间存在因果关系往往极为困难。法学理论中对于因果关系的证明标准也是历经了因果关系推定理论、优势证据说、疫学因果说等，我国采用的是因果关系举证责任倒置规则，实质上也是一种因果关系推定理论。

《民法典》第 1230 条规定：“因污染环境、破坏生态发生纠纷，行为人应当就法律规定的不承担责任或者减轻责任的情形及其行为与损害之间不存在因果关系承担举证责任。”并且，《最高人民法院关于审理环境侵权责任纠纷案件适用法律若干问题的解释》第 7 条规定了具体四种可被认定为不存在因果关系的情形：“侵权人举证证明下列情形之一的，人民法院应当认定其污染环境、破坏生态行为与损害之间不存在因果关系：（一）排放污染物、破坏生态的行为没有造成该损害可能的；（二）排放的可造成该损害的污染物未到达该损害发生地的；（三）该损害于排放污

---

① 《最高人民法院关于审理环境民事公益诉讼案件适用法律若干问题的解释》第 1 条：法律规定的机关和有关组织依据民事诉讼法第五十五条、环境保护法第五十八条等法律的规定，对已经损害社会公共利益或者具有损害社会公共利益重大风险的污染环境、破坏生态的行为提起诉讼，符合民事诉讼法第一百一十九条第二项、第三项、第四项规定的，人民法院应予受理。

② 《民法典》第 997 条：民事主体有证据证明行为人正在实施或者即将实施侵害其人格权的行为，不及时制止将使其合法权益受到难以弥补的损害的，有权依法向人民法院申请采取责令行为人停止有关行为的措施。

染物、破坏生态行为实施之前已发生的；（四）其他可以认定污染环境、破坏生态行为与损害之间不存在因果关系的情形。”

但这并不代表被侵权人完全不承担因果关系的证明责任，《最高人民法院关于审理环境侵权责任纠纷案件适用法律若干问题的解释》第 6 条规定：“被侵权人根据民法典第七编第七章的规定请求赔偿的，应当提供证明以下事实的证据材料：（一）侵权人排放了污染物或者破坏了生态；（二）被侵权人的损害；（三）侵权人排放的污染物或者其次生污染物、破坏生态行为与损害之间具有关联性。”《最高人民法院关于审理环境民事公益诉讼案件适用法律若干问题的解释》也有类似规定。[①]

（四）环境民事法律责任的免责事由

环境民事法律责任的免责事由包括战争、不可抗拒的自然灾害、不可抗力，受害人过错、正当防卫、紧急避险，而不包括行政合法与第三人过错。

第一，战争。《海洋环境保护法》第 91 条[②]规定了战争行为是海洋环境污染造成损害的免责事由。第二，不可抗拒的自然灾害。必须强调的是，不可抗拒的自然灾害成为免责事由是有前提条件的，即不可抗拒的自然灾害是造成环境损害的唯一原因，并且加害人采取了合理措施仍不能避免环境损害的。第三，不可抗力，即不能预见、不能避免且不能克服的客观情况。同样，不可抗力是造成环境损害的唯一原因，才可免责。《民法典》第 180 条：“因不可抗力不能履行民事义务的，不承担民事责任。法律另有规定的，依照其规定。不可抗力是不能预见、不能避免且不能克服的客观情况。”第四，正当防卫与紧急避险。依据《民法典》第 181 条[③]

---

① 《最高人民法院关于审理环境民事公益诉讼案件适用法律若干问题的解释》第 8 条：提起环境民事公益诉讼应当提交下列材料：（一）符合民事诉讼法第一百二十一条规定的起诉状，并按照被告人数提出副本；（二）被告的行为已经损害社会公共利益或者具有损害社会公共利益重大风险的初步证明材料；（三）社会组织提起诉讼的，应当提交社会组织登记证书、章程、起诉前连续五年的年度工作报告书或者年检报告书，以及由其法定代表人或者负责人签字并加盖公章的无违法记录的声明。

② 《海洋环境保护法》第 91 条：完全属于下列情形之一，经过及时采取合理措施，仍然不能避免对海洋环境造成污染损害的，造成污染损害的有关责任者免予承担责任：（一）战争；（二）不可抗拒的自然灾害；（三）负责灯塔或者其他助航设备的主管部门，在执行职责时的疏忽，或者其他过失行为。

③ 《民法典》第 181 条：因正当防卫造成损害的，不承担民事责任。正当防卫超过必要的限度，造成不应有的损害的，正当防卫人应当承担适当的民事责任。

与第 182 条[①]之规定，超过必要限度的正当防卫与紧急避险，均需承担相应法律责任。第五，受害人故意。《民法典》第 1174 条规定“损害是因受害人故意造成的，行为人不承担责任”。

如前所述，行政合法不是环境民事法律责任的免责事由，第三人过错也不是免责事由。《民法典》第 1233 条规定：“因第三人的过错污染环境、破坏生态的，被侵权人可以向侵权人请求赔偿，也可以向第三人请求赔偿。侵权人赔偿后，有权向第三人追偿。”

（五）环境民事法律责任的追责程序

1. 行政调解

依据当事人的请求，环境保护主管部门或其他依法行使环境监督管理权的部门对赔偿责任和赔偿金额的纠纷进行调解与处理。这种行政调解不具有强制约束力与强制执行力，若一方当事人不服调解处理的，可以以另一方当事人为被告向法院起诉、法院仍旧以民事纠纷为案由进行审理。

2. 环境侵权私益诉讼

这是环境民事法律责任最为典型、常见的追责程序，相关程序与一般民事诉讼程序类似，在此不再赘述。

3. 环境民事公益诉讼

依据《环境保护法》第 58 条[②]、《民事诉讼法》第 58 条[③]、《最高人民法院关于审理环境民事公益诉讼案件适用法律若干问题的解释》等，符合条件的社会组织、人民检察院可以对污染环境、破坏生态，损害社会公共利益的行为提起诉讼，要求行为人承担相应的法律责任。仍需说明的是，这里所说的环境民事公益诉讼也包括刑事附带环境民事公

---

① 《民法典》第 182 条：因紧急避险造成损害的，由引起险情发生的人承担民事责任。危险由自然原因引起的，紧急避险人不承担民事责任，可以给予适当补偿。紧急避险采取措施不当或者超过必要的限度，造成不应有的损害的，紧急避险人应当承担适当的民事责任。

② 《环境保护法》第 58 条：对污染环境、破坏生态，损害社会公共利益的行为，符合下列条件的社会组织可以向人民法院提起诉讼：（一）依法在设区的市级以上人民政府民政部门登记；（二）专门从事环境保护公益活动连续五年以上且无违法记录。符合前款规定的社会组织向人民法院提起诉讼，人民法院应当依法受理。提起诉讼的社会组织不得通过诉讼牟取经济利益。

③ 《民事诉讼法》第 58 条：对污染环境、侵害众多消费者合法权益等损害社会公共利益的行为，法律规定的机关和有关组织可以向人民法院提起诉讼。人民检察院在履行职责中发现破坏生态环境和资源保护、食品药品安全领域侵害众多消费者合法权益等损害社会公共利益的行为，在没有前款规定的机关和组织或者前款规定的机关和组织不提起诉讼的情况下，可以向人民法院提起诉讼。前款规定的机关或者组织提起诉讼的，人民检察院可以支持起诉。

益诉讼。

4. 生态环境损害赔偿诉讼

依据《民法典》第1234条、《最高人民法院关于审理生态环境损害赔偿案件的若干规定》，省级、市地级人民政府及其指定的相关部门、机构，或者受国务院委托行使全民所有自然资源资产所有权的部门，因与造成生态环境损害的自然人、法人或者其他组织经磋商未达成一致或者无法进行磋商的，可以作为原告提起生态环境损害赔偿诉讼，要求行为人承担相应的法律责任。

二　环境行政法律责任

（一）环境行政法律责任的概述

1. 环境行政法律责任的概念与特征

环境行政法律责任是指环境行政法律关系的主体违反环境行政法律规范所应承担的法律上的不利后果。[①] 与环境民事法律责任、环境刑事法律责任相比，环境行政法律责任具有以下特征：

（1）环境行政法律责任的承担主体广泛。环境行政法律关系属于行政法律关系的一种具体类型，因此行政法律关系的相关内容同样适用于环境行政法律关系。环境行政法律责任的主体就是环境行政法律关系的主体，包括环境行政主体与环境行政相对人两大类。

（2）环境行政法律责任的追究主体与程序多元。相较于环境民事法律责任主要依赖于司法手段来救济，环境行政法律责任的追究手段则更为多元。环境行政法律责任的追究程序包括行政程序、司法程序、监察程序等，环境行政法律责任的追究主体也就包括了各级人民政府相关部门、人民法院、人民检察院、监察委等多元主体。

（3）环境行政法律责任是一种法律责任。环境行政法律责任是违法行为人承担的法律上的不利后果，属于法律责任的一种具体表现形式，有别于政治责任、纪律责任以及道义责任。法律责任的形成是因为违反法律上的义务关系，法律责任的追究和执行是由国家强制力实施或者潜在保证的。[②] 因此，环境行政法律责任是一种法律责任，而不是其他社会责任。

---

① 王树义等：《环境法基本理论研究》，科学出版社2012年版，第115页。

② 张文显：《法哲学范畴研究》，中国政法大学出版社2001年版，第122页。

（4）环境行政法律责任是惩罚与补救相结合的法律责任。环境民事法律责任以补救损害、填平损失为主，环境刑事法律责任更多的是通过刑罚的威慑力来遏制犯罪的再发生，以惩罚为主要表现形式。相较而言，环境行政法律责任是环境民事法律责任与环境刑事法律责任之间的缓冲地带，也就兼具了惩罚与补救两种特性，环境行政法律责任的实现既体现了惩罚的手段，也体现了补救的意义。

2. 环境行政法律责任的构成要件

环境行政法律责任的构成要件基本上沿用了行政法律责任的构成要件。行政法学学者对行政法律责任的构成要件形成了不同的学说。陈耀祖先生认为应沿用二要件，即违法行为与主观过错两个要件；罗豪才先生持三要件观点，认为行政法律责任的构成要件包括违法行为、主观过错以及承担责任的法律依据；方世荣教授也坚持三要件说，但是指违法行为、责任能力、后果与情节这三大要件；应松年教授持四要件说，即违法行为、责任能力、主观恶性、情节与后果；王连昌先生认为应是五要件，违法行为、具有法律依据、主观恶性、适格主体、行政公务行为引起这五大要件。本书认为可将环境行政法律责任的构成要件分为必要要件与选择要件两大类。

（1）必要要件：违法行为。有行为才有责任，环境行政法律责任亦是如此。但这里所说的违法行为应作广义的理解，不单单包括违反合法性的行为，还包括违反合理性的行为。具体来说，以行政主体的环境行政法律责任为例，违法行为包括行政失职、行政越权、行政滥用职权、事实依据错误、适法错误、违反法定程序、行政侵权等。

必要要件：主观过错。主观过错是指行为人实施违法行为时的主观心理状态，包括故意和过失。虽说主观过错是环境行政法律责任的必要条件，但这一必要条件有时候是隐藏的或者说是被推定存在的，这一点在环境行政相对人所承担的法律责任中表现得尤为明显。不论是立法还是实践中，基本都是只要环境行政相对人实施了违反行政法律规范的行为，就推定其主观上具有过错，就应当承担相应的法律责任。

（2）选择要件：危害后果。危害后果不是环境行政法律责任的必要构成要件，要依据立法的规定而定。例如，《环境保护法》第 60 条规定：“企业事业单位和其他生产经营者超过污染物排放标准或者超过重点污染物排放总量控制指标排放污染物的，县级以上人民政府环境保护主管部门可以责令其采取限制生产、停产整治等措施；情节严重的，报经有批准权的人民政府批准，责令停业、关闭。”显然，此法律责任就不需要危害后果这一构成要件。

选择要件：违法行为与危害后果之间的因果关系。因果关系是否是环境行政法律责任的构成要件，依损害后果是否作为责任构成要件而定。如果损害后果是构成要件，则因果关系将会同样作为构成要件。反之亦然。

3. 环境行政法律责任的分类

依据不同分类标准，环境行政法律责任可以进行以下不同分类：

（1）环境行政主体法律责任与环境行政相对人法律责任。依据环境行政法律责任的承担主体不同，可将环境行政法律责任分为环境行政主体法律责任与环境行政相对人法律责任。仍需说明的是，这里所说的环境行政主体法律责任不仅包括行政组织，也包括具体执行职务的公务人员个人。本书也将采用这种分类方法对环境行政法律责任进行具体论述。

（2）财产性环境行政法律责任与非财产性环境行政法律责任。依据环境行政法律责任承担方式的内容不同，可将环境行政法律责任分为财产性环境行政法律责任与非财产性环境行政法律责任。财产性环境行政法律责任包括行政罚款、行政赔偿等，非财产性环境行政法律责任包括警告、行政拘留、履行职务等。

（3）惩罚性环境行政法律责任与补救性环境行政法律责任。依据环境行政法律责任的功能不同，可将环境行政法律责任分为惩罚性环境行政法律责任与补救性环境行政法律责任。惩罚性环境行政法律责任包括通报批评、行政处分、行政处罚等，补救性环境行政法律责任包括赔礼道歉、消除危害、履行职务、撤销违法行为、行政赔偿、停业治理等。

（4）环境行政内部法律责任与环境行政外部法律责任。依据环境行政法律责任中法律隶属关系的不同，可将环境行政法律责任分为环境行政内部法律责任与环境行政外部法律责任。环境行政内部法律责任是指发生在行政主体内部的、由上级对下级作出的法律责任，最为常见典型的就是行政处分。而环境行政外部法律责任则是由行政主体对行政相对人作出的、由行政相对人承担的环境行政法律责任，最为典型的就是环境行政处罚。

（二）环境行政主体的法律责任

《环境保护法》第68条[①]集中规定了环境行政主体所应承担的法律责任，除此之外，环境行政主体的法律责任还应遵循《公务员法》《国家赔偿法》等法律的规定。

1. 环境行政主体法律责任的主要内容

环境行政执法是指有关行政管理机关执行环境法律规范的活动，又可分为生态环境主管部门的执法和生态环境相关部门的执法。环境行政执法的方式、程序、原则等沿用了传统行政法学中的相关内容。环境行政法的过程中，可能会发生环境行政主体承担相应法律责任的情况，主要包括以下几种：

（1）环境行政处分。环境行政处分是指政府主管机关、企事业单位，按照行政隶属关系，依据环境法律法规和企事业单位内部规章的规定，对其下属的环境监管人员、环境行政相对人的违法、失职但尚未构成犯罪的行为，实施的一种行政法律制裁。[②] 根据《公务员法》第62条[③]，行政处分包括警告、记过、记大过、降级、撤职、开除。《环境保护法》第68条也规定了记过、记大过、降级处分、撤职、开除处分的相关内容。

（2）环境行政赔偿。环境行政赔偿是指环境行政机关因职务侵权而应承担的一种行政法律责任，是指环境行政机关及其工作人员违法行使职权侵犯环境行政相对人的合法权益的，由环境行政机关进行赔偿的法律制度。[④] 环境行政赔偿也要遵循《国家赔偿法》的相关规定。

（3）纠正环境行政违法行为。纠正环境行政违法行为具体有停止违法行为、撤销违法的行政行为、履行职务、纠正不当等，既包括对违法的

---

① 《环境保护法》第68条：地方各级人民政府、县级以上人民政府环境保护主管部门和其他负有环境保护监督管理职责的部门有下列行为之一的，对直接负责的主管人员和其他直接责任人员给予记过、记大过或者降级处分；造成严重后果的，给予撤职或者开除处分，其主要负责人应当引咎辞职：（一）不符合行政许可条件准予行政许可的；（二）对环境违法行为进行包庇的；（三）依法应当作出责令停业、关闭的决定而未作出的；（四）对超标排放污染物、采用逃避监管的方式排放污染物、造成环境事故以及不落实生态保护措施造成生态破坏等行为，发现或者接到举报未及时查处的；（五）违反本法规定，查封、扣押企业事业单位和其他生产经营者的设施、设备的；（六）篡改、伪造或者指使篡改、伪造监测数据的；（七）应当依法公开环境信息而未公开的；（八）将征收的排污费截留、挤占或者挪作他用的；（九）法律法规规定的其他违法行为。

② 周珂等主编：《环境法》，中国人民大学出版社2021年版，第96页。

③ 《公务员法》第62条：处分分为：警告、记过、记大过、降级、撤职、开除。

④ 竺效主编：《环境法入门笔记》，法律出版社2017年版，第258页。

作为行为的纠正，也包括对违法的不作为行为进行纠正。

2. 环境行政主体法律责任的追究程序

环境行政主体法律责任的内容不同，追究程序也就不同。环境行政主体法律责任的追究程序多种多样，主要包括以下几种：

（1）国家机关内部的追责程序。这一部分是指权力机关、监察机关、行政机关等国家机关在监督、日常运行等活动中自发对所发现的行政机关违法行为追究责任的程序，其主要法律依据是《宪法》《监察法》等。

（2）行政程序，主要是指行政复议。行政复议是指行政相对人认为行政主体的具体行政行为侵犯其合法权益，依法请求上一级行政机关或其他法定复议机关重新审查该具体行政行为的合法性、适当性，行政复议机关依照法定程序对被申请的行政行为进行审查，并作出决定的一种法律制度。[①] 法律依据主要是《行政复议法》。

（3）司法程序，包括行政诉讼与环境行政公益诉讼。传统的行政诉讼是指，公民、法人或者其他组织认为行政行为侵犯其合法权益，依法向人民法院提起诉讼，由人民法院主持审理行政争议并作出裁判的诉讼制度。[②] 但在环境行政法律责任之中还存在一个特殊的程序，那就是环境行政公益诉讼。《行政诉讼法》第25条规定：“人民检察院在履行职责中发现生态环境和资源保护、食品药品安全、国有财产保护、国有土地使用权出让等领域负有监督管理职责的行政机关违法行使职权或者不作为，致使国家利益或者社会公共利益受到侵害的，应当向行政机关提出检察建议，督促其依法履行职责。行政机关不依法履行职责的，人民检察院依法向人民法院提起诉讼。”

（三）环境行政相对人的法律责任

行政相对人承担的环境行政法律责任主要包括三大种类，即行政处分、行政处罚、行政命令。

1. 环境行政处分

如前所述，行政处分也包括对国有企事业单位的负责人实施的法律制裁，若国有企事业单位作为行政相对人实施了某些违法行为，国有企事业

---

① 应松年主编：《行政法与行政诉讼法学》（第二版），法律出版社2017年版，第416页。

② 《行政法与行政诉讼法学》编写组：《行政法与行政诉讼法学》（第二版），高等教育出版社2019年版，第315页。

单位的负责人也有可能承担警告、记过、记大过、降级、撤职、开除的行政处分制裁。

2. 环境行政处罚

行政处罚是指行政主体对违反法定行政管理秩序但不构成犯罪的公民、法人或其他组织等社会成员予以制裁的具体行政行为。① 依据《环境保护法》《行政处罚法》《环境行政处罚办法》等规定，环境行政处罚具体包括：警告、通报批评；罚款、没收违法所得、没收非法财物；暂扣许可证件、降低资质等级、吊销许可证件；限制开展生产经营活动、责令停产停业、责令关闭、限制从业；行政拘留；法律、行政法规规定的其他行政处罚。《环境保护法》第 59—63 条集中规定了行政相对人应承担的行政处罚。

值得注意的是，《环境保护法》第 59 条特别规定了按日计罚这种特别的行政罚款方式，其规定"企业事业单位和其他生产经营者违法排放污染物，受到罚款处罚，被责令改正，拒不改正的，依法作出处罚决定的行政机关可以自责令改正之日的次日起，按照原处罚数额按日连续处罚。"《环境保护法》第 63 条与《固体废物污染环境防治法》第 120 条都规定了实施行政拘留的相关情形。较之以往，这些都有效地增强了环境行政法律责任的实施效果与威慑力。

3. 环境行政命令

《环境保护法》等规定了"责令改正""恢复原状"等责任，显然其不属于行政处罚的类型，而属于具体的行政命令。行政命令是指行政主体要求特定的相对人履行一定的作为或不作为义务的意思表示。②环境行政命令往往带有较为明显的补救性特征，更多的是为了恢复生态环境、保护生态环境，因此其承担方式往往也与环境民事法律责任承担方式相近，《环境保护法》第 61 条规定"建设单位未依法提交建设项目环境影响评价文件或者环境影响评价文件未经批准，擅自开工建设的，由负有环境保护监督管理职责的部门责令停止建设，处以罚款，并可以责令恢复原状"。这其中的责令停止建设、恢复原状就是典型的行政命令。

---

① 应松年主编：《行政法与行政诉讼法学》（第二版），法律出版社 2017 年版，第 221 页。

② 胡建淼：《行政法学》，法律出版社 2018 年版，第 381 页。

三 环境刑事法律责任

（一）环境刑事法律责任概述

环境刑事法律责任是指犯罪行为人因实施破坏环境资源保护的犯罪行为而应承受的刑事处罚。[①] 相较于盗窃罪、故意杀人罪等自然罪名，环境犯罪是一种新型犯罪，随着环境污染与生态破坏的日益严重，环境问题不仅会给私权益、行政管理秩序造成危害，也给生态环境造成了较大危害并威胁着公共安全与国家安全，因此，国家必须运用最严厉的法律手段来惩治严重的污染环境与破坏生态的行为。我国最早的 1979 年《刑法》中将环境犯罪规定在了“危害公共安全罪”与“破坏社会主义经济秩序罪”之中，1997 年修订《刑法》时就在第六章“妨害社会管理秩序罪”中专门设立了单独一节“破坏环境资源保护罪”，这样的体例一直沿用至今。

犯罪构成问题历来被认为是刑法学理论体系中最核心的内容。数十年来，我国刑法学者对其展开了深入研究，并取得了一些重要成果；在此过程中对源自苏联的“四要件构成体系说”逐步调整和完善，使之最终成为我国刑法界居主导地位的通说性观点。[②] 本书对环境犯罪的构成要件也采用四要件说，具体包括：

1. 主体

环境犯罪的主体包括自然人与法人，其中，自然人主要是从事个体生产经营的自然人，虽说整体来看其造成的环境损害相对较小，但自然人在环境犯罪中也占据了不小比重。环境犯罪的自然人也沿用《刑法》规定的有关法定责任年龄与刑事责任能力的要求。

2. 客体

按照现行《刑法》规定来看，环境犯罪侵犯的客体主要是环境行政管理秩序，但理论界对环境犯罪客体的讨论众说纷纭，有的学者认为环境犯罪侵犯的客体是公民和国家的环境权，也有的学者认为环境犯罪侵犯的客体是人身权、财产权，已达成的共识就是环境犯罪的客体是复杂客体，其所包含的不是也不应是单一客体。

---

① 金瑞林主编：《环境法学》，北京大学出版社 2016 年版，第 137 页。

② 冯亚东：《犯罪构成本体论》，《中国法学》2007 年第 4 期。

3. 主观方面

环境犯罪的主观方面与传统刑法中对于犯罪主观方面的认识是一致的，包括故意与过失两种主观心态。其中，故意包括直接故意与间接故意；过失包括过于自信的过失与疏忽大意的过失。

4. 客观方面

环境犯罪的客观方面包括犯罪行为、犯罪结果、因果关系等，随着近年来《刑法》的修改，环境犯罪的客观方面也呈现出从注重后果到后果与行为并重的转变，这在污染环境罪、非法采矿罪等中都有所体现。

（二）我国法律规定的主要环境犯罪

1. 污染环境罪

《刑法修正案（八）》以“严重污染环境”替换了“造成重大污染事故，致使公私财产遭受重大损失或者人身伤亡的严重后果”，因此在某种程度上此改变体现了该罪从结果犯改为行为犯的趋势，体现了刑法对污染环境行为处罚力度的加大。《刑法》第338条规定，违反国家规定，排放、倾倒或者处置有放射性的废物、含传染病病原体的废物、有毒物质或者其他有害物质，严重污染环境的，处三年以下有期徒刑或者拘役，并处或者单处罚金；情节严重的，处三年以上七年以下有期徒刑，并处罚金；并规定了处七年以上有期徒刑，并处罚金的四个情形，包括在饮用水源保护区等排污等。

2. 非法处置进口的固体废物罪

《刑法》第329条第1款规定了该罪的三个量刑档次：违反国家规定，将境外的固体废物进境倾倒、堆放、处置的，处五年以下有期徒刑或者拘役，并处罚金；造成重大环境污染事故，致使公私财产遭受重大损失或者严重危害人体健康的，处五年以上十年以下有期徒刑，并处罚金；后果特别严重的，处十年以上有期徒刑，并处罚金。

3. 擅自进口固体废物罪

《刑法》第339条第2款规定了该罪的两个量刑档次：未经国务院有关主管部门许可，擅自进口固体废物用作原料，造成重大环境污染事故，致使公私财产遭受重大损失或者严重危害人体健康的，处五年以下有期徒刑或者拘役，并处罚金；后果特别严重的，处五年以上十年以下有期徒刑，并处罚金。同时规定，若以原料利用为名，进口不能用作原料的固体废物、液态废物和气态废物的，依照刑法第152条规定的走私废物罪定罪处罚。

4. 非法捕捞水产品罪

《刑法》第340条规定，违反保护水产资源法规，在禁渔区、禁渔期或者使用禁用的工具、方法捕捞水产品，情节严重的，处三年以下有期徒刑、拘役、管制或者罚金。

5. 危害珍贵、濒危野生动物罪

《最高人民法院、最高人民检察院关于执行〈中华人民共和国刑法〉确定罪名的补充规定（七）》已于2021年2月22日由最高人民法院审判委员会第1832次会议、2021年2月26日由最高人民检察院第13届检察委员会第63次会议通过，自2021年3月1日起施行，其确定了《刑法》第341条第1款所针对的犯罪罪名是“危害珍贵、濒危野生动物罪”。此罪实际包括了非法捕猎、杀害珍贵、濒危野生动物罪与非法收购、运输、出售珍贵、濒危野生动物、珍贵、濒危野生动物制品罪两大部分。《刑法》第341条第1款规定了本罪的三个量刑档次：非法猎捕、杀害国家重点保护的珍贵、濒危野生动物的，或者非法收购、运输、出售国家重点保护的珍贵、濒危野生动物及其制品的，处五年以下有期徒刑或者拘役，并处罚金；情节严重的，处五年以上十年以下有期徒刑，并处罚金；情节特别严重的，处十年以上有期徒刑，并处罚金或者没收财产。本罪中所说的“珍贵、濒危野生动物”，包括列入国家重点保护野生动物名录的国家一、二级保护野生动物，列入《濒危野生动植物种国际贸易公约》附录一、附录二的野生动物以及驯养繁殖的上述物种。

6. 非法狩猎罪

《刑法》第341条第2款规定，违反狩猎法规，在禁猎区、禁猎期或者使用禁用的工具、方法进行狩猎，破坏野生动物资源，情节严重的，处三年以下有期徒刑、拘役、管制或者罚金。

7. 非法猎捕、收购、运输、出售陆生野生动物罪

《刑法》第341条第3款规定，违反野生动物保护管理法规，以食用为目的非法猎捕、收购、运输、出售危害珍贵、濒危野生动物罪规定以外的在野外环境自然生长繁殖的陆生野生动物，情节严重的，依照危害珍贵、濒危野生动物罪的规定处罚。

8. 非法占用农用地罪

《刑法》第 342 条规定，违反土地管理法规，非法占用耕地、林地等农用地，改变被占用土地用途，数量较大，造成耕地、林地等农用地大量毁坏的，处五年以下有期徒刑或者拘役，并处或者单处罚金。

9. 破坏自然保护地罪

《刑法》第 342 条之一规定：违反自然保护地管理法规，在国家公园、国家级自然保护区进行开垦、开发活动或者修建建筑物，造成严重后果或者有其他恶劣情节的，处五年以下有期徒刑或者拘役，并处或者单处罚金。并且，立法也规定了实施本罪行为同时又构成其他犯罪的，依照处罚较重的规定定罪处罚。

10. 非法采矿罪

《刑法》第 343 条第 1 款规定了本罪的两个量刑档次：违反矿产资源法的规定，未取得采矿许可证擅自采矿，擅自进入国家规划矿区、对国民经济具有重要价值的矿区和他人矿区范围采矿，或者擅自开采国家规定实行保护性开采的特定矿种，情节严重的，处三年以下有期徒刑、拘役或者管制，并处或者单处罚金；情节特别严重的，处三年以上七年以下有期徒刑，并处罚金。

11. 破坏性采矿罪

《刑法》第 343 条第 2 款规定，违反矿产资源法的规定，采取破坏性的开采方法开采矿产资源，造成矿产资源严重破坏的，处五年以下有期徒刑或者拘役，并处罚金。与前一个罪名相比，此罪重点在于采矿行为的具体手段，因破坏性开采方法对生态环境的影响更为恶劣，此罪也采用了更为严苛的刑罚。

12. 危害国家重点保护植物罪

与危害珍贵、濒危野生动物罪类似的是，此罪的犯罪对象包括了珍贵树木、国家重点保护的其他植物与珍贵树木制品、国家重点保护的其他植物制品两大种。《刑法》第 344 条规定，违反国家规定，非法采伐、毁坏珍贵树木或者国家重点保护的其他植物的，或者非法收购、运输、加工、出售珍贵树木或者国家重点保护的其他植物及其制品的，处三年以下有期徒刑、拘役或者管制，并处罚金；情节严重的，处三年以上七年以下有期徒刑，并处罚金。

13. 非法引进、释放、丢弃外来入侵物种罪

这也是《刑法修正案（十一）》新增的内容，体现了我国对生物安全的重视，《刑法》第344条之一规定，违反国家规定，非法引进、释放或者丢弃外来入侵物种，情节严重的，处三年以下有期徒刑或者拘役，并处或者单处罚金。

14. 盗伐林木罪

《刑法》第345条第1款规定了两个量刑档次：盗伐森林或者其他林木，数量较大的，处三年以下有期徒刑、拘役或者管制，并处或者单处罚金；数量巨大的，处三年以上七年以下有期徒刑，并处罚金；数量特别巨大的，处七年以上有期徒刑，并处罚金。

15. 滥伐林木罪

《刑法》第345条第2款规定：违反森林法的规定，滥伐森林或者其他林木，数量较大的，处三年以下有期徒刑、拘役或者管制，并处或者单处罚金；数量巨大的，处三年以上七年以下有期徒刑，并处罚金。

16. 非法收购、运输盗伐、滥伐的林木罪

《刑法》第345条第3款规定，非法收购、运输明知是盗伐、滥伐的林木，情节严重的，处三年以下有期徒刑、拘役或者管制，并处或者单处罚金；情节特别严重的，处三年以上七年以下有期徒刑，并处罚金。同时规定，盗伐、滥伐国家级自然保护区内的森林或者其他林木的，从重处罚。

（三）与环境相关的其他犯罪

除了第六章第六节，《刑法》还有一些罪名也是与环境相关的，主要包括：

1. 走私废物罪

《刑法》第152条规定，逃避海关监管将境外固体废物、液态废物和气态废物运输进境，情节严重的，处五年以下有期徒刑，并处或者单处罚金；情节特别严重的，处五年以上有期徒刑，并处罚金。

2. 非法转让、倒卖土地使用权罪

《刑法》第28条规定了此罪的两个量刑档次：以牟利为目的，违反土地管理法规，非法转让、倒卖土地使用权，情节严重的，处三年以下有期徒刑或者拘役，并处或者单处非法转让、倒卖土地使用权价额5%以上20%以下罚金；情节特别严重的，处三年以上七年以下有期徒刑，并处非

法转让、倒卖土地使用权价额5%以上20%以下罚金。

3. 违法发放林木采伐许可证罪

《刑法》第407条规定：林业主管部门的工作人员违反森林法的规定，超过批准的年采伐限额发放林木采伐许可证或者违反规定滥发林木采伐许可证，情节严重，致使森林遭受严重破坏的，处三年以下有期徒刑或者拘役。

4. 环境监管失职罪

《刑法》第408条规定，负有环境保护监督管理职责的国家机关工作人员严重不负责任，导致发生重大环境污染事故，致使公私财产遭受重大损失或者造成人身伤亡的严重后果的，处三年以下有期徒刑或者拘役。

5. 非法批准征用、占用土地罪

《刑法》第410条规定，国家机关工作人员徇私舞弊，违反土地管理法规，滥用职权，非法批准征收、征用、占用土地，情节严重的，处三年以下有期徒刑或者拘役；致使国家或者集体利益遭受特别重大损失的，处三年以上七年以下有期徒刑。

6. 非法低价出让国有土地使用权罪

《刑法》第410条规定，国家机关工作人员徇私舞弊，违反土地管理法规，滥用职权，非法低价出让国有土地使用权，情节严重的，处三年以下有期徒刑或者拘役；致使国家或者集体利益遭受特别重大损失的，处三年以上七年以下有期徒刑。

第三节　环境法律责任承担方式的现代化发展

一　环境民事法律责任承担方式的现代化发展

我国环境民事法律责任承担方式既包括了传统民事法律责任中的停止侵害、排除妨碍、消除危险、恢复原状、赔偿损失、赔礼道歉等承担方式，也对这些传统的承担方式进行了拓展与发展，还创新了补植复绿、增殖放流、劳役代偿等新型承担方式。

（一）我国现行法律规定的环境民事法律责任承担方式

我国环境民事法律责任的立法依据除了《民法典》等民事法律之外，在《环境保护法》《水污染防治法》等环境法律中也有相关环境法律责任承担方式的立法例。这些法律所规定的环境民事法律责任承担方式的类型大致相同、差异不大，都是以停止侵害与赔偿损失以及修复生态为主，主要包括：

1. 停止侵害

停止侵害是侵权法律责任的传统承担方式之一，是指停止正在进行的侵害行为或侵害状态，停止侵害的主要作用在于能够及时制止侵害行为，防止扩大侵害后果，其适用条件是侵权行为正在进行或仍在延续中。[①]

2. 排除妨碍与消除危险

排除妨碍、消除危险看似与停止侵害有着类似的功能，但其含义与适用情形是不同的。魏振瀛先生认为，砍伐他人林木、排放有害气体等侵权行为应适用停止侵害的承担方式；将有害液体泄漏在他人使用的土地上等侵权行为则应适用排除妨碍的承担方式；剧烈的机械振动使相邻一方的墙壁裂缝等侵权行为应适用消除危险的承担方式。[②] 这就体现出了停止侵害注重的是即时性，而排除妨碍与消除危险更为注重预防性。在环境民事案件中，排除妨碍与消除危险的含义应包括两个方面：一方面，是指排除妨碍他人环境权益的状态或消除危及他人环境权益的危险，这也是排除妨碍与消除危险在传统民事案件中的含义所在。另一方面，还应包括通过身体检查、土壤排查等方式检查被告是否对自然人或环境造成了或可能造成一定的环境侵害，以排除妨碍或消除危险。

3. 赔偿损失与惩罚性赔偿

赔偿损失是指责任人以金钱的方式，赔偿受损之人的损失。在一般民事案件中，赔偿损失的范围主要包括财产损失、人身损害、精神损害三类，我国环境司法实践运用了惩罚性赔偿，《民法典》第 179 条与第 1232 条规定，侵权人违反法律规定故意污染环境、破坏生态造成严重后果的，被侵权人有权请求相应的惩罚性赔偿。这也是近两年的一个新发展。

4. 禁止令

《民法典》第 997 条[③]规定了侵害人格权的禁令，2021 年 12 月 27 日，

---

① 杨立新：《侵权责任法》，法律出版社 2010 年版，第 124 页。

② 魏振瀛主编：《民法》，北京大学出版社、高等教育出版社 2012 年版，第 673—675 页。

③ 《民法典》第 997 条：民事主体有证据证明行为人正在实施或者即将实施侵害其人格权的违法行为，不及时制止将使其合法权益受到难以弥补的损害的，有权依法向人民法院申请采取责令行为人停止有关行为的措施。

最高人民法院公布了《关于生态环境侵权案件适用禁止令保全措施的若干规定》，规定面对正在实施或者即将实施污染环境、破坏生态行为，不及时制止将使申请人合法权益或者生态环境受到难以弥补的损害时，可以向人民法院申请采取禁止令保全措施，责令被申请人立即停止一定行为的，人民法院应予受理。在此之前我国环境司法中已经出现了运用禁止令的实践。

5. 生态环境损害赔偿

传统民事赔偿损失的范围未包括针对生态环境整体损害的赔偿。《民法典》第1234条、第1235条与最高人民法院《关于审理生态环境损害赔偿案件的若干规定（试行）》确定了生态环境损害赔偿这一特别制度。生态环境损害赔偿是一种完全不同于传统民事损失赔偿的概念，民法上的损失与赔偿是违反了义务对个体造成了损失而进行的赔偿，而生态环境损害赔偿并不一定是违反了义务造成的损失，是一种针对生态环境整体的赔偿。

6. 赔礼道歉

赔礼道歉也是我国民事法律责任的传统承担方式之一，但赔礼道歉在环境案件中的应用却少之又少，在法院支持赔礼道歉的环境公益诉讼中，有的法院是通过民事调解的方式适用赔礼道歉，① 更多的是通过民事判决的方式确定了赔礼道歉的适用。法院大多是根据被告环境侵权行为的波及范围来确定赔礼道歉的具体渠道，有的法院判决被告在市级报纸上向社会公众致歉，并且要求致歉内容须经法院的审核；② 有的法院则判决被告在省级以上媒体向社会公开赔礼道歉；③ 还有的法院因为被告的侵权行为造成了跨省的污染后果而判决被告在国家级媒体上赔礼道歉。④ 赔礼道歉的适用有助于更好地实现环境法律责任，也能起到更好的威慑作用与教育

---

① 例如，贵州省清镇市生态保护联合会、北京市朝阳区自然之友环境研究所诉贵州省清镇市铝矿厂、清镇市站街镇龙潭前名铝铁矿山案，〔2015〕清环保民初字第2号；大连市环保志愿者协会诉大连日牵电机有限公司案，〔2015〕大民一初字第00111号。

② 例如，中国生物多样性保护与绿色发展基金会诉陈亮亮案，〔2015〕徐环公民初字第5号；中国生物多样性保护与绿色发展基金会诉刘铁山案，〔2015〕徐环公民初字第3号。

③ 例如，中华环保联合会诉山东省德州市晶华集团振华有限公司，〔2015〕德中环贡米初字第1号。

④ 例如，重庆市绿色志愿者联合会诉恩施自治州建始磺厂坪矿业有限责任公司案，〔2014〕万法环公初字第00001号。

意义。

（二）我国环境民事法律责任承担方式的现代化发展

1. 恢复原状到生态修复

环境被污染或生态被破坏之后，对于私益主体而言，恢复原状这一承担方式基本可以让其所遭受的财产损失、人身损害等恢复到未受损害之前的状态；然而对于整体环境而言，从环境科学角度看，环境恢复到未受污染或破坏之前的状态只是一个美好的夙愿。因此，在我国环境司法实践中，法院利用司法解释权将现有恢复原状的责任承担方式扩大解释为一种生态修复的承担方式，我国环境法律责任中的恢复原状承担方式也正在发展出一种新型的法律责任承担方式，即生态修复的承担方式。《民法典》第 1234 条、第 1235 条也确立了生态修复的方式。实现生态修复应包括两大部分内容：一部分是清理、治理污染的部分，即对已经造成的污染或破坏进行清理与治理工作。另一部分则是对生态环境的整体恢复，这种恢复较为复杂，需要恢复生境、提高退化环境的生产力，并去除干扰以加强保护、维持其服务功能。①

2. 重新环评等责任承担方式的创新

在重庆市绿色志愿者联合会诉湖北恩施自治州建始磺厂坪矿业有限责任公司水库污染民事公益诉讼案中，原告请求法院判令被告针对今后可能出现的污染地下溶洞水体和污染水库的风险，对被告的建设项目重新作出环境影响评价，并由法院根据环境影响评价结果，作出是否要求被告磺厂坪矿业公司搬迁的裁判。一审法院判决支持了这一项诉讼请求，被告上诉至二审法院，二审判决认为，这一项判决是对上诉人重新恢复生产作出的一种约束，是对停止侵害具体履行方式的明确与细化，不违反相关法律规定，维持了原判。②

3. 代偿方式的创新

泰州市环保联合会诉江苏常隆农化有限公司等六家公司污染责任纠纷案中，江苏省泰州市中级人民法院一审判决被告共同支付 1.6 亿元的修复费用，江苏省高级人民法院二审维持了这一项判决。③ 江苏省高级人民法院在二审判决判令若被告通过技术改造对污染物进行循环利用，明显降低

① 郑昭佩编著：《恢复生态学概论》，科学出版社 2011 年版，第 94 页。

② 〔2016〕渝 02 民终 772 号判决。

③ 参见〔2014〕苏环公民终字第 00001 号判决。

环境风险，一年内没有因环境违法行为受到处罚的，可以向法院申请在延期支付的40%额度内抵扣。① 本书认为，这是一种代偿制度，除此之外，我国环境司法实践中还有很多适用代偿制度的案例。

4. 向环境基金捐款、成立环境公共信托等方式的创新

在环境司法实践中，还有很多案件是以调解为结案方式的，而且这些案例的法律责任承担方式往往更为灵活。例如，中国生物多样性保护与绿色发展基金会诉北京市朝阳区刘诗昆万象新天幼儿园环境公益诉讼案中，双方于2017年2月24日达成调解协议，被告以保护生态环境为目的向中华社会救助基金会捐助10万元。② 除此之外，有的案件中法院还判决被告成立了环境信托。这样以基金或信托为中介的责任承担方式，既为法院或政府免去了管理赔偿款的繁重责任，也能更好地管理、使用环境诉讼中的赔偿款项，以实现保护环境的目的。

5. 环境义务宣传方式的创新

中华环保联合会诉龙海市华宇五金制造有限公司环境公益诉讼案中，在福建省漳州市中级人民法院的主持下，双方达成了调解协议，约定被告以行动弥补对环境公共利益的损害，自愿为九龙江流域的生态保护、漳州环境保护进行义务宣传，印制环境保护宣传资料200份，宣传、动员九江沿岸企业、群众保护环境，建设富美漳州。③ 这与《环境保护法》第9条新增的环境教育的内容不谋而合，将环境教育融入环境司法当中，是一个既能实现环境法律责任，又能起到教育警示作用的方法，可谓一举多得，应重点发展。

二 环境行政法律责任承担方式的现代化发展

（一）我国现行法律规定的环境行政法律责任承担方式

如前所述，环境行政法律责任的承担主体包括环境行政主体与环境行政相对人两大类，依据《环境保护法》《行政处罚法》《国家赔偿法》《公务员法》等规定，现行法律规定的环境行政法律责任的承担方式如表6-1所示：

① 参见〔2014〕苏环公民终字第00001号判决。

② 《全国首例“毒跑道”公益诉讼调解结案》，2017年4月13日，网易新闻网，http://news.163.com/17/0413/11/CHT99U1J00018AOR.html。

③ 参见〔2015〕漳民初字第406号判决。

表 6-1 我国环境行政法律责任承担方式的种类

<table>
<tr><th>责任承担主体</th><th>责任承担类型</th><th colspan="2">责任承担方式</th></tr>
<tr><td rowspan="16">行政主体</td><td rowspan="12">行政制裁方式</td><td rowspan="6">环境行政处分</td><td>警告</td></tr>
<tr><td>记过</td></tr>
<tr><td>记大过</td></tr>
<tr><td>降级</td></tr>
<tr><td>撤职</td></tr>
<tr><td>开除</td></tr>
<tr><td rowspan="5">环境行政赔偿</td><td>返还权益</td></tr>
<tr><td>恢复原状</td></tr>
<tr><td>赔偿损失</td></tr>
<tr><td>赔礼道歉</td></tr>
<tr><td>消除影响，恢复名誉</td></tr>
<tr><td colspan="2">通报批评</td></tr>
<tr><td rowspan="4">非行政制裁方式</td><td colspan="2">确认环境行政行为违法</td></tr>
<tr><td colspan="2">否定环境行政行为效力</td></tr>
<tr><td colspan="2">撤销、变更环境行政行为</td></tr>
<tr><td colspan="2">履行行政职责</td></tr>
<tr><td rowspan="6">行政相对人</td><td rowspan="4">行政制裁方式</td><td rowspan="4">环境行政处罚</td><td>财产罚</td></tr>
<tr><td>行为罚</td></tr>
<tr><td>申诫罚</td></tr>
<tr><td>人身罚</td></tr>
<tr><td rowspan="2">非行政制裁方式</td><td colspan="2">行政命令：责令改正</td></tr>
<tr><td colspan="2">承认错误，赔礼道歉</td></tr>
</table>

（二）我国环境行政法律责任承担方式的现代化发展

相较于环境行政法律责任承担方式近几年从实践到立法中的鲜明创

新，环境行政法律责任承担方式的发展主要表现为对固有承担方式的进一步细化与发展。

1. 环境行政主体法律责任承担方式的发展：环境行政公益诉讼中的责任承担方式

行政主体承担法律责任的承担方式几乎都是从传统行政法律责任中直接适用的，并没有对承担方式本身进行明显的创新，主要是在具体适用中对其适用规则等进行了一些尝试与发展。我国环境行政公益诉讼主要是检察院针对环境保护管理机关的不作为或不当履职等情况提起诉讼，其诉讼请求基本上可分为两大类：一是非制裁诉讼请求：确认环境保护管理机关的违法行为；二是责令环境保护管理机关履行职责。在“中国文书裁判网”中搜索所得的19个环境行政公益诉讼中，无一例外地都选择了这两大类诉讼请求，法院判决也全部支持了环境行政公益诉讼原告人的诉讼请求。其中，关于如何责令环境保护管理机关履行职责方面，有的法院判决仅为“责令行政机关处置污染问题”[①] 等较为概括的说法；有的法院则更为细致地判令“被告于本判决生效六个月内履行法定职责”[②]；在有的案件中，检察院发出的检查建议还会建议被告（环境保护局）加强环境污染有关法律法规宣传，加大环保工作巡查力度，发现问题及时处理，防止出现类似情形。[③] 本书认为，我国不仅要继续开展环境行政公益诉讼的理论研究与实践，还要将环境保护管理机关承担法律责任的承担方式落于实处，不应仅仅只是直接适用传统行政法的非制裁的承担方式，用于环境行政公益诉讼，还要创新承担方式，发展出能够真正解决环境问题的承担方式，例如，判令环境保护管理机关在限令时间内解决某一问题、履行其法定职责。

2. 环境行政相对人法律责任承担方式的发展：环境行政公益诉讼中的责任承担方式

环境行政处罚是行政相对人承担的环境行政法律责任中最为常见的一种承担方式，也是环境行政法律责任的一种传统承担方式。我国《行政处罚法》第9条规定了行政处罚的六种类型，在《环境保护法》《大气污染防治法》等法律法规中对环境行政处罚的具体适用对象、适用程序、

---

① 例如〔2017〕鄂0281行初13号判决。

② 例如〔2017〕云0828行初5号判决。

③ 例如〔2017〕皖0321行初1号判决。

适用标准等也予以了进一步的规范，同时，也创新了一些具有环境法特色的环境行政处罚方式。

（1）按日连续处罚与限制生产、停产整顿。2014 年颁布的新《环境保护法》的第 59 条、第 60 条分别规定了“按日连续处罚”与“限制生产、停产整治”这两种新的责任承担方式，紧接着，环保部又接连颁发了《环境保护主管部门实施按日连续处罚办法》《环境保护主管部门实施限制生产、停产整治办法》作为《环境保护法》的配套规章，详细规定了按日连续处罚与限制生产、停产整治在环境行政案件中的适用对象、适用程序、适用标准等内容。

（2）信用评价惩罚。申诫罚，即声誉罚，是指剥夺当事人声誉、荣誉的惩罚方式。传统的行政法律责任中，申诫罚主要表现为警告等方式，而在我国环境行政法律责任的实践发展中，逐渐发展出了信用评价惩罚的新承担方式。2013 年 12 月 18 日，环境保护部、国家发展改革委、中国人民银行、中国银监会联合印发了《企业环境信用评价办法（试行）》，规定企业环境信用评价工作以年为单位展开，分别对企业污染防治、生态保护、环境管理、社会监督四个方面进行评分，划定为环保诚信企业、环保良好企业、环保警示企业、环保不良企业四个等级，依次以绿牌、蓝牌、黄牌、红牌表示，并进行公示。最后的企业环境信用评价结果将在环保部门和发展改革、人民银行、银行业监管机构及其他有关部门之间实现信息共享，建立健全环境保护守信激励和失信惩戒制度，包括严格审查其各项行政许可、加大对其的监察频次、严格其贷款条件等。这一举措对企业形成了较为有效的威慑力。

三　环境刑事法律责任承担方式的现代化发展

（一）我国现行法律规定的环境刑事法律责任承担方式

在我国，环境刑事法律责任承担方式的立法集中表现在《刑法》中，此外，《环境保护法》《水污染防治法》《大气污染防治法》等法律中也有概括性规定，亦都是“构成犯罪的，依法追究刑事责任”这类的指引性规定。我国现行法律所规定的环境法律责任承担方式主要有自由刑、财产刑、非刑罚性处置措施三大类。其中，自由刑是指管制、拘役、有期徒刑、无期徒刑等限制人身自由的刑罚；财产刑包括罚金刑与没收财产两种；非刑罚性处置措施主要包括：训诫、责令具结悔过、赔礼道歉、赔偿损失、行政处罚、行政处分等，这一类非刑罚性处置措施的适用前提是“犯罪情节轻微不需要判处刑罚的”。

必须强调的是，非刑罚性处置措施与社区矫正是两个不同的概念，社区矫正是刑事司法行政机关依法对有权机关确定的非监禁的或者暂缓监禁的罪犯，在相关社会团体和民间组织以及社会志愿者的协助下将其留在社区内予以管理、监督和矫正的刑罚执行活动和行刑方式。[①] 也就是说，非刑罚性处置措施也是环境刑事法律责任的一种承担方式，但社区矫正并不是一种独立的责任承担方式，而是责任承担方式的具体执行方法，社区矫正常常与缓刑一起出现，是对法律责任实现的具体执行要求与方法。在我国环境刑法司法实践中，很多判决都适用了社区矫正，常常可以看到“被告人在缓刑考验期内实行社区矫正”[②] 或“被告人回到社区后，应当服从监督管理，接受教育，完成公益劳动，做一名有益社会的公民”[③] 的判决，然而对非刑罚性处置措施的直接适用却较少，应加强非刑罚处置措施在环境犯罪中的适用。

（二）我国环境行政法律责任承担方式的现代化发展

除了上述我国现行刑法立法中已经明确规定的环境刑事法律责任承担方式之外，我国环境司法实践还创新发展了一些新型的环境刑事法律责任承担方式，有的是将传统刑法中的责任承担方式创新地适用于环境犯罪案件中，有的则是创新出一些全新的承担方式，用于惩治环境犯罪行为。

1. 罚金刑成为环境刑事法律责任的主要承担方式之一

罚金刑原本只是刑罚中的一种附加刑，但在环境犯罪中，罚金刑发挥着重要作用，罚金刑与自由刑成为环境犯罪中最为广泛使用的两种刑罚手段，这也是有因可寻的：第一，环境犯罪的主体不仅包括自然人，还包括无法适用自由刑的单位，因此，罚金刑成为单位环境犯罪的首选刑罚手段，甚至是唯一手段。第二，自由刑的威慑力不足。环境犯罪的自由刑以低度自由刑为主，且在法院判决中往往伴随着缓刑等行刑方式，再加之判决前羁押等的抵消，最终环境犯罪被告人实际服刑时段较短，自由刑对环

---

① 王琪：《社区矫正研究》，知识产权出版社 2007 年版，第 21 页。

② 在“中国裁判文书网”搜索而得，例如：浙江省乐清市吴某某、鲁某某污染环境案，上海姚某污染环境案，浙江省乐清市高碎某、高慎某污染环境案，天津市东丽区李某某污染环境案等。

③ 在“中国裁判文书网”搜索而得，例如：上海姚某污染环境案，上海中集宝伟工业有限公司、刘某某等污染环境案，上海李某某污染环境案等。

境犯罪的威慑力相较于其他犯罪，略显不足，这就突出了罚金刑的作用。第三，环境犯罪必然带来经济损失，罚金刑的适用理所应当。虽然罚金刑的适用并不以经济损失为前提条件，但罚金刑的设置逻辑中包含了经济损失的现实考量。环境犯罪或者直接造成了环境污染治理的开销，或者造成了环境行政资源的浪费，这就使得罚金刑在环境犯罪中的适用不仅具有谴责之意，也具有了现实需求。

2. 非刑罚性处置措施的适用频率增高，尤其是对职业禁止的适用

很多案件中，法院都判决被告人禁止在缓刑考验期内从事相关的活动，起到了具有更强针对性的特殊预防功能。例如，王某某、黄某某污染环境罪案中，法院最终判决：被告人王某某犯污染环境罪，判处拘役六个月，并处罚金人民币 25000 元；被告人黄某某犯污染环境罪，判处拘役六个月，缓刑一年，并处罚金人民币 25000 元；禁止被告人黄某某在缓刑考验期内从事金属配件酸洗等生产经营活动。①

3. 涌现出“补植复绿”“增殖放流”“对受污染的土壤进行无害化处理”等修复生态的新承担方式

“补植复绿”是指补种树木，恢复绿色生态，其可谓是创新环境法律责任承担方式的典型。“增殖放流”是指用人工方法直接向海洋、滩涂、江河、湖泊、水库等天然水域投放或移入渔业生物的卵子、幼体或成体，以恢复或增加种群的数量，改善和优化水域的群落结构。我国没有罚金易科制度的法律依据，实践中也尚未出现对罚金易科制度的直接适用。但在我国环境司法实践中，出于法律责任实现效果等的考量，法院有时会判决被告人补植复绿、增殖放流、对受污染的土壤进行无害化处理等，某种程度上也必然减少或免除了被告人原本应承担的一些罚金刑甚至是自由刑，这些被称为“补植复绿”“增殖放流”等新的承担方式与罚金易科制度有着异曲同工的功效，也能更好地修复生态，符合我国生态修复的环境司法理念。并且，这些新型承担方式早已不再局限于环境刑事法律责任，在整体环境法律责任中应用甚广，尤其是环境民事法律责任。

---

① 参见〔2017〕浙 0602 刑初 145 号判决。

第七章　环境法律体系和环境立法体系

环境法律体系和环境立法体系是关系环境法制发展的一个重大理论问题。环境法制的建设和发展，核心问题是环境法律规范的创制或环境法律制度的建构。对环境法律体系和环境立法体系的研究，正是为了更好地、更加科学地创制环境法律规范或构建环境法律制度。研究环境法律体系和环境立法体系，说到底，就是研究环境法律规范相互之间的关系、结构及其表现形式。因而，对环境法律体系和环境立法体系的研究是非常必要的。另外，环境法学的研究，也是以环境法律规范为主要研究对象的。科学的环境法律体系和环境立法体系不仅能引导环境法律发展的方向，而且也能作用于环境法学研究的发展方向。

我国一贯比较重视对环境法律体系的研究。早在 1987 年，我国就举办了一次全国性的环境法律体系专题学术研讨会，讨论我国环境法律体系的建构问题。20 多年来，学者们一直都在孜孜不倦地研究环境法律体系问题。在大量关于环境法的著述中，经常可以见到有关环境法体系的论述。不过，通常仅限于对环境法律体系的研究，很少见到关于环境立法体系方面的研究。究其原因有三：一是对环境立法体系的概念不清；二是分不清环境法律体系与环境立法体系的区别；三是有些人将环境法律体系与环境立法体系视为同一概念，从而导致上述现象的存在。

对第一个方面的原因，可以从我国法学界一贯不大重视关于立法体系的研究方面得到解释。对第二个方面的原因，只能解释为研究还不到位。至于第三个方面的原因，则可以理解为认识上的偏差。

第一节　环境法律体系

一　环境法律体系的概念

通常认为，所谓法律体系，是指全部现行的法律规范按照调整对象和调整方法分门别类组合为相应的法律制度和法律部门而形成的统一结构体。构成该结构体的法律规范按照一定的原则和形式组合起来，并且彼此间相互有机联系。于是，法律规范组合成最基本法律构成物——法律制度，数个法律制度又组合成亚法律部门或分法律部门。亚法律部门或分法律部门进一步组合形成法律体系。[①] 可见，法律体系其实就是法律规范按照一定的原则分类组合为法律制度、亚法律部门和法律部门而形成的一个法律规范的有机统一体。换言之，法律体系是指以特定形式结构化并且彼此相互联系的法律规范群。它是法客观存在的内部结构。[②]

各种不同的社会关系总是被相应的一组或一群法律规范调整。这反映了法律本身的系统性。而法律制度或法律部门，其中包括亚（分）法律部门，是法律规范群的两种基本表现形式。因此说，所谓法律体系，其实质是指反映法律规范的组合与分工的法之内部结构，是指法的系统化组织。[③] 无论是整体意义上的法的法律体系，还是部门法的法律体系，都是指其内部的结构。在这个结构体中，法律规范为最小的或初始的结构成分，或者说组成细胞。它们按其调整的社会关系的同类性原则再次组合，形成一个一个更大的法律规范群，即我们所说的亚法律部门或分法律部门。亚法律部门或分法律部门的进一步组合，又得出一个一个更加壮大的法律规范群，乃我们所说的法律部门。法律部门的最后组合，即形成法律体系。这就是任何一个法律体系的内部结构形式。这种结构具有客观性，因为它是由被法律所调整的现有社会关系的状况所决定的。

---

① ［俄］B. B. 拉扎列夫：《法与国家的一般理论》，王哲、周广俊、张兆燕等译，法律出版社 1999 年版，第 38—39、156—157 页；《法学词典》编辑委员会：《法学词典》（增订版），上海辞书出版社 1994 年版，第 618 页。

② ［俄］B. B. 拉扎列夫：《法与国家的一般理论》，王哲、周广俊、张兆燕等译，法律出版社 1999 年版，第 157 页。

③ ［俄］C. C. 阿列克谢耶夫：《国家与法的理论》（俄文版），莫斯科：莫斯科出版社 1997 年版，第 314 页。

二　环境法律体系的构成

环境法律体系也是按照以上所述法律规范的内部结构方式构成的。环境法律规范是环境法律体系构成的最小组成细胞。环境法律制度和亚（分）环境部门则是环境法律体系构成的“二级细胞”和“三级细胞”。其中，环境法律制度是环境法律规范的组合体，而亚（分）环境法律部门则是环境法律制度的组合体。它们均系环境法律体系的特殊组成部分，但都是由环境法律规范组合而成的。

任何一个部门法，说到底就是调整特定范围社会关系的法律规范群，是调整同一类社会关系的法律规范的总和。只不过组成法律体系的法律规范以法律制度、亚（分）法律部门和法律部门的形式表现出来罢了。例如，在环境法中，调整同一类型环境社会关系的环境法律规范可以组合成自然资源所有权制度、自然资源使用权制度、矿产资源开采审批制度、生态补偿制度、污染物排放许可证制度、排污收费制度、环境影响评价制度等。而同类的环境法律制度又可组合成各亚（分）法律部门，如水法、土地法、矿产资源法、森林法、水污染防治法、大气污染防治法、土壤污染防治法、环境影响评价等。亚（分）法律部门进一步组合，可组合为污染防治法（公害防治法）、自然资源开发利用法、生态保护法等（见图 7-1）。

根据上述分析，我们可以给环境法律体系下这样一个定义，即环境法律体系是指全部现行的环境法律规范按其调整的社会关系的同类性，分类组合为相互关联、相互补充、相互配合、内部和谐一致的系统化结构体。

环境法律体系是一个完整的系统。构成该体系的环境法律规范相互之间是有机联系和协调的。它们并不孤立地作用于被其调整的社会关系，而是有机地结合起来，协调地共同作用于所调整的社会关系。因此，环境法律体系作为一种复杂的法律现象，其内部具有一种有序的结构。这种结构是相对稳定的。其变化取决于环境社会关系的变化。因为，从某种角度来看，环境法律体系反映了现有的环境社会关系。所以，环境法律体系是客观的，它并非按照人的主观意志去形成。这是环境法律体系最为明显的特征。从这一点上看，可以说环境法律体系就是指环境法的内部结构，是指环境法律规范的系统化组织。

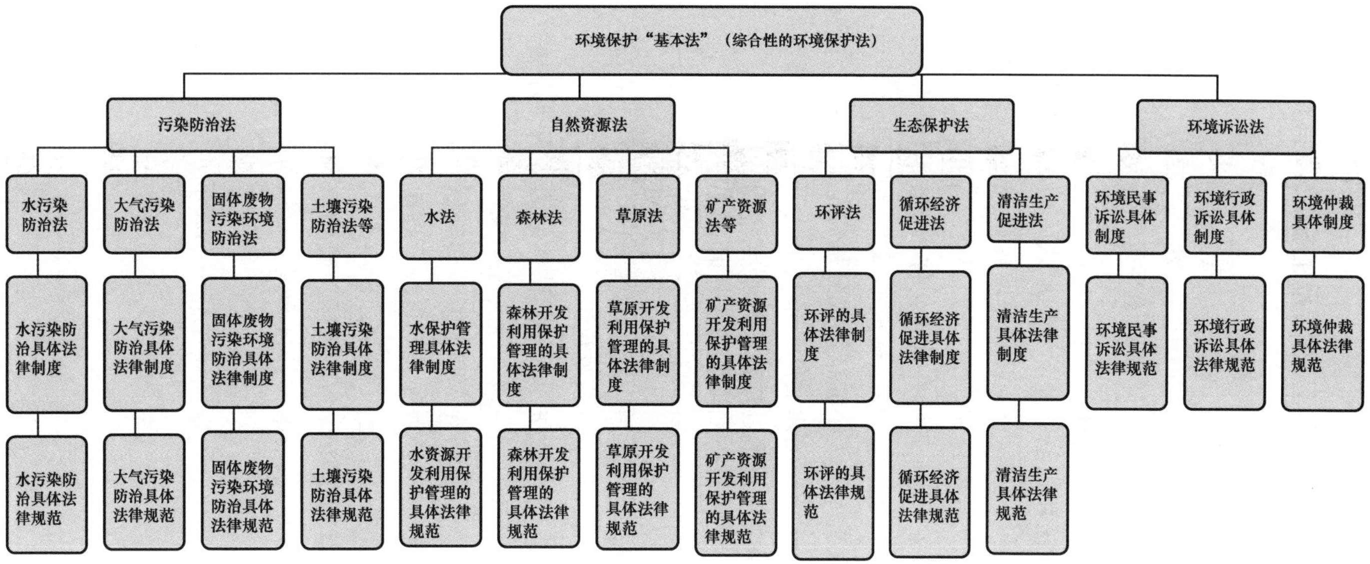

图7-1　环境法律体系的构成

第二节 环境立法体系的概念及其构成

一 环境立法体系的概念

何为立法体系？俄罗斯法学博士博贝列夫教授认为，立法体系乃法之渊源总和。他强调指出，如果说法律体系是法律规范的总和的话，那么，立法体系就是规范性法律文件的总和。

法的渊源是指法律规范的外部表现形式，而法律规范的外部表现形式就是规范性法律文件。所以，立法体系既可以说是法的渊源的总和，也可以说是规范性法律文件的总和。二者的意思是一样的。

立法体系的存在具有一种明确的文件形式，即规范性法律文件的形式。① 规范法律文件就是立法体系构成的基本要素，但并非最小的结构成分。严格地说，立法体系最小的结构成分是规范性法律文件的条文，而非规范性法律文件。规范性法律文件的条文是立法体系最小或者初始的结构成分。规范性法律文件只不过是它们的基本“组合体”。

立法体系的构成也是按照一定原则进行的。这个原则是，在立法体系中，所有的结构成分，即规范性法律文件按其法律效力等级的大小或高低排序。这样，作为立法体系构成要素的规范性法律文件就在以法律效力的大小作为结构原则的过程中被系统化。

在立法体系中，规范性法律文件的法律效力等级排序通常为宪法及宪法性法律—法律—行政法规—地方性法规和规章。

在中国，规章分为部门规章和地方政府规章。部门规章是指国务院各部委、中国人民银行、审计署和具有行政管理职能的直属机构，根据法律和国务院的行政法规、决定或命令，在本部门的权限范围内制定的规章。② 地方政府规章则是指省、自治区、直辖市和较大的市的人民政府，根据法律、行政法规，以及本省、自治区、直辖市的地方性法规而制定的规章。③

中国的地方性法规和规章的法律效力等级大小问题比较复杂。其中，

---

① ［俄］C. C. 阿列克谢耶夫：《国家与法的理论》（俄文版），莫斯科：莫斯科出版社 1997 年版，第 318 页。

② 参见《立法法》第 71 条。

③ 参见《立法法》第 73 条。

地方性法规的效力高于本级和下级地方政府规章;[①] 省、自治区、人民政府制定的规章的效力高于本行政区域内的较大市的人民政府制定的规章;[②] 部门规章之间、部门规章与地方政府规章之间具有同等的法律效力,[③] 只不过在各自的权限范围内施行；地方性法规与部门规章之间则没有法律效力等级的高低之分。若地方性法规与国务院部门规章之间对同一事项的规定不一致，不能确定如何适用时，由国务院提出意见。国务院认为应当适用地方性法规的，应当决定在该地方适用地方性法规的规定。国务院认为应当适用部门规章的，应当提请全国人大常委会裁决。[④]

规范性法律文件的效力等级是立法体系建立的基础。因此，在这一点上又可以说，立法体系是按照规范性法律文件的法律效力等级大小，有序排列而构成的多层次的规范性法律文件的效力等级体系。

立法体系的形成主要取决于立法者的主观因素。[⑤] 因为，规范性法律文件的效力等级是由立法者以一定的方式明确规定的。不同等级的国家机关由于立法权限范围的不同，其所制定的规范性法律文件自然处于不同的法律效力等级。正是从这个意义上说，立法体系显然含有立法者的主观性因素。

根据上述对立法体系本身所作的分析，我们可以给环境立法体系下这样一个定义，即环境立法体系是指由全部现行的规范性环境法律文件构成的、具有法律效力等级联系的有机统一体。

二　环境立法体系的构成

环境立法体系的构成要素是规范性环境法律文件。其最小的构成细胞是组合成规范性环境法律文件的、作为环境法律规范之表达形式和表述方法的环境法律条文。

环境立法体系是规范性环境法律文件的等级结构系统。所有构成环境立法体系的规范性环境法律文件之间具有一种法律效力的等级联系。这种等级联系是由制定规范性环境法律文件的国家机关在国家机构中的法律地

---

① 参见《立法法》第 80 条。
② 参见《立法法》第 80 条。
③ 参见《立法法》第 82 条。
④ 参见《立法法》第 86 条。
⑤ 《法学词典》编辑委员会:《法学词典》(增订版), 上海辞书出版社 1984 年版, 第 219 页。

位所决定的。因此它带有明显的由立法者主观意志所决定的性质。以我国为例，在我国的环境立法体系中，具有最高法律效力的是《宪法》，严格地说，是《宪法》中的环境法律条文。其次是全国人大和全国人大常委会制定的环境法律，再次是国务院制定的环境行政法规，最后是地方性环境法规和环境规章。规章中包括部门环境规章和地方政府环境规章。这些规范性环境法律文件在我国的环境立法体系中处于不同位置，共同组成一个以法律效力等级为结构原则的相对完整的系统、一个有机的统一整体（见图 7-2）。

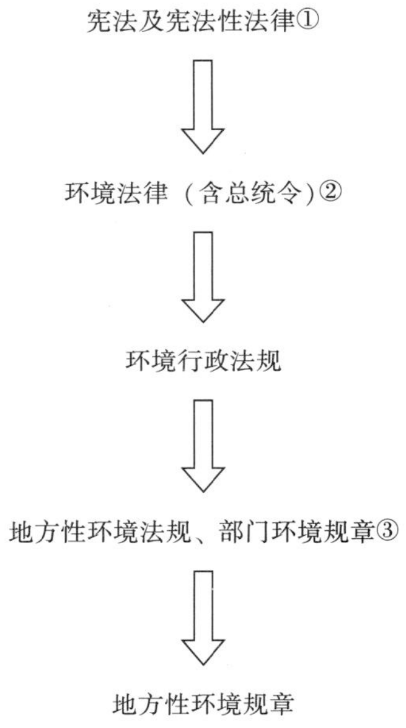

图 7-2　环境立法体系的构成

第三节　环境法律体系与环境立法体系的区别与联系

环境法律体系和环境立法体系是两个不同的概念。二者之间既有联系又有区别。根据俄罗斯联邦科学院院士 B. B. 拉扎列夫的观点，环境法律

① 在有些国家存在，例如，苏联和俄罗斯。它们并非宪法，但与宪法具有同等效力。

② 在俄罗斯，总统令与法律具有同等的法律效力。

③ 地方性法规与部门规章规定不一致的，由国务院提出解决意见。

体系和环境立法体系之间的关系，是内容与形式的关系。环境法律体系是环境立法体系的内容，环境立法体系是环境法律体系的外部表现和客观化形式。[①] 二者的基本区别主要体现在以下三个方面。

其一，环境法律体系是指环境法的内部结构。这种结构具有客观性。它是由现实生活中存在并需要法律予以调整的环境社会关系所决定的。环境法律体系赖以建立的基础是环境法调整的对象。因为，环境法调整的对象指明环境法律规范应对哪些社会关系产生影响。环境法调整的对象——环境社会关系是一种客观的基础，它使得环境法律规范进入现实的社会生活并使其具有系统化的特征。环境立法体系则是指环境法律规范存在的外部表现形式经分类组合而形成的系统化结构。这种结构的形成具有明显的主观意志性。它是由立法者的主观因素所决定的。环境立法体系建立的基础是规范性环境法律文件的法律效力等级。法律效力等级决定规范性环境法律文件在环境立法体系中的位置或排序。

其二，环境法律体系是环境法律规范的总和，是牢固地相互联系成为一个统一整体的环境法律规范的体系。环境立法体系则是环境法律规范之表现形式的总和，即环境法的渊源的总和，是规范性环境法律文件按照一定的标准或结构方式所形成的体系。

其三，环境法律体系的最小结构成分是环境法律规范。环境法律规范是人们在保护环境、合理利用和保护自然资源方面的行为规则。它规定环境社会关系参加者的某种法律权利和义务。在逻辑上它由行为模式和法律后果两个部分，或者假定、处理和后果三个部分组成。环境法律规范作为一种行为规则，必须通过一定的法律条文表现出来。一个环境法律规范既可以表述在一个法律条文里，又可以表述在几个法律条文里；既可以表现在一个规范性环境法律文件中，又可以表现在几个规范性环境法律文件中。反过来，多个环境法律规范也可以表述在同一个法律条文里或同一个规范性环境法律文件中。

环境立法体系的最小结构成分则是法律条文。法律条文是环境法律规范的表达形式和表述方法。在一个法律条文里既可以表述一个环境法律规范，又可以表述几个环境法律规范；既可以包含环境法律规范逻辑构成的

---

① ［俄］B. B. 拉扎列夫：《法与国家的一般理论》，王哲、周广俊、张兆燕等译，法律出版社 1999 年版，第 165 页。

全部要素，又可以只包含环境法律规范逻辑构成的部分要素。环境法律条文本身不是行为规则，它只是环境法律规范的文字表述和表现形式。

由以上三个方面的区别所决定，环境法律体系和环境立法体系虽然反映的都是同一个法现象——环境法，但它们反映的角度是不一样的。一个是从内部反映，另一个则是从外部反映。因此，二者理应是两个不同的概念。我们在研究环境法律体系时，应特别注意不要将这两个概念弄混淆了。

辨析环境法律体系和环境立法体系的目的在于：弄清前者，是为了从其内部结构上加深对环境法这一现象的认识，以便采取措施使其能够更加准确地反映环境社会关系体系，更加适合调整环境社会关系的需要；弄清后者，则是为了使后者更加便于实现前者的要求。因为，后者是前者的外部表现和客观化形式。

需要强调指出的是，环境法律体系和环境立法体系之间具有密切的联系。环境法律体系的构成虽然基本上是由环境法调整的社会关系——环境社会关系所决定的，但这种客观要求也必须通过人们的意志所形成的规范性环境法律文件的形式才能得到体现。而环境立法体系的构成虽然主要取决于立法者的主观因素，但在某种程度上也具有一定的社会制约性。这种制约性主要体现在环境立法体系应当尽量满足实现环境法律体系的要求。

第四节　我国的环境法律体系和环境立法体系

一　我国的环境法律体系

我国的环境法律体系由以下三类环境法律规范构成。

1. 宪法中的环境法律规范

《宪法》第9条规定："矿藏、水流、森林、山岭、草原、荒地、滩涂等自然资源，都属于国家所有，即全民所有；由法律规定属于集体所有的森林和山岭、草原、荒地、滩涂除外。国家保障自然资源的合理利用，保护珍贵的动物和植物。禁止任何组织或者个人用任何手段侵占或者破坏自然资源。"第26条规定："国家保护和改善生活环境和生态环境，防治污染和其他公害。国家组织和鼓励植树造林，保护林木。"

《宪法》中有关环境保护和自然资源开发、利用方面的法律规范与其他环境法律规范的相互关系在于，它们是其他环境法律规范创制的基础或基本依据。

2. 专门的环境法律规范

专门的环境法律规范按其调整的社会关系同类性大致分为下列五类法律规范。

（1）综合性的环境法律规范。它主要规定环境保护法的目的、任务、基本原则、环境管理体制、环境保护各主体的基本权利和义务、国家环境保护的目标、规划、环境保护的基本法律制度等事项。

（2）防治环境污染和其他公害方面的环境法律规范，如防治大气污染、水污染、噪声污染、核污染、固体废物污染、土壤污染等方面的环境法律规范。其中，每一具体类别的环境法律规范又相互独立、自成体系。

（3）自然资源开发利用、保护管理方面的环境法律规范，如森林、土地、水资源、矿产资源等自然资源开发、利用、保护和管理方面的环境法律规范。其中，每一具体类别的环境法律规范又相对独立，自成体系。

（4）自然保护方面的环境法律规范，如自然保护区、国家森林公园、湿地、各种自然遗产保护方面的环境法律规范。同样，其中每一具体类别的环境法律规范如同防治环境污染和其他公害方面的环境法律规范与自然资源开发利用、保护管理方面的环境法律规范一样，亦是相对独立、自成体系，但又与其他类别的环境法律规范相互联系，形成一个整体。

（5）环境标准，如环境质量标准、污染物排放标准、环境监测方法标准等。环境标准乃环境法律体系的重要组成部分。它同其他环境法律规范一样，是一种具有规范性的行为规则。① 其特点是将原本属于技术规范的环境标准在法律中规定出来，赋予其法律规范的效力，用于表示人们环境行为的界限。其不仅具有规范性、强制性，而且它同环境保护规章一样，是由获得授权的国家行政机关依法定程序制定和发布实施的。以上五类专门的环境法律规范乃环境法律体系的主干，是环境法律体系的主要构成部分。其中，每一类环境法律规范均可细分。例如，防治环境污染和其他公害方面的环境法律规范可分为防治水污染的环境法律规范、防治大气污染的环境法律规范、防治噪声污染的环境法律规范、防治核污染的环境法律规范等。每一类防治环境污染和其他公害的环境法律规范就是一个环境法律规范群，它们在环境法律体系中按照其调整的社会关系的同类性相

---

① 韩德培主编：《环境保护法教程》（第四版），法律出版社 2003 年版，第 101 页。

互联系并组合成相关的法律制度，作为环境法律体系构成的二级细胞。环境法律制度进一步组合形成亚环境法律部门或分环境法律部门，如水污染防治法、大气污染防治法、噪声污染防治法、核污染防治法等，作为环境法律体系构成的最大细胞。自然资源开发利用、保护管理方面的环境法律规范、自然保护方面的环境法律规范均以此类推，分类组合。

3. 其他部门法中的环境法律规范

例如，《刑法》则在第六章“妨害社会管理秩序罪”中以专节的形式，对涉及“破坏环境资源保护罪”的环境法律规范作了集中表述。此外，在《行政处罚法》《治安管理处罚法》等行政法律、法规中都有不少的环境法律规范。它们是构成我国环境法律体系不可缺少的部分。

我国的环境法律体系即是由上述各类不同的环境法律规范构成的一个统一体。

二 我国的环境立法体系

我国的环境立法体系由下列不同法律效力等级的规范性环境法律文件构成。

第一，《宪法》，具体是指《宪法》中的相关环境法律条文，如第 9 条和第 26 条。

第二，环境法律，指由全国人民代表大会和全国人民代表大会常务委员会行使国家立法权制定的环境保护方面的规范性环境法律文件，如《环境保护法》《水污染防治法》《大气污染防治法》《固体废物污染环境防治法》《放射性污染防治法》《环境噪声污染防治法》《海洋环境保护法》《环境影响评价法》《清洁生产促进法》《节约能源法》《可再生能源法》《土地管理法》《野生动物保护法》《水法》《森林法》《草原法》《渔业法》《矿产资源法》《水土保持法》《防沙治沙法》《进出境动植物检疫法》等。这些规范性环境法律文件都是由全国人民代表大会常务委员会制定的。它们是我国环境立法体系的重要组成部分，其法律效力仅次于《宪法》。目前，我国现有的环境法律中还没有由全国人民代表大会制定的法律。

第三，环境行政法规，具体是指国务院行使行政法规立法权制定的规范性环境法律文件，如《水污染防治法实施细则》《森林法实施细则》《危险废物经营许可证管理办法》《危险化学品安全管理条例》《建设项目环境保护管理条例》《防治海岸工程建设项目污染损害海洋环境管理条例》《风景名胜区条例》《自然保护区条例》《野生植物保护条例》《水土保持法实施条例》等。环境行政法规是我国环境立法体系中不可或缺的组成部分，其法律效力低于环境法律。环境行政法规的作用是将环境法律的规定具体化，根据环境法律的授权制定新的环境保护规则，填补环境法律的暂时空白或者规定具体的环境管理措施。

第四，地方性环境法规，具体是指省、自治区、直辖市的人民代表大会及其常务委员会，以及较大的市的人民代表大会及其常务委员会行使地方性法规立法权制定的规范性环境法律文件，如《湖北省环境保护条例》《海南省环境保护条例》《福建省环境保护条例》《宁夏回族自治区环境保护条例》《北京市环境保护条例》《上海市环境保护条例》《武汉市环境保护条例》《湖北省实施〈中华人民共和国水污染防治法〉办法》等。地方性环境法规是我国环境立法律系中占比较大的规范性环境法律文件，其法律效力低于环境法律和环境行政法规。其基本作用是执行环境法律和环境行政法规的规定，根据本地方的实际情况对环境保护作具体规定，或者规定属于地方环境管理活动需要制定法规的事项。

第五，环境保护规章，具体是指国务院各部委、中国人民银行、审计署和其他具有行政管理职能的直属机构，以及省、自治区、直辖市人民政府和较大市的人民政府行使规章制定权制定的规范性环境法律文件，包括两类规章：一类是环境保护之部门规章；另一类是环境保护之地方政府规章。前者如《环境信息公开办法（试行）》《环境统计管理办法》《饮用水水源保护区污染防治管理规定》《海上海事行政处罚规定》《再生资源回收管理办法》等；后者如《湖北省人民政府关于落实科学发展观加强环境保护的决定》《湖北省环境保护行政处罚自由裁量权细化标准（试行）》《湖北省土地监察办法》《湖北省人民政府关于加快循环经济发展的实施意见》等。环境保护规章也是我国环境立法体系的构成成分之一，其法律效力低于环境法律和环境行政法规。其与地方性环境法规之间的法律效力高低问题在“环境立法体系的概念及其构成”部分已作相关分析，不再赘述。环境保护规章的主要作用在于：对于部门环境规章而言，主要是规定那些属于执行国家环境法律或者环境行政法规以及国务院有关环境保护的决定或命令的事项；对于地方政府环境规章而言，则是为了执行国家环境法律、环境行政法规或地方性环境法规而规定相关事项，或者规定属于本行政区域的具体环境行政管理的事项。

第六，民族自治地方的环境自治条例和环境单行条例，具体是指民族自治地方的自治机关行使民族自治地方立法权制定的规范性环境法律文件。根据《宪法》和《民族区域自治法》的规定，民族地方自治机关在自然资源的开发利用、保护管理和保护环境方面享有以下自治权：①根据法律规定，确定本地草场和森林的所有权和使用权，管理和保护本地的自然资源，保护、建设草原和森林，组织和鼓励植树种草，禁止任何组织或个人利用任何手段破坏草原和森林，根据法律规定和国家统一规划对可以由本地开发的自然资源优先合理开发利用；②保护和改善生活环境和生态环境，防治污染和其他公害。据此，民族自治地方的人民代表大会有权制定有关如何行使以上两项有关自然资源开发利用、保护管理以及防治环境污染和其他公害的环境自治权的自治条例或环境单行条例。环境自治条例和环境单行条例，在中国法的形式或渊源体系中，应当是低于宪法、环境法律和环境行政法规的一种法文件形式。[①] 由于自治条例和单行条例的特殊性，环境自治条例和环境单行条例与地方性环境法规的法律效力等级不适宜作级别或层次的区分，只能作类别的区分。[②] 环境自治条例和环境单行条例在法律效力等级上应当是与地方性环境法规属于同一法律效力等级的规范性环境法律文件，在环境立法体系中与地方性环境法规处于同等的结构位置。

第七，经济特区环境法规，具体是指经济特区人民代表大会及其常务委员会和经济特区人民政府基于授权而制定的适用于经济特区范围的规范性环境法律文件，分为经济特区环境法规和经济特区政府环境规章，如《深圳经济特区环境保护条例》《深圳经济特区服务行业环境保护管理办法》。经济特区环境法规的作用在于，根据经济特区环境保护的具体情况和实际需要，制定适用于经济特区范围的环境保护的行为规则，以保证宪法中的环境法律规范、环境法律和环境行政法规在本经济特区的有效贯彻实施。经济特区环境法规的法律效力等级问题较为特殊。“经济特区地方立法的效力等级和调整范围，在总体上不像一般地方立法和民族自治地方立法那样具有确定性。经济特区立法所产生的规范性法文件，按其性质来

① 周旺生：《立法学》，法律出版社 2009 年版，第 395 页。

② 周旺生：《立法学》，法律出版社 2009 年版，第 395 页。

说，其效力等级一般低于授权主体本身制定的规范性法文件，又应当高于一般地方与授权主体相同级别的国家机关所制定的普通规范性法文件。”[①] 总之，经济特区环境法规亦为我国环境立法体系的一个组成部分，不过，它仅在本经济特区范围内适用。[②]

① 周旺生：《立法学》，法律出版社 2009 年版，第 395 页。
② 周旺生：《立法学》，法律出版社 2009 年版，第 399 页。

第八章　环境法治和环境法治体系

第一节　环境法治——生态治理法治化实践新范式

一　环境法治的生态转向

（一）从历史中走来："法治"再辨与法治中国

从学理上看，对法治的探究首先要回答的问题就是"什么是法治"。其核心又在于从根本上阐释法治的精义，而不在于给法治下一个确切的定义。①

"法治"一词在西方语境中被称为"rule of law"，即"法的统治"，是指法在国家与社会生活中居于支配地位，是统治权威和行为准则，任何人、任何组织都必须遵守法律，不得有超越法律的特权。

早在公元前4世纪，古希腊思想家亚里士多德就对"法治"作了经典解释，他认为法治应当包含两重意义：首先，已成立的法律获得普遍的服从，而大家所服从的法律本身又应该是制定得良好的法律。②也就是说，法治不仅要"以法为据""有法可依"而且必须是"法律之治"，即我们所说的法治是服从规则治理的事业。其次，法治之"法"还应当是"良法"，即超越法律或实定法的更高层级的形而上的法，或曰"善法""理性法"，它构成了法治不可或缺的实质内容，是法治更深或更高一层的内涵。概言之，在亚里士多德看来，法治就是"良法之治"。这一命题和结论从"法治是具有特别价值内涵的法律制度"的高度言明了法治的

---

① "一个事物的概念和它的现实，就像两条一齐向前延伸的渐近线一样，彼此不断接近，但永远不会相交。"（恩格斯语）由于任何事物都是复杂多样和不断发展变化的，这决定了概念和定义只能接近事物的真相，而不可能穷尽事物的真相。因此，在这里对于法治的定义，应当多作具体分析为好，而不是对其多规定性的简单定义。

② ［古希腊］亚里士多德：《政治学》，吴寿彭译，商务印书馆1965年版，第199页。

本质，是对法治精义的深刻揭示。如果说，亚里士多德在法律思想史上最大的贡献就是系统地阐述了法治思想，那么，我们也可以认为，“法治是对良法的普遍服从”的思想则是他法治思想的精华。[①]

1959 年 1 月，国际法学家群集印度新德里讨论法治问题提出了一份法治宣言。该宣言将法治界定为：“一个动态的概念……不仅用来保障和促进个人在自由社会中享有公民和政治权利，并且要建立社会的、经济的、教育的和文化的条件使其正当愿望和尊严得以实现。”[②] 这表明法治并非单纯的形式，它不仅是法律的而且是政治的、社会的和文化的。另外，法治还是个更高的目标，它的实现是个更复杂的过程。这是对现代法治观念的系统表达。

法治包括实体价值和形式价值两个不可分割的方面。法治的实体价值和法治的形式价值是分析法治的一对范畴，是分析评价法治与否的两种标准。法治的实体价值，即法治的实体正义，蕴含法治的人文性、价值性、合目的性，指向法律应有的价值目标，它着眼于法律的理想，注重法律的道德性。法治的形式价值，即法治的形式合理性，指向法律自身的形式或程序意义，不问法律的实体价值目标如何。它着眼于法律的实证化，注重法律的科学性。法治的实体价值，从宏观的角度、社会的层次上说明了法治是一种“好法之治”。法治的形式价值，从法律的层次上说明了法治是一种“真法之治”。[③] 只有“好法之治”和“真法之治”的统一才能构成法治。

要释明“法治”还必须明辨“法治”与“法制”这两个不同的范畴。“法治”与“法制”虽一字之差，却有概念和理念上的大不同。它们各有其特定的科学含义，也各有自己特殊的社会作用。对此，有学者曾以汉语的文字形象来称呼和比喻，将“法制”称为“刀制”（“制”字为立刀旁），用以象征过去只是把“法制”当作“刀把子”或“阶级斗争的工具”来治国、制民；称“法治”为“水治”（“治”字为水旁），象征“人民之治”（取古代格言“水可载舟，亦可覆舟”，“水”象征人民）。

① 李龙：《良法论》，武汉大学出版社 2005 年版，第 18 页。

② ［英］戴维·沃克：《牛津法律大辞典》，北京社会与科技发展研究所组织翻译，光明日报出版社 1988 年版，第 790 页。

③ 王人博、程燎原：《法治论》，山东人民出版社 1989 年版，第 143 页。

这样称呼既避免同音难辨，更可区别其意。[①]

现代意义上，法制与法治的区别主要体现在以下几个方面：

在内涵上，法制（Legal System）是法律制度的简称，是对各种法律制度的概括，是一个静态的、工具性的概念；法治是相对于“人治”而言的，是一个动态过程，一种治国方略、一项社会工程和一种价值目标。它要求法律的至上权威、法律的公正性，蕴含着要求法律制约公权力与保障人权等基本内容，这是“法制”所无法表达的内容。

在价值取向上，法制是中性的或者说不具有价值特性，既可以为专制政治所用也可以同民主政治相结合。法治则是以自由、平等、人权为精神的制度，强调人民主权、法律平等等，反对“工具论”的法律观。

在主体上，法制的主体主要是国家权力机关或权力者；法治的主体则是人民和经人民民主选举产生或授权的国家机构。因此，法治的精义是“民治”而不是“治民”。一个国家有法制并不意味着一定实行了民主的“法治”，也可能只是专制的法制。而实行法治，则必然要求实行制约权力、保障公民权利的民主政治。

在二者的关系上，法制是法治的基础和前提条件，无法制便谈不上法治。但法治却具有独立存在并超越于法制的价值，法治决定着法制的性质和功能，也决定着具体制度发挥作用的范围。

可见，法制与法治并非对立的一对范畴。法制与法治既不能混用，也不能相互取代。法制与法治的辨析，为从“法制国家”走向“法治国家”奠定了理论基础，提供了理论支持。

法治不仅是理论更是实践。因此，对“法治”的再认识，不仅在于对“法治”内涵及其精义的科学把握，而且表现在向“法治国家”“法治社会”“法治状态”等概念的延伸与扩展。2012年，党的十八大报告将新时代厉行法治的基本要求概括为“科学立法、严格执法、公正司法、全民守法”，法学界称之为“新十六字方针”。[②] 党的十九大还明确提出，到2035年基本建成法治国家、法治政府、法治社会。确立了新时代法治中国建设的路线图、时间表、任务书。《法治中国建设规划（2020—

① 郭道晖：《法理学精义》，湖南人民出版社2005年版，第341页。

② 1978年，党的十一届三中全会将我国对于法制建设的基本要义概括为“有法可依、有法必依、执法必严、违法必究”，法学界习惯上将其称为“十六字方针”。

2025）》指出，法治中国建设的总体目标是法律规范科学完备统一，执法司法公正高效权威，权力运行受到有效制约监督，人民合法权益得到充分尊重保障，法治信仰普遍确立，法治国家、法治政府、法治社会全面建成。

法者，治之端也。法是文明社会的制度形式，法治是现代国家治理的基本方式。执政兴国，离不开法治支撑；社会发展，离不开法治护航；人民福祉，离不开法治保障。揆诸各国现代化过程可以发现，法治的建立，从来就是社会经济、政治、文化等多面综合发展的自身要求，又对经济社会发展发挥着能动作用。法治建设与现代化建设都是相互支撑、互为表里的。在我国，改革开放以来，党领导全国人民取得了举世瞩目的经济发展奇迹和社会稳定奇迹，这也充分说明全面依法治国既是社会主义现代化建设的一部分，也是现代化建设的重要保障。正如庞德在论述制度与文明的关系问题时曾指出的："对过去，法是文明的产物；对现在，法是维持文明的工具；对未来，法是增进文明的工具。"[①] 人类文明的演进始终是与制度文明相伴而生、相互促进的。法律既是文明之果，也是文明进步之因。这是法律与文明的辩证关系的生动反映。

辨方位而正则。法治是文明社会的基本共识和人类的普遍追求，更是当代社会的主旋律。人类文明发展进步的历史和现实都深刻揭示了"法治兴则国兴，法治强则国强"这一历史性规律。在当代中国，法治对社会主义市场经济、民主政治、先进文化、和谐社会、生态文明发挥着前所未有的保障和引领作用，而经济、政治、文化（科技）、社会、生态领域的全面改革也呼唤着并有力推动着法治的现代化。为此，习近平总书记强调指出，全面依法治国对全面建成社会主义现代化强国、实现中华民族伟大复兴的中国梦具有十分重大的意义。我们"要着眼长远，筑法治之基、行法治之力、积法治之势，促进各方面制度更加成熟定型，为党和国家事业发展提供长期性的制度保障"[②]。这表明我们党越来越深刻认识到治国理政须臾离不开法治。

依法治国实质上是"良法治国"。不是什么法都能治国、都能治好国。良法是社会发展的催化剂，更是社会变革的助产婆。在全面依法治国

---

① ［美］罗斯科·庞德：《法律史解释》，邓正来译，中国法制出版社2002年版，第37页。
② 习近平：《论坚持全面依法治国》，中央文献出版社2020年版，第3页。

的新时代，我们所厉行的法治一定是社会主义良法善治。社会主义良法善治的目标要求我们既要“尊法”又要“据理”，既讲法律又讲法理，在思想和行动两个层面把形式法治和实质法治统一起来，以良法善治的科学思维引领法律思维和法治思维发生深刻变革。[①]

（二）生态时代的法治强音：“环境法治”应运而生

法与时转则治，治与世宜则有功。[②] 生态与法治的联结是生态文明建设的显著标志。生态文明建设不可能仅限于资源节约和环境治理的具体实践方面，而且内在地包含以生态文明的要求去重塑新的制度文明以发挥其在促进文明与生态共生、人与自然和谐为目的的制度建设的要求上。生态文明建设内在地要求法治，法治对于生态文明建设具有无可替代的保障和促进作用。这就是法治与生态文明建设的一般关系。这里的法治既包括一国的法治，也包括全球环境治理中的法治，这是美丽中国建设和共建清洁美丽世界的共同要求。

运用法治保护生态和促进生态文明，需要以确认和保证可持续发展战略的实现为核心。从法治转型发展的面向上看，当今世界法治对社会发展的功能集中体现在法治对保护和改善环境、保障公众环境权益、推进生态文明建设、促进经济社会可持续发展的作用上。这是法治发展史上重大的飞跃与变革，从更高层次上展现了法治的权威与尊严。

可持续发展是针对现代工业文明的反自然倾向造成的环境危机而提出来的，是以人为中心的自然—经济—社会三位一体复合系统的可持续发展。联合国环境规划署（UNEP）2012年发布的《全球环境展望5（GEO-5）》显示，随着人类给地球系统造成的压力升级，一些地区和领域的生态阈值将被打破，由此导致的地球生命支持系统功能的退化会在现在或将来给人类福祉带来重大不利影响。联合国可持续发展峰会2015年发布的《变革我们的世界：2030年可持续发展议程》，基于人与自然关系不断恶化的严峻形势特别提到，许多社会和维系地球的生态系统的生存处于危险之中。

事实上，社会经济发展过大的环境代价也已经使中国的环境发生了巨大变化，环境资源供给的不充分与经济社会持续发展对环境资源需求不断

---

① 《习近平法治思想概论》，高等教育出版社2021年版，第14页。

② 《韩非子·心度》。

扩大的矛盾在进一步加剧，这已经成为新时代中国特色社会主义现代化建设中面临的突出问题。环境问题的严重性以及加强环境治理的紧迫性，都向运用法治思维和法治方式解决环境问题提出了新的、更高的要求。

环境法治发端于西方发达国家应对环境危机的强烈诉求。面对严重的环境危机各国都在积极寻求环境治理的良策，而环境治理法治化则是世界各国的普遍做法和成功经验。目前，环境法治已成为世界各国法治建设的重要议题。

从国际环境治理对法治的要求上看，可持续发展对法律特别是对良法提出了更高要求，但“国家和国际的法律往往落后于事态的发展。今天，步伐迅速加快和范围日益扩大的对发展的环境基础的影响，将法律制度远远地抛在后面。人类的法律必须重新制定，以使人类的活动与自然界的永恒的普遍规律相协调”①。2019 年，联合国环境规划署发布的第一份有关全球环境法治状况的评估报告——《环境法治：全球首份报告》（*Environmental Rule of Law：First Global Report*）也指出：在过去 40 年，尽管全球环境法和相关机构蓬勃发展，但执法不力的全球趋势却加剧了环境威胁。如果环境法治不能得到切实加强，再严格的法律也不能真正得到落实，而享有健康环境的基本人权将无从实现。

就我国环境治理的法治实践来看，党的十八届三中全会指出，建设生态文明必须建立系统完整的生态文明制度体系，用制度保护生态环境。党的十八届四中全会进一步强调要用严格的法律制度保护生态环境。《关于加快推进生态文明建设的意见》强调，必须把制度建设作为推进生态文明建设的重中之重，按照国家治理体系和治理能力现代化的要求，着力破解制约生态文明建设的体制机制障碍，以重大制度为突破口，深化生态文明体制改革，尽快出台相关改革方案，建立系统完整的制度体系。

2020 年 3 月，中共中央办公厅、国务院办公厅印发了《关于构建现代环境治理体系的指导意见》。在构建环境治理现代化的法治规则方面，该意见提出了要“完善监管体制”“加强司法保障”“完善法律法规”。这些内容均涉及“稳定预期”原则，其目的就是将环境治理规范化、制度化，通过法律法规的形式规避人为干扰，稳定各方预期，从而将中央和

---

① 世界环境与发展委员会：《我们共同的未来》，王之佳等译，吉林人民出版社 1997 年版，第 430 页。

地方、政府和企业等主体之间的环境保护博弈变为长期行为，获得最优解。①

以法治"硬核"为凭依才能推动生态文明建设。环境治理是国家治理的重要内容，法治化是环境治理的前提和重要保证。近年来，党和国家始终坚持建良法、行善治，大力推动生态文明法治化建设，我国生态环境保护思想认识程度之深、污染治理力度之大、制度出台频率之高、监管执法尺度之严、环境质量改善速度之快前所未有，生态文明建设和生态环境保护从认识到实践发生了历史性、转折性、全局性变化。

法治是环境治理的"加速器"。实践证明，"保护生态环境必须依靠制度、依靠法治。只有实行最严格的制度、最严密的法治，才能为生态文明建设提供可靠保障"②。反之，如果不采取强有力的法治举措，实施良法善治，随意污染和破坏生态的问题就会愈演愈烈、日益加剧。因此，推进生态文明建设法治化进程，把制度建设作为推进生态文明建设的重中之重，努力实现生态文明建设在各领域各环节均有法律政策可依、有规章制度可循，是推进生态文明建设、顺应自然生态发展规律、保护好我们共同生存空间的必然之路。

欲致其高，必丰其基。总之，环境治理离不开法治，法治是生态保护的重要组成部分。只有从法治上分析问题才能看清环境治理的本质，才能从法治上解决问题、抓住环境治理的根本；只有坚持生态文明建设的法治定力，才能确保生态文明建设行稳致远。

二 环境法治的要义和特点

（一）环境法治的要义

1. 环境法治的一般要义

环境法治是法治的子系统、子形式，是一般法治原理和法治运行规律在环境治理领域的特殊形式，是法治活动在环境治理中的具体展开。运用法治思维和法治方式治理环境，是环境治理法治化的必然要求。这就必须将环境治理活动纳入法治轨道，严格按照法律的规定开展和实施。

---

① 陈伟伟、杨悦：《我国环境治理体现构建的逻辑思路》，《环境保护》2020 年第 9 期。

② 中共中央文献研究室编：《习近平关于社会主义生态文明建设论述摘编》，中央文献出版社 2017 年版，第 99 页。

环境法治是有效推进法治的新思路、新实践。从现代法治的一般要义出发，环境法治尽管有其特殊性，但作为一种国家治理方式和社会管理机制，必须以民主为前提和目标，以法律至上为原则，以严格依法办事为核心，以制约权力为关键才能真正推进和实现环境治理的法治化。

环境法治是“民治”。民主是法治的前提，也是法治的目标。现代意义上的法治，属于民主政治的范畴。在环境治理过程中，以“大多数人的统治”为标志的参与式治理模式是厉行环境法治的重要的社会基础，也是依法治理环境取得实效的重要支撑。环境治理离不开政府，但更离不开公民积极有效的参与和合作。民主治理的本质是政府与公民对公共生活的合作共治，这是一种使公共利益最大化的治理过程。没有环境治理的民主化，至多只有善政，而不会有“善治”，那么这样的环境治理一定是无效或低效的，这已被实践所反复证明。因此，环境法治一定是民主的“法治”。

法治建立在民主的基础之上，又以民主为目标。环境法治是增进环境公共利益、保障公民环境权益的法治，它以积极回应和满足人民对良好环境的需求为目的，并通过公民的参与行动来共同完成，这是环境法治对人的自由全面发展价值的确证和维护的最直接体现。因此，环境法治不是“治民”之治，一定是“民治”之治。而为民之治、保民之治、利民之治、惠民之治、民享之治，则是“民治”的题中应有之义。

环境法治是规则之治。① 法律至上是法治的根本原则，也是首要原则。法治的内涵，其根本点是“法律至上”、法律高于一切。环境法治作为法治的子系统，是在环境治理活动中贯彻法律至上、严格依法办事的治国原则和方式。在这里，法律至上最为重要的是要制约权力，即任何权力都要在法律的范围内行使、依照法律的程序来运行、不得凌驾于法律之

---

① 环境法治所依之“法”除了指有立法权的主体制定的法，是否还包括“非制定法”（如习惯法和惯例），这是应当明确的。马克思主义法学强调法与法律的区别，认为“法”是由社会自发形成的一种特殊的社会关系即法权关系，是客观的社会存在。而“法律”（立法）则是“法的表现”，是一种社会意识，是国家意志的产物。既然法的形式包括制定法和非制定法，那么法学的对象就不能仅限于既有的制定法，还应当包括社会生活中客观存在的法现象。这对环境法学研究也是有启示的。例如，民族地区的一些习惯性权利、禁忌等都蕴含着环境保护的思想，是应当重视的具有地方特色的本土性制度资源，在实践中可以弥补制定法的不足从而起到补偏救弊的作用。因此，如何正确认识习惯法的环保功能，使其服务于生态环境保护实践，是环境法学需要重视的问题。

上。作为法治核心的依法办事，则要求国家机关及其公务员、全体公民、社会组织都必须在环境治理活动中服从法律，将法律作为真正的行为准则。

环境法治是国家治理方式的法治创新。环境法治是伴随着人类社会可持续发展对法治的要求，在对国家治理方式的反思和探索中形成和发展起来的新的理论类型和制度形式，是人类社会对国家治理方式理性思考取得的新成果、新实践，是治国理政方式的重要进步。环境法治不仅丰富了法治的内涵、扩大了法治的适用范围，而且促进了法治实践的大发展。

环境法治是一种社会的环境治理机制。作为社会治理机制的环境法治，在认知层面、原则层面、执行层面对社会的环境治理发挥着作用产生着影响。在认知上，用严格的法律制度保护生态环境不仅加快了环境治理法治化进程，极大地提升了环境治理能力，也从根本上改善了环境质量，而且带来了国民环保意识的极大增强，人们普遍认识到了环境法治的重要性。在原则上，把依法治理环境作为社会治理的根据和手段贯穿于社会生产、生活的各个方面，可以发挥环境法治在平衡社会利益、调节社会关系、规范社会行为方面的引领和规范作用。在执行上，通过强化制度执行和监督检查以及对违法行为的严格追责，实现环境治理的目标和要求，满足社会可持续发展的价值需求。

环境法治是一种社会的环境秩序状态。作为一种社会秩序状态的环境法治，既体现出环境法治在社会环境治理中的充分发展，也体现出社会以环境治理法治化的状态出现和发展。它是完备的环境法律制度在环境治理实践中被良好实施后的法治效应状态反映出的一种社会现实，是社会环境治理法治化的结果和依法治理环境建立起来的作为社会秩序状态的法治。

2. 当代中国环境法治的基本要义

良好的法治，一定是遵循法治文明一般规律而又立足于本国历史和现实国情的。因此，对当代中国环境法治的认识和理解，既要建立在法治的普遍性原理的基础之上学习借鉴世界上优秀的法治文明成果，又要立足于中国法治的本土性资源的基础之上突出中国特色、实践特色、时代特色；既不能罔顾国情、超越阶段，也不能因循守旧、墨守成规。

当代中国环境法治作为习近平全面依法治国新理念、新思想、新战略的一项重要内容，与全面依法治国构成了局部与整体之间的关系：一方面，习近平法治思想统领着环境法治的布局谋划和具体实践；另一方面，环境法治状态又影响着全面依法治国的历史进程。

习近平法治思想提出“全面推进科学立法、严格执法、公正司法、全民守法”，把我国社会主义法治建设推向了新阶段，实现了从“有法可依、有法必依、执法必严、违法必究”的社会主义法制建设方针到“全面推进科学立法、严格执法、公正司法、全民守法”协调发展的历史性转型，开辟了社会主义法治建设新局面，开创了中国特色社会主义法治理论新境界。

环境法治建设中的科学立法是新时代环境法治发展对环境立法工作提出的基本要求。科学立法的核心，在于尊重和体现客观规律。环境污染和生态破坏的重要原因，是人们的环境利用活动违反了环境保护工作所具有的客观规律性。因此，要保护和改善环境就必须按照客观规律办事。这就要求作为环境保护重要手段的环境保护法必须正确、充分反映客观规律。例如，环境保护法必须以生态规律为依据，同时还必须反映经济规律和社会发展规律的客观要求。科学立法还要坚持问题导向，切实提高法律的针对性、及时性、系统性、协调性，增强法律的可执行性和可操作性，使每一部法律法规都切实管用。[①]

环境法治建设中的严格执法是实现环境法治的关键环节。严格执法就是要“真执法”“硬执法”“执法好”，把依法履行环境保护监督管理职责、加强环境执法、严肃查处各种环境违法行为、强化环境执法监督作为环境保护工作的重点。严格执法还要“不断严格执法责任、优化执法方式、完善执法机制、规范执法行为、全面提高生态环境执法效能”[②]。

环境法治建设中的公正司法是指司法机关在办理环境资源案件时，必须坚持以事实为根据、以法律为准绳，做到事实认定符合客观真相、办案结果符合实体公正、办案过程符合程序公正。维护公平正义是司法的核心价值。司法公正对社会公正具有重要引领作用，司法不公对社会公正具有致命破坏作用。这就要求我们在环境司法实践中切实推进公正司法，提升司法公信力。

环境法治建设中的全民守法就是在环境治理活动中，任何组织或者个人都必须在宪法和法律范围内活动，任何公民、社会组织和国家机关都要

---

① 张文显主编：《法理学》，高等教育出版社 2018 年版，第 233 页。

② 参见生态环境部《关于优化生态环境保护执法方式提高执法效能的指导意见》。

以宪法和法律为行为准则，依照宪法和法律行使权利或权力、履行义务或职责。[①] “法立而不行，与无法等，世未有无法之国而能长治久安者也。”[②] 法治的根基在人民，只有全体人民信仰法治、厉行法治，国家和社会生活才能真正实现在法治轨道上运行。因此，环境法治建设必须筑牢法治的群众基础，必须坚持全民守法，让法治成为全民思维方式和行为习惯，使尊法守法成为全体人民的共同追求和自觉行动。

把法治建设的4个基本环节统筹起来考虑和作出顶层设计，充分体现了“全面推进”而不是“分别实施”依法治国的战略意图，有利于法治建设事业的整体协调发展。这要求环境法治建设必须准确把握全面推进依法治理环境的重点任务，着力推进科学立法、严格执法、公正司法、全民守法。

（二）环境法治的特点

较之一般意义上的法治，环境法治具有自身的一些多元特质：

科学技术性。环境法治的科学技术性是由作为环境法保护对象的“环境”的特殊性所决定的。环境是自然的对象，也是科学研究的对象。只有把对环境的认识上升到科学的高度，具有了对环境演变和发展规律的科学把握，才能提出符合环境保护内在要求的规范或制度。

说到底，一切环境问题，无论是环境污染（投入性损害）还是自然生态破坏（取出性损害），都是超出了环境所能承载的从科学的角度可以确定的一定界限的结果。因此，要有效地开展环境治理就必须依照科学所揭示的生态规律的要求，为一切环境利用行为设置行为边界、规定利用尺度、建立养护标准。

例如《环境保护法》第29条规定：“国家在重点生态功能区、生态环境敏感区和脆弱区等区域划定生态保护红线，实行严格保护。”这一规定就为以改善生态环境质量为核心，以保障和维护生态功能为主线，按照山水林田湖系统保护的要求划定并严守生态保护红线，实现一条红线管控重要生态空间，确保生态功能不降低、面积不减少、性质不改变，维护国家生态安全，促进经济社会可持续发展奠定了科学的法治基础。

划定并严守生态保护红线，将生态空间范围内具有特殊重要生态功能

---

① 习近平：《论坚持全面依法治国》，中央文献出版社2020年版，第23—24页。

② （清）沈家本：《历代刑法考》，中华书局1985年版，第34页。

的区域加以强制性的严格保护，对于维护国家生态安全，健全生态文明制度体系，推动绿色发展具有十分重要的意义。而要严守生态红线，严控开发边界，势必要强化生态保护红线刚性约束，尤其要强化执法监督以及加强与司法机关的沟通协调，健全行政执法与刑事司法联动机制，及时发现和依法惩处破坏生态保护红线的违法行为，切实做到有案必查、违法必究。

社会公益性。社会公益性是环境法治不同于一般法治的鲜明特质。从立法上看，环境法属于为一般社会福利所立之法的范畴，其关注和规范的是社会公共利益和保障基本人权，反映了全体社会成员的共同愿望和要求，代表人类的共同利益，侧重于社会领域的法律调整，较为明显地反映了法的社会职能的一面。

从执法上看，环境保护是现代政府的重要职能，是政府干预的主要领域。《环境保护法》第 6 条规定："地方各级人民政府应当对本行政区域的环境质量负责。"这一规定使环境质量在总体上有了明确的责任主体，也是确定和完善政府环境职责的法律依据。地方政府之所以要对环境质量负责，其中一个重要原因就是环境质量是公共产品。要提供符合公众需要的环境质量这种公共产品，就需要政府采取各种措施，保障环境质量的良好状态，满足公众对环境质量日益提高的要求。而要实现这一行政目标，就要强化环境执法并在创新执法理念、改变执法方式、提高执法效能上下功夫。

从司法上看，环境司法面对和要解决的环境纠纷，主要是基于人们的环境利用行为而产生的权利义务之争。这种权利义务之争除了涉及个体私益的保护和法律救济，还必须考虑环境作为社会公共产品所承载的公共利益的维护和法律救济问题。环境诉讼目标的双重性决定了在环境诉讼中解决公民间的纠纷并非单一目的，它还承担着必须实现有效维护社会公共利益的目标。

从守法上看，环境守法是全面履行和遵守环境保护法律规定，依照环境保护法的要求行使权利义务以实现环境保护法的要求和目标的活动。环境守法的最大益处是当守法者成为法律的自觉践行者时，环境公共利益就能得到切实维护，环境立法的目的就能够更好地实现。

可持续发展性。除了具有一般公平、正义、效率、秩序价值，环境法治还具有自身特有的价值，即保障公众健康、推进生态文明建设、促进经济社会可持续发展。这是在当今世界，环境法治的价值和功能的重要体现。

可持续发展承认自然资源和环境的价值，这种价值不仅体现在环境资源对经济系统的支撑和服务价值上，也体现在环境资源对生命支持系统的不可或缺的存在价值上，还体现在人类对自身生存意义的深刻理解、感悟与最终追求上。“可持续发展战略旨在促进人类之间以及人类与自然之间的和谐。”① 而“与可持续发展有关的立法的实施，是把可持续发展战略付诸实现的重要保障”②。因此，“必须发展和执行综合的、可实施的、有效的并且是建立在周全的社会、生态、经济和科学原则基础上的法律和法规”③。

可持续发展不仅对法治提出了更新更高的要求，也需要通过法律形式确认可持续发展为国策，依法引导、促进可持续发展规范化，使可持续发展战略和原则制度化（institutionalization），并为实施可持续发展战略、谋求可持续发展、维护人类共同利益的各项活动提供法治保障。例如，瑞典《环境法典》第 1 条规定：“法典的目的是推动可持续发展，以确保当代人和后代人有一个健康和健全的环境……”

实践证明，国家通过环境资源法律的制定和修改，将立法与法律实施紧密结合起来考虑，对各国可持续发展战略的实施具有重要的促进作用。正因为这个原因，《21 世纪议程》才反复强调科学与民主立法，要求社会正义与司法公正，要求人们积极参与决策。

和谐包容性。“和谐包容性”是环境法治不同于一般法治的又一突出特点。“和谐共生”是环境法的基本理念，也是环境执法和环境司法必须一以贯之的指导思想。党的十九大报告提出，我们要建设的现代化是人与自然和谐共生的现代化，大大丰富和完善了现代化的内涵，超越了工业文明，其核心是通过生态文明建设、可持续发展来实现“绿色现代化”。

把坚持人与自然和谐共生作为新时代坚持和发展中国特色社会主义的基本方略之一，进一步明确了建设生态文明、建设美丽中国的总体要求，这是化解中国新时代社会主要矛盾的有效方略。而要实现这一目标，就要

---

① 世界环境与发展委员会：《我们共同的未来》，王之佳等译，吉林人民出版社 1997 年版，第 80 页。

② 《中国 21 世纪议程》，中国环境科学出版社 1994 年版，第 12 页。

③ 《21 世纪议程》，中国环境科学出版社 1993 年版，第 61 页。

实行最严格的生态环境保护制度，形成绿色发展方式和生活方式，坚定走生产发展、生活富裕、生态良好的文明发展之路。因此，新时代法治的发展必须把国家之需、人民所盼与法治之能结合起来，用法治的方式规范人与自然的关系、调整和平衡各种利益关系、确认和保障人与自然和谐共生，以实现自身的适应性变革。

包容性作为环境法治衍生出来的一个新特点，是通过环境法治的制度建设的包容性体现出来的，主要包括包容性环境法律创制机制、包容性环境利益表达机制、包容性环境法律救济机制以及包容性环境法律实施保障机制。[①] 目前，我国在环境治理的理念、法律制度以及治理模式等方面都还存在不少需要改进的问题，还难以适应环境治理实践的要求。而发达国家在长期的环境治理实践中形成的相对稳定成熟的治理机制值得我们学习和借鉴，如治理主体多元化、治理手段多样化、治理程序民主化、治理信息透明化。

环境法治与包容性的耦合是由环境治理的特性所决定的。环境治理的综合性、复杂性、系统性、关联性、多态性、协同性、互补性决定了在环境治理制度建设方面必须加强系统谋划、前瞻设计、整体重塑，务必使其具有广泛的包容性。开放性的、包容性的体制机制符合环境治理需要共建共治共享的要求。实践证明，仅靠单一的政府机制及行政手段来解决错综复杂的环境问题往往是难以奏效的。这就需要将环境法治建设中各构成要素的理念、价值、体制、机制、方法、措施、要求等加以兼收并蓄，汇聚成推动环境法治发展的“良性合力”，以便形成环境“善治”的集成效应，朝着“积小胜为大胜”的目标前进。这就使环境法治具有了很强的包容性。

---

① 和谐包容的人文精神是环境法治的时代价值。法治应当充满仁爱人道、谦和宽容、和谐包容、诚信友善的精神之光，而一切恣意妄为、任性专横、暴戾恣睢都与法治精神格格不入。“和谐”是中国文化的核心价值观。中国文化中，以“和”为本的宇宙观，以“和”为善的伦理观，以“和”为美的艺术观，共同构成了中国文化核心价值观的重要内容。受此影响，中国传统法也具有了以“和谐”为价值追求的鲜明特征。如在法制建设上，传统法主张道德与法的融合、德主刑辅的互补互动，倡导“慎刑”；在法律的特征方面，体现出情、理、法的统一；在和谐程序保障方面，传统法倾向以“限讼”“息讼”达“无讼”的制度设计等，这些都是和谐思想的重要体现。

三　环境法治的实践创新

（一）环境治理良好型国家的法治实践

环境法治发端于西方国家应对环境危机的强烈诉求。发达国家先污染后治理的传统工业化道路，让他们付出了沉重的环境代价。因此，西方发达国家不仅是工业文明所致环境问题的最早受害者，也是环境治理和生态保护的最早觉醒者。目前，环境治理良好型国家的一个普遍趋势和成功经验就是注重依法治理环境，实行环境治理的法治化。这主要表现在，这些国家不仅在长期的环境治理实践中制定了一系列较为严密的环境法律制度，而且较为注重严格环境司法、执法，明确政府环境责任，致力于运用法治方式规范人与自然的关系，积极倡导和推动由政府、市场和社会力量共同参与的“多中心”治理，实现了现代国家环境问题的“善治”，取得了良好的环境治理绩效。

从立法上看，20 世纪六七十年代，很多国家都把环境治理的重点放在立法方面，不仅制定了大量涉及大气、水、土壤、固体废物、噪声、放射性物质等方面的污染防治立法，还有涉及森林、草原、水、土地、野生动植物、矿产资源保护和特殊自然保护地等方面的立法，还有涉及农药、危险化学品、放射性物质等危险物质使用和管理方面的立法，以及涉及环境影响评价、环境税费、生态或者环保鉴定、环境保险方面的管理法和涉及环境纠纷调解、环境污染鉴定等方面的环境纠纷处理法。

随着环境治理实践的发展，较之以往环境立法更为关注具体的环境要素的保护和污染治理，将环境作为一个整体看待，认为污染防治必须与自然保护纳入一个系统中综合考虑，相关的环境保护措施，如风险预防、控制治理、事后救济等应该有机地结合起来，逐渐成为环境立法关注的重点。[①] 这时，基于环境要素的相关性、环境问题的复杂性以及环境保护对策综合性的要求，在环境立法方面出现了环境综合性立法，如美国《国家环境政策法》、瑞典《环境保护法》。

20 世纪 90 年代以来，环境立法又迎来了一个发展的新起点。这就是欧洲国家环境立法无论是在立法内容、立法体例还是立法技术方面都进入了一个新阶段。这一立法发展的新动向集中表现在一些国家，如瑞典、德

---

① 李挚萍：《环境基本法比较研究》，中国政法大学出版社 2013 年版，第 5 页。

国、法国等在对本国环境法进行重新整合的基础上，开始了环境法法典化的立法进程。环境法法典化适应了环境法因快速发展而需要进行法律系统化和消除立法上的矛盾重叠而需要简化，以及加强环境保护提升环境法地位的要求，可以有效解决环境保护方面的法律和制度上的部门化和碎片化问题，克服单行法交叉重叠的弊端，避免法律之间的“内耗”和不协调，以便推动“更好的治理”。

从执法上看，在可持续发展时期，环境法发展的一个重要特点是许多国家将环境执法和环境立法置于同等重要的位置。一些国家比如美、日、欧盟成员国等工业发达国家开始将环境执法作为环境法治建设的重点，纷纷加强环境执法、促进环境法规的有效实施。这主要是因为政府的环境行政对于保障合理开发利用和保护环境资源，实施可持续发展战略具有决定性的作用。

与发展中国家加强环境执法的一个重要方面是突出对重点污染源的控制不同，这些国家加强环境执法的一个重要方面是建立健全各种环境保护管理制度，依法行政。例如，美国建立了源消减法律制度；欧盟国家建立了清洁生产和环境标志制度；日本建立了企业污染防治管理员制度，还积极推行清洁生产、绿色产品、生态标志和产品生命周期评价（life cycle assessment）方面的制度，有力地促进了污染防治法律的实施。

值得一提的是，日本作为发达国家环境执法的一个代表，不仅有强有力的执法机构、行之有效的执法手段，还创造了一些富有特色的执法措施。例如重视环境规划或计划的引导作用，凡执行计划好的企业可以获得好的环境形象；重视通过“行政指导”的方式，发挥劝导违法者依法办事的作用；注重运用“私人污染防治协议”的方式，推动企业治理污染。与日本的做法类似，美国《清洁空气法》规定的污染自我监测计划，《有毒物质控制法》规定的有毒物质生产者生产前必须履行报告特定化学品的有关信息、数据的通知计划，这些规定都强调、突出了污染者的自觉守法意识和自主守法行为。①

从司法上看，随着法律手段在各国环境保护活动中的普遍运用，环境司法开始进入各国的司法实践。为了从司法诉讼方面加强环境法的实施，

---

① 蔡守秋：《可持续发展与环境资源法制建设》，中国法制出版社 2003 年版，第 161—162 页。

提高处理环境纠纷的效率，20 世纪 70 年代后，出现了环境司法专门化趋势，表现为大量专门审理环境纠纷的机构出现，如法院内设的环境法院、环境法庭和环保合议庭。自 20 世纪 80 年代环境法进入可持续发展阶段以来，重视和加强环境司法已经成为各国法治建设的共同趋势。许多国家通过司法诉讼，大大推动了环境法的司法化。目前美、日、欧盟成员国等国家已基本建成比较完善的环境资源司法体系。

司法参与环境治理不仅拓展了传统的司法概念，也有力推动了现行司法制度的发展完善。从国际上看，环境司法专门化的建立和发展始终伴随着环境案件管辖权、环境纠纷审理规则、审判人员组成和知识结构、纠纷处理方式以及案件管理方式等的调整和创新。① 环境司法体制机制的变革赋能司法审判，取得了良好的司法效益。在美、日等国，构成环境法的大多数著名案例是在法院形成的。

在法治历史比较悠久的西方发达国家，一直把公民环境诉讼的活跃程度和法院适用环境法判决案件的多少作为判断环境法实施程度的标志。美国环境法的发展史说明，是法院支持通过公民诉讼来实施国家法律。② 实践证明，正是完善的法律体系与有效的执法机制带来了环境治理的跨越式发展，并取得了突出的环境治理绩效。

从守法上看，环境恶化的原因有很多，但不论怎样，有法不依、有法难守是其中的一个至为重要的原因。环境守法成常态，环境方能无病态。再好的法律如果不能很好地实施，它只能削弱人们遵守法律的道德观念，戕害的不只是法律尊严，更会造成恶劣的“示坏”效应。相反，环保守法成为常态，人们都能自觉维护环保，本身就是社会公共利益的增进，是双赢效益。

一般来说，促进守法的力量主要来自三个方面：一是强化责任追究，二是形成守法的社会压力，三是主体的守法自觉和守法能力。在促进守法方面国际社会的主要举措通常有提高环境执法、司法和诉讼的效率和权威。其中，在执法方面通过大量采用“非强制性行政措施”，争取违法者自我纠错或主动配合执法，不仅降低了执法成本，也使有限的执法资源发挥了更大效益。在环境司法方面注重充分发挥司法威力在环境治理中的作

---

① 李挚萍：《外国环境司法专门化的经验及挑战》，《法学杂志》2012 年第 11 期。

② 蔡守秋：《可持续发展与环境资源法制建设》，中国法制出版社 2003 年版，第 541—542 页。

用，其典型为环境公益诉讼机制得到普遍推行。

还有就是加大责任追究力度。例如，在审理民事案件中，美国法院可以处以民事罚款，责令企业暂时或永久性停业、关闭，采取紧急强制措施。另外，在解决环境损害民事责任方面，欧盟环境民事责任既包括传统损害，还包括“环境损害”。再者就是通过“守法激励”，对守法记录良好的企业给予表彰和财税优惠或义务减免。企业有出路、有“钱景”，有助于遏制违法冲动，使其守法表现转化为竞争优势。不可否认，人们的经济行为往往是为了获取个人收益，一个理性经济人进行经济活动，会努力以最小的投入获得最大的收益。“如果私人成本超过了私人利益，个人通常不会愿意去从事活动，虽然对社会来说可能有利。”① 这时，如果没有一个能够协调好社会价值和私人收益、综合平衡各方面利益关系的好的制度，企业不会自觉坚持公共利益，或者说企业的经济行为就会损害公共利益。② 另外，在发达国家，对企业提供守法援助是环保部门管理活动的重要内容。例如，美国 1998 年成立了囊括 16 个部门的“守法援助中心”，解释法律要求和解决方案，成效显著——91%的受援者声称改善了环境管理实践，50% 的人宣布减少了污染。③

（二）新时代我国环境治理法治化的实践探索

完善有利于节约能源资源和保护生态环境的法律和政策，加快形成可持续发展体制机制是生态文明建设的必然要求。党的十八大以来，生态文明制度建设成为专门的制度建设目标，并以构建系统完备、科学规范、运行有效的制度体系为目标要求。党的十八届三中、四中全会提出“建立系统的生态文明制度体系”，“用严格的法律制度保护生态环境”。由此，加快了我国生态文明制度建设的体系化和法制化进程。党的十九大报告还明确指出，加快生态文明体制改革，构建政府为主导、企业为主体、社会

① ［美］道格拉斯·诺斯等：《西方世界的兴起》，厉以平等译，华夏出版社 1999 年版，第 7 页。

② 在这里，“经济人”假设带给我们的启示在于，必须强化环境治理中政府规制的科学性、公正性和权威性，加强“约束有力、激励有效”的制度体系建设，做到在采用法律制裁的责任方式抑制企业有损于环境的行为的负面性时，也需要采用功利补偿的方式激发其有利于环境的行为的正面性。这样才既能提升社会公共利益的价值认同，又有利于真正促进社会公共利益的价值实现。

③ 参见经济合作与发展组织编《环境守法保障体系的国别比较研究》，中国环境科学出版社 2010 年版，第 49—51 页。

组织和公众共同参与的环境治理体系是新时代生态文明建设的主要任务。党的十九届四中全会对“坚持和完善生态文明制度体系，促进人与自然和谐共生”作出系统安排，彰显了生态文明制度体系在推进国家治理体系和治理能力现代化中的重要意义，为提升生态环境治理现代化提供了行动指南。近年来，我国生态文明制度体系日趋完善，保障作用进一步发挥，推动了生态环境质量持续好转。

在环境治理法治化实践探索中，公益诉讼制度建设备受瞩目。2012年修订的《民事诉讼法》第55条增加了“民事公益诉讼制度”，规定了“对污染环境等损害社会公共利益的行为，法律规定的机关和有关组织可以向人民法院提起诉讼”。2014年不仅通过了在环境法治建设史上具有里程碑意义的“史上最严”《环境保护法》，而且该法第58条还规定了“对污染环境、破坏生态，损害社会公共利益的行为，符合法定条件的社会组织可以向人民法院提起诉讼”。这标志着“环境公益诉讼制度”的正式确立，为公众以诉讼方式参与环境治理和生态保护奠定了权利基础，提供了法律支持。从此，在法制层面上，中国的生态环境保护事业开始步入公民赋权的新阶段，环境治理和生态保护的模式开始从政府直接控制的“政府主导型”向“社会制衡模式”转变。①

2017年《民事诉讼法》和《行政诉讼法》的修改，对检察机关提起公益诉讼制度予以立法确认，为检察机关作为原告提起环境民事和环境行政公益诉讼提供了诉讼法上的根据和支持。自此，检察机关正式登上环境公益诉讼舞台。2018年3月，最高人民法院、最高人民检察院发布的《关于检察公益诉讼案件适用法律若干问题的解释》还增加了“刑事附带民事公益诉讼”这一新的公益诉讼案件类型。这意味着在今后的检察诉讼实践中，将有三种法定的诉讼模式可供检察机关选择适用，即检察民事公益诉讼、检察行政公益诉讼和检察刑事附带民事公益诉讼。

值得一提的，2014年通过的《环境保护法》首次在立法目的条款中将“推进生态文明建设”写入该法，既体现了我国新时期的发展观和基本理念，也表明了生态文明建设对环境法治建设的迫切需求。2018年，《宪法修正案》还第一次历史性地将“生态文明”写入了宪法。生态文明

---

① 参见姚燕《新世纪以来生态文明建设的回顾与分析》，《当代中国史研究》2013年第3期。

入宪，为依法“实行最严格的生态环境保护制度”解决突出的环境问题、保护生态环境、促进人与自然和谐共生提供了法律总纲和根本法保障，对国家的环境治理乃至法治的生态化转型具有重要的指导和引领作用。

在环境法治建设的历史上，《长江保护法》是一部极具开创性的专门法和特别法。2020 年 12 月第十三届全国人大通过了《长江保护法》，开创了我国制定流域法律的先河。该法是为了加强长江流域生态环境保护和修复，促进资源合理高效利用，保障生态安全，实现人与自然和谐共生和中华民族永续发展而制定的法律，为长江生态环境保护提供了有力制度保障，标志着长江大保护进入依法保护的新阶段。

在制度创新方面，民法典关于环境责任的规定也实现了新的突破。作为我国首部以“法典”命名的法律，2020 年通过的《民法典》包含了诸多创新内容，而其中的“绿色条款”体系，特别是侵权责任编规定的关于“生态环境损害的修复责任和赔偿责任”，弥补了过去环境公益受到侵害缺乏明确救济规范的不足，为环境公共利益救济提供了实体法依据，对于实行用最严的法律制度保护生态环境具有重要意义。

例如，《民法典》第 1234 条、第 1235 条分别规定了侵权人违反国家规定造成生态环境损害应承担的修复责任和赔偿责任，明确了国家规定的机关或法律规定的组织的索赔权。这一规定吸纳了《生态环境损害赔偿制度改革方案》的相关内容，以追究损害责任为导向，有助于强化损害担责、提高违法成本、及时修复受损的生态环境，并以严格法律责任威慑潜在加害人、防范损害发生，是《民法典》的重大突破。必将助推司法机关结合民事法律救济环境公共利益，为以行政手段为主的传统生态环境治理方式提供有益补充。①

提升环境治理现代化水平也需要环境执法和环境司法的支撑。从执法方面看，加强环境执法首先表现在环境执法机构建设方面，这是实施环境法和可持续发展战略的组织保障。2016 年，中央环保督查组正式亮相，开始代表党中央、国务院对各省（自治区、直辖市）党委和政府及有关部门开展环境保护督察。2018 年，新组建的生态环境部正式挂牌，将原本分散在各部门的环保职责整合，进一步充实了污染防治、生态保护、核

---

① 竺效：《民法典为环境公益损害救济提供实体法依据》，《光明日报》2020 年 6 月 5 日第 11 版。

与辐射安全三大职能。

环境监管体制是环境治理体系中最为重要的组成部分。对此，2019年11月中央全面深化改革委员会第十一次会议审议通过的《关于构建现代环境治理体系的指导意见》指出，要完善监管体制。整合相关部门污染防治和生态环境保护执法职责、队伍，统一实行生态环境保护执法。全面完成省以下生态环境机构监测监察执法垂直管理制度改革，推动跨区域跨流域污染防治联防联控。①

执法方式和执法效能是环境执法能力和水平的重要体现，也是加强环境监管的核心内容，更是执法面临的突出问题。针对这一问题，2021年生态环境部以一号文件的形式专门发布了《关于优化生态环境保护执法方式提高执法效能的指导意见》，明确提出要优化执法方式，建立实施监督执法正面清单制度，加大正向激励和守法引导力度；要健全执法监测工作机制、健全部门协调联动机制、强化行政执法与刑事司法衔接机制、完善举报奖励机制、探索第三方辅助执法机制，通过完善执法机制、着力提升行政执法效能。② 这些宽严相济的执法机制和科学系统的监管规则，有利于把环境治理风险降至最低、把治理效益提至最大。

从司法上看，党的十八大以来，中国持续深化环境司法改革创新，积累了生态环境司法保护的有益经验，“个性”鲜明的环境司法赋能环境治理现代化，在生态文明建设中发挥了不可替代的独特作用。比如在组织建设方面，环境审判专门机构大幅增加，已形成“高级法院普遍设立、中基层法院按需设立”的格局。而且，各级检察机关也普遍设立了不同形式的公益诉讼专门检察机构。在环境司法机制建设方面，各地方法院不断完善环境资源案件集中管辖、“三审合一”审判机制，积极探索推进跨区域、流域案件管辖以及审判协作机制。

在环境司法规则供给方面，“两高”密集出台司法政策和司法解释，在统一生态环境保护的司法尺度、明确法律规范的适用规则、完善证据规则、丰富恢复性裁判执行方式等方面凝聚了法治共识，进行了有益探索。在案件审理方面，不断完善生态环境保护全方位诉讼体系，依法审理涉环境污染、生态破坏和自然资源开发利用的刑事、民事、行政诉讼案件及公

---

① 参见《关于构建现代环境治理体系的指导意见》第五部分（十五）。

② 参见生态环境部《关于优化生态环境保护执法方式提高执法效能的指导意见》第二部分（五）、第三部分。

益诉讼案件、生态环境损害赔偿诉讼案件，有力促进了生态环境改善和资源高效利用。

第二节　环境法治体系

依法治理环境，必须“立治有体、施治有序”。社会主义环境法治，是制度之治最基本、最稳定、最可靠的保障。环境法治体系建设要突出法治的中国特色、实践特色和时代特色，实现历史经验和现实需求的统一，同推进环境治理体系和治理能力现代化相适应，不断丰富和发展社会主义法治理论，正确指导生态文明建设的伟大实践，为美丽中国建设提供坚实有力的制度保障。

知其所来、识其所在，才能明其将往。中国特色社会主义法治体系是中国特色社会主义制度的法律表现形式。建设中国特色社会主义法治体系，就是“在中国共产党领导下，坚持中国特色社会主义制度，贯彻中国特色社会主义法治理论，形成完备的法律规范体系、高效的法治实施体系、严密的法治监督体系、有力的法治保障体系，形成完善的党内法规体系”①。在我国独特的政治逻辑和政治优势下，法治体系所表征的既是法治运行各个环节彼此衔接、结构严整、运转协调的治理状态，也是法治运行各个方面都充分体现社会主义核心价值观的善治状态。② 这为环境法治体系建设提供了基本遵循，指明了发展方向。

一　以“良法善治”为目标的完备环境法律规范体系

法律是治国之重器，良法是善治之前提。③ 法治体系作为法治建设的“纲”，是国家治理体系的骨干工程。完备的法律规范体系是法治体系的

---

① 《中共中央关于全面推进依法治国若干重大问题的决定》，人民出版社 2014 年版，第 4 页。

② 参见张文显《坚持依法治国和依规治党有机统一》，《政治与法律》2021 年第 5 期。

③ 环境法治是一种开放包容式的公共性问题治理结构，强调集体选择、公众参与、民主协商、责任共担。经过多年的努力和改革，中国环境治理体系已经开始由单一的自上而下、行政力量推动、属地管理的强政府直控型的治理模式，向自上而下与自下而上结合、政府—市场—社会力量结合、属地与区域乃至全球结合、法律规制与企业（公民）自觉行动结合的多向—多元—多主体的“善治”治理模式转型。这突出表现在 2015 年《环境保护法》实施以来，在信息公开、公众参与方面新的趋势和进展，以及 2016 年《环境保护税法》颁布所表征的环境经济政策应用方面的努力。

第一要义。但法律体系不是封闭的和静止不变的，需要不断完善与优化。从法律体系的形成到构建完备的法律规范体系，是新形势下全面推进依法治国的新期待和新任务。同样，建设中国特色社会主义环境法治体系，首先要形成完备的环境法律规范体系，重视重点领域环境立法，填补环境立法空白，加快完善国家环境治理必备的法律制度和满足人民对美好生活需要的法律制度，夯实中国环境治理的制度根基。

在“完备的法律规范体系”中，所谓“完备”是指法律规范的内在结构严谨，不同法律规范之间逻辑关联科学，法律规范对社会关系的调整全面协调，对权力和责任、权利和义务的设定科学合理，不仅在量上达到应有规模，做到全面系统、协调有序，而且在质上符合社会发展和文明进步的要求。[①] 显然，这里的“完备”还包含“完善”之意，即完备与优良。有法可依固然是法治建设的前提，但所依之法须是良法更是前提中的前提。“立善法于天下，则天下治；立善法于一国，则一国治。”这就要求建设中国特色社会主义环境法治体系，必须坚持立法先行，注重发挥立法的引领和推动作用。尤其要注重推进科学立法、抓住提高立法质量这个关键构建良法体系，使生态文明建设不仅“有法可依”，而且要做到所依之法必为“良法”。

完备的法律规范体系对法律的创制提出了更高的要求。从法理上看，良法的标准主要包括价值合理性、规范合理性、体制合理性以及程序合理性四个方面。[②] 价值合理性是良法的核心要素。价值是一切事物存在和发展的基本前提，一切事物如果没有价值，则意味着失去了保留和发展的必要性。这就要求立法要恪守以民为本、立法为民理念，贯彻社会主义核心价值观，坚持反映人民意志、实现人民利益的根本原则。要把公正、公平、公开原则贯穿立法全过程，切实做到实质正义。

规范合理性是良法的形式表征。规范合理性的基本要求是逻辑严谨、结构体系完整、规则要素齐备、内容组合确定和语言文字精确。体制合理性是良法的实体要件。良好的法律就是要通过国家权力体制的合理设定防止权力滥用，来达到保障和实现权利和自由之目的。程序合理性是良法的运行保障。程序是价值规范化、规范现实化的桥梁。法律的制定和实施无

---

① 张文显主编：《法理学》，高等教育出版社 2018 年版，第 423 页。

② 参见李龙《良法论》，武汉大学出版社 2005 年版，第 71—73 页。

不是通过程序的中介作用得以实现的。缺乏程序要件的法制是难以协调运作的，硬要推行之，其结果往往是“治法”存、法治亡。[①]

“治国无其法则乱，守法而不变则衰。”经过长期努力，我国环境法律体系已经形成，在国家环境治理的各个方面总体上实现了有法可依。这是环境立法取得的重大成就，也是环境法律体系不断发展完善的新起点。未来环境立法应当坚持以“良法”为目标的环境法制创设观，注重环境法治之法的良性化。要统筹谋划和整体推进环境法律的立改废释纂各项工作，增强环境法律法规的及时性、系统性、针对性、有效性，提高环境法律法规的可执行性、可操作性，加快完善中国特色社会主义环境法律体系，使之更加科学完备、统一权威。

要加强重点领域的环境立法，及时反映党和国家事业发展要求和人民群众关切期待。当前，要积极推进涉及生物安全、生态文明等重要领域立法。加强同《民法典》相关联、相配套的环境法律制度建设。完善生态文明制度体系，用最严格制度、最严密法治保护生态环境。加快建立有效约束开发行为和促进绿色发展、循环发展、低碳发展的生态文明法律制度，强化生产者环境保护的法律责任，大幅提高违法成本。建立健全自然资源产权法律制度，完善国土空间开发保护方面的法律制度，制定完善生态补偿和土壤、水、大气污染防治及海洋生态环境保护等法律法规，促进生态文明建设。[②]

另外，还要科学推进环境法法典化进程。在国外，以判例法为主的英美法系和以成文法为主的大陆法系国家的环境法治模式有所不同。普通法系的法典编纂通常在体系上和结构上缺乏系统性、逻辑性和完整性，在内容上缺乏抽象性和一般性。它们往往是对先前制定法的汇编或判例法的成文化，实现的是对以往法律和法规的系统整理、集成和分类组合，并常常以法律汇编的形式表现出来，不是严格意义上的法典。[③] 而大陆法系国家环境法治的典型特征就是存在完备的环境法律制度体系，尤以环境法典为标志。

从欧洲国家环境法法典化的趋势看，实施可持续发展战略是环境法法

---

① 季卫东：《法律程序的意义：对中国法制建设的另一种思考》，中国法制出版社 2004 年版，第 14 页。

② 参见《中共中央关于全面推进依法治国若干重大问题的决定》，人民出版社 2014 年版，第 14 页。

③ 封丽霞：《法典编纂论——一个比较法的视角》，清华大学出版社 2002 年版，第 108—109 页。

典化的最主要的动因。此外，环境法法典化也是为适应环境法的快速发展而进行法律系统化和简化，加强环境保护要求提升环境法的地位，推动环境管制发展，更好保护环境权的需要。[①] 全国人大常委会 2021 年度立法工作计划中明确提出研究启动环境法典的编纂工作。但由于环境法典是一个新生事物，怎样的法典形式才是中国环境治理实际需要的，怎样的体系才算科学合理的，这些问题仍需要不断探索。

二 以“双严”为标准的高效环境法治实施体系

单靠完善的法律规范体系解决不了法治的根本问题，高效的法治实施体系才是法治体系的关键。倘若法律实施不讲效率或者效率低下，法律公平正义的价值也难以充分彰显。此即所谓的“迟来的正义非正义”（Justice delayed is justice denied）。“公正”是良法的最高价值理念，“效率”作为良法的重要价值理念形态之一是公正的条件和保障，二者相辅相成、不可偏废。因此，法律的制定与实施还应当注重对法律实效的研究，做到在法治实践中高效地实施法律。

以“双严”为标准高效地实施环境法律是全面推进环境治理法治化实践的新要求。坚持节约资源和保护环境是我国的基本国策，也是人和社会持续发展的根本基础，是生态文明建设的重中之重。而保护环境建设生态文明，没有最严格的制度最严密的法治一切都是空谈。环境治理必须坚持以“双严”为标准的环境法治运行观。

当前，我国生态环境保护中存在的突出问题，大多同“体制不健全、制度不严格、法治不严密、执行不到位、惩处不得力”[②] 等问题有关。对此，习近平总书记指出：“法规制度的生命力在于执行。贯彻执行法规制度关键在真抓，靠的是严管……决不能让制度规定成为‘没有牙齿的老虎’。”[③] 再健全再完善的制度，如果不执行也只是墙上画虎，成为摆设，成为一纸空文。“只有实行最严格的制度、最严密的法治，才能为生态文明建设提供可靠保障。”[④] “保护生态环境必须依靠制度、依靠法治。”[⑤]

---

① 李挚萍：《环境基本法比较研究》，中国政法大学出版社 2013 年版，第 22—23 页。

② 《习近平谈治国理政》（第三卷），外文出版社 2020 年版，第 363 页。

③ 《习近平谈治国理政》（第三卷），外文出版社 2020 年版，第 364 页。

④ 中共中央宣传部：《习近平总书记系列重要讲话读本》，学习出版社 2016 年版，第 240 页。

⑤ 《习近平谈治国理政》（第一卷），外文出版社 2014 年版，第 210 页。

用最严格制度、最严密法治保护生态环境，首先要完善生态文明制度体系，加快制度创新，增加制度供给，完善制度配套，强化制度执行，严格用制度管权治吏、护蓝增绿。[①] 其次要强化责任意识，这是抓好制度执行的根本。制度执行不力、落实不好，究其原因是责任意识缺乏，导致制度执行质量大打折扣。这就要建立科学合理的考核评价体系，对那些损害生态环境的领导干部，要真追责、敢追责、严追责，做到终身追责。

另外，还要加大查处力度，这是抓好制度执行落实的保障。一些制度之所以执行不彻底、落实不到位，在很大程度上是因为违反制度的行为没有及时受到查处，缺少应有的惩戒。因此，"对那些不顾生态环境盲目决策、造成严重后果的人，必须追究其责任，而且应该终身追究。真抓就要这样抓，否则就会流于形式"。习近平"最严生态法治观"作为加强生态文明建设的重要原则，深刻阐释了用法治手段保护生态环境核心在"法"、关键在"严"、要义在"治"的科学内涵，是习近平法治思想在生态环境保护中的实践深化和科学运用，揭示了社会主义生态文明法治建设的本质规律，是依法进行环境治理、推进国家环境治理体系和治理能力现代化的根本遵循和科学指南。

法治实施体系的核心是执法和司法。因此，要完善环境法治实施体系，就必须统筹环境法治实践，加强环境执法和环境司法工作。加强环境执法首先要严格执法。现实生活中出现的很多问题，往往同执法失之于宽、失之于松有很大关系。对违法行为一定要严格尺度、依法处理。严格执法还要加强环境保护领域行政执法与刑事司法有机衔接，坚决克服有案不移、有案难移、以罚代刑等现象。其次要深化行政执法体制改革，统筹配置行政执法职能和执法资源，继续探索实行跨领域跨部门综合执法。改进和创新执法方式，加强行政指导、行政奖励、行政和解等非强制行政手段的运用。还要加强对执法活动的监督，全面落实行政执法责任制。在执法办案各个环节都要设置"隔离墙"、通上"高压线"，谁违反制度就要给谁最严厉的处罚，构成犯罪的要依法追究刑事责任。[②]

加强环境司法就要坚持公正司法，确保生态文明法律公正高效实施。

---

① 习近平法治思想概论编写组：《习近平法治思想概论》，高等教育出版社 2021 年版，第 160 页。

② 习近平法治思想概论编写组：《习近平法治思想概论》，高等教育出版社 2021 年版，第 198—201 页。

认真落实“努力让人民群众在每一个司法案件中感受到公平正义”的要求，持续推进环境司法专门化、完善绿色司法理念。加大对破坏生态环境违法犯罪行为的打击力度，完善公益诉讼制度，有效维护环境公共利益。通过专业化的环境资源审判落实最严格的源头保护、损害赔偿和责任追究制度，形成环境纠纷多元化解机制，探索建立“恢复性司法实践+社会化综合治理”审判结果执行机制。

确保环境法律的全面有效实施必须坚持环境守法，让生态文明法治理念、法治规范成为全民思维方式和行为习惯。同时，环境守法行为反过来又可以促进改善环境质量的各种努力以及增强环境法律制度的可信度、树立环境法律制度的权威，从而使环境治理真正在法治的轨道上运行。要坚持环境守法就要加大全民普法工作力度，弘扬社会主义法治精神，坚持法治与德治有机结合，增强全民法治观念，完善公共法律服务体系，夯实环境法治的社会基础。

三　以“协同”为要义的严密环境法治监督体系

法治监督就是对法律实施进行的监督，即对一切公权力及其行使都必须依法依纪进行监督制约。推进国家治理的关键是治权，治权离不开监督。“纵观人类政治文明史，没有监督的权力必然导致腐败，这是一条铁律。”① 因此，法治体系建设，必须一手抓法律实施，一手抓法律监督，构建覆盖全面、权威高效的法治监督体系，健全权力运行的监督制约体系，加大监督力度，做到有权必有责、用权受监督、违法必追究。环境法治体系的有效运行，环境法治实施体系的良性循环，同样离不开制约权力配置与运行的环境法治监督体系。

近年来，我国的环境法治监督体系有了很大进步。例如，中央实行了生态环境保护督察制度，设立专职督察机构，对省、自治区、直辖市党委和政府、国务院有关部门以及有关中央企业等组织开展生态环境保护督察。环境保护法建立了国务院及地方各级人民政府定期向同级人民代表大会报告环境保护工作制度，加强了人大监督。还对环境保护宣传教育，以及新闻媒体的舆论监督作出了规定。

---

①　习近平法治思想概论编写组：《习近平法治思想概论》，高等教育出版社 2021 年版，第 165 页。

另外，《环境保护法》还增设了“信息公开和公众参与”的专章，明确规定公民、法人和其他组织依法享有获取环境信息、参与和监督环境保护的权利。同时，《环境保护法》还具体规定了对环境违法行为可以举报和环境公益诉讼制度，以利于进行社会监督。但也存在一些诸如监督主体划分、监督权力配置，以及监督事项衔接等方面体系化程度不高、协同性作用不足等方面的问题。显然，如果监督主体不明、监督范围过窄、监督程序不明、监督责任不清、监督疲软乏力，那么对法律实施的监督就会大打折扣。

加强环境法治监督就要努力形成科学、规范、有效的权力运行制约监督体系。为此，必须密织法治监督之网，加强党内监督、人大监督、民主监督、行政监督、司法监督、审计监督、社会监督、舆论监督制度建设，促进各种监督有机贯通、相互协调，形成法治监督合力，发挥整体监督效能。必须进一步强化法律监督、突出监督重点、加大监督力度、完善监督机制、提升监督能力，做到“以党内监督引领生态文明法治监督增强监督合力、以国家监督强化生态文明法治监督完善监督网络、以社会监督充实生态文明法治监督提升监督实效”① 三位一体的整体推进和相互协同。

法治监督是党和国家监督体系的重要内容。以党内监督引领环境法治监督，就是要统筹好以党内监督为主导，以上率下协同推进对环境法治工作的全面监督之间的关系，把二者统一于我国生态文明建设伟大实践，增强监督合力。就是要推进执纪执法贯通、互联互动，坚持纪在法前、纪严于法，有效衔接党内监督与其他监督，全方位开展生态环境领域党政监督工作。

以国家监督强化环境法治监督就是要统筹协同推进“以人大监督为基石、以行政监督为核心、以司法监督为底线、以监察监督为底色”的生态环境权力监督网络体系建设，保证行政权、监察权、审判权、检察权依法正确行使，公民、法人和其他组织合法权益得到切实保障。

以社会监督充实环境法治监督就是要统筹协同推动形成党内监督、国家监督与社会监督相互贯通、相互促进、相互保障的格局，形成分工明确又合作互补的监督体系，提升监督实效，消除生态环境权力行使的监督盲区。

---

① 吕忠梅：《习近平法治思想的生态文明法治理论》，《中国法学》2021 年第 1 期。

四　以“生态理念和实践”为基础的有力环境法治保障体系

“徒法不足以自行。”法治保障体系是法治体系的必要支撑，在法治体系中具有基础性地位。实践也一再证明，法治局面的形成和有效运行需要强有力的保障体系。缺乏必要的保障，法治制度便难以为继，不可能高效地运行，更不可能达到预期的制度效果。形成有力的法治保障体系，就必须加强政治、思想、组织、队伍、人才等方面的保障。

健全环境法治保障体系首要的一条，就是加强党对环境法治建设的领导这个最根本的政治保障。党领导人民进行生态环境保护是我国环境治理的科学定位，也是我国环境治理现代化的首要经验。生态环境是关系党的使命宗旨的重大政治问题，生态文明是关乎人类长远利益、整体利益和根本利益的理性选择，只有将之上升到党和国家意志的高度才能更好地实现。党的十八大以后，习近平总书记提出“生态兴则文明兴，生态衰则文明衰”的科学论断，将生态兴衰上升到国家、民族乃至世界文明兴衰的高度，环境治理遂成为推动我国政治文明建设和生态文明发展的重要力量。

我们党自觉将生态文明理念纳入自身执政理念和执政方式，自觉推动我国环境治理实践朝着制度化、规范化和体系化方向迈进，反映出中国共产党人深厚的绿色情怀与强烈的政治责任和担当，是中国共产党行动自觉的体现。党的十八大以来，生态文明写入党章，增加了“中国共产党领导人民建设社会主义生态文明”的内容。最严格的生态环保制度实施以来，制度执行力度不断加大。中央实施生态环境保护督察是加强生态环境保护，推进生态文明建设的一项重大改革举措和制度安排。在习近平生态文明思想指引下，各地区各部门认真落实“党政同责、一岗双责”，层层压实责任，推动生态文明建设各项决策部署落地生效，政治保障大大增强。

古人云：“有其法者尤贵有其人。”“纵有良法美意，非其人而行之，反成弊政；虽非良法，得贤才行之，亦救得一半。人、法皆善，治道成矣。”这表明，全面推进环境法治建设必须着力加强环境法治工作队伍建设和人才保障，大力提高法治工作队伍在运用法治思维和法治方式推进生态文明建设、实现国家环境治理体系和治理能力现代化方面的思想政治素质、业务工作能力、职业道德水准。深入开展中国特色社会主义生态文明理念和环境法治理念教育，深入践行绿水青山就是金山银山的理念，严守尊重自然、顺应自然、保护自然的价值准则，遵循山水林田湖草沙冰一体保护的系统观念，用最严格制度最严密法治保护生态环境。[①]

还要全面加强队伍专业能力建设，加大培训力度，努力建设一支生态环境保护铁军，培养既精通环境法又熟悉相关经济、社会以及环境科学知识的专家型法官，锻造素质过硬的专业化环境资源审判队伍。[②] 加快发展律师、公证、司法鉴定、仲裁、调解等法律服务队伍，提高他们服务生态文明建设的政治素质和从业能力。

还要加大生态文明建设法治领域的学科建设，创新环境法治人才培养机制、提高人才培养质量。建设通晓国际环境法律规则，善于处理涉外环境法律事务的涉外环境法治专门人才。为中国生态文明建设培养造就生态认知素养高、生态实践能力强，熟悉和坚持中国特色社会主义环境法治体系的法治人才和后备力量。

五　以“科学治理逻辑”为特色的完善党内环境法规体系

治国必先治党，治党务必从严，从严必依法度。党内法规体系作为法治体系的重要内容，不仅是管党治党的重要依据，也是建设社会主义法治国家的有力保障。党内法规体系是否完善是检验政党执政合法性和执政水平高低的主要标志。坚持依规治党、加强党内法规制度建设是“中国之治”的一个独特治理密码，是呈现中国特色社会主义制度优势的一张金色名片。[③]

中国特色决定了党内法规在增强各级党委生态环境保护意识方面具有

---

① 在确保公众有序良好参与环境治理方面，国际社会有两个基础性的制度支持：一是完善的环境信息公开制度，二是成功的环境教育制度。培育具有良好环境意识、环境权意识、环境参与意识的现代生态公民是西方环境法治成功的重要经验。而在这方面成为“显学”的生态社会科学的理论创新，则在培育和塑造理性的生态社会、生态政府以及为生态法治的出场和成功实践提供了良好的社会文化基础。

② 为深入推进生态环境保护综合行政执法改革，进一步加强生态环境保护综合行政执法队伍建设，切实提高执法效能，生态环境部于 2021 年 12 月印发了《“十四五”生态环境保护综合行政执法队伍建设规划》，着重从机构规范化、装备现代化、队伍专业化、管理制度化方面对执法队伍建设提出了要求。

③ 习近平法治思想概论编写组：《习近平法治思想概论》，高等教育出版社 2021 年版，第 170 页。

不可替代的优势。生态环境领域党内法规的一个重要特点就是主抓关键少数，针对制度执行中执行者的问题，特别明确了党员领导干部在生态文明建设中的责任追究、行业监督等。[①] 这是党内法规和环境议题能够快速“联姻”并有效发挥其治理潜能的重要原因之一。适应新时代党和国家事业发展，特别是全面从严治党、依法执政的需要，必须建立健全以党章为根本、以民主集中制为核心的内容科学、程序严密、配套完善、运行有效的党内法规体系，做到党内立规、执规、督规、守规一体化统筹考虑，推动党内“数量型”立规向“质量型”立规转型实现良规善治，将依规治党和质量强党引向深入。完善中国特色社会主义法治体系必须注重党内法规与国家法律的衔接和协调，发挥好党内法规和国家法律的互补性作用，提高党内法规的执行力。

党的十八大以来，环境法治体系开始出现较为明显的党规国法共生现象。为了理顺党内生态文明法规和国家生态环境保护法律的关系，促进党内法规与国家法律体系内在统一、协调一致、协同发力，相得益彰管好生态环境保护，2012 年党的十八大审议通过的《中国共产党章程（修正案）》，将“中国共产党领导人民建设社会主义生态文明”写入党章，作为行动纲领，强调“实行最严格的生态环境保护制度”，并提出要建设美丽中国，走向社会主义生态文明新时代。2017 年党的十九大修改的党章规定：“在现阶段，我国社会的主要矛盾是人民日益增长的美好生活需要和不平衡不充分的发展之间的矛盾。”[②] “必须坚持以人民为中心的发展思想，坚持创新、协调、绿色、开放、共享的发展理念。”要“统筹推进经济建设、政治建设、文化建设、社会建设、生态文明建设”。

2018 年宪法修改时也规定了“推动物质文明、政治文明、精神文明、社会文明、生态文明协调发展，把我国建设成为富强民主文明和谐美丽的社会主义现代化强国”。上述党章和宪法的修改，反映了中国共产党对社会主义建设规律和现代化发展规律认识的深化，既促进了党章和宪法的有

---

① 程雨燕：《生态环境法治体系中党规国法共生路径研究》，《岭南学刊》2020 年第 3 期。

② 根据我国社会基本矛盾的变化，从满足人民群众生态环境需要、维护人民群众生态环境权益的政治立场出发，党应该充分代表人民的意志和意愿，统筹推进生态文明建设各领域的法治建设，提出完善生态文明法律的意见，不断更新法律理念、完善法律体系、整合配套法律，为生态文明建设和环境治理工作提供坚实的制度保障。

效衔接也体现了它们的内在统一性。

习近平总书记指出："要发挥依法治国和依规治党的互补性作用，确保党既依据宪法法律治国理政，又依据党内法规管党治党、从严治党。"①这为在实践中统筹推进依法治理环境和依党内生态文明法规从严治党，更好地发挥了国家法律和党内法规在环境治理中的互补性作用，产生环境治理的合力和效能，提高党的生态治理能力和水平，促进国家环境治理体系和治理能力的现代化，提供了根本遵循，指明了方向。

党的十九大以来，以习近平同志为核心的党中央对加强党内法规制度建设作出了一系列新的重要指示，强调要搞好制度"供给侧结构性改革"，以改革创新精神补齐制度短板，加快形成覆盖党的领导和党的建设各方面的党内法规制度体系，出台了一大批关键性、标志性、引领性的党内法规。另外，党中央印发的《法治中国建设规划（2020—2025）》还提出了到2025年党内法规体系更加完善，中国特色社会主义法治体现初步形成的规划目标，要求建设更加完善的党内法规体系。

以高质量党内环境法规构建党内制度体系，推动实施环境善治，是全面推进从严治党和依规治党，不断提高党的建设质量的题中之义。为了"加快形成完善的党内法规体系"，用党内法规将党的生态文明执政工作管好，从而为坚持全面从严治党、推进生态环境领域治理体系和治理能力现代化提供坚实制度保障，根据党内法规和国家法律法规，一批涉及生态环境领域的党内法规也相继出台。主要有《党政领导干部生态环境损害责任追究办法（试行）》《生态文明建设目标评价考核办法》《中央生态环境保护督察工作规定》，以及《开展领导干部自然资源资产离任审计试点方案》等。

对领导干部实行自然资源资产离任审计是党的十八届三中全会决定提出的一项重要改革举措，是健全生态文明制度体系的要求。试点方案的出台，将为建立健全生态文明制度体系提供重要支撑，促进各级领导干部更好地履行自然资源资产管理和生态环境保护责任，在推动生态文明建设方面发挥积极作用。总的来看，制定这些党内法规的目的就在于依法依规倒逼地方党委重视生态环境保护。

党内法规和国家法律二者的关联并非巧合，其所凝聚的"共治"力

---

① 习近平：《加强党对全面依法治国的领导》，《求是》2019年第4期。

量不容小觑。近年来，中国环境治理的法治实践不仅强势证明了党内法规为依法推进生态文明建设、加强生态环境保护工作发挥了重要作用，而且进一步在实践中验证了党内法规体系和国家法律体系在环境治理中是并重的、共生的，二者不可偏废。无论是当代中国环境法治建设还是国家环境治理，都需要以党内法规和国家法律两套规范体系作为依托来组织和运行，都需要构建出党内法规和国家法律“良性互动、互为支撑、并行不悖、相辅相成、共襄法治”的“一体双轨”同构格局。在共同促进生态环境保护方面，缺少任何一方面都不可行、都会存在难以克服的困难。

第九章　环境立法、环境行政执法和环境司法

第一节　环境立法

立法是指国家机关依照其职权范围通过一定程序制定、修改或废止法律的活动。[①] 实现环境治理法治化的前提是有法可依。环境立法是构建我国环境治理现代化体系的基础。党的十九大及其四中全会的报告中提及，在新的历史时期，应当根据习近平生态文明思想和党的十九大、十九届四中全会的精神，明确环境立法的指导思想和原则，加快环境法律的“立、改、废、释”工作，切实提高环境立法质量，补齐生态环境保护立法的短板，积极推进相关法律的生态化，加快健全完善生态环境保护法律体系，并实现环境治理体系与治理能力的现代化。

一　环境立法的价值、原则和作用

（一）环境立法的价值

法国学者基斯在总结环境立法目的的演变发展历程后指出，环境立法的目的是立法者价值观念的反映。[②] 立法价值是指立法主体的需要与立法对象（法律所要调整的对象）间的相互关系，表现为立法主体通过立法活动所要追求实现的道德准则和利益。[③] 立法主体所要追求的不仅是立法内在的崇高道德准则，如正义、公平等，同时也是立法外在利益形式，所以正义和利益的结合，构成了现代立法价值不可分割的两个方面。立法价值强调的是正义与利益的统一，反映到环境立法上，就是追求环境正义与环境利益的有机结合。环境立法价值中所追求的环境正义是一个难以定义

① 参见邹瑜、顾明总主编《法学大辞典》，中国政法大学出版社 1991 年版，第 382 页。

② 参见汪劲《环境法学》，北京大学出版社 2014 年，第 25 页。

③ 参见李林《立法理论与制度》，中国法制出版社 2005 年版，第 6 页。

的概念，只能从其内涵与外延两方面加以说明：内涵方面，环境正义不仅包含分配正义，还包括承认正义；外延方面，环境正义包括代内正义、代际正义和种际正义。①

环境立法价值中所指的环境利益是环境品质，是生态系统给人类提供的供给、调节、文化及支持服务。对环境利益的保护其实就是对良好环境品质的保护。良好的环境品质包含两个层面的意思：其一，良好的环境质量，即环境没有因为污染物而导致质量恶化的状况出现；其二，良好的生态服务功能，即自然资源的可持续性供给，且不因人类行为而导致自然资源的枯竭。环境利益就是以人类为尺度的环境状态或品质，是存在于人的现实的自然界的有利品质，表现为清洁的水中的“清洁”、再生能力强的渔业资源中的“再生能力”、多样性丰富的生物界中的“多样性”。② 我们生活在其中的环境是一个生态整体，所有的环境问题都会透过环境要素对人类产生影响，而受到这种影响的是不特定的多数人。环境利益的概念在学者们的论述中不尽相同，范围宽窄不一。有学者直接将其定位为环境公共利益。③ 这是因为法律保护公民追求舒适的生活、工作环境的利益需求，法人或其他组织有追求适合其生产、活动的环境条件的利益需要，要么通过民法物权制度和相邻关系加以实现，要么经由人格权制度加以实现，即是说，私益的需求实际上已经被消解于民法的财产利益和人格利益之中，所以根本不存在环境私益。④ 也有学者直言“环境公共利益既不是公民的‘单方面愿景’，也不是政府的‘单方面愿景’，而是公民和政府的‘共同愿景’”。⑤

（二）环境立法的原则

习近平总书记在党的十八届四中全会上就《中共中央关于全面推进依法治国若干重大问题的决定》起草情况作说明时强调，“推进科学立法、民主立法，是提高立法质量的根本途径”⑥。

---

① 参见梁剑琴《环境正义的法律表达》，科学出版社 2011 年版，第 27—31 页。

② 参见徐祥民、朱雯《环境利益的本质特征》，《法学论坛》2014 年第 6 期。

③ 参见金福海《论环境利益“双轨”保护制度》，《法制与社会发展》2002 年第 4 期。

④ 参见唐忠辉《环境利益本质论》，《环境》2003 年第 12 期。

⑤ 王小钢：《义务本位论、权利本位论和环境公共利益———以乌托邦现实主义为视角》，《法商研究》2010 年第 2 期。

⑥ 习近平：《关于〈中共中央关于全面推进依法治国若干重大问题的决定〉的说明》，《理论学习》2014 年第 12 期。

1. 科学立法原则

“科学立法是处理改革和法治关系的重要环节。”[①] 立法的科学化体现在立法方法和技术上，需要准确把握和科学处理立法时机、立法的原则性和灵活性关系以及立法的稳定性和发展性关系等问题。[②] 环境立法中更应以科学结论为立法基础，在尊重科学结论的基础上，对污染环境和破坏生态的行为加以规制。切忌违背科学规律，盲目立法。科学的环境立法表现为适时、协调和可操作，即适应当前时空环境的环境立法，平衡社会、经济和环境的环境立法以及具有完善立法技术的环境立法。

2. 民主立法原则

立法是表达人民意志，汇集、整合民意的国家政权活动。民主集中制是我国国家政权运行的基本原则。立法民主化包括立法机构的民意代表性，立法程序的民主性，立法过程中人民的参与，立法的公开化，对立法的监督。[③] 环境立法中的民主立法原则主要体现在立法主体的广泛性、立法行为的制约性、立法内容的平等性和立法过程的程序性上。环境立法中涉及环境利益在社会不同利益群体之间的分配，需要发扬民主精神，公众广泛参与，并通过完善立法体制和规范的立法程序予以保障。民主的环境立法表现为赋予公众实际环境立法参与权、完善环境立法参与的具体制度以及建立环境立法信息公开制度。

3. 立法法治原则

立法的活动本身也是遵守法律规定的活动，必须依法而行。立法的法治原则要求对立法权限依法进行划分，各级立法机关只能在立法权限范围内开展立法活动。在现实中，存在大量的地方环境立法活动，这些活动必须遵守中央与地方的环境立法权限的划分规范，特别是《立法法》上的规定，不能逾越地方立法权限而立法。环境立法的法治化表现为环境立法主体合法、环境立法事项合法、环境立法内容以及环境立法程序合法。

（三）环境立法的作用

环境立法的作用，即环境立法在环境保护工作中所发挥的功能和效力。1978 年全国第一次环境保护工作会议召开后，中国的环境立法开始

---

① 习近平：《运用法治思维和法治方式推进改革》（2014 年 10 月 27 日），《人民日报》2014 年 10 月 28 日第 1 版。

② 参见肖金明、尹凤桐《论中国立法基本原则》，《文史哲》1999 年第 5 期。

③ 参见郭道晖主编《当代中国立法》（上），中国民主法制出版社 1998 年版，第 165 页。

进入实践。环境立法通过法律的形式构架和实质规范推动环境正义的诉求。[①] 在依法治国的政策目标下，环境立法、环境执法、环境司法和环境守法这环境法治的四个环节紧密相关。环境立法是整个环境法治体系构建的前提和基础。

1. 提供法律规范文本的作用

环境法律规范要实施必然需要依赖清晰的规则文本。不论是执法、司法还是守法，都是基于对规范文本的解释基础上开展的活动。所以，文本是否存在、文本内涵是否清晰以及外延是否周延，都会对环境法治体系的构建产生重大的影响。

2. 进行环境利益分配的作用

环境立法的过程是对环境利益在社会各层面上进行分配的过程。一方面，表现为环境立法对环境利益划定了明确的范围；另一方面，对经济社会利益与环境利益的平衡作了分配。因为经济、社会与环境协调发展的要求，环境容量的使用利益与良好的环境利益之间存在利益顺位的问题。所以，环境立法要对此顺位进行安排。也正是因为环境立法对环境利益的分配作用，就需要在环境立法的过程中更加注重公众实际立法参与权，在平等的协商对话中实现社会公众的利益表达、公共利益的衡平与选择。[②]

3. 传递环境保护理念，倡导生态文明的文本

环境立法与其他立法有一个很大的区别在于环境立法还承担着环境理念传导的作用。比如，可持续发展、清洁生产、循环经济等绿色发展和环境保护的理念，都通过立法加以推广。在确立法律规范文本后，对其宣传、教育的过程中，这些环境保护的理念得以普及。环境立法成为广大人民群众学习和了解环境保护理念的文本基础。

二 环境立法的纵向关系：中央和地方环境立法

加强地方在环境立法中的作用，主要是环境问题是具有典型的地域特征，中央无法获取准确的信息有效掌握地方环境特征，而各地情形各异，不能不作变通。地方才是应对其多样性、表达地方环境治理偏好的适合主

---

① 参见舒旻《中国环境立法的审视与检讨》，《中国地址大学学报》（社会科学版）2009年第5期。

② 参见秦鹏、李奇伟《协调各方利益冲突 规范环境立法途径》，《环境保护》2013年第13期。

体。环境保护理应属于地方性事物，或地方自治事项。[①] 2015 年《立法法》第 72 条第 2 款明确规定设区的市可以对城乡建设与管理、环境保护、历史文化保护等方面的事项规定地方性法规。所以，中央和地方在环境保护领域的立法权限划分是环境立法中的一项重要议题。

（一）中央和地方环境立法事项的分配

在《立法法》中对环境保护领域的地方立法主体范围进行扩大后，明确中央和地方环境立法事项上的分配就显得尤为重要。一方面，地方环境立法权主体扩容是从区域性、局部性、具体性的制度内容出发补强生态文明法律体系的底层单元所做的努力，其规范旨趣在于进一步完善中央和地方就环境保护事权的分配机制；另一方面，扩张地方环境立法权的主体范围是给予地方治理的实际需要和地方环境资源禀赋的约束条件，将中央环境法的执行过程以及国家生态文明建设方案转化为地方立法决策的民主过程，并通过依法治理降低地方政策决策的恣意、优化环境治理结构的客观需要。[②]

在中央与地方立法事项的分配中要注意处理几对矛盾关系：（1）中央与地方立法关系的制度化和中央与地方立法关系的灵活性和丰富性之间的矛盾；（2）整体与部分，统一性与差异性之间的矛盾；（3）权力与权利之间的矛盾；（4）普遍的环境立法规律与特殊的基本国情之间的矛盾。

中央与地方环境立法事项分配首先涉及环境立法事项在中央与地方两个大层级之间的分配；其次涉及中央一级中宪法到环境保护的“基本法”，再到环境单行法。基本的分配目标是根据立法事项的性质和不同层级的立法主体的权能，在立法事项上要有所拓展或收缩、强化或弱化以及必要的融合。

立法事项在类型上通常分为三类：（1）中央专属立法事项。这一类通常是具有“基础规范性”的内容，如《宪法》或“环境基本法”当中的专属规定。（2）地方专属立法事项。我国目前尚未有此类型的立法内容。这种立法内容往往出现在联邦制的国家或地区。（3）中央地方共享立法事项。现实中大部分立法内容属于此类型。当中又可分为中央立法优

---

① 参见周迪《论中央与地方环境立法事项分配》，中国社会科学出版社 2019 年版，第 65 页。

② 杜辉：《“设区的市”环境立法的理想类型及其实现——央地互动的视角》，《法学评论》2020 年第 1 期。

先和地方立法优先两种情形。前者为地方立法在前，中央立法在后，中央法律得优先适用；后者为中央制定了环境标准后，地方制定更严格的环境标准，则地方的环境标准得优先适用。

《立法法》明确将环境保护方面的立法权限赋予设区的市无疑是要让环境立法成为地方立法权扩容的“试验田”。一方面，地方环境立法主体需要更高的积极性来应对；另一方面，地方环境立法主体也需要更重视立法质量的保障。

（二）地方环境立法的类型

根据立法权限的不同，地方立法大体可以分为三种类型：执行型立法、创新型立法与自主型立法。[①] 近年来，还有学者提出促进型地方立法的分类。[②] 就目前而言，地方环境立法主要以执行型立法为主，不少地方在创新型、自主型与促进型环境立法方面也有突破和创新。

1. 执行型地方环境立法

所谓执行型立法是指通过地方环境立法制定更详细的规则以使得上位法中的规定能够适用地方的特殊要求，以便更好地落实和贯彻国家制定的法律法规。由于国家环境立法快速发展，已基本建立的环境保护的基本法律规范体系，留给地方自主开辟的新领域并不多。因此，大部分的地方环境立法主要是依据上位法，在某些方面制定更为详尽的行为规则。但这也使得很多地方环境立法大量复制上位法的规定，基本制度和原则与上位法几乎没差别，导致重复立法，浪费立法资源的现象频出。

2. 创新型地方环境立法

所谓创新型立法是指在法律授权的事项范围内，制定上位法未曾制定的地方性规则以起到填补上位法规则空缺，适应地方特殊情况的目的。各地方可以依据自身的发展需求制定出上位法没有的规则，特别是有创新性的规则。最具代表性的就是2007年的《重庆市环境保护条例》和2009年的《深圳经济特区环境保护条例》都创新地在立法中采用了按日连续处罚的规则，这是1989年《环境保护法》中没有的行政处罚方式。直到2014年《环境保护法》修订后，法律层面才正式采用了该处罚方式。创新型地方环境立法的作用在于通过地方立法，可以对一些创新制度进行试

---

① 张帆：《地方立法中的未完全理论化难题：成因、类型及其解决》，《法制与社会发展》2015年第6期。

② 江国华、童丽：《促进型地方立法实证研究》，《社会科学研究》2021年第3期。

点，待时机成熟即可通过法律的修订或修正全国实施。

3. 自主型地方环境立法

根据《立法法》第 72 条、第 73 条的规定，地方立法可以视本行政区的具体情况和实际需要，就属于地方性事务而自主制定地方立法。由于各地方的具体环境禀赋不同，各地政府在治理环境的过程中需要的规则也不尽相同。一般自主型地方环境立法主要针对地方特色或为解决地方难题而专门制定，如《连云港市海洋牧场管理条例》《镇江香醋保护条例》等。

4. 促进型地方环境立法

促进型立法是指以政策宣示性法律规范为主体的立法类型，主要围绕物质文明、政治文明、精神文明、社会文明和生态文明的事项展开。促进型地方环境立法的核心是促进生态文明建设，如《白山市生态文明建设促进条例》《浙江省人民代表大会常务委员会关于促进和保障长三角生态绿色一体化发展示范区建设若干问题的决定》《浙江省可再生能源开发利用促进条例》《云南省清洁生产促进条例》。促进型地方环境立法补充了其他类型立法在倡导绿色发展理念，建设生态文明中的规范不足，为美丽中国提供了重要的制度保障。

（三）地方环境立法质量的保障

对中央和地方环境立法事项进行分配，并在分配过程中秉承效率、秩序、民主、公正、科学等价值，归根结底是为了提高环境立法质量。[①] 我国的地方环境立法从 1979 年《环境保护法（试行）》颁布实施之后开始进入发展的轨道，经过 40 多年的发展，地方环境立法数量上已经初具规模。但是地方环境立法的质量则参差不齐，存在大量的重复立法、滞后立法和宣示立法的情形。并没有真正起到地方环境立法应当承担的作用。那么，在划分清楚中央和地方在环境立法方面的权限后，将有利于地方环境立法质量的提升。

各个地方在生态环境自然禀赋和经济发展程度上都具有较大的差异性，统一的中央环境立法往往不能适应地方环境的特殊要求。针对地方生态环境和经济发展特点的环境立法，才能提供最有利于解决地方环境问题的制度体系。所以，加强地方环境立法质量的前提是，地方环境立法不能

① 周迪：《论中央与地方环境立法事项分配》，中国社会科学出版社 2019 年版，第 82 页。

再大量复制上位法的内容，而是应当在明确的立法权限内针对地方环境独特的要求提出更加详细的规范。

完善地方环境立法程序，增加专家在地方环境立法中的作用。2015年修正的《立法法》第四章对地方性法规、自治条例和单行条例、规章的立法作了相对完善的程序性规定。一些地方人民代表大会也通过了立法条例进一步完善程序性规定，如湖北省的《湖北省人民代表大会及其常务委员会立法条例》《湖南省地方立法条例》等。在这些地方立法条例中均明确要求针对专业性问题须组织有关方面的专家、学者或专业工作者进行论证。专业人士参与到地方立法中既可以从宏观上把握地方环境立法的合理性与科学性，也可以保持与国家法律精神的一致性以及符合地方社会经济环境的实际条件。[①] 其中的专业性不仅指环境问题所涉及的技术专业性，也包括法律专业性。这无疑对提高地方环境立法治理提供了有力保障。

三 环境立法的横向关系：区域环境立法

（一）区域环境立法的原因

环境问题的一个特点在于其不受行政辖区划分的限制，无论是污水，或是废气都会因为生态系统循环而影响到多个行政区域。所以，跨行政区的共同环境治理就成为一个重要的议题。区域环境治理是相对于点源的企业、项目环境治理而言的概念，其以特定的流域、生态保护区或环境功能区等基于生态系统整体的自然区域或行政区域为治理对象。[②] 区域之所以要协同或统一立法可以归结于以下两个原因：

其一，区域经济发展一体化要求区域在某些环境问题上进行立法。区域经济发展一体化是指一些邻近的地区，在平等互利的基础上，为了谋求本地区的共同利益联合起来，在彼此自愿约束自己的部分权利或让渡部分权利的条件下，使资源在区域内得以优化配置。[③] 最常见的就是产业在区域内的重新分布，往往高污染行业会被迁往经济较不发达的地区，而经济发达地区则发展科技、金融等新兴行业。但这种行业在重新布局的过程

① 吕忠梅：《地方环境立法中的专家角色初探——以〈珠海市环境保护条例〉修订为例》，《中国地质大学学报》（社会科学版）2009年第6期。

② 曹树青：《论区域环境治理及其体制机制建构》，《西部论坛》2014年第6期。

③ 王小萍：《协同：区域环境立法模式研究》，《环境保护》2018年第24期。

中，环境污染问题依旧是影响全区域的问题，甚至原本未受影响的地区也会因为高污染企业的迁入而产生污染问题。所以，同一经济发展区域的地方立法机关就有必要进行协作，制定可以在同一区域内共同遵守的法律规则，以达到协同治理的目的。

其二，基于某些生态系统的整体性特征而针对该生态系统制定的专门立法。专门的流域或湖泊立法、专门的自然保护区立法或者专门的森林、草原等区域的立法都属于此类型区域立法。生态系统整体性的立法背后的基础是生态整体主义理论，即把生态系统的整体利益作为最高价值并把是否有利于维持和保护生态系统的完整、和谐、稳定、平衡和持续存在作为衡量一切实务的根本尺度。一个完整的生态系统不会受制于行政辖区的划分，往往是跨多个行政辖区的。所以，生态系统整体性的立法就是区域环境立法。

（二）区域环境立法的类型

区域环境立法的前提是要建立一个完善的立法程序机制。区域环境立法的困难之处在于由于行政辖区的划分决定了地方立法机关所制定的规范性法律文件效力只能涉及本辖区，对辖区外的范围无效。因此，如果多个行政辖区所组成的区域想要统一遵守某些特定的规则就需要有个共同的立法程序或者由更高级的立法机关来制定可适用于该区域的法律、法规。所以，区域立法存在区域协同立法和生态系统整体性立法的两种类型。区域环境治理的基础即是区域环境立法。区域环境立法既可能是地方立法，也可能是中央立法。

1. 区域地方协同立法

目前，我国区域立法实践最突出的三个区域是京津冀区域、长三角区域和粤港澳大湾区，它们面临的环境问题各不相同。对于区域协同立法而言，需要克服的问题是多个地方的人大或人大常委会如何协同立法。首先，区域协同立法的主体，是相同层级的省级或设区的市之间具备同等性质的立法机关；其次，区域的类型和区域协同立法事项，是在区域协同立法模式选择时应当考虑的重要因素；最后，高效的立法协同机制是区域协同立法的核心内容。现实中，京津冀地区已经开展了相关的实践，并取得了一定的成效。由于京津冀地区地理条件的原因，三地在大气、水等的污染防治工作方面具有高度的联系性。从 2015 年《京津冀协同发展规划纲要》通过以来，三地在环境保护、基础建设、公共卫生等领域通过了 50

多部区域立法。又如，长三角一体化立法是从一种松散型协同向紧密型协同转化的强协同立法形式，即在全国人大常委会指导下分别向长三角生态绿色一体化发展示范区执委会授予某种行政管理的职权，形成并产生了一种跨区域的新型管理机构。[①] 总之，多个地方立法机关协同立法依然面临立法节奏不合理、立法内容不协调以及立法主体和形式的不确定等问题。这就需要中央层面针对全国日益增多的区域协同立法制定相应的法律规范。

2. 基于生态系统整体性的中央立法

典型的生态系统整体性立法是流域立法，流域立法是基于特定自然生态区域——江河、湖泊流域的立法，内容既包括保护流域的自然生态环境，也包括促进流域内所辖区域的经济与社会绿色发展。2020 年《长江保护法》正式通过实施，这是我国首部针对单一流域的法律，该法由全国人大常委会通过。该法的适用范围涉及长江干流、支流和主要湖泊，影响范围跨越了 19 个省、直辖市和自治区。除了全国人大常委会制定的法律之外，国务院制定的行政法规也存在此种类型，如 2011 年制定的《太湖流域管理条例》也是适用于太湖流域的区域环境立法。

（三）区域环境立法的协同机制

对于基于生态系统整体性的中央立法这一类型的区域立法而言，在立法程序上与其他的立法并无不同。而对于区域地方协同立法这一类型，则必须构建起一个完善的区域立法协同机制。法制统一是我国立法所遵循的基本原则与理念之一。

区域环境立法是在立法权下放至设区的市一级人大及其常委会之后，协同立法面对地方立法权的竞合关系，其重点是要打破区域内不同立法主体的权限范围和制度藩篱，将地域上相邻的行政区域通过确定的法律范式凝聚成统一的规则整体，从法治层面打造具有影响力的城市群，从而谋求更高效、更集约型的发展。[②] 区域环境立法是个地方环境、经济和社会利益博弈与妥协的过程，所以必须有一个正式而完善的协同机制保证其过程的顺利进行。

区域环境立法的协同机制主要涉及三个方面：立法规划的协同、立法

---

① 贺海仁：《我国区域协同立法的时间阳台及其法理思考》，《法律适用》2020 年第 21 期。

② 金梦：《立法者心智：区域协同立法机制构建的动因》，《法学》2021 年第 1 期。

内容的协同、立法“废、改、释”的协同。这三个方面的协同首先面临法律依据的问题。由于我国《宪法》及《立法法》中并未针对区域立法制定相关规范，所以区域立法协同缺乏法律规范。针对区域立法协同的问题，可以考虑通过共同制定“区域规章”，或引入示范法，或赋予一定级别的政府协议以法律效力，或建立交叉备案制度等方式来加以解决。① 实践中已有不同区域通过各自的协议、办法等规范性法律文件来解决此类合法性问题，如2006年我国首个区域性立法协框架在辽宁、吉林和黑龙江三省签署，即《东北三省政府立法协作框架协议》。这种区域立法协作机制主要以“一省牵头、其他两省配合”的方式对现有地方立法中未涉及的新事项进行立法；2017年《京津冀人大立法项目协同办法》在三地人大常委会获得通过，这意味着区域立法的程序有了法律依据。区域环境立法的协同其实只是区域合作发展和环境保护的第一步，后续还要财政体制、管理体制等多方面的协同，才能使区域环境立法发挥其作用。

第二节　环境行政执法

环境行政执法是我国依法行政的重要组成部分，同时也是环境立法从书面到现实的实现过程。生态环境保护目的的实现主要依靠环境行政执法的具体工作，将抽象的法律规范在现实生活中落实，规范公民个人和企业事业单位的环境行为，追究违法者的行政法律责任。

一　与环境行政执法相关的概念

（一）环境法的实施、环境执法与环境行政执法

一般认为，法的实施是指“法律的贯彻和实现，就是使法律从书本上的法律变成社会生活中的法律，使它从抽象行为模式变成具体行为的规范”②。那么，环境法的实施即是环境法律的贯彻与实现，是环境立法从条文变成人们遵守的行为规范的过程。环境法的实施可以包括环境执法、司法和守法的三个部分。

环境执法，是指有关国家机关按照法定权限和程序将环境法规范中抽

① 王春业：《自组织理论视角下的区域立法协作》，《法商研究》2015年第6期。

② 李龙主编：《法理学》，武汉大学出版社2011年版，第217页。

象的权利义务变成环境法主体的具体权利义务的过程。[①] 环境执法是环境法的实施中一个重要的环节，具有多部门性、技术性和超前性。有的学者认为环境执法中还包括了司法机关的执法，即环境司法。[②] 这是从广义上理解环境执法的概念。在广义的层面上，环境执法还包括私人主体的环境私人执法。环境私人执法，又称环境法的私人实施，即私人为维护自己的权益或社会公共利益，通过行使自己的权利实施环境法律，依法对环境违法行为进行监督、追诉、制裁和执行，以实现环境保护的目的；[③] 从狭义上理解，环境执法等同于环境行政执法，仅指生态环境保护相关行政部门及其公职人员依法行使管理职权、履行职责、实施法律的活动。在很多情况下，环境执法和环境行政执法的概念被环境法学者混同适用。

关于环境行政执法的性质学术界有着不同的观点。一种观点认为环境行政执法是指行政执法机关贯彻实施环境法律规范的活动，其采取的手段包括但不限于环境行政监督检查、环境行政指导、环境行政合同、环境行政处理决定等。[④] 这种理解基本属于姜明安关于"行政执法"的三种角度中的第一种，即行政执法等于行政。[⑤] 另一种观点认为环境行政执法就是环境行政部门监督检查、实施行政处罚、采取行政强制措施等的活动。[⑥] 不论从哪一种观点理解，环境行政执法都具有执法机关多元性、执法对象广泛性以及执法活动科学技术性等特定，这是环境行政执法的特殊之处，使之与一般行政执法区分开来。

从环境行政执法对象来分类，环境行政执法还可以分为环境污染防治、生态保护领域的环境行政执法与自然资源开发、利用、保护和管理领域的环境行政执法。二者不但在执法的对象上有所不同，在执法的主体、内容、程序上都有较大的差异。从狭义的角度理解环境行政执法，则其仅指在污染防治领域中的环境行政监督管理职能实现的过程。而通常，在使用"环境行政执法"一词的时候，基本上是在狭义层面上使用。

---

① 朴光珠主编：《环境法与环境执法》，中国环境出版社 2015 年版，第 263—264 页。

② 朴光珠主编：《环境法与环境执法》，中国环境出版社 2015 年版，第 265 页。

③ 冯汝：《环境法私人实施研究》，中国社会科学出版社 2017 年版，第 23 页。

④ 参见朴光珠主编《环境法与环境执法》，中国环境出版社 2015 年版，第 266—267 页。

⑤ 参见姜明安《行政执法研究》，北京大学出版社 2004 年版，第 3—4 页。

⑥ 这是中央很多规范性法律文件中所使用的行政执法概念，如 2002 年《关于清理整顿行政执法队伍，实行综合行政执法试点工作的意见》、2020 年《关于生态环境保护综合行政执法有关事项的通知》等。

（二）环境监察、环境监察稽查与环境行政执法后督察

1. 环境监察

根据2012年的《环境监察办法》第2条规定，环境监察是指生态环境主管部门依据环境保护法律、法规、规章和其他规范性文件实施的行政执法活动。2014年《环境保护法》的修订中第24条增加了环境监察制度的规定，即县级以上人民政府生态环境主管部门及其委托的环境监察机构，有权对排放污染物的企业事业单位和其他生产经营者进行现场检查。从以上规定中可知生态环境主管部门及其委托的环境监察机构在环境监察活动中行使的是环境监督管理职权，也就是说环境监察即是狭义环境行政执法的主要内容。

然而，实务部门和环境法学界也有人认为环境监察和环境行政执法是分开的两种性质不同的活动，环境监察等同于环境督查。持该观点的主要依据是“监察”一词的含义是对国家行政机关或工作人员的监督考察及检举。另外，2016年中共中央办公厅、国务院办公厅印发的《关于省以下环保机构监测监察执法垂直管理制度改革试点工作的指导意见》（以下简称《指导意见》）中提及“加强环境监察工作”时，主要内容是指经省级政府授权，省级环保部门对本行政区域内各市县两级政府及相关部门环境保护法律法规、标准、政策、规划执行情况，一岗双责落实情况，以及环境质量责任落实情况进行监督检查。从中可以发现，此处的环境监察无疑是“督政”而非“督企”。但环境监察不等于环境督查。环境督察的主体通常是跨部门临时成立的环境保护督察组；环境监察的主体则是生态环境主管部门常设的环境监察机构。综上所述，环境监察是生态环境主管部门，其对象不仅包括企业遵守环境法的情况，也包括下级政府和相关部门落实环境法的情况。

2. 环境监察稽查

2014年的《环境监察工作稽查办法》第2条规定，所谓环境监察稽查是指环境监察机构依照环境保护法律、法规和规章对环境监察机构及其工作人员、环境管理相对人履行环境保护职责和义务情况进行监督、监察和处理的行政执法活动。简言之，这是一种上级环境监察机构对下一级环境监察机构的履职情况进行监督的活动。从此定义可知，环境监察稽查的对象和环境监察的对象有所不同，环境监察稽查的对象是环境监察机构，而环境监察的对象是企业和负有生态环境保护职责的行政部门。施行环境

监察稽查制度的目的在于及时发现和纠正不规范的环境行政执法行为，进一步提高环境行政执法工作的合法性和合规性。2014 年修订的《环境保护法》一方面赋予了生态环境主管部门更多的监管权力，如查封扣押权，限产、停产整治权，按日连续处罚权，移送公安机关实施治安拘留处罚权等；另一方面，该法也规定了严厉的行政问责措施，对环境行政执法过程中的违法违规行为进行追责。环境监察稽查制度的存在为追责提供了法律依据。

3. 环境行政执法后督察

所谓的环境行政执法后督察是指生态环境主管部门对环境行政处罚、行政命令等具体行政行为执行情况进行监督监察的行政管理措施。建立环境行政执法后督察制度的目的在于杜绝环境行政执法不彻底，对企业以罚代管、一罚了之的现象。由于没有严格的后续跟踪督促，导致企业处罚执行不到位，整改落实不彻底，环境违法根源一直存在，这使得环境行政执法的目的无法实现。通过环境行政执法后督察，让环境行政执法执行到位，切实保障各级生态环境主管部门依法行政、严格执法，从而降低环境治理的社会成本。

环境行政执法后督察的主体是县级以上人民政府生态环境主管部门的环境监察机构，或者是环境保护部委托的其派出的环境保护督查机构。

环境行政执法后督察的对象是受到罚款，责令停产整顿，责令停产、停业、关闭，没收违法所得，没收非法财物等环境行政处罚的行政相对人；受到责令改正或者嫌弃改正违法行为、责令限期缴纳排污费等环境行政命令的行政相对人；或其他具体环境行政行为的对象。

二　环境行政执法的主体与范围

（一）环境行政执法主体：机构和人员

环境行政执法的主体是指依照法律法规授权履行生态环境保护监督管理职能，监督检查行政相对人的国家机关及其公职人员。从《环境保护法》《水污染防治法》《大气污染防治法》等环境保护法律的规定来看，目前我国在污染防治、生态保护领域的环境行政执法主体是环境监察机构和环境监察专员办公室及其行政执法人员；在自然资源开发、利用、保护和管理领域则属于各自然资源的行政主管部门及其行政执法人员。

1. 环境监察机构及环境监察专员

环境监察机构是指生态环境主管部门中依据环境法律法规专门从事环境行政执法的机构，其名称可以是环境监察局，也可以是环境监察总队、环境监察支队、环境监察大队，而县级环境监察机构的分支（派出）机构和乡镇级环境监察机构的名称可以是环境监察中队或环境监察所。

2016 年的《指导意见》中提出建立环境监察专员制度。环境监察专员主要以环境监察专员办公室的形式存在，通常是由省级生态环境主管部门在本行政辖区内划片区设立，其主要作用是根据授权对监察区域当地党委、政府及其相关部门贯彻落实习近平生态文明思想，以及党中央、国务院和省委、省政府生态文明建设和生态环境保护决策部署情况，生态环境保护法律法规、标准、政策、规划执行情况，党政同责、一岗双责推进落实情况，以及突出生态环境问题解决情况、人民群众反映的生态环境问题立行立改情况和生态环境质量责任落实情况等进行监督检查；督办落实中央和省委生态环境保护督察反馈问题整改；按照部署组织开展或参与生态环境保护专项督察；受理对当地党委、政府和有关部门领导班子及其成员生态环境保护方面的举报，经批准对问题线索进行初步核实，参与有关问题调查；根据生态环境监察情况，提出生态环境管理措施的意见。

2. 环境监测监察执法垂直管理体制

《环境保护法》一直以来确立的生态环境保护管理体制是各级生态环境部门统一监督管理和相关主管部门分工负责相结合。但是，实践中环境行政执法体制存在很大的局限性，主要表现在纵向上资源配置失衡、横向上执法范围过泛以及机构建制不规范。① 2016 年的《指导意见》要求实行省以下环境监测监察执法垂直管理，地市级生态环境保护局实行以省级环保厅局为主的双重管理体制，县级环保局作为地市环保局的派出机构，不再单设。

中共中央《生态文明体制改革总体方案》提出构建由自然资源资产产权制度、环境治理体系等八项制度构成的产权清晰、多元参与、激励与约束并重、系统完整的生态文明制度体系。按照所有者和监管者分开的原则，整合分散的自然资源资产所有者职责，组建统一行使所有权的机构，

① 参见王树义、郑则文《论绿色发展理念下环境执法垂直管理体制的改革与构建》，《环境保护》2015 年第 23 期。

将分散的用管职责逐步统一到一个部门；改革环境保护管理制度，建立和完善严格监管所有污染物排放的环境保护管理制度，将分散在各部门的环境保护职责调整到一个部门，逐步实行城乡环保工作由一个部门统一监管和行政执法。环境监测监察机构垂直管理是构建权威、统一的环境执法体制的重要改革。实施垂直管理之后，地市、县级环境监察机构由省级环境监察机构派出。这样一方面保证了监督权在宏观和微观层面上的统一行使；另一方面可以减少“地方保护主义”对环境行政执法的干扰。

3. 环境监察人员的资格与要求

环境行政执法活动是一项依授权或依委托而行使公权力的行为，所以，开展活动的人本身也须满足一定的资格才可以行政主体的名义开展执法活动。具体而言，从事环境行政执法的人员须满足《环境监察办法》中对环境监察人员的要求。这些要求包括：

（1）环境监察人员应当符合《公务员法》的有关规定，即第13条规定中的关于国籍、年纪、政治道德、身体条件和文化程度等条件；并符合录用程序进入执法队伍。

（2）环境监察人员应当持有《中国环境监察执法证》。环境监察执法证件是环境监察执法人员依法开展环境监察执法活动资格和身份的证明。获得环境监察执法证件需具有全日制大专以上学历，在生态环境主管部门工作满一年，熟悉环境保护法律知识并参加环境监察执法资格培训并经考试合格。

（3）在开展环境行政执法工作过程中，要遵守《环境执法人员行为规范》。

（二）环境行政执法的范围

环境行政执法既然属于行政执法的范畴，其本质是公权力对私权利的一种限制，所以，环境行政执法的范围必须限缩在法律规定的范围之内，以防止公权力的滥用。环境行政执法的范围可以从事项范围和地理空间范围两个方面进行理解，前者是环境行政执法活动可以从事的内容；后者是环境行政执法的物理范围。

1. 环境行政执法的事项范围

2020年生态环境部印发了《生态环境保护综合行政执法事项指导目录》（2020年版）（以下简称《2020指导目录》），该目录的作用就在于明确环境行政执法的事项范围，防止多头多层重复执法，提高环境行政执法职能和资源的统筹配置，提高环境行政执法效率。所谓的环境行政执法事项是指生态环境保护领域中法律、行政法规所设定的行政处罚和行政强制事项。环境行政执法事项必须由法律、行政法规所设定，没有法律依据的事项，不得进行环境行政执法。

生态环境部发布的《2020 指导目录》具有指导性，各地可以根据法律、行政法规、部门规章“立、改、废、释”和地方立法的具体情况，对指导目录的内容进行补充、细化和完善，并制定各自地方性的环境行政执法事项目录，如广东、上海、山西等省市分别于 2020 年和 2021 年发布了各自地方的生态环境保护综合行政执法事项目录。

在制定环境行政执法目录的时候，也要强化执法协调联动。如生态环境部和水利部在对《2020 指导目录》有关事项说明中就明确了在环境执法中的联动机制，要求各地生态环境主管部门和水行政主管部门要结合实际，进一步厘清执法主体全责和执法边界，积极探索建立两部门协同联动机制，强化共同关注领域的联动执法，建立信息共享和大数据执法监督机制，加强执法协同，降低执法成本，形成执法合力。

2. 环境行政执法的地理空间范围

国家为了便于行政管理而在全国的土地上人为将地理空间分割成不同部分，每一个区域变成一个行政辖区。就某一级政府而言，行政辖区就是其行政权在地理空间上的边界，如省、市（州）、县（区）等。由于各地方社会、经济、环境等诸因素存在很大的差异，各地方行政权的行使也具有各自独立性，某一地的政府及其组成部门不应当将其行政权延伸至其管辖区域之外，否则就可能导致行政权的重叠，从而引发管理上的纠纷。同理，环境行政执法也受到行政辖区的边界限制，一般不得超越边界进行执法。

然而，环境问题并不受到人为的行政辖区划分而中断，很多环境问题属于跨域环境问题，由此引发了跨域行政执法合作的问题。跨域是指某事物跨越了行政辖区的地理区划，导致其影响了不同行政辖区的现象，特别是跨省、跨市（州）、跨县（区）等。如前所述，一个地方政府的行政权范围只及于行政辖区的范围，所以，传统上跨域行政执法不被法律规范所认可。目前，跨域环境行政执法只能通过政府间合作的形式完成，即就跨行政辖区的环境问题在执法过程中就所采取的信息沟通、行政协议、联合执法、执法协助等活动提前通过某种书面的形式确定下来，以明确各方主体在跨域环境行政执法过程中的主体地位、职权职责、执法标准、监督机制等。

三 环境行政执法与环境刑事司法的衔接

环境行政执法与环境刑事司法的衔接是指从环境行政执法过程中将超越行政违法评价的环境违法案件从环境行政执法机关的执法活动中分离出来，使之进入刑事审查机关进行审查，并最终决定案件性质在环境行政机关和刑事司法机关之间分配的活动。这一活动的核心是环境行政执法机关与环境司法之间衔接的程序机制。党的十八届四中全会决定明确提出“健全行政执法和刑事司法衔接机制，完善案件移送标准和程序，建立行政执法机关、公安机关、检察机关、审判机关信息共享、案情通报、案件移送制度，坚决克服有案不移、有案难移、以罚代行现象，实现行政处罚和刑事处罚无缝对接”。2017 年环境保护部、公安部和最高人民检察院联合制定发布了《环境保护行政执法与刑事司法衔接工作办法》。该文件则为环境行政执法与环境司法的衔接程序机制提供了详细的行为规范。

（一）环境行政执法与环境刑事司法的关系

行政与司法分别承担着不同的社会功能，职能上相互联系又彼此独立。传统上，生态环境保护主要由有生态环境保护职能的行政部门来实现，如生态环境部、自然资源部、住房和城乡建设部等。司法主要是被动地对涉及生态环境保护的案件进行裁判。但在实践中，环境行政执法与司法的关系被割裂开，“以罚代刑”的状况时有发生。而完全被动的司法裁判模式也已经无法满足对复杂环境问题进行裁决的需求。[①] 那么，一个良好的环境行政执法与环境刑事司法之间的关系应当具备以下几方面要素：

1. 保持环境行政执法的独立性

创造一个良好的环境行政执法与环境刑事司法之间的关系的前提，必然是环境行政执法具有清楚的边界。移转案件的标准应当清晰且便于操作。单纯的“以罚代刑”不可以，而以环境司法替代环境行政执法来实

---

① 参见张燕雪丹、周珂《环境司法与环境行政执法协调联动的基本模式及主要障碍》，《南京工业大学学报》（社会科学版）2019 年第 3 期。

现行政目的同样也不行。

2. 有明确的移送标准

当事人有证据足以证明其没有主观过错的，行为不构成违法，亦不能成立刑事犯罪，此时生态环境主管部门则无须将案件移送刑事司法机关处理。当事人不能就其违法行为证明自身不存在主管过错的，行为构成行政违法，只要行为人不能证明自己确系不知情，生态环境主管部门即应当将案件移送刑事司法机关处理。[①]

3. 发挥检察、法院的司法监督功能

在尊重环境行政执法职权边界的前提下，发挥司法对行政的监督功能，可以有效提升环境行政的预防能动性，推动预防性环境治理理念的落实，实现对环境公共利益的切实维护，司法机关的监督定位是环境治理中不可或缺的补充角色。[②]

4. 借助第三方监察机关完善环境行政执法与环境刑事司法衔接程序

在衔接的过程中，除生态环境主管部门和公安、检察部门外，第三方的监察机关也扮演着很重要的角色，即透过监察程序主动对移送的案件进行抽查，并落实问责制度，对应当移送而不移送的行为追责。

（二）环境行政执法与环境刑事司法衔接的程序

环境行政执法与环境刑事司法是既独立又存在交叉与可协调的两种法律行为范畴。环境行政执法的核心是行政执法权，而刑事司法的核心是刑事司法权，二者之间的关系须以法律规范加以明确，并划定清晰的界限。故而《环境保护行政执法与刑事司法衔接工作办法》从案件移送的启动、证据的收集与适用以及行政机关与司法机关之间协作和信息共享等方面，对各方主体的职权作出了明确、清晰的规定。

1. 移动的启动

生态环境主管部门在查办环境违法案件过程中，发现涉嫌环境犯罪案件的，就应当核实情况并作出移动涉嫌环境犯罪案件的书面报告。本机关负责人应当自接到报告之日起 3 日内作出批准移送或者不批准移送的决定。向公安机关移送的涉嫌环境犯罪案件，应当符合实施行政执法的主体

---

① 参见侯艳芳、陈望舒《生态环境领域行政执法权的配置对行刑衔接的影响及其应对》，《山东社会科学》2021 年第 9 期。

② 参见王雅琪、张忠民《现代环境治理体系中环境司法与行政执法协作机制的构建》，《中国矿业大学学报》（社会科学版）2021 年第 3 期。

与程序合法，以及有合法证据证明有涉嫌环境犯罪的事实发生等条件。

2. 证据收集与使用

由于环境违法行为的认定和环境犯罪的认定在对证据的要求上有所不同，所以生态环境主管部门在行政执法和查办案件过程中依法收集制作证据（包括物证、书证、视听资料、电子数据、监测报告、勘验笔录等）应当严格按照程序性规范操作，以便在刑事诉讼中可以直接适用这些证据。生态环境主管部门、公安机关、人民检察院收集的证据材料，经法庭查证属实，且收集程序符合有关法律、行政法规规定的，可以作为定案的根据。

3. 协作与信息共享

生态环境主管部门、公安机关和人民检察院应当建立健全环境行政执法与刑事司法衔接的长效工作机制。确定牵头部门及联络人，定期召开联席会议，通报衔接工作情况，研究存在的问题，提出加强部门衔接的对策，协调解决环境执法问题，开展部门联合培训。联席会议应明确议定事项。环保部门、公安机关、人民检察院应当建立双向案件咨询制度。生态环境主管部门对重大疑难复杂案件，可以就刑事案件立案追诉标准、证据的固定和保全等问题咨询公安机关、人民检察院；公安机关、人民检察院可以就案件办理中的专业性问题咨询生态环境主管部门。各级生态环境主管部门、公安机关、人民检察院应当积极建设、规范使用行政执法与刑事司法衔接信息共享平台，逐步实现涉嫌环境犯罪案件的网上移送、网上受理和网上监督。

第三节　环境司法

司法与立法、执法并立，既是法律实现的过程，也是法律体系中重要的一个环节。环境司法是指国家司法机关适用法律处理环境纠纷案件的活动。环境法制定出来后，除了依靠行政部门透过行政执法实现生态环境保护之目的外，还须通过公安、检察和法院等机关，对涉及生态环境保护议题的纠纷适用法律加以解决。环境司法有其独特性，与一般司法不同。环境司法过程中，贯穿着生态优先、预防为主等原则。同时，环境司法还面临着高科技性、群体性、公益性等复杂的案件情形。

一 环境司法专门化

（一）环境司法专门化的概念

所谓环境司法专门化，其基本含义是指国家或地方设立专门审判机关（环境法院），或者现有法院再起内部设立专门的审判机构或组织（环境法庭）对环境案件进行专门审理。[①] 环境司法专门化是对地方法院专设审判机构审理环境案件的学理概括，包含了组织载体的专门化、审判模式的统合化以及审判人员的专业化，实务多以“环保法庭”代之。[②] 环境司法之所以需要专门化，只因传统的侵权法对环境污染、生态损害纠纷中复杂的因果关系、难以计量的损害后果、行为的不可谴责性等难题无力应对。所以，环境司法专门化在一定程度上可以解决环境案件的这些特性对司法审判带来的挑战。但环境司法专门化的功能定位上必须与环境行政监管划分出明确的界限，在作用领域上功能互补，才能不断提升环境治理体系的完善程度。[③] 环境司法专门化的原因：一是方便当事人的诉讼；二是适应解决日益增加的环境案件的客观需求；三是保障环境纠纷得到有效的解决；四是有利于环境法律的正确执行；五是为引导和鼓励人们寻求环境司法救济减少因环境纠纷不能得到及时解决而引发的群体性事件。[④]

（二）环境司法专门组织

“司法在解释和促进法律和法规的实施方面发挥着自身的作用……人们越来越多地认识到，一个具有专门的环境知识的法院在实现生态可持续发展方面最能发挥这一作用。”[⑤] 成立专门的环境案件审判机构以适应环境案件审理的需要是环境司法专门化的基础和保障。环境司法专门组织的形式主要有环境资源审判庭、环境资源合议庭以及环境资源人民法庭、巡回法庭。2007 年我国第一家环境法庭在贵州省清镇市人民法院设立。《中

---

① 参见王树义《论生态文明建设与环境司法改革》，《中国法学》2014 年第 3 期。

② 参见张宝《环境司法专门化的构建路径》，《郑州大学学报》（哲学社会科学版）2014 年第 6 期。

③ 参见张璐《中国环境司法专门化的功能定位与路径选择》，《中州学刊》2020 年第 2 期。

④ 参见王树义《论生态文明建设与环境司法改革》，《中国法学》2014 年第 3 期。

⑤ Preston，B.（2012），Benefits of Judicial Specialization in Environmental Law：The Land and Environmental Court of New Wales as a Case study，in 29 Pace Environmental Law 398. 转引自乔治（洛克）·普林、凯瑟琳（凯蒂）·普林《环境法院和法庭：决策者指南》，周迪译，王树义审订，中国社会科学出版社 2017 年版，第 19 页。

国环境资源审判（2020）》中统计，截至2020年年底，全国共有环境资源专门审判机构1993个，其中环境资源审判庭617个，合议庭1167个，人民法庭、巡回法庭209个，基本形成专门化的环境资源审判组织体系。

审判组织机构的专门化是环境司法专门化的第一步，有专门的组织意味着还要有与之相配的专门审判人员。环境案件的高科技性和复杂性，虽然无须审判人员全部了解，但具有一定的专门知识更有利于审判人员准确判断案件事实。无论采取何种形式的环境审判组织，在独立性、效率性和专业性上，都有了更大的保障。通过专家辅助人的引入，也可以让法官在事实判断上更加准确。环境司法专门组织的建立为公正裁决提供了物质基础。并且，专门的环境审判组织机构和人员也有利于形塑统一的环境司法审判理念。在建设生态文明的政治蓝图下，环境司法必须树立保护优先、注重修复理念。①

（三）环境案件集中管辖

环境案件集中管辖是指将环境法庭不完全按照既有的行政区域和司法层级设立，而是将不同司法辖区内的环境案件交由某个中基层法院所设立的环境资源审判庭、合议庭、巡回法庭统一审理的司法管辖制度。这样的司法管辖划分方式，让环境法庭可以覆盖一个特定的地理区域。在实践中存在以下两种环境案件集中管辖的划定标准：

其一，由案件数量较多，审判力量较强的环境资源审判庭、合议庭或巡回法庭集中管辖。如在江苏省南京市中级人民法院、甘肃矿区人民法院分别设立南京环境资源法庭、兰州环境资源法庭。

其二，基于生态系统或生态功能区为单位实行跨行政区划集中管辖。如江苏形成“9+1”环境资源集中管辖审判体系。甘肃已形成以甘肃高院环境资源审判庭为“点”，甘肃林区中院及所属林区基层法院为“线”，甘肃矿区法院及各市（州）府所在地基层法院专门合议庭为“面”的环境资源集中管辖审判体系。江西在“五河一江一湖”流域和部分重点区域设立11个环境资源法庭，湖南设立湘江、洞庭湖、东江湖、资水、沅水、澧水和湘中环境资源法庭。以地市级行政区划为单位实行集中管辖。浙江省湖州市南太湖新区人民法院集中管辖湖州全市由基层人民法院管辖

---

① 参见王旭光《以五大发展理念引领环境资源审判工作新实践》，《人民法院报》2016年2月17日第5版。

的环境资源一审案件。特定案件实行跨行政区划集中管辖。湖北、青海等省确定辖区内部分中院就环境民事公益诉讼案件实行跨行政区划集中管辖。云南省昆明中院将昆明市辖区内的重点环境资源案件指定到盘龙、安宁、寻甸法院集中管辖。甘肃高院设立“白龙江林区法院”，加强对长江上游白龙江流域及嘉陵江流域的生态环境司法保护。

（四）环境案件的受案范围与“多审合一”审判模式

受案范围是环境司法专门化的案源保障，否则将会陷入“巧妇难为无米之炊”的窘境。[①] 传统观点认为，环境案件是指因环境污染损害所生之纠纷，其中包括因水污染、大气污染、固体废物污染环境、放射性污染或土壤污染导致的人身、财产损害纠纷。而现代环境保护理念则认为凡涉及污染防治、自然资源开发利用保护及生态环境改善的活动所生之纠纷，皆当属环境案件的范围。并在此基础之上，又区分为环境刑事案件、环境民事案件和环境行政案件。

一般法院会将这三类案件分别归类到刑庭、民庭或行政庭进行审理。但环境司法专门化要求，环境案件全部应当由环境法庭进行审理，所以便产生了“多审合一”的审判模式问题。截至 2020 年年底，共有 22 家高院及新疆生产建设兵团分院实现了环境资源刑事、民事、行政、执行案件“三合一”或“四合一”归口审理。所谓的“三合一”或“四合一”归口审理是指环境行政、刑事、民事案件（以及执行案件）统一交由环境资源审判庭审理的一种“多审合一”的审判模式。环境案件的“多审合一”审判模式可以摆脱传统部门法划分审判组织带来的思维束缚，确立以生态文明建设为目的、生态环境保护为价值导向的统一裁判尺度。

二　环境公益诉讼

公益诉讼起源于罗马法，是相对于私益诉讼而言的一种诉讼类型，是为了保护社会公共利益的诉讼，任何市民都有权提起。[②] 环境公益诉讼是指特定的国家机关、社会团体和个人对有关民事主体或行政机关侵犯环境

---

① 参见宋宗宇、郭金虎《环境司法专门化的构成要素与实现路径》，《法学杂志》2017 年第 7 期。

② 参见［意］彼得罗·彭梵德《罗马法教科书》，黄风译，中国政法大学出版社 1992 年版，第 92 页。

公共利益的行为向法院提起诉讼，由法院依法追究行为人法律责任的司法过程。[①] 传统上，我们将诉讼类型按照部门法分为行政诉讼、民事诉讼和刑事诉讼。此处则是将涉及环境的案件按照诉讼所救济的环境利益不同划分为环境公益诉讼和环境私益诉讼。

顾名思义，环境公益诉讼就是为了维护环境公益而提起的诉讼。但何谓环境公益，学界并没有达成同一的共识。一般认为，环境公益是归属于公共的环境利益，是自然环境和生态系统在存续和运行中产生的对人类有价值的某些现象和存在，其本质属于生态系统服务功能。[②] 也可以通过反向排除的方式来识别受损的环境公益，即对特定人的损害和对有主自然资源的损害都是私益损害，对无主生态环境造成的实害结果和现实危险都是对环境公益的损害。[③]

（一）环境民事公益诉讼

1. 社会组织提起的环境民事公益诉讼

从有环境公益诉讼实践以来，环保团体的诉讼主体资格问题就一直存在。早期如美国的“塞拉俱乐部诉内政部长莫顿案”中，核心争议焦点即是塞拉俱乐部是否具有原告资格。[④] 获得诉讼主体资格的方式有两种：其一是与案件有利益关系而成为适格原告；其二是法律直接授权某些主体获得诉讼主体资格。

2012 年《民事诉讼法》得到修改，在其第 55 条中明确规定“对污染环境、侵害众多消费者合法权益等损害社会公共利益的行为，法律规定的机关和有关组织可以向人民法院提起诉讼”。该条规定通过法律授权的形式，使得法律规定的机关和有关组织获得了提起环境民事公益诉讼的原告资格，其中有关组织即是符合我国《社会组织登记管理条例》相关规定合法成立的社会组织。获得环境民事公益诉讼原告资格除社会组织本身必须合法成立外，还须符合《环境保护法》第 58 条中所规定的限定条件，即：

---

① 参见吕忠梅《环境公益诉讼辨析》，《法商研究》2008 年第 6 期。

② 参见范战平《环境公益诉讼中“公益”的再审视》，《郑州大学学报》（哲学社会科学版）2020 年第 6 期。

③ 参见张宝、潘鸣航《环境公益诉讼中“公益”的识别与认定——一种反向排除的视角》，《中南大学学报》（社会科学版）2018 年第 2 期。

④ 参见汪劲等编译《环境正义：丧钟为谁而鸣》，北京大学出版社 2006 年版，第 73—77 页。

（1）依法在设区的市级以上人民政府民政部门登记

根据2015年最高人民法院发布的《关于审理环境民事公益诉讼案件适用法律若干问题的解释》第3条的规定，在“自治州、盟、地区，不设区的地级市，直辖市的区以上人民政府”的民政部门登记，视同为《环境保护法》第58条中规定的在设区的市级以上人民政府民政部门登记，符合获得原告主体资格的条件。

（2）专门从事环境保护公益活动连续五年以上且无违法记录

“专门从事环境保护公益活动”指章程的组织宗旨中包含“生态环境保护”“维护环境权益和社会公共利益”“生态文明”“可持续发展”等目的。对社会组织宗旨中的“环境保护公益”应当作广义理解，即不论是促进生态文明建设，抑或是具体在某个污染防治或生态保护领域，都应当认为该组织具有“环境保护公益”的目的。

符合以上两个限定条件的社会组织都因法律的授权而成为环境民事公益诉讼的适格主体。但这些社会组织还应当遵守《环境保护法》第58条第3款之规定，即不得通过诉讼牟取经济利益。社会组织之所以不能通过提起环境民事公益诉讼从中获得经济利益，一方面是因为其所代表的是社会公益，诉讼的目的也是意图通过诉讼补偿环境公益所受到的损失，社会组织在这些案件当中除为诉讼所支付的鉴定费、律师费等成本外，并无其他经济损失。故而，社会组织不应当成为其所寻求的生态环境损害赔偿的承受主体并从中获利。另一方面，也是为了降低由于获益而带来的经济刺激，导致社会组织滥用原告资格，浪费司法资源，干扰社会正常的经济发展。

2. 检察机关提起的环境民事公益诉讼

（1）检察机关直接提起的环境民事公益诉讼

受制于我国社会组织发展的现状以及较为严格的原告适格要求，有资格且有意愿和能力提起环境公益诉讼的社会组织数量很少，对于环境公益诉讼的发展而言单纯依靠社会组织的力量并不够。检察机关成为适格原告之后，可以极大地推动我国环境公益诉讼体系的发展。检察机关提起环境民事公益诉讼的原告主体资格来源于法律直接授权。《民事诉讼法》第55条第2款规定，人民检察院在履行职责中发现破坏生态环境和资源保护、食品药品安全领域侵害众多消费者合法权益等损害社会公共利益的行为，在没有前款规定的机关和组织或者前款规定的机关和组织不提起诉讼的情况下，可以向人民法院提起诉讼。

2018年最高人民检察院发布了《关于检察公益诉讼案件适用法律若干问题的解释》（以下简称《检察公益诉讼解释》），并在2020年加以修正。《检察公益诉讼解释》为检察机关提起环境公益诉讼提供了更为详细的诉讼规则。

检察机关通过提起环境公益诉讼来实现其对行政的检察权。在作用方式上，检察机关应以督促起诉、支持起诉为主，直接起诉为最终补充。[①]所以，检察机关提起环境民事公益诉讼前必须履行诉前程序，而非冲到诉讼的第一线。作为我国的法律监督机关，检察机关所应做的是督促行政机关履行职责，如果其贸然冲在前头、代替行政机关履行职责，那么实际上就是放任行政机关的不作为。[②] 从近些年最高人民法院和最高人民检察院发布的公告不难看出，检察机关环境公益诉讼大部分都以诉前程序的方式解决。所以，即使检察机关具有环境民事公益诉讼主体资格，其开展环境民事公益诉讼也有诸多的前提条件。

（2）检察机关提起的环境刑事附带民事公益诉讼

2020年修正后的《关于检察公益诉讼案件适用法律若干问题的解释》第20条规定，“人民检察院对破坏生态环境和资源保护……等损害社会公共利益的犯罪行为提起刑事公诉时，可以向人民法院一并提起附带民事公益诉讼，由人民法院同一审判组织审理”。所谓环境刑事附带民事公益诉讼，是指在环境刑事案件中，检察机关在对犯罪嫌疑人提起公诉追究其刑事责任的同时，对犯罪嫌疑人造成的环境污染或生态破坏损失，附带提起民事诉讼，要求其支付修复环境和生态系统的费用或承担其他的修复方式。

传统上，在刑事诉讼部分中追究被告人损害环境法益的前提下，被告人的行为所造成的环境和自然资源损害却并没有得到补偿。所以，在刑法保护环境法益的同时，并不能对民法所保护的法益进行充分的救济，还需通过另外的程序对民法上的环境法益加以救济。另外，我国刑事案件不收取诉讼费用，而民事案件却要收取诉讼费用的原因主要是两种案件性质不

---

① 参见林莉红《论检察机关提起民事公益诉讼的制度空间》，《行政法学研究》2018年第6期。

② 参见华章琳《生态环境公共产品供给中的政府角色及其模式优化》，《甘肃社会科学》2016年第2期。

同，人民法院在办理案件中的诉讼耗费不同。因犯罪行为而造成的损失大小，在许多案件中直接关系到被告人是否构成犯罪以及罪责的轻重，因此公安机关、人民检察院在侦查、起诉过程中往往已查清了民事损害的大小，而由人民法院处理刑事附带民事诉讼时，其诉讼耗费就要比处理独立的民事诉讼以及自诉附带民事诉讼低得多。①

检察机关之所以可以提起环境刑事附带民事公益诉讼是因为检察机关不仅仅在立法上已经明确地获得了环境公益诉讼的原告主体资格，在工作职责中，也被赋予了维护环境公益的角色地位。况且，检察机关作为社会公共利益的维护者和司法公正的监督者，维护环境公共利益和公民环境权益应是其职权范围内的应有之义。②

从广义上所说的环境司法专门化，还应当包括检察机关开展司法活动的专门化。为了应对环境问题，有的地方还设立了专门的环境检察分支机构。如2009年，昆明市检察院成立了环境资源检察处。专门化的司法机构对于提起环境刑事附带民事公益诉讼可以从动力和能力两方面得以加强。检察机关开展环境司法专门化的好处在于：一方面，可以提高对环境刑事案件中涉及的高科技性问题的解决能力；另一方面，通过提起刑事附带民事公益诉讼对环境法益进行综合保护。

（二）环境行政公益诉讼

环境行政公益诉讼，既是公益诉讼，也是行政诉讼，是一种典型的客观诉讼。③ 其目的是实现环境行政的目的，维护环境法律所构建起来的秩序。环境行政公益诉讼所面临的是那些不存在特定受害人，又需要采取预防措施的环境问题。根据《行政诉讼法》第25条第4款的规定，检察机关可以提起环境行政公益诉讼。目前，根据我国的法律，只有检察机关是适格的环境行政公益诉讼主体。检察机关提起环境行政公益诉讼也存在以下几个前提：

首先，检察机关提起的环境行政公益诉讼是在其履行职责的日常工作过程中发现线索而启动。《人民检察院组织法》第21条规定：“人民检察

---

① 参见姚莉《刑事附带民事诉讼若干问题的法律适用》，《法商研究》1998年第4期。

② 参见张锋《检察机关环境公益诉讼起诉资格的法律制度建构》，《政法论丛》2015年第1期。

③ 参见湛中乐、尹婷《环境行政公益诉讼的发展路径》，《国家检察官学院学报》2017年第2期。

院在行使本法第二十条规定的法律监督职权，可以进行调查核实，并依法提出抗诉、纠正意见、检察建议。”由此可知，提起环境行政公益诉讼的线索是在履行法律监督职权的过程中发现的。

其次，检察机关在环境行政公益诉讼中的身份是公益诉讼起诉人，其诉讼地位不同于一般行政诉讼中的原告。传统上行政诉讼的原告与被告行政机关相比处于弱势的地位。但是，检察机关作为公益诉讼起诉人在证据搜集能力和诉讼能力上都比传统的原告来得强。那么有些为了保障原告诉权的诉讼权利则不宜由检察机关行使，如“利用本民族语言文字进行诉讼的权利”或“委托代理人进行诉讼的权利”等。

最后，检察机关在提起环境行政公益诉讼之前需履行诉前程序。所谓的诉前程序，就是人民检察院需要在提起环境行政公益诉讼前，向被告的行政机关发出检察建议书。只有当行政机关不履行其环境保护监督管理义务时，检察机关才能依法提起环境行政诉讼。

三 生态环境损害赔偿诉讼

生态环境损害赔偿诉讼是伴随着我国生态环境损害赔偿制度的建立而形成的一种诉讼类型。2015 年中共中央办公厅、国务院办公厅印发了《生态环境损害赔偿制度改革试点方案》。两年后试点完毕，2017 年又印发了《生态环境损害赔偿制度改革方案》。在这两份方案中，确立了生态环境损害赔偿制度的两个核心制度：生态环境损害赔偿磋商和生态环境损害赔偿诉讼。

生态环境损害赔偿诉讼是指因污染环境、破坏生态造成大气、地表水、地下水、土壤、森林等环境要素和植物、动物、微生物等生物要素的不利改变，以及上述要素构成的生态系统功能退化，国务院授权的省级、市地级政府作为本行政区内的赔偿权利人向造成生态环境损害的赔偿义务人提出赔偿磋商，当磋商不成功或不能时，向人民法院环境资源审判庭或指定的专门法庭提起的赔偿诉讼。

（一）生态环境损害赔偿诉讼的法律性质

自生态环境损害赔偿制度实施以来，生态环境损害赔偿诉讼与环境公益诉讼共同成为环境本身损害救济的重要手段。由于生态环境损害赔偿诉讼与环境公益诉讼在诉讼主体、诉讼请求和诉权基础上都有所不同，所以关于生态环境损害赔偿诉讼的性质有着不同的说法：

其一，私益诉讼说。在《生态环境损害赔偿制度改革试点方案》颁布后，有关部门负责人在解读时指出，生态环境损害赔偿制度主要是应因矿藏、水流等自然资源缺乏具体索赔主体的情况而设计，故试点方案中赋予省级、市地级政府作为赔偿权利人，从所有权人的角度来看，生态环境损害赔偿诉讼在性质上类似于私益诉讼。[①] 而且，自然资源国家所有权本身所具备的私权属性决定了生态环境损害赔偿诉讼是特殊的私益诉讼。[②] 只不过因权利主体为国家（以及授权的地方政府）故而在诉讼运行上有一定的特殊性，因此称其性质为特殊的私益诉讼。

其二，公益诉讼说。因为生态环境损害赔偿诉讼的目的是要求损害生态环境的赔偿义务人赔偿生态价值的损失部分，而非传统环境侵权中对自然资源财产价值的补偿，是从传统政府买单向损害者担责的转变。那么生态环境损害赔偿损失正是要解决生态环境自身生态价值以往被忽视和缺乏照顾的司法障碍，从这一点而言，其为环境公益诉讼无可置疑。[③] 生态环境损害赔偿诉讼所保护的而利益为生态环境本身的利益，即不特定多数人的环境利益，故所保护的利益应解释为公益，其归属于环境民事公益诉讼应无疑义。[④] 另一种学说从环境保护国家义务的角度来看待生态环境损害赔偿诉讼的性质，认为其属于环境公益诉讼。以自然资源国家所有权为基础，其请求索赔的内容会面临不完整的情形。[⑤] 相比于国家所有权视角，环境保护国家义务更强调了政府的法定职责，因而将政府主体提起赔偿诉讼之目的设定为环境公益保护更为妥当，而实现这一目的的手段，生态环境损害赔偿诉讼则应当被视为环境公益诉讼。

其三，国益诉讼说。《生态环境损害赔偿制度改革方案》将生态环境损害赔偿权利人确定为省级人民政府及其地市级人民政府，并结合国家自然资源资产管理体制改革进行了相关安排。在我国，国务院是自然资源国家所有权人的代表，地方人民政府在法律范围内行使国有自然资源管理职

---

① 参见最高人民法院环境资源审判庭编著《最高人民法院关于环境民事公益诉讼司法解释理解与适用》，人民法院出版社 2015 年版，第 27 页。

② 参见王树义、李华琪《论我国生态环境损害赔偿诉讼》，《学习与实践》2018 年第 11 期。

③ 参见浙江省湖州市中级人民法院与中国人民大学法学院联合课题组《生态环境损害赔偿诉讼的目的、比较优势与立法需求》，《法律适用》2020 年第 4 期。

④ 参见邓少旭《生态环境损害赔偿诉讼：定义与定位矫正》，《中国环境管理》2020 年第 3 期。

⑤ 参见何军等《论生态环境损害赔偿政府索赔机制的构建》，《环境保护》2018 年第 5 期。

责。这意味着，生态损害赔偿诉讼不同于由法律授权人民检察院、环保团体提起的公益诉讼，是代表国家以所有权人身份提起的国家利益诉讼，也应建立与公益诉讼既相衔接，又有区别的诉讼制度。[①]

（二）生态环境损害赔偿诉讼与环境公益诉讼的衔接

在理论上，学者们对两者的衔接及起诉顺位的设定进行了较多研究，形成了“不设置起诉顺位”“国家索赔优先、社会组织索赔为补充、检察机关润滑其中”“生态环境损害赔偿诉讼优先于环境公益诉讼”以及“环境公益诉讼作为‘口袋’，赔偿权利人可以通过转委托方式将其难以确定起诉主体的案件移交环境组织”等不同观点。[②]

无论法律性质如何，人民政府提起的生态环境损害赔偿诉讼与环保组织或检察机关提起的环境民事公益诉讼之间都存在衔接的问题，即诉讼顺位的安排。对于政府提起的生态环境损害赔偿诉讼与环保组织提起的环境公益诉讼之间的关系，目前尚无诉讼规则可以依据。在《生态环境损害赔偿改革方案》当中只是提及了鼓励法定的机关和符合条件的社会组织依法开展生态环境损害赔偿诉讼。

从司法实践的角度来看，要界定生态环境损害赔偿诉讼与环境公益诉讼的关系，首先要进行诉的识别。如前所述，对于生态环境损害赔偿诉讼的实体请求权基础有自然资源国家所有权说、国家环境保护义务说等不同认识。作为法院审理与裁判的对象，诉讼标的主要应对的是重复诉讼与诉讼标的合并问题。对生态环境损害赔偿诉讼与环境公益诉讼标的的判断应适用诉讼请求标准。此处的诉讼请求具体指的是原告针对环境污染或生态破坏行为所导致的损害事实而要求法院判决人履行一定义务的要求。[③] 若将生态环境损害赔偿诉讼限定为自然资源国家所有权诉讼，则可确立自然资源国家所有权诉讼优先于民事公益诉讼的顺位规则；若损害难以纳入自然资源国家所有权诉

① 参见吕忠梅《为生态损害赔偿制度提供法治化方案》，《光明日报》2017 年 12 月 22 日第 2 版。

② 参见程多威、王灿发《论生态环境损害赔偿制度与环境公益诉讼的衔接》，《环境保护》2016 年第 2 期；竺效《生态损害公益索赔主体机制的构建》，《法学》2016 年第 3 期；彭中遥《论生态环境损害赔偿诉讼与环境公益诉讼之衔接》，《重庆大学学报》（社会科学版）2021 年第 3 期；冷罗生、李树训《生态环境损害赔偿制度与环境民事公益诉讼研究——基于法律权利和义务的衡量》，《法学杂志》2019 年第 11 期。

③ 参见冯汝《生态环境损害赔偿制度与环境公益诉讼制度的关系》，《大连理工大学学报》（社会科学版）2021 年第 5 期。

讼救济范畴的，则应首先寻求行政救济，行政手段不能救济时，才可提起民事公益诉讼予以补充；若行政机关不作为或违法作为，则相应主体应依法提起行政公益诉讼。① 另外一种观点提到，为促使政府监管权与索赔权的优化适用，有必要对生态环境损害赔偿诉讼的适用前提予以限缩。若行政机关通过行政执法手段能够填补生态环境损害、维护环境公共利益，则理应优先适用行政手段。② 所以，应当在诉讼规则上明确以政府提起的生态环境损害赔偿磋商及诉讼机制为主，环保组织提起的环境民事公益诉讼为辅。

从最高人民法院和最高人民检察院联合发布的《关于检察公益诉讼案件适用法律若干问题的解释》第 13 条可以看出，检察机关在法律规定的机关和有关组织部提起诉讼的时候，才可以向人民法院提起诉讼。很明显，该规定认为法律规定的机关和有关组织提起的环境民事公益诉讼是优先于检察机关提起环境民事公益诉讼的。从现有法律制度安排上看，检察机关的定位基本上是清楚的，处于三个主体提起的环境民事公益诉讼的最末位，以发挥其检察权的作用。政府在提供公共产品的角色上具有无可替代的重要地位，环保组织在提供环境公共产品方面始终扮演着弥补政府职能不足的角色，而检察机关履行其法律监督职能。政府应充分调动社会各方面力量共同参与生态环境公共产品的供给，建立一个政府主导的由政府、各行各业、社会组织与公民个体共同参与的多元的供给体系，即一个以政府服务功能为核心的多元供给体系。在制度建设方面，应当将政府提起的生态环境损害赔偿诉讼和环保组织、检察机关提起的环境公益诉讼统一起来成为生态环境损害赔偿诉讼制度。当生态环境遭受损害的时候，应当首先由政府与造成生态环境损害的单位和个人进行磋商，磋商程序应当可以阻却一切针对该生态环境损害的公益诉讼。当磋商不成功时，应当由政府提起生态环境损害赔偿诉讼；若政府不采取磋商行动，则应当由检察机关督促行政机关采取行动，由检察机关提起环境行政公益诉讼或由环保组织提起生态环境损害赔偿诉讼。若政府和环保组织都不提起生态环境损害赔偿诉讼，则由检察机关提起。这样的顺位安排，既符合经济效率的原则，也与当前的制度安排相契合。

---

①　参见李兴宇《生态环境损害赔偿诉讼的类型重塑——以所有权与监管权的区分为视角》，《行政法学研究》2021 年第 2 期。

②　参见彭中遥《生态环境损害赔偿诉讼的性质认定与制度完善》，《内蒙古社会科学》（汉文版）2019 年第 1 期。

下　　编

第十章　环境法的目的和功能

生态文明、风险社会的背景，无疑对环境法的社会功能回应提出需求，同时也进一步彰显环境法之立法目的及功能发展的趋势。对环境法而言，其功能进化路径与发展方向在何方？如何科学定位，才能回应多元利益协调的需求，增进文明？才能避免环境法“功能不彰”，避免“环境法律规则越多，但秩序更少”的局面？这些疑问，引发了我们对环境法功能结构、进化路径及其发展趋势的审视。

第一节　环境法的目的

一般意义上，法律是立法者依一定目的制定的具有国家强制性与社会普遍性的行为规范。无疑，目的设定是具体法律规则制定与运行的最为基础的决定力，非常重要。

立法目的条款是整部法律浓缩的精华部分。它不仅阐明了立法的价值、理念和任务，而且在法律条款不明确时指导法律解释，在法律条文存在空白或缺陷时弥补缺陷、填补空白。立法的目的决定立法的指导思想和法律的调整方向，表达法价值追求，研究法律目的性有助于正确制定、理解和执行法律。对于立法活动活跃的环境法而言，也是如此。在立法数量上，环境法是近 10 年来中国立法活动最为活跃的领域之一，丝毫不逊色于发达国家。而且环境基本法还承担指导其他单行法制定的功能要求，而这也决定了环境基本法的立法目的必须具有明确的指导性、包容性和前瞻性。我国 1979 年制定的第一部综合性环境资源保护法律《环境保护法（试行）》颁布实施已多年，也已初步建立了以《环境保护法》为基本法，以环境与资源保护单项法律为组成的比较完善环境法体系。而新修订的《环境保护法》（2014）也在立法目的上有了明确的变化。无疑，环境立法的目的定位及其所蕴含的基本价值取向，以及建构怎样的法律制度体系去实现目的，是中国特色社会主义环境法学的重要理论问题。

一　关于立法目的的几种观点

（一）国际社会关于立法目的相关实践与探索

从各国的《环境保护法》立法目的比较看，大体而言，可以分为三种情形：一元论、二元论及多元论。当然在不同的发展阶段，也有国家（如日本）曾经在不同类型的立法目的理论之间有过徘徊与交替。

1. 情形一：立法目的“一元论”

在《环境保护法》立法目的的“一元论”定位上，典型代表就是韩国。1977 年韩国《环境保护法》的目的定位就是：“为防治空气污染、水质污染、土壤污染、噪声、振动及恶臭等危害健康，以妥当保全环境，增进国民之维护，特制定本法。”虽然，随着时代发展与时势变化，这种仅针对人体健康，以保障人体健康为唯一目的的“保护人体健康说”，在此之后也受到学者的批评。学者认为其不符合现代环境立法理念，可能会因为受到潜意识中的“人类中心主义”思想影响，而导致相应环境立法因为仅关注“人体健康”，会冲淡或忽视“环境保护”的真正核心目的，从而会走向另一面。

然而对此，韩国的 1990 年《环境政策基本法》第 2 条却对“环境优先”进行了进一步的强调。其规定：“鉴于环境质量及其保持，保护舒适的环境并且维持人类与环境之间的协调和平衡，是国民健康、文化的生活以及国土保持与国家可持续发展所必不可少的要素，国家、地方、企业和国民应当努力维护和促使环境的良好状态。在从事利用环境的行为时，应当对环境保持予以优先的考虑。在当代国民能够广泛享受环境恩惠的同时，使后代得以继承。”这一条款对“环境优先”的规定与强调，从而更进一步明确了韩国环境基本法的立法目的与宗旨。

2. 情形二：徘徊于“二元论”与“一元论”之间

也有的国家在原来的环境法立法目的的“二元论”基础上，又在总体上选择了“一元论”，从而经历了从“二元论”到“一元论”的转变。日本是其中的代表。日本的环境法立法目的经过了多次的演变，20 世纪 50 年代初爆发的震惊世界的四大公害事件直接促使了日本始自 50 年代后期的环境保护立法，并于1967年颁布《公害对策基本法》作为基本法，1972年颁布《自然环境保全法》，1993年日本颁布新《环境基本法》，《公害对策基本法》同时废止。日本1993年的《环境基本法》第一章第1条规定："本法的目的，是通过制定环境保护的基本理念，明确国家、地方公共团体、企（事）业者及国民的责任和义务，规定构成环境保护政策的根本事项，综合而有计划地推进环境保护政策，在确保现在和未来的国民享有健康、文化的生活的同时，为造福人类作出贡献。"① 因此，从日本《公害对策基本法》的目的条款的变迁看：《公害对策基本法》（1967）第1条第2款的"保护国民的健康和维护生活环境的目的与经济健全发展相协调"的规定，在日本被称为"协调条款"或"平衡条款"。这一"协调条款"表面上看是为最大限度尊重产业活动的自由，但实质运行中却深受"经济优先"价值取向的困扰，进而使"环境保护之目的"名存实亡，备受诟病。

在此之后，伴随着环境公害的日益严重、公众环保意识的不断觉醒，在公众的强烈要求下，日本1970年的64届国会修改了《公害对策基本法》。进而经过1971年、1973年和1974年的进一步修正，并删去了第2款的"协调条款"，把"协调条款"改为"环境优先"原则。以"保护国民健康和维护生活环境"为环境立法的最高原则，从而将条款变更为："鉴于防治公害对维护国民健康和文明生活有极大的重要性，为了明确企业、国家和地方政府对防治公害的职责，确定基本的防治措施，以全面推行防治公害的对策，达到变化国民健康和维护生活环境的目的，特制定本法。"从而将"保护国民健康和维护其生活环境"作为唯一的目的。② 显然，《公害对策基本法》的最初立法目的取向是将经济发展和环境保护置于同一层面考虑，即采用立法目的二元论。但其后应广大民众的强烈要求，经修正而将"保护国民健康和维护其生活环境"作为该法的唯一目的。显然，这一立法目的的选择完全不同于1967年的二元立法目的。它的确立对日本的公害治理与生态环境的保护起到了非常有力的集中指导作用。

---

① 赵国青主编：《外国环境法选编》第1辑（下册），中国政法大学出版社2000年版，第978页。

② 金瑞林教授将之称为从"目的二元论"向"目的一元论"的转变，参见金瑞林主编《环境法学》，北京大学出版社1994年版，第34页。

3. 情形三：立法目的“多元论”

相对于“一元论”与“二元论”而言，也有国家选择的是目的“多元论”。在多元的立法目的上，美国在其中具有典型的代表性。《美国环境基本法》对具体的目的/目标进行了分解细化。无论是四个目的，还是六个具体目标，都是围绕环境保护这个主题进行目标分解与细化的。同时，与“促进经济的增长”“保障经济持续发展”或“协调环境保护与经济发展”没有任何直接关联与因果关系。[①] 因此，在金瑞林先生看来，美国 1969 年《国家环境政策法》的多元目的条款与 1979 年《环境保护法（试行）》的二元目的条款有点“相类似”。不过，很显然“保护生态环境、保障人体健康、促进社会主义现代化建设”在内涵上应是不同的。因此，不能简单将之混淆视为“二元论”。如果真要进行细致的分类，其实质应该归入“多元论”。

另外，除了美国，还有其他一些国家也进行了相应的立法目的理论探索与实践。例如，越南在 1993 年通过了《环境保护法》，其在前言部分规定：“环境对于人类和其他生物的生存以及国家、民族和全人类的经济、文化和社会发展极为重要。为了提高国家环境管理的效力，加强各级政府、国家机构、经济及社会组织、人民武装部队和每一个人保护环境的责任，以保护人民的健康，确保人人都有权生活在健康的环境中，服务于国家的可持续发展目标，从而保护本国及全球环境，根据 1992 年越南社会主义共和国宪法第 29 条和第 84 条，特制定本法以保护环境。”[②] 而 1999 年 9 月，在加拿大国会所修订的《加拿大环境保护法》中，则增加了许多内容。其中包括将“促进可持续发展、污染防止、保护环境和人类健康等”作为重点目的。从而体现了该国在环境立法目的理论上“多元论”思想与导向。

（二）“一元、二元还是多元”？——我国的定位与选择

就环境立法目的的理论与实践问题探讨而言，我国学者在比较各国关于环境立法目的不同理论定位的基础上，针对我国的环境立法发展历程、资源环境及生态境况、民族与区域差异，形成了相应的不同理论定位及观点。

---

① 参见王小钢《对“环境立法目的的二元论”的反思——试论当前中国复杂社会背景下环境立法的目的》，《中国地质大学学报》（社会科学版）2008 年第 4 期。

② 本文所引用的越南《环境保护法》的法律文本是越南政府公布的官方英文翻译版本，http：//coombs. anu. edu. au/～vem/luat/english/Law-envir-protect. txt，2015 年 6 月 21 日。

1. “目的二元论”

从我国的理论与实践的关系来看，“环境立法目的二元论”的法律基础衍生于1979年《环境保护法（试行）》第2条：“中华人民共和国环境保护法的任务，是保证在社会主义现代化建设中，合理地利用自然环境，防治环境污染和生态破坏，为人民造成清洁适宜的生活和劳动环境，保护人民健康，促进经济发展。”为此，我国的环境法学界一般将该条款解释为这是关于环境法任务与目的规定：（1）保证在社会主义现代化建设中，合理地利用自然环境，防治环境污染和生态破坏，为人民创造清洁适宜的生活和劳动环境；（2）保护人体健康、促进经济发展。

因此，在此基础上，1989年的《环境保护法》第1条修订为：“为保护和改善生活环境与生态环境，防治污染和其他公害，保障人体健康，促进社会主义现代化建设的发展，制定本法。”“目的二元论”在相关单行法中也有所体现：如1982年的《海洋环境保护法》的目的条款规定：“保护海洋环境及资源，防止污染损害，保护生态平衡，保障人体健康，促进海洋事业的发展。”1984年的《水污染防治法》的目的条款规定：“防治水污染，保护和改善环境，以保障人体健康，保证水资源的有效利用，促进社会主义现代化建设的发展”等。一定程度上，在我国，“环境立法目的二元论”在理论界获得了较为广泛的认同，只是在二元目的的具体表达上有所区别。

2. “多元论”的主张

“多元论”不应简单归之于“二元论”。

总体而言，环境基本法出现于20世纪60年代，① 环境立法的目的理论也经历了从“一元”到“二元”② 甚至“多元目的”，从“单层次目的”到“多层次目的”的演化。对于多元目的主要涉及的内容，学者与实践中观点不一，各有概括，其主张内容拓展到不同层次。总体而言，多元目的主要涉及五个方面的内容：③ 其一，保护和改善生活环境和生态环

① 目前有资料可查的最早的环境基本法是1967年日本的《公害对策基本法》和保加利亚的《自然保护法》，此外产生于20世纪60年代的环境基本法还有1969年美国的《国家环境政策法》和瑞典的《环境保护法》。参见金瑞林主编《环境与资源保护法学》，北京大学出版社1999年版，第50页。

② 参见金瑞林主编《环境法学》，北京大学出版社1990年版，第34页。

③ 参见徐祥民《关于修改环境法立法目的及相关内容的建议》，《中国环境法治》2011年卷（下）。

境；其二，防治污染和破坏环境资源；其三，合理开发、利用自然资源；其四，保障人体健康；其五，促进经济和社会可持续发展。例如韩德培先生认为，环境保护法的目的是为人民造成清洁、适宜的生活环境和符合生态系统健全发展的生态环境，保障人体健康，促进社会主义现代化建设的发展。蔡守秋教授将环境法的具体目的概述为："保护和改善环境""防治污染和其他公害""合理开发、利用和可持续利用环境资源""保障人体健康""促进经济和社会的可持续发展"五个方面。[①] 吕忠梅教授认为，环境法目的是确认、建立和保护符合生态规律的环境法律秩序，保护人类健康，促进经济发展。[②] 对于上述五项目的，有的学者认为是从不同角度对环境法目的之规定，它们互相联系，互相补充，没有必要区分主次；有的则将前三项目标理解为环境法的任务，将后两项理解为环境法的目的；另外，也有主张将这五项分别归入环境法的最终目的、基本目的、直接目的、间接目的和具体目的。[③] 也有学者担心：多元论是否会致使环境法"疲于奔命、顾失彼此"。"多元论"似乎"看起来很有吸引力，会让环境法发挥更大的作用。但是从实践来看，环境法在事实上连最基本的保护环境这一最基本的、最应有的功能都没能发挥，何谈其他目标，况且这些其他的多元目标会冲淡保护环境这个主题，并将保护环境沦为其他目标的'手段''工具'"[④]。

3. 回归"一元论"的主张

正是因为有上述的担心，二元、多元的目的定位，客观上会削弱特定法律部门的独特性的同时，也会使其分心，不能充分彰显其特定目的，实现其核心功能。环境法也不例外。一部分学者认为，一定程度上，一个部门法都应有自己特定的法律目的，以区别于其他部门法律；而因此，"一元论"也就成了这一部分环境法学者的主张，只是具体的一元论内涵有所不同。

---

① 参见蔡守秋主编《环境法教程》，科学出版社2003年版，第23—36页。

② 参见吕忠梅《环境法新视野》，中国政法大学出版社2000年版，第12—35页。

③ 如金瑞林先生在其《环境法学》（北京大学出版社2003年版）中指出：《环境保护法》第一条包含了以下三个方面的内容：第一，保护和改善生态环境，治污染和其他公害，这一点是基础的直接的目的，这也是环境法的基本的任务，因而是不言而喻的。第二，保障人体健康，这是环境法的根本目的，最终目标之一，它强调人的利益。第三，促进社会主义现代化建设的发展，即保障经济社会的发展，这也是其最终目标之一。

④ 张式军：《环境立法目的的批判、解析与重构》，《浙江学刊》2011年第5期。

显然，在我国当前的时势条件与背景下，我国当前的诸多环境法律实践已表明——环境经济“一心二用”的环境立法目的，其初衷并未真正得以实现。相反，环境经济的冲突却常常使环境法运行无所适从、抉择两难。一番博弈后往往是以经济战胜环境而告终。在生态危机背景催生的我国环境法，也正是因为不恰当地背上“促进经济发展”的沉重目的重任，从而导致立法目的的错位。这种错位致使在我国相应的环境法治实践中，“环境保护基本国策”退让于“以经济建设为中心”的发展政策，致使环境法对环境保护的不力、生态环境恶化。这种境况不仅殃及环境保护目的，也伤及经济发展。“所有环境法的目的是保护和改善人类环境”，而且是“毫无疑问地”①。

二　立法目的的具体内涵

（一）“保护人体健康”内涵的体现

从最初的初衷看，为“提高人类生活质量”提供法律保障是环境立法重要目的取向，无疑，“保护人体健康”与“提高人类生活质量”具有密切联系，一定程度上“保护人体健康”就是“提高人类生活质量”的重要内容组成。这在一些国家的立法中有所体现。

保加利亚《自然保护法》（1967）规定其立法目的：保护人民健康；保护、恢复和合理利用自然界并使自然财富得以增加。② 匈牙利在其《人类环境保护法》中规定“本法的宗旨在于保护人的健康，不断改善当代人及子孙后代的生活条件……”③ 1999 年加拿大国会修订的《加拿大环境保护法》的副标题就是：“一部以促进可持续发展为目标的，关于预防污染和保护环境以及人类健康的法律。”而从德国《环境法典》的目的规定看，德国也将目标对准了生物圈以及环境的可持续利用能力，同时也强调环境保护的措施是保护人体的健康与健全。

（二）“可持续发展”内涵的体现

“可持续发展”作为一种理念与社会发展模式，已被国际社会广泛接受。在经济、社会、技术和环境保护领域得到广泛应用，成为各国经

---

① Thomas Mcgarity, “The goals of Environmental Legislation, Boston College Environmental Affairs Law Review”, Vol. 31, 2004, p. 26.

② 参见向磊《环境法目的研究》，西北农林科技大学，硕士学位论文，2009 年，第 31 页。

③ 吕忠梅：《环境法学》，法律出版社 2003 年版，第 34 页。

济、科技和社会发展的一个基本方略和指导思想。就可持续发展的定义而言，“可持续发展”在1980年3月世界自然保护联盟（IUCN）发布的文件《世界自然保护战略》中首次被提出。1981年美国农业科学家莱斯特·R. 布朗在其《建设一个持续发展的社会》一书中对可持续发展概念首次作系统阐述。① 目前被普遍接受的是1987年世界环境与发展委员会《我们共同的未来》中的界定：“既满足当代人的需要，又不对后代人满足其需要的能力构成危害的发展。”② 1992年联合国环境与发展大会在《里约宣言》中将可持续发展进一步阐释为：“人类应享有以与自然和谐的方式过健康而富有生产成果的生活权利，并公平地满足今后世代在发展与环境方面的需要。”而英国著名国际环境法学者菲利普·桑兹进一步提出“四要素”理论，即可持续发展包含可持续利用原则、代内公平原则、代际公平原则和综合原则四大组成。③ 英国著名环境法学者埃伦·波义尔则认为：可持续发展涵盖环境保护与经济发展的一体化、发展权、资源的可持续利用和养护、代际公平、代内公平、污染者付费六个主要要素。④

（三）“人与自然和谐”内涵的体现

一定程度上，生态危机与环境问题的恶化，推进了环境法的产生和发展。因此，从环境法的目的追求与发展看，除了“提高人类生活质量、促进可持续发展”外，“保护生物圈、促进人与自然和谐”也应是其中的目的。对此，许多国家也在目的条款中作了相关规定。如1969年美国《国家环境政策法》明确规定本法的目的在于：“宣示国家政策，为促使推进人类与环境之间的充分和谐；努力提倡防止或者减少对环境与自然生命物的伤害，增进人类的健康与福利；深化认识生态系统以及自然资源对国家的重要性；设立国家环境质量委员会。”⑤ 其中对

---

① 参见滕藤《中国可持续发展研究》，经济管理出版社2001年版，第2页。

② 参见世界环境与发展委员会《我们共同的未来》，王之佳等译，吉林人民出版社1997年版，第404—447页。

③ Sands, Philippe, *Pcinciples of International Environmental Law*, New York: Cambrige University Press, 2003, p. 253.

④ Birnie, P. W. A. E. Boyle, *International Law and the Environment* (second edition), Oxford University Press, 2002, pp. 86-95.

⑤ 具体可以参照《美国法典》第42卷第55章第4321条。汪劲：《环境法律的理念与价值追求》，法律出版社2000年版，第283—285页。

“努力促使推进协调人类与环境之间的生产及其享受的国家环境政策……促进人类与环境之间的充分和谐”的立法目的的明确宣示，对其他国家树立提供了模板。这与美国当时激进的环境保护运动及自然保护理念分不开。

（四）“生态安全”内涵的体现

生态安全是人类生存、发展的最基本条件，是一个国家民族赖以生存发展的基础。从自然环境的立场审视生态安全或环境安全，是指自然界能够按照自然生态规律，以自己特有的方式安全运动。这包括两层含义，第一，与人类生存休戚相关的生态环境和自然资源处于良好的或不受不可恢复的破坏的状态；第二，保障一切自然事物处于一种相对稳定的状态，不受外来力量的突发性破坏。① 一定程度上，在环境法的立法目的中，与其他目的相比，生态安全更具有基础性及决定意义。

（五）“代内与代际公平”内涵的体现

“实现代内与代际公平，使发展既满足当代人的需要，又不对后代人满足其需要的能力构成危害”是可持续发展理论核心内涵。② 也是英国环境法学者菲利普·桑兹所主张的可持续发展四大核心要素组成（代内公平、代际公平、可持续利用、环境与发展一体化）。③ 因而，“代内与代际公平”在国际上也被多国确定为国家环境立法的重要目的之一。综合而言，从世界各国的实践看，在俄罗斯、匈牙利、加拿大、法国、美国等国的环境立法中，均采取了直接或间接方式，对“代内公平、代际公平”有一定程度的表述，俄罗斯、加拿大和法国直接使用了“满足、实现或确保”措辞对上述两个目的要素予以阐述。

---

① 参见周辉、陈泉生《环境法理念初探》，《时代法学》2004 年第 2 期。

② “代内公平”（intragenerational equity）指代内的所有人，不论其国籍、种族、性别、经济发展水平和文化等方面的差异，在享受清洁、良好的环境和利用自然资源方面享有平等的权利。“代际公平”（intergenerational equity）源于 Edith Brown Weiss 教授 1984 年在《生态法季刊》上发表的《行星托管：自然保护与代际公平》论文。该文指出：“作为物的一种，我们与现代的其他成员以及过去和将来的世代一道，共有地球的自然、文化的环境。在任何时候，各世代既是地球恩惠的受益人，同时也是将来世代地球的管理人或受托人。”参见［美］E. B. 魏伊丝《未来世代的公正：国际法、共同遗产、世代间公平》（日文版），［日］岩间徹译，国际联合大学、日本评论社 1992 年版，第 33—34 页，转引自汪劲《环境法律的理念与价值追求》，法律出版社 2000 年版，第 225 页。

③ Sands. P. , *Principles of International Environmental Law I*: *Frameworks Standards and Implementation*, Manchester University Press, 1995, pp. 198-208.

第二节　环境法的功能

一　生态文明与风险社会的变迁

（一）环境问题的复杂性

环境问题在人类历史中出现得相当早，但现代意义的环境问题则是“二战”后的产物。虽然对于环境问题的起因众说纷纭：或认为起因于道德伦理沦丧与文化传统的没落，或认为起因于现代科技的使用，或认为起因于人口增加与都市化，或认为起因于外部不经济性导致的市场机能失调……但有一点大家是一致的——环境问题正步步向人类生活紧逼，其中风险社会的诸多因素，则更使环境问题进一步复杂化，就当前人类环境问题的复杂性看，具有以下几个主要特点。其一，全方位。上自臭氧层，下至地下水，大至全球气候，小至遗传基因，无不呈现令人担忧的退化或恶化迹象。其二，全因子。表现为环境的所有因子的退化或恶化。不论是大气、水、土地，还是物种栖息地、生态系统或遗传基因，都呈现退化或恶化迹象。其三，整体问题与局部问题交叉和互相促进。当前的环境问题，既有全球性如全球变暖，又有局部性如局部的严重污染事故。二者互相交叉促进，恶性循环。其四，既有突出的当前症状，又有潜在的滞后效应。[①] 当前症状包括全球变暖、臭氧层空洞、土壤退化、森林消失、物种减少等。滞后效应包括人口急增、全球变暖、生物多样性领域等的长期影响。而且其在损害性上还带有不可逆转性特点，不仅原有的良好状态很难恢复，且危害甚至持续至危及后代的健康。如切尔诺贝利核泄漏事故就使欧亚两大陆近半个地球均遭放射性危害，博帕尔事件的受害者所生育的子女就有先天性双目失明者。这些严重的危害后果都是以前的污染事件所不能比的。因此，对当前复杂的环境问题处理，仅限事后应对是远远不够的，需要全过程的战略设计。

（二）环境风险——复杂环境问题面临的新挑战

就产生原因而言，传统环境问题主要是基于索取过多、排放废物过多而导致，期限一般较短，影响范围较小，危害在短期内急剧表现出来，易

---

① 有些学者也已明确将全球气候变暖、臭氧层空洞、生物多样性锐减、泄漏风险等问题视为环境风险，并作为新型环境问题加以定位。参见 Jeanne X. Kasperson & Roger Kasperson（ed.），*Global Environmental Risk*，United Nations University Press，2001。

于预测、控制或处理。但科技的发展（如核与生物技术、有毒的人工化学品工业等）及新问题的产生（如核泄漏、SARS 病毒等），特别是有些新环境风险的产生是因为：原料并非取之于自然本身，而致使这些新技术的副产品无法被环境自然消纳，从而导致“从自然最知到自然不知”的环境问题解决及环境风险控制难题。如基因改良体可以满足当前人类的一些需要，但可能潜在的代价却是灾难性的，只不过人类尚未察觉。而其危害性一旦确证，则要将其消除恐怕十分困难，因为它不像控制某些废物一样，停止使用或回收就可使危害消除。这些原因都加剧了传统环境问题进一步复杂化，其中又主要表现在以下几个方面：

1. 不可感知性或不确定性

工业社会的危险是从一幅幅图片中显示出来的，我们能切身感知，而对于许多复杂的环境问题以及新型的环境风险，人类只能对之反映于不可感知性或不确定性中。这种不可感知性或不确定性，一方面表现在人类对许多环境问题及环境风险的发生及解决机制存在知识“薄弱点”或“盲区”，对影响后果和种种危险受害人根本无法直接感觉到；而许多风险管理决策者也只能决策于不确定性中（科技的迅速发展有时甚至加剧了这种结果）。另一方面，由于有些环境问题或风险导致的危害具有长期潜在性、问题产生与后果的间隔长期性、发生概率不确定性，甚至问题与后果间的因果关系也存在诸多不确定性（风险冲突点与发生点往往并没有明显的联系，但人们即使远离危险源头也无法幸免）。这些都加剧了人类对环境问题或风险把握的不可感知性或不确定性，进而使环境问题或风险在“潜在的、内在的”的传递与运动中，在技术发展与全球化的促进下，不知不觉逼近人类。

2. 不可预测、不可控制性

传统的环境问题因局限于一定地域和可以直接感知，风险可计量、可预测、可控制，因而一定程度上，我们可以通过相应手段予以抵御。然而，随着影响因素的日渐复杂化，欲使某一环境问题影响及环境风险程度具体化已非常困难，甚至不再可能。从而，使当前许多环境问题或风险变得极其复杂，不可预测、难以控制。环境问题或风险的长期潜伏性（如有些化学品致癌风险，潜伏期长达 20—30 年，致变后果在几代之外才得以显现），增加了管理与控制的难度；而危害的不可逆转性更反过来加剧了环境问题或风险复杂性。为此，吉登斯指出：对于人造风险，历史上没有为我们提供前车之鉴，我们甚至不知道这些风险是什么，就更不要说对风险的精确计算了。有时连风险是否存在都存有疑问，风险包含的灾难越多，危险越大，我们对与所冒风险的任何真实经验的可能性就越少。不断发展的技术和制度的完善，在为控制风险提供越来越完美解决办法的同时，也可能会带来新的更大的风险。

3. 集体性、交叉性

当前许多环境问题或风险，从危害范围看带有集体性，主要是一种集体风险；危害“大家”共同制造，后果“大家”共同承受（虽然经常是此大家非彼大家）。而对于当前许多环境问题或环境风险本身而言，一旦发生，其后果扩散速度之快、范围之广，常超出人类当前所能控制的范围。而全球一体化的“便利平台”更使危害制造者与承担者带有集体性与交叉性：如在国际贸易于交往频繁的今日，相应的危害已逐渐突破国界，A 国生产专供输出的劣质（危险）农业的第一线受害人可能是 A 国的制造工人（A1）而非输入国的农民。从 A 国到输入国的人民（A2）可能与输入国的人民同时成为该农药的第二线受害人。随着输入国向 A 国输出的蔬果而回到 A 国的农药残留，又可能使 A 国的消费者（A3）成为该农药的第三线受害人。

4. 世界性、跨区域性基础上的蔓延性、关联性

传统的环境问题及其后果是局限某个区域的，即只涉及有限的人员范围和有限的地区。而当前许多环境问题或风险已在现代化进程中变得无地域限制，具有更强的扩散性。而且从因果关系看更是相关联的，甚至是越境交叉蔓延，一种环境风险可能与另一种环境风险（或其他风险）同出一源，甚至互为原因。一种风险尽管总是遭到否认，但是它却能顽强地存在，并且会悄悄地转化，甚至转变为另一类风险。如环境风险演变成经济风险、信任风险，最终转变为政治风险；最严重时还会转变为社会风险，导致整个社会处于崩溃的边缘。正如吉登斯所指出的：现代社会，“风险环境”空前扩张，风险氛围将是弥散的、总体性的，无人能逃逸其外。而环境风险的这种既是本土又是全球的“时空压缩性”的表现，进一步证实了贝克关于世界风险社会的诊断。

二　多元利益调整及环境法的功能结构

一定意义上，法律是利益调整的工具，利益关系既是法律调整的基

础，也是法律调整的对象。而当前生态文明与风险社会背景则使利益冲突更趋于多元化、复杂化，这无疑增加了环境法之利益调整功能运行的难度。因此，如何在生态文明演进背景下，改良环境法之利益调整功能，完善环境法功能结构，优化环境法功能的运行，是我们当前所必须面对并急待解决的难题。

（一）多元利益的共生、共进、再生——生态文明的建构原则

生态失衡、贫富差距等诸多问题，既彰显了工业文明之“强调竞争与对抗的社会达尔文主义”法则的失败，也对我们原有的“效率优先、兼顾公平”发展战略提出反思。无疑，以“共生”法则替代工业文明之“优胜劣汰”法则是生态文明演进过程中所展现的最为本质的特征。生态文明将文明延展至“物物相关”的生态系统，它更为注重在系统内部解决问题。显然，这与工业文明的“借体外工具（科技）来解决系统内问题”的传统做法有重大不同。因此，鉴于多样性、共生性、循环性是生态系统和谐运行的基本特征与重要保证，我们欲要实现文明成果的“以和促生、共生共享”，使新型社会文明的运行体现“生态性”，在人与自然的和谐中建构真正的生态文明，必须遵循以下三大原则：

1. 多样性共生原则

多样化的物种是生态系统正常运行的基础，也是生态系统优化的结果，因此，欲使新型的社会文明体现“生态性”，实现文明的优化运行，必须在保证人与自然和谐的基础上，实现多元目标、多元主体的共存中的利益和谐与共生。

2. 制衡性共进原则

多样性共存的生物关系，在本质上是一种相克相生的制衡关系。这种制衡既保护了多样化生物生存时空、繁衍数量的相对稳定性、生存权利的平等性，又使这种稳定性、平等性在不断竞生中实现，从而保证物种在竞生与共生中实现进化。因此，欲使新型的社会文明体现“生态性”，实现文明的繁荣，必须在保证人与自然和谐的基础上，改变你死我活的竞争观念，实现多元主体在自足与竞争中的利益共同增进。

3. 循环性再生原则

生态系统稳定发展的一个根本原因是系统的对外开放性、内部机制的循环性、运行机制的增进性，因此，欲使新型的社会文明体现“生态性”，实现文明的演进，必须在保证人与自然和谐的基础上，建构循环再

生机制，实现多元主体在互助与创新中的利益再生增进。

（二）环境法的功能结构分析——以利益调整为基点

一切的法律，皆以保护人类的利益而存在，离开利益的要素，则法律就不能存在。为此，法律作为调整多元利益的重要工具，其与利益的关系、法律的利益分析方法，[①] 以及法律的“利益调整功能”的演进等问题得到进一步凸显自不待言。因此，在法律的理论研究中，法律的利益调整功能一直受耶林、赫克、庞德等诸多法学家关注。而社会变迁也增加了多元化利益冲突的复杂性，正如马克思指出的：“利益是有远见的。……这个世界之所以充满危险，是因为世界……是许许多多利益的天下。”[②] 根据不同的角度和标准，我们可以对利益进行不同的分类。如根据利益内容性质不同，可分为物质利益、政治利益、人身利益和精神利益；根据利益空间范围，可分为整体利益、局部利益和个别利益；根据利益时间范围，可分为长远利益、短期利益和眼前利益；根据国家结构标准，可分为中央利益和地方利益。而对于法律而言，“法律应该以社会为基础。法律应该是社会共同的、由一定物质生产方式所产生的利益和需要的表现”。因而，法律的功能及任务“在于承认、确定、实现和保障利益，或者说以最小限度的阻碍和浪费来尽可能满足各种相互冲突的利益”[③]。

为此，对环境法而言，生态文明建构的历史背景及人类社会面临生态危机的现状更使环境法之利益调整功能得到彰显。而就环境法的利益调整所涉及的利益关系而言，将涉及诸如：环境公益与经济公益、环境公益与经济私益、环境公益之间以及环境公益与环境私益之间；代内与代际利益之间、区域性环境利益与区域性环境利益、区域性环境利益与全球性环境利益等诸多利益关系束的调整。为此，为使环境法在如此复杂的利益关系束中顺利运行实现其利益调整功能，就需对环境法利益调整功能结构及其展开进行分析。对于环境法利益调整功能的运行结构而言，实际是在环境利益保护基础上整合法律权利（利益确认、扩张及或救济）、法律义务（利益的限制、剥夺或负利益）、法律制裁（利益的限制或让渡方式）等。

---

① 所谓利益分析，就是依据利益原则，揭示出人们社会活动背后的利益动因，找出利益关系所赖以表现出来的生产关系，然后从这种利益动因和利益关系出发来说明各种社会关系和社会历史现象。

② 《马克思恩格斯全集》第 1 卷，人民出版社 1995 年版，第 164—165 页。

③ ［美］罗斯科·庞德：《现代西方法律哲学》，沈宗灵译，法律出版社 1983 年版，第 76 页。

具体而言，我们可将环境法利益调整功能运行结构分为“利益确认功能、利益保护功能、利益限制功能、利益救济功能”四个层次。

在利益确认环节，如下一些问题需要得到关注：针对当前环境利益需求与其他利益保护相比处于失衡的现状，有必要通过立法、执法、司法等法律功能运行的不同阶段的利益确认，通过“及时填补利益缺损，环境公益与环境私益之间的环境公益优先保护，环境公益之间的紧缺利益优先，环境治理和综合保护的共同责任和费用的公平分担”等途径，矫正当前的失衡状态。

在利益保护环节，“全过程治理”战略是一个重要作用点。但是全过程战略的内涵必须得到进一步深化。真正科学的全过程战略首先必须实现这样的转变：其一，实现“末端的污染控制”下的预防向全过程推进。使污染控制不仅体现于事前控制、事中管制、事后强制救济过程中，更应在“积极建设”中体现预防，而不仅限于末端的污染控制。其二，从关注“污染预防”进一步拓展至“危害预防与风险控制并行”。一方面，依人类当前的能力，很难消除一切风险；另一方面，从社会的发展看，也不需要消除一切风险。有些环境风险是可以接受的，而且消除这些风险同时也就消除了风险背后的机遇及其带来的收益。以“风险控制”代之“消除一切风险”的策略也利于实现有限的资源优化配置，实现经济与环保的科学衡平。

在利益限制环节，传统环境个体责任的运行，反映了强调点源控制和末端控制的思想倾向，反映了对个体私益权的限制，并以损害救济个别化为其归属，虽然能够缓解或解决一些环境问题，具有重要意义，但明显的缺陷使其无法应对环境损害性质之特殊性（常为集体性之污染源，受害结果亦为集体性）。无疑，环境保护活动在一定程度上是一种特殊的公共消费，保护环境以保护公众共同的环境利益为重要目的，从而使环境保护的责任主体推广至全体社会成员。消费者欲“利之所生”就须“投之所取”。而“损之所归”要求体现“公共消费”补偿的责任与风险。因此，需要新型的方式以弥补传统方式的不足，如通过国家强力对外部性所造成的损失进行强制性分配（损失分散化、分担化，即环保责任分散化、社会化），使外部性分配更为合理，以弥补环境公益缺失。而这也促使社会连带责任机制走向前台。

在利益救济环节，随着生态危机的产生及诸多新型环境问题的出现，传统的诉讼途径已无法适应现实需要，单靠私益诉讼无法有效地抑制环境损害或环境破坏的行为，无法对正当利益实现有效及时的救济。因此，引入公益诉讼途径，建立公益诉讼制度，可改变法院在环境保护中的“无奈缺席”与“功能不彰”的现状，从而实现环境法的利益救济功能。其中放宽诉讼主体资格是一个重要突破口。另外，合理配置举证责任、完善专家辅助制度、公益诉讼费用的分担、适当延长诉讼时效等都是进一步改良环境法利益救济功能的重要途径。

无疑，以上结构的整合，既回应了社会对“实现环境法功能进化、矫正利益失衡、实现利益共生”的现实需求，也为环境法功能进化路径的选择与展开提供了切入点。

三 社会变迁中的环境法功能建构路径

福利的价值核心选择与社会本位的进展所带来的法律功能的又一次转向，同样也对环境法功能的演进提出了要求。而且，生态文明及风险社会的背景，更使环境法有了自己特定的功能进化路径：在彰显倾斜保护功能基础上，实现利益增进功能，实现生态文明中多元利益在和谐中的共生、共进、再生。

（一）彰显倾斜保护功能——环境法功能进化的基点

从本质意义上看，法律规则的产生是基于彰显正义的需求，而这也是法律规则与生俱来的历史使命。但是，我们首先需要作一个理性的沉思——当前的“强者立法的惯例”是否会使法律演变成束缚与掠夺弱者的利器？显然，在利益需求失衡的利益格局下，法律只有关注弱势利益保护才能充分体现公平公正。

对环境法而言，其产生与运行从根本上说是对处于弱势地位的环境利益保护的需求，特别是当经济利益与环境利益发生矛盾时。为此，邱聪智及林奇青等人曾指出：“所谓平等对立，在公害场合，则不存在矣”；“所谓公害之不平等性，乃就当事人之地位而言，亦即公害之当事人所处之法律地位不平等。按传统侵害行为之当事人，其加害人及受害人彼此间具有平等性、对立性及特定性。而公害之情形则不然，其加害人往往为具有特殊经济能力及地位之企业团体；而受害人则常为欠缺专业知识与经济能力之一般国民。”① 因此，环境法应彰显“弱势主体及弱势利益”的倾斜保

① 林奇青：《行政法学上公害之对策研究》，五南图书出版公司 1988 年版，第 42 页。

护功能，防止法律自觉或不自觉地成为“强势掠夺弱势的工具”，实现失衡利益的矫正与衡平。

（二）深化利益增进功能——环境法功能进化的定性分析

多元的利益冲突与并存是当前社会呈现的一个重要特征，而法律规则也是基于“解决各种利益冲突，实现利益衡平”而产生的，而且在传统上，法对其利益限制功能也特别关注，环境法也不例外。同时，随着环境问题向人类生活的步步逼近，更引发了人们对环境利益与经济、社会等其他利益追求之间衡平的反思，而“环境与经济利益何者优先”等惯性逻辑思维，又使环境法功能的定位及发挥陷入两难。

而要走出两难，实现视角的转换是必要的。面对当前恶化的环境问题，限制非理性、不合理的利益追求是必要的。不过，我们也应认识到，多元利益的冲突也不必然是你死我活的争夺，而且，法律的“利益衡平”功能除了“利益限制”，还有不可或缺的“利益确认、利益保护和利益救济”，更何况生态文明也对利益的“多样性共生、制衡性共进乃至循环性再生”提出了要求，也为环境法功能的进化提供了动力。需要我们创设全过程战略与法律规则，实现从“被动善后”到“综合治理及建设”的转变，在“填补规制环境破坏的法律规则、运行环境利益的限制性规则”的基础上，注重环境利益促进规则的引入及其功能的发挥。因此，现实已表明，最佳答案其实就在我们的从利益限制到利益增进的积极应对态势中。而当前的许多实证，如法律规则保护下环保产业化发展的现状，也为环境法的“利益增进”功能的发挥提供了有力注脚。

（三）拓展互助共赢功能——环境法功能进化的定位分析

环境主体的有限理性、环境资源的公共性、环境问题的负外部效应、环保的正外部效应、环境信息的稀缺性和不对称性、资源无市场和垄断、资源产权的不安全、交易费用的存在、政府决策不当与监管的不力等诸多因素，导致了环境保护中的市场与政府的失灵。市场失灵可归结为市场经济的现实无法满足自由主义的理性假设；而命令控制失灵则缘起管理机构目标异化及机构运行机制缺陷而表现出的过度刚性干预。事实证明若环境法的功能实现仅靠命令强制手段的运用，必将难以应对复杂的环境问题，导致环境行政效力不彰，无法达到应有效果；而且宏观上也会使环境执法陷入困境，有损环境法的权威与尊严，阻碍环境法价值与目的实现。

显然，就环境保护而言，不仅是环境行政机关的单枪匹马与企业的被动接受，也不仅是末端治理指导与事后追究；而必须是国家与市民社会的广泛合作，是地方社群环境自治能力的培养与发挥，是政府、非政府组织、环保企业、民间团体、地方社群自治体、公民个人等多元治理主体的互助，是多元方式的结合。事实证明，市民社会增长与培育，效能国家必不可少。同时，善治离不开政府，也离不开各主体的合作与多元利益的衡平，否则只是“善政而非善治”。因此，要实现环境善治，对中国社会最具意义的既不是个人主义，也不是社会外在于国家的独立性和自主性，而是市民社会的增长与培育，是多元主义和法治，它强调社会共同利益的关注，强调社会成员的相互平等、信任、容忍、妥协与合作，也强调社会与国家间“自上而下”和“自下而上”的连接与良性互动理性互动。

就法律保障而言，如下的诸多矛盾：环境问题与环境法律规则应变的滞后性、认知能力的有限性与环境法律规则外延的不周延性、语义的多重性与环境法律规则内涵的不确定性、“地方性知识”与环境法功能运行的不合目的性，证明环境法想要实现普适性极为艰难。一定程度上，环境法律规则的这种局限性表现，是环境法律规则在现实中付出的必然代价。从另一方面而言，也是对非法律规则——民间规则功能展现的一种呼唤，需要二者的功能互助，实现规则之间的填补、试错与契合。

可以说，“政府与市场、国家与市民社会、环境法律规则与民间自治”的互助，既是应对复杂环境问题（环境问题的时空易变性、环境侵害主体的复合性、侵害权益的多维性及其产生发展的潜伏性、缓发性、流动性、复合性）的需求，更是实现多元主体之多层次多样利益共赢状态的需要，它为环境法功能进化指明了方向。有社会利益冲突，社会存在与文明变迁才有其可能，正所谓冲突并不完全是破坏性的，它也具有建设性的社会功能。生态文明及风险社会的背景使利益冲突进一步多元化、复杂化，① 而这也为彰显环境法功能、维持文明积淀了动力，更为进化环境法功能、增进文明提供了机遇。

---

① 仅就同一个利益主体而言，每个利益主体都不是单向度的。从不同角度分，就可有不同的分类，利益主体也因利益内容的不同而各有其归属。某一特定的人可能在政治利益上归属此利益群体，而在经济利益上又归属另一利益群体。因此，法律对利益要求的表达并非绝对地只遵从某一个标准。更何况复杂的环境利益的加入，加大了环境法多元利益衡平的难度。但复杂并不等于不重要，更不能成为逃避的理由，即使当前的调整能力与方式还不充足与圆满。

第三节　社会变迁中的环境法功能运行趋势

一　影响环境法功能建构的几对范畴关系的演变

（一）“效率优先，兼顾公平”的反思

从历史看，当法律价值取向偏重于自由与效率而导致力量悬殊时，公平的呼声必然高涨；反之，偏重于公平需求而影响效率时，自由的强调又会时兴。近几百年来的西方主流思想也一直在这两极间震荡。回顾中国改革开放历程不难发现，过去20多年的发展思路更突出效率优先，强调经济增长，鼓励一部分人先富、部分地区先发展。这对于推动中国从计划经济向市场经济转型起到了历史性作用。然而，过度强调效率优先易使社会失衡，出现一系列转型与发展中的问题（如主体间存在现实不平等、贫富差距拉大、弱势利益及弱势群体形成、经济增长中出现环境质量恶化等），一定程度上，这是“效率优先，兼顾公平”政策的必然代价。但代价不能全由弱势方承担，这不合理也不公平，也将影响社会和谐与可持续。这些问题不断提醒我们：须反思“效率优先，兼顾公平”政策，调整效率与公平关系，实现“效率与公平”衡平与互动。

对法律而言，弱势群体及弱势利益产生，必然要求法律的社会控制功能作出积极回应以矫正失衡利益，实现“失败者正义”。因此，当“正义迟到或坐错位置”时，环境法作为“生态文明”重要的社会控制手段，首先面临的就是矫正“效率优先，兼顾公平”政策带来的环境利益保护失衡，彰显倾斜保护，改变环境利益沦为弱势利益的现状（城市向农村、发达国家向发展中国家的污染转移或转嫁，也使农村及发展中国家逐渐沦为环境利益保护中的“弱势群体”），从而使“环境保护法益可以不再永远沦为管线末端的弱势利益，更可以积极与经济法益等分庭抗礼”。[①] 而环境法之倾斜保护功能的彰显，也是对修正“效率优先，兼顾公平”政策，实现“效率与公平”衡平与互动的一次反思与探讨。

（二）“利益限制与利益增进”的共生

如果说，彰显环境法的倾斜保护功能是基于正义的需要，则环境法功

---

① 林明锵：《论基本国策——以环境基本国策为中心》，载《李鸿喜教授六秩华诞祝贺论文集：现代国家与宪法》，月旦出版社有限公司1997年版，第1501页。

能实现“从利益限制到利益增进”进化，则基于效率的需求。只有由效率来充填（justice as efficiency），才能使正义内涵更明确。如果说，稳定的法律秩序将为人们活动创造一个有序环境，那么过于追求严刑酷法、仅限于强制与被动服从，将会因社会秩序结构的呆板而使发展缺乏效益。显然法律也不只是为节制人类邪恶的冲动，更是一种隐含益处的力量。然而，以往法律往往强调其强制面，而忽视许多规则的存在目的在于准许，而非防止。因此，除限制性规则外，我们还需引入相应的自由选择与促进性规则，协助“善良动机”的实现，为发展注入强心剂，使法律规则运行更具有建设性与激励性。

对环境法而言，复杂的环境问题决定了除传统的“命令控制”措施外，功能运行方式更应多元。“刑罚仅是诸多因应措施的一种，由于其特性，其在诸措施中，应作为最后的手段。在制度设计上，应努力探寻各种非刑罚的政策工具与执行手段适用的可能性……应针对污染源的特色，用尽协商、限期等做法，避免动辄以刑罚相向，完全乖违环境问题的特质”。[①] 同时，“由于污染防治涉及防治科技动态发展，管制的重点最终在于如何促使该污染源改善污染状况，以达法定要求。处罚本身仅是为达到此目标的手段。管制的重点仍非处罚本身，而是再进一步促成其改善，主管机关以污染的改善而非处罚为本位的决心”。[②]

因此，面对环境资源破坏带来的利益损耗，法律救济不应只围绕责任追究与损失分配展开，利益增进也应成为功能的重要组成。正如边沁指出的：“社会应当鼓励私人的创造性和进取心。国家的法律并不能直接给公民提供口粮，它们能做的只是创造动机，亦即通过惩罚与奖励使人们产生动机，根据这种动机人们可以为自己提供口粮。法律也不能命令个人寻求富裕，它们能做的只是创造条件，以刺激和奖励人们去努力占有更多的财富。”[③]

（三）“分之正义与合之正义”的共进

正义的内涵具有历史性和相对性，随条件的改变而与时俱进。人类需要“正义”概念捕捉不同阶段的最适当内涵，处理不同时空条件的问题。

---

① 叶俊荣：《环境政策与法律》，中国政法大学出版社 2002 年版，第 131 页。

② 叶俊荣：《环境政策与法律》，中国政法大学出版社 2002 年版，第 170—171 页。

③ 转引自［美］E. 博登海默《法理学：法哲学及其方法》，邓正来译，中国政法大学出版社 1999 年版，第 106—107 页。

为此，王伯琦先生在《近代法律思潮与中国固存文化》中曾指出："正义这个概念，本身就是一个是非善恶的判断标准，而是非善恶，只有在目的上方能显露。"[①] 无论目的是什么，在传统法律的正义理念中，"分"是过去法之正义核心与维护秩序手段，我们因"分"而获得利益、得到帮助。法的功能也在利益分配中得到展现。

然而，法的功能追求仅限于"利益公平分配"是不够的，如何在"分配正义"基础上，体现法对利益共享共进的促进，实现"合的正义"是法功能的进一步追求。对此，江山先生指出："旧有的正义理念的核心是'分'，具体有分构的正义、分配的正义、交易的正义、合作有效性的正义，它们只能满足人域内部的秩序和公正需求；新兴的正义理念将缔造'人际'秩序的公平、合理，其核心是'合'，包括摄取的正义、多样性与复杂化的正义、同构守恒的正义、互养循环的正义。法律的进化取决于正义精神的进化，故弘扬一种'人在'与'自在'共享的正义理念，将是这个世界的福祉。"[②]"不知不觉中，我们又有了一些新的感觉，似乎这'分'要离我们而去，似乎我们自己也要伸出手去搀扶别的弱者：不要让生态、自然摔倒、毁败。"[③]

因此，如果彰显环境法的倾斜保护功能是为矫正失衡利益，体现"分的正义"，则"借功能互助实现利益共进，体现合的正义"将是"分的正义"基础上的进一步改良。这也将使"分的正义"真正具有生命力。特别对环境法而言，环境问题的复杂性及环境保护的现状，"彼此共存于同一生态系统"的特定调整范畴决定了"合的正义"的重要意义，更需要从主体合作与利益互助（即合的正义）视角寻求突破。生态系统及生态文明的"多样性共生、制衡性共进乃至循环性再生"特点，为环境法功能进化指明方向；同时"环境利益是一种公益、环境问题是一种公害"的特性也决定了环境问题的解决须多方共同参与与互助。要实现真正的利益增进，必须从"点、线、环、面、体"多维层面展开，从注重"点"（末端治理）发展到重视"线"（从摇篮到坟墓），再到重视"环"（从摇篮到坟墓到摇篮），再到注重"面""体"（流域治理、立体产业、生态

---

① 转引自苏力、贺卫方《20世纪的中国：学术与社会》（法学卷），山东人民出版社2001年版，第311页。

② 江山：《再说正义》，《中国社会科学》2001年第4期。

③ 江山：《再说正义》，《中国社会科学》2001年第4期。

工业园区、循环型社会等)，在多元利益互助共进中，谋求整体发展。正如法学家耶林指出的："共同利益与动机都将使他们奔赴战场——总之，他们将为共同的事业，为对恣意妄为的斗争而相互携起手来，使社会成为一个共进共赢的社会。"[①]

(四)"社会变迁与环境法功能"的互动

法之理与力在法外。"不管在什么时代，法律发展的重心，不在立法活动，不在法律科学，不在司法判决，而在社会本身。"[②] 一定程度上，法律是由社会所塑模、造型，并且随时转移来适应社会特定的目的。因此，穗积陈重先生在《法律进化论》中指出："法律进化论者，法之时观也。法现象有静状与动势二种，究其静状之原理者为法律静学，究其动势之原理者为法律动学。法律进化论，属于法律动学，与法以纵的观察，此非一时的现象，乃为继续的现象。换言之，一定之时期之法，非成于一旦，乃过去数十纪间社会的势力之积聚而成之者也。"[③] 而环境法也是在历经"农业文明、工业文明、生态文明"的变迁中，逐渐完善并发挥功能，正如叶俊荣教授指出的："环境议题就在这高度变迁时空中，不断受到试炼，也不断调适。由此而形成的环境法，也就因而带有浓厚的动态气息。"[④]

然而，需要强调的是，论及法律与社会变迁的关系，仅从"社会变迁如何影响法律"视角是不够的，需要从"望远镜的另一端"——"法律如何展现影响社会变迁的功能"来检视法律的社会变迁工具功能。因为法律运行是实践而非冥想，需回应和关注社会需要。这是法律获得生命力的源泉。为此托马斯·亚奎纳斯指出：法律是"社会的领导者，为公共福祉所制定公布的理性命令"。[⑤] 许多基本法律概念自创造后所迸发的

---

① ［德］鲁道夫·冯·耶林：《为权利而斗争》，胡宝海译，中国法制出版社2004年版，第57页。

② ［奥］埃利希：《法律社会学基本原理》"前言"，1936年摩尔译本（Eugene Ehrlich, Fundamental Principles of the Sociology of Law, forward , W. Moll trans. 1936)，转引自［美］劳伦斯·M. 弗里德曼《法律与社会》，郑哲民、吴锡堂、杨满郁合译，巨流图书公司1991年版，第12页。

③ ［日］穗积陈重：《法律进化论》，黄尊三等译，中国政法大学出版社1997年版，第7页。

④ 叶俊荣：《环境政策与法律》，中国政法大学出版社2002年版，"自序"第1页。

⑤ "an ordinance of reason for the common good made by him who has the care of the community and promulgated." qoted from W. Friedmann, *Legal Theory*, 5th ed. , Columbia University Press, 1967, p. 108.

活力以及导致社会及经济的反应，经常会远超出这些概念设置的最初动机。而且，法律功能的运行不能只自足于“反映了一般道德水准或行为准则为社会所接受”，它更是一种具积极引导力的能够促进社会进步的工具。对环境法而言，亦是如此。当环境法功能的进化问题置于社会变迁背景中研究时，也应从以下两个方面展开：其一，社会变迁如何影响环境法功能，并促之演变；其二，环境法如何通过功能变化影响社会变迁，真正在社会文明演进中实现功能进化。当然，借社会变迁视角，也有利于把握环境法功能的运行趋势。

二　社会变迁中的环境法功能运行趋势

把握环境法功能进化的脉络应从现状及将来发展去摸索，而不是仅以历史发展的综述为满足。历史之所以有意义，不在于认识历史事实，而在于以古喻今，古为今用。因此某种意义上，我们可以说，“历史存在的另一重要使命是为发掘当代的潜在可能”。而且本杰明・N. 卡多佐也指出，法律有如旅者，须为明日而准备。它必须具备成长的原则。对此，穗积陈重先生也曾构想在《法律进化论》总目之下分为“法源论”和“法势论”两部。因此，顺着“法势”的视角分析，环境法功能的运行模式将呈现如下趋势。

（一）重视全方位之预防

从环境法功能运行的时间段看，我们可分为“事后制裁与事先预防”两个层次。从历史发展进程而言，以往由于社会结构简单，所发生的问题单纯，因此，法律功能定位一直停滞于“排难解纷”，为消极维持社会的既存状态而发挥法律之事后防堵功能；功能的运行多限于消极的社会防御，其中“积极的社会引导”功能并未得到充分发挥，环境法规的构成多属“反应性的而非预防性的”，整个环境法体系也因最前端的“预防性”法规构成相当薄弱，中后端相对肥大形成貌似三角形的不协调形状。

然而，随着人类步入“生态文明”与“风险社会”阶段，环境问题或风险的长期潜伏而使问题变得复杂，增加了管理与控制的难度；而危害的不可逆转性更反过来加剧了环境问题或风险复杂性。因此，纯粹“排难解纷、事后制裁”已不足以应对层出不穷的复杂环境问题，不能满足社会对环境法功能运行的需求。而且，如同医学上所谓的“预防胜于治疗”，经由法之事先引导与防范，比问题发生后再谋法律救济更为重要。

因此，将环境法功能的运行推进至事先预防的层次，走出“被动的末端应对”，“决策于未来，建设于全过程”，实现“从公害治理到整体性预防”的转向是社会发展的必然。因此，美国为落实环境预防的理念，甚至专门制定环境预防法（environmental prevention act），而我国也专门制定了《环境影响评价法》等“预防性”法律法规。更何况，“安全好于后悔”[①]、运行成本以及环境损害的不可逆转性等因素更使“事先预防”成为今后环境法功能推进的重点领域。

（二）关注多元主体之互助

城仲模先生在《二十一世纪行政法学发展新趋势》中指出：“时至今日，已无‘治者’与‘被治者’之分，过去的单方高权行政与社会分配责任，早已被‘行政伙伴’与‘责任伙伴’所取代。”这表明了社会变迁给行政法功能运行所带来的变化，而这种变化在“环境保护的公益性、环境问题的公害性”特征面前，表现得更为明显。因为，环境利益享有的公共性与非排他性，决定了将环境问题的解决完全托付于市场是不可行的。而依传统观念将其视为政府及公共部门（公用事业）的专有责任，也同样会因理论上的缺陷以及实践中的尴尬而陷入政府失灵。更何况，政府环境政策的制定虽依托于公民舆论和运动，但由于力量的悬殊，往往致使环境法律与政策的制定不能完全从“弱势、弱者”视角出发。

政府与市场对环境问题解决的“失败”产生了环境善治的需求，也促使市民社会力量的引入成为环境治理的制度内核，公众应参与到“从环境资源保护到利益分享的整个过程”，在互助合作中保证公平、公正和有效。特别是当人们面临大气臭氧层破坏、地球温室效应、生物种类灭绝、污染跨界等环境问题时，合作型环境治理就凸显出现实的紧迫性。显然，就环境保护而言，不仅是环境行政机关的单枪匹马与企业的被动接受，也不仅是末端治理指导与事后追究。而且，治理需权威，但权威不一定是政府；善治离不开政府，更离不开各主体的合作与多元利益的衡平，否则只是“善政而非善治”。而这就必然要求环境法在确认不同主体的法律地位及相应资格上发挥功能，促使多元治理主体的互助合作（包括政府、非政府组织、环保企业、民间团体、地方社群自治体、公民个人

① Matt Ridley, The Learning Society, http: //europa. Eu. int/comm/research/quality-of-life/genetics/en/proceedings-Os03. htm, 2002/07/27.

等)，促进多元主体的“自上而下”与“自下而上”互动，实现环境治理的从统治到治理再到善治的转型。

而若对环境法的变化有了这方面的认识，我们也就不难理解为何穗积陈重先生会把法的发展变化作如下几个阶段的划分：“第一期为绝对不知法的知识之潜势法时代；第二期为禁止民众知法之秘密法时代；第三期为对于国家机关命其知法，对于民众许其知法之颁布法时代；第四期则为民众要求知法之公布法时代。”① 穗积陈重先生的这四个阶段的划分，实质上表述的就是民众之法律地位及相应资格在法律功能运行中的时代变化，特别是在“公布法时代”，民众要求知法的状态充分体现了穗积陈重先生对法功能运行的“国家与民众良性互助状态”的追求。

(三) 促进多种方式之整合

毋庸置疑的是，若仍仅限于“致害人单线防止”、单一命令控制手段，则面对“复杂的环境问题”，环境法只能面临这样一个结局：功能运行的效力不彰，甚至是“立法数量越来越多，越来越严厉，但效率越来越差”，不能满足生态文明对环境法提出的功能要求。因此，要充分彰显环境法的功能，必然需要在环境法功能的实现手段上做足文章，体现多元实现手段的整合。这里所指的方式多元整合，包含以下方面的要求：

其一，它意味着主体的从“单兵应对”到“联合作战”的转变。这种转变要求环境行政机关、司法机关、其他组织、公民个人之间的互相补充与促进，特别是公众力量的发挥。为此，柯泽东教授指出：“现代社会，国民（包括社会团体）乃社会消费大众，对自然或文化环境破坏及对公害之产生，直接间接不无关系，故国民对环境保全之遵守及努力之意愿，可谓最普遍、最广大之第一防线。”②

其二，它意味着多元手段的“自上而下”与“自下而上”互动。对于该问题，我们从当前的很多用词与相关表达中就可以充分感受到：柔性规制方式增多，“民间参与”、“合作国家”（cooperative state）、BOT（build-operate-transfer）的普遍化、“公营事业或公共行政事务民营化”、“公私协力”理念、瘦身国家、供给行政、社会行政、助长行政、行政任

① 城仲模：《二十一世纪行政法学发展新》，《法令学刊》2001 年第 12 期。

② ［日］穗积陈重：《法律进化论》，黄尊三等译，中国政法大学出版社 1997 年版，第 5 页。

务私法化、“苗条行政”（lean administration）与“安定性弹变性”二者间的取舍抉择、“从个人主义、自由放任转化成今日个人、社会、国家三位协同一体”等。

其三，它意味着相关理念的变化。如对经济价值之外的环境价值的认定、责任追究机制的“惩罚与利益填补”的并行、责任内容的“损害赔偿和环境因子复原与重建”的结合、致害人赔偿到社会集体预防（基金的设置）、责任社会化机制的运行等。这种多元方式“联合作战”状态下的“社会层层设防”战略的转变，既是现实社会对环境法功能运行提出的进一步要求，也为环境法功能的进一步完善指明了路径。同时也体现了前文所述的“合的正义”的内涵需求。

（四）强调科技成果之运用

环境法与其他法律部门相比，它的科技性特征更为明显。环境以生态为重心，而生态又必须以自然科学为控制和管理的依据，因此，环境法要实现对环境保护社会关系的调整，必须与环境科学技术紧密结合，体现自然规律特别是生态科学规律的要求，这些要求往往通过一系列技术规范、环境标准、操作规程等形式体现出来。环境法中经常对技术名词和术语赋予法律定义，并将环境技术规范作为环境法律法规的附件，使其具有法律效力。同时，相关的环境执法和司法过程也同样需要科学技术的保证。

而且，就环境法自身而言，环境法不是一种纯粹法律概念与抽象的条文，它作为可执行之法律，应是具体且明确的、有效果的，因此，环境法所要求的相关之污染防治及方法应与现阶段科技发展程度相吻合，体现社会发展的要求。若科学技术运用不当导致人力物力浪费，或因科学技术条件不足而使环境法规执行不能，都将导致环境法的功能不彰。

因此，促进环保科学技术完善、充分运用现有的科技手段，将成为彰显环境法功能的一个重要方面。当然，如何避免“将环境法律规范与环境技术规范等同”，避免“以环境技术规范代替环境法律规范，法官唯技术者是赖，法律论为科技之工具”的状况，也将是在环境法律规范与环境技术规范结合过程中所需要思考的问题。

（五）回应变迁社会之需求

需要强调的是法的建构与运行是实践的，法学是一个非常实际的学科，它的主要问题是实践的，而不是思辨的，是由社会构成的、给予的。为此，庞德先生指出：“对过去，法是文明的产物；对现在，法是维持文明的工具；对未来，法是增进文明的工具。”[①] 在21世纪中国社会转型、社会秩序及其合法性重建过程中，各类型问题不仅复杂，而且相互关联，可谓“牵一发而动全身”，一系列复杂的环境问题以及风险社会日渐向人类生活的逼近，这样的社会背景更不允许我们脱离社会实际，将环境法规则视为一种抽象法律概念的堆积，建构成一种形式化的命题和概念体系。甚至存在这样的一个误区：不是强调法律回应社会，而是要求社会来回应法律，不顾中国环境保护现状，先人为地和有计划地创造一种法律秩序的模式，然后希望以国家强制力强行将社会现实装入该模子，从而导致环境法的设计及运行与社会实际格格不入。因此，必须由法外着眼，走出法律本位主义的误区，在“法功能的运行促成社会变迁，社会变迁促进法功能进化”的氛围中，走出环境法效力不彰的困境。因为环境法作为一种法，需要回应和关注的是社会的需要，而且回应社会也是环境法功能获得生命力并得以展现的源泉。对此，牧野英一也在《法律上的进化与进步》中深刻地表明：一方面，“法律系由于社会生活之结果而成立之状态”，即法律是社会的事实；另一方面，“法律系支配社会生活而行之者”。作为社会的规范，法律随着社会的发展而不断发展，因此，牧野英一主张“法律解释的解放”，即“社会的解释，系从新社会的理想运用法律之意，系以新社会的理想代替法律制定上、事实上之趣旨而推度法律之适用者，而所谓法律之缺陷同时亦借此新社会的理想以填补之也”。由此，“社会诸势力之平均关系，一有进化，法律即亦随之而进化焉”。[②]

当然，在回应社会的进程中，环境法还应突破法学学科界域的限制，加强与其他学科（如环境科学、社会学、经济学、政治学、医学等学科）的融合，以充分体现综合性特征。避免因狭隘的“门户观念与文化山头主义”而割断与其他学科的联系，从而致使“法律专业人员不能从其他角度去分析问题，形成法律本位主义，甚至不能从法律的整个制度去审度情势，形成法律末节主义”[③]。

因此，由法外着眼，走出法律本位主义，更强调回应社会，注重与其他学科的交流与融合。对此，叶俊荣教授也指出：“环境法研究逐渐走向

---

① 柯泽东：《环境法论》，台湾大学法律学系法学丛书编辑委员会1999年版，第16页。

② ［美］罗斯科·庞德，《法律史解释》，邓正来译，中国法制出版社2002版，第37页。

③ 参见［日］牧野英一《法律上之进步与进化》，朱广文译，中国政法大学出版社2003年版，第1、60—62页。

政策分析及科技整合的方向，纯粹法律概念式的分析逐渐减少。……从高度抽象的理念，转移到具体环境问题的分析与解决。”① “做到‘线’与‘面’的考量，以有效提高环境法的功能品质，避免功能发挥之障碍。”②

需要指出的是：如果说生态文明对环境法提出了特定的功能要求是“命”，是“先天命定”的话，那么在研究“法势”的基础上，在“社会变迁影响环境法功能进化、环境法功能进化影响社会变迁”的互动中，根据其运行机理进行“后天的积极建构与创设”就是一种“运”。而如果我们有了理性把握“命与运”的保障，将有助于通过民主与功能互助，矫正环境利益保护的失衡，避免“功能不彰”与“环境法规则愈多，但秩序愈少”的境况，从而在和谐与民主中实现多元利益的共生、共进、再生，进而谋求国民的最大福利。

---

① 黄维幸：《法律与社会理论的批判》，时报文化出版有限公司 1991 年版，第 11 页。

② 叶俊荣：《环境政策与法律》，中国政法大学出版社 2002 年版，第 16 页。

第十一章　环境法本位和环境法的人文精神

第一节　环境法本位

一　环境法本位理论之争

（一）环境法本位概念

“本位”这一概念起源于政治经济学，将其引入法学研究，确立某个概念作为法律的“核心理念”，其意思可以延伸为三点：（1）它是整个法律的根据，是衡量法律优劣高低的基本标准；（2）它是在整个法律体系中带本质性、根本性的规定；（3）它在整个法律体系中带有导向性，既是现行法律制度的根据，又是法律今后发展的方向。所以，法的本位应该是指法的逻辑起点和立法取向，是法律制度的出发点和归宿。它是一个价值判断，即法律本位是对法律调整系统价值指向的一种比较通俗易懂和约定俗成的概括，是指在两种或两种以上价值目标中的侧重点，表明一个法律体系的终极关怀是什么或应该是什么的问题，是法的立足点之重心。例如，“金钱之借用人应依约定期限返还其金钱”，此为义务本位之法律，而“金钱之贷与人得请求返还其金钱”则为权利本位之法律。[①] 这两个条文从约束行为的效果看几乎相同，但实际上反映了隐藏于立法者心中的理念。

法的本位适用于两种场合：其一是“纵向”的法本位，即考察不同历史时期的“法思想”。由于不同历史时期法律所属的国家类型不同或同类型国家的发展阶段不同，所以，不同时期法律代表的利益也不同。迄今为止，人类社会的“法本位”经历了国家（义务）本位、个人（权利）本位、社会本位的演变过程。其二是“横向”的法本位，即考察同一历

① 郑玉波：《民法总则》，三民书局 1979 年版，第 54 页。

史时期的不同部门法本位的情况。此时，法的本位就是“部门法的本位思想”，它是“体现在这个法律部门中解决社会矛盾的基本立场”①。本书所阐述的法本位概念应属第二种情况。

法本位的根本特点是其价值导向性。在法价值观体系中，它是指带有本质的、根本性的价值导向，表明一个法律体系的终极价值关怀是什么或应是什么的问题，并由此导致不同法的立法目的、立法任务、作用的社会关系领域均不同。例如，民法以权利为本位，它以保护平等民事主体的人身、财产权利不受非法侵犯为重心，着眼于权利的保障和实现。而行政法却以国家为本位，关注的是行政权的有效运行，以致维持整个国家机器有效运作。正如孟德斯鸠所说：“政治法是以国家的利益与保全为目的。”②价值不同于真理的特征之一在于它体现了主体的选择。也就是说，在法所确定的权利性规则和义务性规则背后，实际上存在着立法主体的需要和愿望。通过法，把一定的行为可能性与必要性确定为权利和义务，正是反映了主体的价值判断，表现出法律主体需要什么、赞成什么、反对什么的价值取向。因此，也就存在着不同部门法的法本位必然不同。“正因为价值的选择性，使它对于人类的活动产生了巨大的影响。价值一旦选定，就成为人们具体实践的起点，并规定未来实践的内容和发展方向。”③

纵观环境法教材、专著或论文，大多数学者论及环境法本位问题，总是只谈及法本位的概念。例如，“法的本位，是指法的基本概念或法的基本目的。在一国的法律体系中，由于不同部门法的立法目的、立法任务、作用的社会关系领域的不同，各部门法的本位是不相同的”④。隐含之意是环境法本位是环境法这一部门法的本位问题，是法本位的下位概念，无须赘言。目前，对环境法本位明确定义的只有一位，他认为“法的本位即法的基本目的，是包括自在法在内的法以一定价值观念为指导，通过制度设计，组织机构的设置和法本身的运行来实现的终极目标。环境法作为法的分支，环境法的目的即环境法的本位”⑤。对于此种概念，我们不敢

① 李昌麒：《经济法——国家干预经济的基本法律形式》，四川人民出版社1999年版，第225页。

② 姜明安主编：《行政法与行政诉讼法》，北京大学出版社、高等教育出版社1995年版，第4页。

③ 孙万鹏：《选择学》，山东人民出版社1992年版，第130页。

④ 吕忠梅：《环境法新视野》，中国政法大学出版社2000年版，第48页。

⑤ 范连星：《试论环境法的本位》，《晋东南师范专科学校学报》2001年第3期。

苟同。环境法的本位与环境法的目的应该是两个层面的概念，环境法的本位是实质环境法的基础，它只能是那些稳定性的因素，而环境法的目的则是政治与时代烙印很强；环境法的本位具有高度的抽象性，而环境法的目的则是环境法本位与其他一些非环境法本位因素如政治因素博弈的产物。当然，二者也有联系，环境法本位是环境法目的的上位概念，环境法的本位指引环境法的目的，环境法的目的体现环境法的本位；同时通过环境法目的的理论修正与具体实践，对完善环境法本位又具有推动力。

环境法本位是法本位之一种。遵循前述法本位概念，我们认为，环境法本位是指环境法的逻辑起点和立法取向，是环境法律制度的出发点和归宿，体现着环境法律体系的终极价值关怀。

（二）环境法本位观点分析

21 世纪初，我国环境法学界开始关注环境法的本位这一主题，学者们围绕着“环境法律规则设定路径选择的合理性问题”[①] 提出了环境权利本位论、环境义务本位论和环境权力本位论等不同观点。环境权利本位论主张环境法应以环境权为基石范畴，环境法律制度体系的构建应主要着眼于环境权利的保障和实现；[②] 环境权利是实现环境法目的最为核心的手段，环境义务从属于环境权利[③]。环境义务本位论是在对环境权利本位论进行“批驳”的基础上提出的，[④] 主张环境法应主要通过为各类主体普遍设定环境义务的模式来限制对环境资源的过度开发、利用，从而实现保护环境的目的。[⑤] 环境权力本位论主张当代环境法应以环境权力为本位，环境行政权力是当代环境法实现环境保护目的最经济也是最通行的办法。[⑥]

环境法本位的理论争议导致了学界在法律规则层面对环境法保障手段

---

① 张祥伟：《环境法研究的未来指向：环境行为——以本位之争为视角》，《现代法学》2014 年第 3 期。

② 钱大军：《环境法应当以权利为本位———以义务本位论对权利本位论的批评为讨论对象》，《法制与社会发展》2014 年第 5 期。

③ 王小钢：《义务本位论、权利本位论和环境公共利益——以乌托邦现实主义为视角》，《法商研究》2010 年第 2 期。

④ 李艳芳、王春磊：《环境法视野中的环境义务研究述评》，《中国人民大学学报》2015 年第 4 期。

⑤ 顾爱平：《权利本位抑或义务本位——环境保护立法理念之重构》，《苏州大学学报》（哲学社会科学版）2010 年第 6 期。

⑥ 吕忠梅：《环境权力与权利的重构——论民法与环境法的沟通和协调》，《法律科学》2000 年第 5 期。

的“单一化”解读：[1] 如环境权利本位论从“权利—义务”维度出发，主张环境权利是环境法保障环境利益的核心手段，环境义务来源于、服务于并从属于环境权利，极少论及环境权力的内容；环境义务本位论主张“权利路径面对人类环境危机无能为力，通过赋予主体环境权的方式不可能实现可持续发展”[2]；而环境权力本位论则主要肯定环境行政权力的核心作用，没有关注到环境权利、环境义务的讨论。这些观点均存在单方面突出环境权利、环境义务抑或环境权力在实现环境法目的中的作用，未承认环境法的“多元化”保障手段，更未关注各手段间的配合，极大地限制了环境法律规则的合理构建及有效运作。

二　当代中国环境法治的实证分析——“义务本位”

立法、执法与守法并不是单纯的法律实践活动，每一个国家基于政治结构、法律传统，以及经济、社会、文化等因素的不同，在立法、执法与守法中表现出的规范与实质有着相当的差距，从而表现出不同的法律本位。

（一）环境立法中“义务本位”的表征

1. 环境立法内容中的“义务本位”

首先，注重环境行政权力设置，形成环境保护中的权力本位。虽然由于环境公共物品的性质，各国环境保护在某种程度上均具有政府主导的特征，但我国环境保护的政府主导型尤其明显。例如《宪法》第 26 条、《环境保护法》第 6 条的规定。此外，《大气污染防治法》《水污染防治法》《土地管理法》等单行法也作了类似规定。这些规定主要侧重在国家的职责上，包括现场检查、调查取证、行政处罚、征收环境资源税费、审批发证、组织污染治理、进行环保设备检查、环境产品认证、扶持环保科技和环保产品的研制和推广等，造成了环境行政管理权地位的绝对中心化，公民和企业在环境保护中权利的行使受到行政部门的左右。在我国环境立法中，存在着诸多部门规章和地方政府规章，而这些规章的制定者（国务院各部委或地方政府），本身又是环境行政执法者。因之，一些行政管理部门在立法时，不是基于对环境关系的科学调整，而是根据部门管

---

① 何佩佩：《环境法本位的反思及环境法多元化保障手段》，《政法论丛》2017 年第 6 期。

② 胡中华：《环境保护普遍义务论》，法律出版社 2014 年版，第 69—75 页。

理的需要，从本部门的利益出发，过多地强调本部门的职权而忽视本部门应尽的义务，特别是将本应由市场或者行业组织来调整的事项也纳入自己的职权范围，导致政府与市场、政府部门与部门之间职权重叠，所制定的法律难以实施。

其次，对于公民环境权利规定很少。例如《环境保护法》第 57 条、第 66 条虽然规定了与环境污染和环境破坏有关的公民检举权、控告权和赔偿损失请求权，但这些属于消极的权利，一般是公民在自身受到环境侵害的情况下进行救济的手段。从法理角度来讲，权利一般只有成为决定当事人利益的审判规范时，才具有能够实现的终极意义，也才具有了法定性格的标志。而上述法律规定虽涉及公民保护环境的权利，但过于原则尤其是对公民环境权的规定更为笼统，只是作为一种宣言性的规范加以确定，受害人无法直接援引来请求司法救济。

2. 环境立法程序中的“义务本位”

立法程序的民主化、科学化暗含着对公民权利的实质性尊重。在环境立法程序中，我国已做了一定努力，如在法案的起草阶段，广泛征求各民主党派、社会团体、专家学者特别是相关利害关系人的意见，吸取专家学者参加法案的起草，甚至委托专家学者起草法案；在法案的讨论阶段，公布法案文本供公民讨论，召开听证会、论证会等，以尽可能多地听取各方面的建议和意见，做好协调工作；法律公布以后，对多数法律法规进行广泛宣传、教育和学习，使人们了解、掌握相关法律的主要内容等以努力保证公众参与环境保护的权利。但是为了应付环境立法迅猛增长，尤其是 2015 年设区市有地方立法权后的情势，环境立法活动普遍以提高立法的“效率”作为首选。同时，各环境行政管理机关往往既是法律的执行者又是法律草案的制定者和提议者等诸如此类因素影响了环境法律制定的客观性、公正性，造成以部门利益、地方利益为中心的“部门立法”“地方立法”。此外，立法的审议过程很少公开，缺少民众参与，即使有所谓的“公民旁听制度”，也由于旁听者的建议权没有制度保障而形同虚设。所以说，现行立法程序虽然比以前细致合理，但基本上仍保持着一种“计划型”和非民主的特点。

（二）环境执法和守法中“义务本位”的表征

1. 环境执法中“义务本位”的表征

由于环境立法中政府环境行政权力的任意扩张和公民权利设置与保障

的不足，导致环境执法过程中存在着明显的“权力—权利失衡”。

首先，环境行政管理权力分封。“分封”的实质是物化的权利，不经过社会民众的合意，从上至下的一种权力派发，从而形成管理者内部权力结构的利益均沾，而社会其他成员只能被动服从，与自己的权利形成隔离状态。例如，水资源管理中的“多龙治水”便是一个典型的例证，它不但破坏了生态环境的整体性和跨区域性，而且由于权力分封导致“七八个大盖帽，管不住一个破草帽”。这种权力分封恰恰是从国家本位、部门本位角度立法，忽视了对公民参与环境保护权利的规定，致使环境法中许多法律实施的结果与立法目的背道而驰。更为严重的是，政府权力过大容易滋生腐败，出现管制理论中所描述的自肥现象。其次，环境执法过程是明显的利益衡量过程，环境行政机关拥有更多的自由裁量权。在执法机关与义务人的博弈中，除了执法技术方面的问题，执法机关掌握有最终的决定权，法定权利主体的权利能否得到保护在很大程度上要看行政执法权力的运作。从部门职责功能上区分，具体的环境行政执法机关（主要是各级生态环境和资源与规划管理部门）有很强的专业性和自由裁量权，利益衡量的过程中更有可能发生权力的交易，这种交易当然以经济实力为后盾。因此，污染企业或环境破坏者很容易成为利益衡量中的赢家，而公民尤其是环境问题受害者（弱势群体）的权利则通常成为权力交易的牺牲品。

2. 环境守法中“义务本位”的表征

公民意识在本质上必须与民主政治和市场经济相适应，以平等、自由为轴心的正义价值追求理性自律精神，并呈现合理性意识、合法性意识和积极守法精神的三元内在结构。在实践中，守法对于任何公民来说是必不可少的法定义务，固然是应当的。但这种守法不是自发形成的，而是在政府强制力后盾下的守法，它的实际效果并不理想，因为“如果没有自发性服从，政府靠强制性在任何时候最多只能执行全部法律规范的3%—7%”①。“一个切实可行并有效的法律制度必须以民众的广泛接受为基础，而相当数量的不满和反对现象的存在所标示的则是法律的一种病态而非常态。”② 法治国家的目标是以权利为本位，首重权利是必然的价值选择。

---

① ［德］柯武刚、史漫飞：《制度经济学——社会秩序与公共政策》，韩朝华译，商务印书馆2003年版，第167页。

② 赵震江主编：《法律社会学》，北京大学出版社1998年版，第358页。

以权利带动义务的履行，是所有法治或法治国家都在努力的目标。如果片面地强调守法义务，就难免会忽视了权利。

同时，由于中国两千年的漫长的封建社会高度中央集权的专制统治及根深蒂固的人治传统思想的影响，我国公民习惯于对权力的服从，对政府的依赖。权力扩张情况的发生，除制度性因素外，一方面体现了权力本位和特权思想的巨大惰性；另一方面，表明了权利主体对法上权力、法外权力及权力的非合目的性运作的宽容。有关调查显示，中国民众往往误将民本主义和开明专制当作民主，法制意识不强，并具有一定程度的“权威人格”倾向。[①] 同时，也表明了权利主体对自身自由和权利某种程度的疏忽。“权大法大”的怪圈，难免造成对权力本位意识的强化和法治观念、公民意识的淡化乃至遏制，给权力制约和人权保障的现实化带来障碍。

（三）环境法“义务本位”之辩证思考

1．“义务本位”环境法在一定程度上的优势

在现代民主国家中，政府的功能在于管理公共事务，维护社会公平和调节社会经济运行，这主要是基于政府管理手段的强制性和宏观性。尤其是在环境保护中，由权力决定和支配下的“义务本位”更体现了其在一定程度上的优势：

首先，由于行政机关的专业性和理性化特征使其成为环境保护活动中最有效率的工具。各国在此方面均赋予行政部门更多的权力。20 世纪 80 年代中期以前，美国相关法律法规对于环境保护主管机关管理的内容、范围以及时机选择均赋予了大量的自由裁决权。

其次，环境问题的整体性、长期性、复杂性以及跨区域性等特点，客观上需要一个完整的环境保护系统，而且必须是隶属性严格的行政系统。这样可以保证全面的和经常的监督和管理，是控制环境危机的主要手段。

再次，由于环境问题与人类生存的直接相关性，使得环境保护从一开始就以群众运动的面目出现。公众对于各项具体权利的要求均对政府构成极大的压力，影响到政权的存在。但是，正如哈耶克所言，“只要政府的权力是有限的，那么这些权力也就不可能使政府去承担促成某种特定事态

---

① 闵琦：《中国政治文化——民主政治难产的社会心理因素》，云南人民出版社 1989 年版，第 138—142 页。

的义务。我们所能要求的只是在政府采取行动的范围内，它应当以正当的方式行事"①。这种情况下，政府首先会将环境保护上升为政治问题加以审视，外化为行政权力。而这种行政权力能够代表社会保护环境，可以为环境利益提供更为全面和充分的保护。

最后，环境法作为一种为实现公共利益而存在的法，所调整的社会关系与生产生活的密切联系性决定了环境资源法的内在本质是环境资源保护与国家行政权力的结合。② 环境法中的公权利与其他公共权利一样，需要行政机关的积极行为方可实现。公众环境权利不是通过国家机构之间的相互制约和对国家能力的控制，而是通过行政机关的积极行为和对资源的再分配而取得的。

所以，在环境保护中一定程度上由权力支配和决定是必要的。如果一个负有保证权利和自由义务的国家，因缺乏必要的权力而软弱无能，那么，这种国家就只能"拄着拐杖蹒跚而行"，社会就会陷入恐惧和危险状态，权利和自由也就失去了一个安全的储藏所。③ 同时，保证公权力的合法权威性对于确保民主与法治的稳健有序推进，也是十分必要的。例如，日本环境法的基本特点之一就是授权，授权政府：制定环境质量标准，明确国家环境质量目标；制定污染物排放标准，实行污染物总量控制；控制国土的开发利用，建立健全环境监视、监测制度；制定公害防治规划，采取环境综合整治措施；建立公害防治事业费企业主负担制度；建立健全环境影响评价制度；制定公害防治事业国家财政税收上的特别措施和优惠政策；建立公害纠纷处理制度，惩治公害违法犯罪行为；建立公害病的认定和公害受害者的补偿救济制度。④ 此外，环境法作为管理法，必然要设定众多的义务。义务的约束性，可表现为其对主体权利的明显度量性，服从这一度量标准则是权利，任由主体处置；而违反这一度量标准，则是违法，不但是利益的失去，而且会加倍地付出利益。例如环境法规定了工业排污的限度，即一些禁止性义务，其目的是保障人们享有环境权。然而，工业排污者无视这些义务，造成了越来越严重的环境污染。这是权利过度

① ［英］哈耶克：《正义：法律与权利》，邓正来译，《环球法律评论》2001 年春季号，第 80 页。

② 吕忠梅、高利红、余耀军编著：《环境资源法学》，中国法制出版社 2001 年版，第 25 页。

③ ［美］爱·麦·伯恩斯：《当代世界政治理论》，曾炳钧译，商务印书馆 1983 年版，第 51 页。

④ 赵国青主编：《外国环境法选编》，中国政法大学出版社 2000 年版，第 975—976 页。

化的自然代价，与此对应的是必须对污染者施加人为的代价。本质上这所表明的依然是以权利为目的。而且，这也是权利另一个重要属性——“涉他性”的表现。权利的“涉他性”是从人的社会属性角度出发本真地把握权利的特征和属性，即权利在实现过程中，它不是自足的，不能够自己实现自己，满足自己的要求，总要涉及一个“他”。这个“他”不仅关涉他者的义务，而且关涉他者的权利。此外，我们也看到，环境法上的义务不仅是国家（政府）对社会主体施加影响进行管理的根本规范，而且是政府自身依法办事的制约规则。这些义务的设定，具有明显的适合于全社会的价值。倘若没有这些义务，政府行为的混乱、社会秩序的失控便是不可避免的，进而环境法所具有的“权利本位”价值也不可能很好地发挥。

2. “义务本位”环境法之反思

按照后现代主义的观点，在现代社会，任何存在本身并非不证自明的，包括理性本身都必须通过反思来获得合理性的存在。对于当代中国环境法制所表现的“义务本位”是否符合时代精神？是否有利于环境保护等问题进行反思和批判是每个环境法学人的权利，也是他们的职责。

（1）“义务本位”环境法与主体积极性之调动

首先，人的本质决定人具有主张权利的积极性格。人按其本质来说，是一个创造者；人类存在方式的本质就在于这种创造积极性，这种积极性、主动性是人在世界中的一种自我活动和自我肯定。人确证自己价值的活动，是创造性的自主性的活动。① “一个社会制度的成功，在很大程度上取决于它是否能够将人们在经济追求与性追求方面未被耗尽的剩余精力引入合乎社会需要的渠道。只有在整个结构的基础极其牢固，而且即使顶层受到强大压力整个结构也不会崩溃的情况下，才能实现上述目标。”②

其次，权利义务的属性和人们对二者的态度决定了权利更适宜发挥人的主动性。每个人都有关心自我的本能，权利以其特有的利益导向和激励机制作用于人的行为，它符合人们追求利益的天性，将人们的行为引导到合理的方式与正当的目标上来。所以，权利对于大多数人来说，具有能够调动其主体享有权利或者实现权利的主动性与积极性的功能。而义务在本

① 公丕祥：《法制现代化的理论逻辑》，法律出版社 1999 年版，第 254 页。

② ［美］E. 博登海默：《法理学——法律哲学与法律方法》，邓正来译，中国政法大学出版社 1999 年版，第 393 页。

质上是利益负担和责任后果，如果不按法律义务的要求行为，则承担更大的负担和不利后果。一般来说，只要义务主体不具有高尚的人格和思想品德，就很难自觉地履行义务。在社会还没有进步到所有或者大多数社会成员都具有高尚品德的时候，就必然存在人们对于义务的排拒，使权利无法实现。

最后，环境问题的特点决定了人有保护环境的原始动力。由于环境的整体性特点决定了保护、改善环境需要公众的共同努力。同时环境质量的好坏关系到公民的切身利益，参与保护和改善环境也是维护自己的环境权益，因而在群众中蕴藏着保护和改善环境的巨大潜力，也有参与环境管理的要求。

（2）“义务本位”环境法与受损环境权益之救济

“救济”是“一种手段，通过它，一种权利得以实施或者对权利的侵害被阻止、纠正或补偿”，是“用于实施权利或补偿损失的手段”。[①] 救济权或补救权，是由于原权利受到侵害而产生的权利，如请求损害赔偿的权利、请求除去或防止侵害的权利、请求恢复原状或返还原物的权利等。[②] 原权利和救济权又可分别称为第一位权利和第二位权利，“第一位权利是指这种权利的成立不必引证已存在的权利。第二位权利的产生仅由于保护或实行第一位权利，它们也可称预防性（保护性）或救济性（赔偿性）权利”[③]。

在人与人的交往关系中，被他人侵害是不可避免的，“因此，抵抗这一侵害便成为权利主体的义务。之所以如此，是因为这些生存条件仅凭法的抽象的保证是不充分的，需要权利主体的具体主张。主张权利的契机既然是蓄意侵害生存条件的恣意行为，具体地主张权利更为必要”[④]。请求救济权是指公民的环境权益受到侵害以后向有关部门请求保护的权利，它既包括对国家环境行政机关的主张权利，又包括向司法机关要求保护的权利。[⑤] 如《奥胡斯公约》将保证公众获取司法救济作为成员国的一项重要责任。该公约规定，关于获得司法救济，所有认为自己的知情权受到了损

---

① *See Black's Law Dictionary*, fifth edition, West Publishing Co., 1979, p. 1163.

② 《法学词典》，上海辞书出版社 1989 年版，第 484 页。

③ *See Black's Law Dictionary*, fifth edition, West Publishing Co., 1979, p. 1189.

④ ［德］鲁道夫·冯·耶林：《为权利而斗争》，胡宝海译，转引自梁慧星主编《民商法论丛》（第 2 卷），法律出版社 1994 年版，第 22 页。

⑤ 王明远：《环境侵权救济法律制度》，中国法制出版社 2001 年版，第 31—35 页。

害（获得信息的要求被忽略、错误的拒绝以及没有得到充分的回答）的人，在条件具备的情况下，都可依据国家法律来启动司法审查的程序。该公约规定，参与遭受侵犯时也得寻求司法救济。私人和公共机构的行为与疏漏违反了国家有关环境的法律，也应允许针对其提起诉讼。并且规定各成员国提供的救济程序应该充分有效，包括提供合适、公平及时的禁止令救济，诉讼费用不应高得让人望而却步，所作出的决定应该以书面形式给予或记录，法院或其他裁判主体的决定，应该公开，可以自由获取。同时规定，为了促进“获取司法救济”一章的有效实现，每一签约方应确保为公众提供有关行政或司法程序的信息，并应考虑建立适当的援助机制，来消除或减少救济的资金或其他方面的阻碍。但是，我国传统上过于注重公民对于国家的服从关系，立法上对国家享有的环境管理权、环境处理权规定得十分明确、具体，而对公民享有的监督权、检举和控告权以及损害索赔权、请求排除危害权等则规定得十分抽象，不具有实体权利的性质。这种公权的过分膨胀和私权的相对弱小的状况，使有关公民受损权利的救济难上加难。

三　“权利本位”：环境法本位的应然

（一）个人自由与社会关系的统一——“权利本位”马克思主义法学思想的支撑

个人自由与社会关系的统一，是马克思的人论中最深刻的思想之一。马克思曾告诫人们，符合人内在追求的社会制度“应当避免重新把‘社会’当作抽象的东西同个人对立起来”①。马克思认为理想的未来社会应该是这样一种集体，“一个以各个个人自由发展为一切人自由发展的条件的联合体”②；“在这个集体中个人是作为个人参加的”，且这个社会“以每个人的全面而自由的发展为基本原则”③，“各个个人在自己的联合中并通过这种联合获得自由”④。理想社会的最高成果被看作“建立在个人全面发展和他们共同的社会生产能力成为他们的社会财富这一基础上的自由

① 《马克思恩格斯全集》第3卷，人民出版社2002年版，第302页。
② 《马克思恩格斯全集》第4卷，人民出版社1957年版，第491页。
③ 《马克思恩格斯全集》第42卷，人民出版社2016年版，第606页。
④ 《马克思恩格斯全集》第3卷，人民出版社1957年版，第84—85页。

个性”[①]。马克思主义对人的个性的充分张扬和主体意识提升的索求，表征的是人的主观能动性发挥出的推动社会发展的巨大力量。作为一般之具体的、个别的、人格化的表现，社会自由也必须通过个人自由来体现。马克思在构建自己的法哲学体系时，将人对人的权利放在了首位，充分反映了马克思对人的主体性地位和主体权利的重视。

人是社会的人，而社会本身则是人的社会。“人是一个特殊的个体，并且正是他的特殊性使他成为一个个体，成为一个现实的、单个的社会存在物，同样地，他也是总体、观念的总体、被思考和被感知的社会的主体的自为存在，正如他在现实中能够既作为社会存在的直观和现实享受而存在，又作为人的生命表现的总体而存在一样”[②]。尽管权利概念立足于个人，但它的存在同时也来自社会其他成员的承认、协助与保障。社会其他成员则是因为“共同利益恰恰只存在于双方，多方以及存在于各方的独立之中，共同利益就是自私利益的交换。一般利益就是各种自私利益的一般性”[③] 而承认、协助和保障某一成员的权利的。我们不能贬低权利的个人属性而“置现实的人于不顾”，也不能因为权利归个体享有，就否认权利的社会来源与社会属性。人与社会的这种关系，即人的利益需要与社会现实的关系，表现在他们生存和发展的过程中，就成为两个不可或缺的方面：其一，就是我有权获得什么必要的利益，也就是主体对于自己客观权利的主观见解问题；其二，就是谁有权保证我能够获得什么利益，也就是社会对于主体权利的确认和保障的问题。秩序本身是一种权利，不过它首先不是个体化的权利，而是社会化的权利。而即使在一个充分个体化的时代，秩序及与其相应的社会也是不可缺少的，因为社会秩序是为其他一切权利提供基础的权利。所以说，权利的个体性与社会性共同构成权利的正当性基础。

权利不单纯是一个为社会稳定、有序总目标服务的手段，也是社会的自由价值在法律上的表现。社会应该提供一个让每个个人可以运用他或她的道德能力的结构或框架。在这个框架里，权利是不可缺少的一部分，因为权利能够保护个人的计划和决定免受社会里其他个人和组织的

---

① 《马克思恩格斯全集》第 30 卷，人民出版社 1995 年版，第 107—108 页。
② 《马克思恩格斯全集》第 3 卷，人民出版社 2002 年版，第 302 页。
③ 《马克思恩格斯全集》第 30 卷，人民出版社 1995 年版，第 199 页。

践踏。例如，按照费因伯格的权利理论，权利的重要性在于确保每一个个人得到符合康德理想的对待。他说：存有要求权（claim-rights）的世界是这样一个世界，在其中，所有的个人，作为实际的或潜在的要求者，都是高贵的受尊敬的对象……即使爱或怜悯、对较高权威的服从或者尊荣显赫，皆不能替代这样的价值。[①] 诺齐克认为权利头等重要。在他看来，权利的功能在于确保一个围绕每个个人的自由场域。在这个场域里，人身、财产和价值免于受其他公民和政府的侵犯。[②] 如果我们把握了当代法律与政治哲学里的自由主义的含义，我们就能看到权利作为现代政治制度的法律表达的重要性。权利的发展是政治解放和社会和谐得以增进的标志；[③] 权利的发展意味着社会结合方式的改进。表面上看，人们对权利的获享和行使，使个人与个人、民众与政府、社会与国家之间的分裂和对抗得以显化，但实际上，现代权利制度不会激化只会容纳社会共同体的分裂与对抗并将其保持在适当的范围内，通过权利义务关系的调整使其得以缓释。权利的发展有助于增进人与人的相互理解与尊重，构筑和谐而自由的社会关系。

（二）环境协商民主——“权利本位”政治学的基础

1. 发端于西方的协商民主

美国学者约瑟芬·贝斯特最早提出“协商民主”的概念，其核心内容是指公众与政府在平等、理性的基础上，通过对话、磋商达成共识、形成公共决策，进行公共治理。[④] 从协商民主的必要性出发，阿赫特贝格认为风险社会必须发展建立在公民广泛参与基础之上的审议民主，才能应对来自各方的挑战。[⑤] 从化解法律的正当性危机出发，哈贝马斯认为在“去中心化”的现代社会，在各种类型的公共领域协商过程中，任何意见或者观点都将平等地受到理性批判。而“双轨制商议民主路径”——即只有国家意志与社会意见形成一个理性“交往之流”，通过民主参与程序才

---

① See Joel Feinberg, “The Nature and Values of Rights”, *Journal of Value Inquiry*, 1970, p. 4.

② See Robert Nozick, *Anarchy*, *State and Utopia*, Oxford, 1974, pp. 28-51.

③ 夏勇：《权利发展说》，转引自张文显、李步云主编《法理学论丛》（第1卷），法律出版社1999年版，第535页。

④ ［澳］何包钢：《协商民主：理论、方法和实践》，中国社会科学出版社2008年版，第15—25页。

⑤ 陈家刚：《协商民主与当代中国政治》，中国人民大学出版社2009年版，第180页。

能实现法律的正当性，让法律规则得到人们的普遍同意。①

从上可见，协商民主是一个有争议的概念，但也具有一些共性：第一，“协商”是其聚焦重点，核心要素包括“理性辩论”“集体决策”“公众参与”。它与传统的“少数服从多数”的直接民主有很大不同，其内涵不仅包括“仔细思考、沟通和互动”的含义，还包括“讨价还价”的行为价值。最终的共识不是迫于公共权力压力的“妥协”，而是基于“说理”达成的共识。第二，阶段性。在法治社会中，协商民主可以与法律的制定和运行联系起来，分为立法过程中的议论性协商和法律实施阶段的实践性协商两种类型。第三，时代性。随着民主社会的不断发展，协商民主已经扩展至公共管理领域从决策到执行的全过程、各环节。协商民主的形式也从单一的参政议政到立法协商、监督管理甚至是责任追究等全方位治理。正如学者指出：“对话、磋商、讨论、听证、交流、沟通、商议、辩论、争论等协商民主的各种形式，是决策民主化和科学化不可或缺的环节。”②

2. 中国社会主义协商民主

1945 年，毛泽东同志就中国如何跳出“历史周期率”与民主人士黄炎培进行了深入探讨。毛泽东同志认为，民主、走群众路线是我党能够跳出“历史周期率”的唯一道路。中国现代协商民主的萌芽应该从毛泽东同志有关中国宪制设计以及中华人民共和国成立后创建的政治协商会议制度开始。③“协商民主”首次出现在党代会报告中是党的十八大报告，报告中强调“要健全社会主义协商民主制度。完善协商民主制度和工作机制，推进协商民主广泛、多层、制度化发展”。报告赋予了协商民主两层含义：首先，明确协商民主是我国的民主政治制度之一。我国《宪法》第一章中明确规定了中国特色社会主义政治制度，④ 其中，中国共产党领导的多党合作和政治协商制度是对具有中国特色的党派团体之间进行民主

---

① 凌新、喻红军：《论哈贝马斯协商民主理论及其对和谐社会建设的启示》，《江汉论坛》2010 年第 4 期。

② ［美］詹姆斯·菲什金、［英］彼得拉·斯莱特：《协商民主论争》，张晓敏译，中央编译出版社 2009 年版，第 1—2 页。

③ 王平：《毛泽东的协商民主思想及其当代思考》，《苏州大学学报》（哲学社会科学版）2009 年第 1 期。

④ 即作为根本政治制度的人民代表大会，作为基本政治制度的中国共产党领导的多党合作和政治协商制度、民族区域自治制度以及基层群众自治制度等。

合作的制度安排，是我国政治制度的优势所在。其次，强调建立完善协商民主工作机制。2006 年《中共中央关于加强人民政协工作的意见》明确指出，我国社会主义民主的两种重要形式是选举和协商。通过协商民主工作机制，各方治理主体才能准确定位自身角色，按照规定的方式、方法和程序有序、高效地参与治理。2022 年 1 月 11 日，习近平总书记在学习贯彻党的十九届六中全会精神专题研讨班上指出："我们党历史这么长、规模这么大、执政这么久，如何跳出治乱兴衰的历史周期率？" 答案就是实行全链条、全方位、全覆盖的民主，即"全过程民主"。

从理论与实践来看，中国社会主义协商民主具有以下方面的特点：

首先，将公共利益、集体利益与个人利益进行衡平、统一是我国协商民主的宗旨。多元主体且相互不可替代是协商民主的逻辑前提和出发点，重视、尊重和承认主体的多元在我国协商民主实践中已经达成共识。社会主义协商民主关注的是最直接、最根本和最现实的民生问题；尊重每个个体的尊严和权利、利益；协调、平衡各方主体的利益，最大限度地保护社会阶层中弱势群体如妇女儿童、老年人、残障人士、少数民族等人群的利益；尊重绝大多数人的意见，代表绝大多数人的利益、遵循正当程序与社会公序良俗。只有做到了这些，我国的协商民主才能最大限度地实现公共利益。

其次，平等、宽容是我国协商民主的基本原则。[①] 在对待环境治理尤其是平衡环境保护与经济发展的关系问题上，政府与公众的价值取向上存在明显差异。行政发包制下的政府尤其是地方政府更关注经济的增长，而公众更关系自身所处的环境质量的优良好坏。协商的实质就是政府是否承认公众的环境利益，是否愿意倾听公众的意见，是否愿意接纳公众的建议的问题。所以，平等是协商民主治理必须遵循的基本原则。协商主体尤其是政府本着与其他主体平等的姿态进行协商、坦诚对话，才能避免协商民主沦落为一种形式和走过场。而实现协商主体之间真正意义上的"平等"，互相"包容"是必不可少的。因为协商主体各种价值观和思想碰撞的时候，包容[②]能够将之进行整合，并且可以集思广益为公共决策的制定提供尽可能广泛的选择。在环境保护这样的公共领域，包容合作已经成为

① 王岩、胡媛媛：《论协商民主的内在价值意蕴》，《哲学研究》2015 年第 9 期。

② 许多学者从政治学角度来看待"包容"，认为"包容"就是团结一切可以团结的力量，是对其他行为主体的尊重、接纳和联合，也体现对不同信仰、思想和主张的容忍、借鉴和吸纳。

一种调节机制，强调在发生利益冲突时，利益相关者互相尊重，通过谈判、协商，作出必要的让步以达成共识解决问题。

最后，核心、共识、制度和法治是我国协商民主的评价尺度。在我国，判断协商民主成功与否的标准包括：其一，中国共产党领导协商民主的核心地位是否稳固。虽然多主体协商治理是必然之势，但毫无疑问，在协商民主中处于领导地位的主体必须是中国共产党。从这个意义上看，推动协商治理的过程，也是中国共产党治理权威不断稳固的过程。其二，协商治理是否能够帮助多元主体进一步凝练共识。公共治理不仅需要多元主体参与，还需要集中多元主体达成共识，形成统一决策采取一致行动。而协商治理通过平等理性的协商能够促成各主体摒弃分歧，凝练共识。其三，协商治理实践方式能否制度化、法治化。在实践过程中被证明有利于推进国家治理体系和治理能力现代化的协商治理方式，应该通过制度化、法治化来固化其成果，形成长效机制保障其发挥长期作用。

3. 协商民主嵌入环境治理的可能

首先，环境治理的科学建构性需要协商民主。环境问题具有技术呈现的特点，即其解决必须依靠科学和技术，依靠技术类专家，这一特点使得环境治理具有科学建构性。而政府、企业与公众对于科学性的环境治理知识掌握以及认知程度完全不同，即使是技术类专家对于同一个环境问题也可能出现不同认知，比如对于全球气候变化问题，有“温室效应”与“阳伞效应”两种截然不同的科学态度。当出现各类主体掌握的环境专业知识高度不对称时，容易造成环境风险的社会放大，出现“涟漪效应”。从以往的实践来看，政府因为拥有专门的技术人员和专业技术装置设备，在掌握环境技术信息上具有绝对优势，利用这种信息的不对称占据环境管理的绝对领导地位。但是，从近年来环境群体性事件的爆发及急剧增加的环境信访数量来看，公众与政府之间信任关系在加剧弱化。协商民主能较好整合不同利益主体诉求，解决因知识精细化掌握和信息异化所导致“谈判者缺席”问题，[①] 推动参与秩序的理性回归。除传统的听证会、新闻发布会、信访等交流、沟通渠道外，政府还可以充分利用融媒体等现代信息技术和媒介来提高环境科学知识的普

---

① 杜健勋：《交流与协商：邻避风险治理的规范性选择》，《法学评论》2016 年第 1 期。

及，以达到减少各类主体之间信息隔阂的目的。与此同时，政府也会充分倾听、征集各方主体对环境治理的意见与诉求。通过协商民主，可以吸纳更多的受环境直接影响的利益相关者的声音，从而保证决策依据信息来源的广泛性。

其次，环境治理的社会建构性需要协商民主。对于环境污染和生态破坏等问题，既有技术专家的科学看法，也有公众根据自身的感受，以及社会、政治和文化等多重因素作出的感性判断。比如，我们每天看到的天气预报或者空气质量报告是技术层面的判断，每个人也可以根据自己的身体直观感受到每日空气质量的好坏。因此，对于环境问题的解决方案，公众既可以依据科学技术，也可以基于自身的知识结构和利益需要提出。实践中，环境问题的技术测量结果与社会感知存在差异，[①] 把民众的感受作为衡量环境治理效果的重要标准是环境治理社会建构性的必然要求。比如，在环境执法检查中，泰兴市生态环境局将民众的“舒适度”增加为重要依据之后，污染企业越来越重视公众意见，换位思考解决自身的环境污染或者破坏问题，群众的环境信访量也随之呈现出明显下降的态势。当然，民众对环境问题的直观感受，也有可能对环境问题存在“误读”从而导致行为偏激。比如，为了反对建设某垃圾焚烧发电厂，有人将该厂排放大量“有毒气体”的照片贴到网上，但实际上这些证明污染严重的有力“证据”其实是从烟囱中冒出的水蒸气。公众对待“环境”这一公共物品的保护，往往只看重自己的感性认知而忽视有科学依据的深层次理性思考，而环境问题又对地方政府尤其是官员构成了政治压力，尤其是因环境污染突发事件引发的社会冲突、上访等事件往往会影响民生保障、社会稳定，此时政府往往更多考虑的是稳定社会或者安抚公众情绪的需要。在这样的情况下，公众和政府无法冷静下来面对面协商，“去问题化”策略的采取使得双方陷入“懈怠性忍让”状态，环境治理往往就跳过协商环节直接进入了“决策—执行”阶段。这其实是不利于达成共识，提高环境治理有效性的。

最后，解决环境治理“搭便车”问题需要协商民主。小到恢复退化的区域性生态系统，大到减缓全球范围内的气候变化问题，环境治理这种

---

① 在社会学里，有“国标”与“民标”之说。“国标”强调的是国家权威的、合法的、强制的标准；而“民标”则强调底层的、基层老百姓心目中的环境好与坏。“国标”以科学为基础，以技术测量指标为主要评判手段；“民标”则以民众的主观感受和体验为依据。

集体行动不可避免地存在“搭便车”的现象。解决此类问题的思路通常有三种：第一种是由一个群体内的“主导者”来解决。这个“主导者”能够且在有必要的情况下愿意承担供应这一公共物品的全部成本，即使群体内所有其他成员都“搭便车”。这样的情况基本上是不存在的。因为一般情况下，群体中没有任何一个成员包括大型的公共机构拥有足够的资源或者能力独自供应公共物品。此外，存在“主导者”根据自身的偏好来决定公共物品属性问题。一旦这个“主导者”带有严重的私心，这类公共物品就有可能被挟持。第二种思路是运用经济刺激手段达到激励目的，即奖励群体中的部分成员为公共物品供应所作出的贡献，为之提供排他性福利。在环境治理领域，最著名的实例就是对环保组织的资助。然而，经济刺激手段只能激发部分成员而非整个群体的行动，而且其影响范围也很有限。第三种思路就是通过协商形成责任分担机制，即群体中的成员进行谈判、协商，就界定公共物品属性的特征以及公共物品供应筹资机制的性质达成共识。[①] 在协商的过程中，虽然为公共物品供应争取最广泛的支持力量是目标，但仍必须遵循公正公平的原则对待每一个利益相关者。同时，因为协商谈判的交易成本通常都比较高，故一般在协商过程中都会形成一个领导力联盟，经济学家 Thomas C. Schelling 称之为“K 小组”[②]。该小组在协商中处于领导地位，能够避免协商过程中不必要的拖延，同时也希望借助领导者的人格魅力吸引更多参与者加入致力于环境公共利益服务的队伍中来。

（三）多元主体环境共治——“权利本位”社会学的进路

1. 环境治理内涵

古希腊语中的“掌舵”是“治理”一词最早的雏形，含有引导、控制的意思。20 世纪 90 年代以来，现代意义上的“治理”问题备受政治学、行政管理学、经济学、法学等领域国内外学者的关注。治理理论的主要创始人之一 James N. Rosenau 在《没有政府的治理》中指出：与统治不同，治理的主体可能既包括政府，还包括非政府组织等，实现治理目标有政府机制和非正式机制两种手段。斯托克研究指出：在公共服务领域中，

---

① Thomas C. Schelling, *Micromotives and Macrobehavior*, New York W. W. Norton, 1997.

② “K 小组”的概念是由著名经济学家 Thomas C. Schelling 在其著作《微观动机与宏观行为》第七章中首次提出的。

治理主体的范畴已经扩展到社区、志愿者，甚至是公民个人。① Oran R. Young 等认为，从治理的社会功能来看，治理是致力于引导和激励人类群体行为，促使其实现理想目标、远离非理想后果的活动。② 全球治理委员会③在《我们的全球伙伴关系》研究报告中指出：治理是多种治理主体管理其共同事务的诸多方式的总和。它是通过参与、谈判和协调等方式调和各种相互冲突的利益，各利益主体最终达成共识并采取共同行动的动态过程。从上述概念可以看出，学界对于“治理”概念界定并没有统一，但对其关键要素已达成共识：

第一，在性质上，治理不仅是一个规则体系，更是一个持续的过程。虽然不同治理主体适用的规则可能不同，但治理规则遵循的理念都是共通的。治理是多方主体在规则导引下的互动过程。正如库曼所强调的，治理意味着“国家和社会以及市场以一种新的方式相互作用，以应对日益复杂、多样化和动态的社会和政策议题”④。

第二，在主体构成上，治理主体呈现出多元化。只要社会组织或者公民个人权力的行使符合大众普遍的期望，那么社会组织甚至个人在公共事务治理中就有可能拥有与政府同等的权力。⑤ 在公共事务的治理过程中，多元治理主体之间通过信任、互动、互惠、协商编织了一张无形的网，每一个主体都是这个治理网络中的一个环节。各个主体可以通过网格中各节点之间资源的交换、相互依赖建立起一套共识规则和具备自我调整功能，

---

① ［英］杰瑞·斯托克：《地方治理研究：范式、理论与启示》，楼苏萍译，《浙江大学学报》（人文社会科学版）2007 年第 2 期。

② Oran R. Young, “Governance for Sustainable Development in a World of Rising Interdependencies”, in Magali A. De; masnad Oran R. Young, eds., *Governance for the Environment: New Perspectives*, Cambridge University Press, 2009, p. 12-40.

③ 全球治理委员会（Commission on Global Governance）是 1992 年 28 位国际知名人士发起成立的组织，该委员会于 1995 年发表了《天涯成比邻》（*Our Global Neighborhood*）的研究报告，较为系统地阐述了全球治理的概念、价值以及全球治理同全球安全、经济全球化、改革联合国和加强全世界法治的关系。

④ J. Kooiman, “Social Political Governannce: Overview, Reflection and Design”, *Public Management*, 1999（1）.

⑤ 按照格里·斯托克的观点，治理意味着：（1）一系列来自政府但又不限于政府的社会公共机构和行为者；（2）在为社会和经济问题寻求解决方案的过程中存在着界限和责任方面的模糊性；（3）在涉及集体行为的各个社会公共机构之间存在着权力依赖；（4）参与者最终将形成一个自主的网络；（5）办好事情的能力并不仅限于政府的权力，不限于政府的发号施令或运用权威。参见［英］格里·斯托克《作为理论的治理：五个论点》，《国际社会科学杂志》1999 年第 2 期。

从而使环境治理得以良好运转。

第三，在治理过程上，治理中运用的基本手段是协调，不是命令控制。“角色驱动”“成本效益导向”“科层管制”等是传统管理的关键词，而治理的关键词则应该是“授权”“竞争”“使命驱动”“结果导向”“团队/参与”等。[①] 换言之，治理是各方主体通过合作、协商、确立共同的目标等方式对公共事务进行管理，是一个持续的多方互动过程。

表 11-1 环境管理与环境治理的对比分析

	环境管理	环境治理
理论基础	公地悲剧、囚徒困境	风险治理与善治
价值取向	追求绩效与效率	强调民主与公平
主要目标	结果导向，控制污染和生态环境损害	过程导向，强调风险防范
治理主体	政府	多元主体
组织架构	威权式垂直管理	网络化多中心治理
运行手段	命令—控制式	平等协商、合作治理

在制度规范体系中，“环境治理”并不是一个法律术语。从综合性环境基本法——2014 年新修订《环境保护法》看，整部法律中并没有出现“环境治理”这个组合词，只在第 5 条、第 28 条、第 30 条和第 50 条提到“治理”一词。其含义是《现代汉语词典》及《辞海》中对“治理”的一种解释即“处理、整修”的意思。在理论界，“环境治理”通常有两种解释：一方面从自然科学、工程技术学科来看，环境治理是调整人与自然关系的活动，即人为主体进行环境污染预防与综合治理或者保护自然资源的可持续利用；另一方面，从公共管理、社会学、法学等角度来看，环境治理是一种强调多元主体共同参与解决环境公共事务的活动。[②]。本书援用后一种概念，强调环境治理是指在党的领导下，通过政府、企业、社会组织和公民个人的“协作”解决环境问题。这一表述体现出环境共治的特征如下：首先，各方主体在共治中的角色定位明确。党在共同治理中属

① ［美］乔治·弗雷德里克森：《公共行政的精神》，张成福等译，中国人民大学出版社 2003 年版，第 59、75—77、204 页。

② 陈阿江：《环境问题的技术呈现、社会建构与治理转向》，《社会学评论》2016 年第 5 期。

于领导和核心定位，而“协作”则强调政府与社会组织、公民之间环境权力的重新配置。企业、社会组织和公民个人在环境治理中不再是被动参与者，而是主动参与者，甚至取代政府“化身”为某些环境治理行为的领导者和执行者。其次，行使权力的方式是“共治”。从“控制—命令”式监管转变为协商、沟通等柔性监管方式，是一个以平等对话为特征的协商过程。各个参与环境治理的主体能够将自己掌握的解决问题的知识和信息共享，并拥有反映自己偏好的平等机会，在协商、沟通过程中能够认真倾听，理解并尊重其他治理主体提出的观点。

2. 环境治理多元共治主要原因

（1）环境的公共物品性质适合多元共治

环境被界定为“公共物品”最早是由美国学者 J. L. 萨克斯教授在《环境保护——市民的法律战略》中提出的。[①] 因为环境具有不可分割性和非垄断性的特征，因此被看作典型的公共物品。这种公共物品可以由区域内的所有成员甚至是全社会的所有成员共享。[②] 当然，一旦环境被破坏，全体或者不特定多数社会成员将受到损害，尤其当环境问题具有跨区域、空间相互依赖等特质时受损害人群将更为广泛。正是因为拥有这样的共同利益基础，多元主体才有可能围绕环境保护问题，尤其是对一些具有整体性特征的环境问题比如城市空间规划、绿色发展规划、工厂选址等进行平等协商，在相互尊重沟通交流的基础上达成共识、作出决策，共同合作、共担责任、共享成果。

（2）环境风险的不确定性需要多元共治

从本质上说，环境风险主要由环境问题的科学不确定性引起，而各利益相关主体对环境风险知识的储备以及属性的认识又存在着明显的差异：政府主要注重整体协调环境风险的治理，有效配置风险资源要素是市场的追求，专家掌握着专业环境治理技术，公众则是基于自身体验而产生的环

---

① 美国学者 J. L. 萨克斯教授认为：“人们不必将清洁的大气及水这类共有的财产资源仍然视为企业的垃圾场，或者任由渴求利润的人们尽情消费的免费的美味，而必须将其视为全体市民共有的利益。这些利益与所有的私人利益一样，同样具有受到法律保护的资格，并且其所有者具有强制执行的权利。”

② 这里公共物品的区域范围可大可小，有的是一国内部区域性的公共物品，有的是一国内部跨区域性的公共物品，有的是跨国界的公共物品甚至是全球性公共物品，例如臭氧层。

境风险"常民知识"①。这些明显差异直接影响各利益主体对具体环境事务未来风险的判断和决策，只有通过磋商、沟通的方式，利益主体才可能实现环境风险知识相互补充与提高，最终达成一致的环境决策。

（3）环境行为的外部性需要多元共治

经济学的外部性理论被用于环境保护领域，环境保护行为比如流域上游为了保护水资源而减少自身的经济活动，具有正外部性，但因为行为人自身缺乏内生动力导致这种行为供给低于帕累托最优水平；而环境污染或者生态破坏行为具有负外部性，成本外溢导致这种行为供给高于帕累托最优水平。所以，"只要存在外部效应，资源配置就不是有效的"②。与政府及其相关部门对比，出于对共同环境利益的关注，公众从自身感知对与环境相关的人类行为（包括企业和个人行为）作出的正负效应评定更具有可信度。因此，政府加强与非政府环境组织、公众的沟通，听取公众意见，从政府环境决策到行动获得公众认可才能彻底解决环境行为的外部性问题。

（4）公众对环境问题的认识提升后需要多元共治

日本学者宫本宪一将环境问题分为两类：一类是与人类的健康、生命、财产直接相关的问题，另一类是环境舒适性问题。③ 这两类环境问题是有层次之分的，呈现出金字塔形特征。金字塔底层是舒适性问题，它涉及自然环境或者生态系统的破坏乃至生活环境的恶化，最开始往往是不易被人察觉的，潜移默化地发生影响人类生活环境舒适性的变化。当这种舒适性问题累加到一定程度就会上升到与人类健康、财产直接相关的环境问题，达到金字塔顶端时就会导致人的死亡。以往，公众因受经济状况限制，只关注到了直接损害人类健康、财产损害的环境问题，随着生活水平的提高，人们越来越关注环境舒适性的问题，甚至提出了环境美学的要求。而舒适性是一个感官性很强的问题，比如我们对自然风貌、历史文化遗产，尤其像环境美学感受这样的问题会因为每个人的

① 郑石明、吴桃龙：《中国环境风险治理转型：动力机制与推进策略》，《中国地质大学学报》（社会科学版）2019 年第 1 期。

② ［美］斯蒂格利茨：《政府经济学》，曾强、何志雄等译，春秋出版社 1998 年版，第 206 页。

③ ［日］宫本宪一：《环境经济学》，朴玉译，生活·读书·新知三联书店 2004 年版，第 108 页。

主观感受而有所不同。这种主观性更强的环境问题促使公众希望能有更多途径表达自己的主张，参与到跟自己切身利益直接相关的环境治理活动中去。

综上所述，当前环境治理的主要问题是如何保护公共利益，满足公众正当合理的需求，而不是如何加强管制。[①] 即使在类似印度这种空气污染防治环境规制薄弱的情况下，公众的大力支持也能确保环境政策实现减排目标。[②] 而环境共治模式正是通过多元主体持续且直接的参与和协商重建了环境治理决策合法性、正当性的社会基础。

四　权利本位视角下的环境共治

（一）构建“一核三元”环境共治模式

毋庸置疑，对于环境保护这样的公共事务，仅由政府“自上而下”管理，可能导致“政府失灵”；仅由公众自己处理，可能造成“公地悲剧”；仅由市场处理，“外部不经济”则必然出现。因此，环境多元共治是针对环境公共事务管理困境被提出的。在环境多元治理推进过程中，原有利益格局必然会被打破，对其进行调整甚至是推倒一切重新分配势在必行。这些必然导致治理主体之间的博弈与制衡。我国“命令—服从”关系依然是社会关系的主导范式。在这样的现实环境下，如果一味适用强调自由平等主体关系的西方共治模式，则容易出现混沌状态，进而将环境治理引向混乱的深渊。这种治理“失败”的根本原因在于每个治理主体的认识、意识和行动存在差异与冲突，这些差异与冲突随后显现为公共与私人、个人与集体、整体和部分等各个层面的利益冲突以及由此产生的公平正义价值的争论。矫正这种治理“失灵”的关键就是在共治框架中铸就“共识”。

在我国，共产党执政的基本理据是全心全意为人民服务，引导多元利益博弈与实现社会公平是其重要任务。党的十六届四中全会提出“建立健全党委领导、政府负责、社会协同、公众参与的社会管理格局”，党的十八大提出“党委领导、政府负责、社会协同、公众参与、法制保障的

---

① 陈振明、薛澜：《中国公共管理理论研究的重点领域和主题》，《中国社会科学》2007 年第 3 期。

② Greenstone. M., and R. Hanna, “Environmental Regulations: Air and Water Pollution, and Infant Mortality in India”, *American Economic Review 104*, No. 56, 2014.

社会管理体制”，中共中央办公厅、国务院办公厅印发的《关于构建现代环境治理体系的指导意见》进一步明确了推进现代环境治理体系必须坚持“党的领导、多方共治、市场导向和依法治理”的基本原则。2021 年 4 月 30 日，中共中央政治局就新形势下加强我国生态文明建设进行第二十九次集体学习时强调，要提高生态环境治理体系和治理能力现代化水平，健全党委领导、政府主导、企业主体、社会组织和公众共同参与的环境治理体系。从党的这一系列会议精神可以看到，中央已充分认识到党组织在生态环境治理结构中的领导作用。我国构建“一核三元”环境共治模式已成必然，其内涵包括：

1. 环境共治模式中不可动摇的主轴是党的领导

中国共产党的本质属性和执政地位决定了各级党组织及其相应的政府体制必然融合为“党政体制”。事实上，中国特色环境共治模式将党的领导与多主体协同治理理念有机结合，始终坚持党在环境治理中的领导地位，承担凝聚社会共识、引导不同主体力量和利益集团之间的关系和发展方向的角色功能。就权力的行使过程来看，在“党政体制”中，我国目前已经实行了领导干部生态文明建设考核体制机制、生态环境保护“党政同责、一岗双责”等制度，但通过实践发现相关体制机制仍需改革完善，党建和生态环境治理业务工作深度融合还需加强等，只有解决好这一系列问题才能进一步增强党对生态文明建设的治理领导力。

2. 多方力量参与生态环境治理

由于各自能力的不同，政府、企业、公民和社会组织必须在生态环境共同治理中进行适当的责任分工，以达到各尽所能、优势互补的目的和效果。“一核三元”共治结构也明确为多方力量参与生态环境治理留下了制度性空间，可以为资源的合理配置、利益冲突的有效解决提供规则，使各治理主体能够平等、公正地参与生态环境治理并发挥各自潜能。在环境共治结构中处于“组织者”地位的政府，其角色定位及治理模式必然会影响环境治理成效。“生态型政府”无疑是近年间政府为积极适应生态文明建设需要而进行自我范式革命的崭新尝试，也是政府环境治理理念转型的典范。而具有“经济人”特性的市场对环境风险认知更敏感，为了更多利益空间也更具有开拓精神。随着政府和市场权责的明晰，尤其是“三项清单”制度的纵深推进，在资源配置中发挥决定性作用不再是政府而是市场。而越来越多的环保组织尤其是草根环保组织的兴起，其自下而上的运行方式，激发了公众主动参与环境治理的意识，更重要的是其专业性和技术性的加持使得公民参与环境保护的组织能力、专业能力稳步增强。在多方主体积极参与下，我国环境治理的综合能力得到全面提升。所以，在多元共治的前提下，对权利进行有效的配置，实现各方主体整体利益最大化是共治的核心要素。

（二）宪法当代化的标志：公民基本环境权的确认

"以人为本"的核心体现在满足人作为人的基本需要。依托环境生存和发展，并要求环境质量能够保障人体健康，这是人类尊严的基本底线，因为"若没有安全、健康和可生活的环境，那些源自我们作为自由和理性的生物的基本人权，如公平性、自由、幸福、生命及财产权统统无法实现"①。1987 年 4 月，在阿姆斯特丹召开的一个国际研讨会上，已故 N. 辛夫法官（当时为国际法院院长）赞同"毫无疑问，适当环境权和可持续发展权"是"司法权利"而"不仅仅是政治或道德权利"的观点。与环境有关的权利内容本质上属于人权的范畴，应该成为宪法确认的一项公民基本权利。因为宪法既是人权的逻辑起点和最终归宿，又是公民权利的最有效保障形式。②而基本权利是指由宪法确认的以国家强制力保障实施的个人在社会政治、经济和文化等方面不可缺少的权利。③ 各国均以立宪例的形式确认公民的基本权利，使其在权利体系中处于核心地位。这也体现了公民基本权利的根本性、基础性与重要性，同时使公民行使基本权利的正当性具有宪法基础，而国家保障公民基本权利的义务则具有宪法义务的性质。

我国宪法中并没有明确规定公民环境权为基本权利，与之相关的规定为《宪法》第 26 条："国家保护和改善生活环境和生态环境，防治污染和其他公害。国家组织和鼓励植树造林，保护林木。"有学者认为宪法中隐含了环境权内容的条款还有第 9 条、第 10 条。④ 即使我们把这些均视

---

① ［美］戴斯·贾丁斯：《环境伦理学》，林官明、杨爱民译，北京大学出版社 2002 年版，第 112 页。

② 周叶中主编：《宪法》，高等教育出版社 2000 年版，第 156—157 页。

③ 周伟：《宪法基本权利司法救济研究》，中国人民公安大学出版社 2003 年版，第 1 页。

④ 第 9 条关于自然资源的合理利用权中，当然可以包括公民基于生存需要的环境资源开发利用权；集体所有的森林和山岭、草原、荒地、滩涂等自然资源，可以首先满足农民中的弱势群体基于生存需要的环境资源开发利用权。第 10 条关于自留地、自留山的规定，可以逻辑地推演出公民的基于生存需要的环境资源开发利用权；为了公共利益的需要而对土地的征用，应该包括为了环境利益的需要出于建立自然保护区的目的而征用土地，而建立自然保护区的目的之一，是为了保障公民的良好环境权。参见周训芳《环境权论》，法律出版社 2003 年版，第 271—272 页。

为环境权的条款，它仍然存在着诸多的问题。首先，宪法将这些规范置于“总纲”部分，与国家的根本性质及政治、经济、文化等制度处于同一层面并视其为国家根本任务并保证其实现。但是，我们应该清楚，宪法“总纲”作为纲领性条款的组合，其本质要求内容主要涉及国家的政治、经济、文化基本制度和基本国策，其他内容如缺乏有效的规范结构体系，至多只能视为附带物。其次，从第26条的形式上看，似乎把公民环境权的实现定位在国家的积极作为基础上，作为行使国家行政权的政府可被要求作出正面行为以保证公民环境权获得实际保障，但事实上宪法作为国家权力和公民权利的调节器，内在地要求国家保障公民权利，只要宪法赋予了公民权利，国家就有必要给予保障。而且“保护”一词，意味着国家有权力根据资源和人力去决定、裁量采取何种保护，其保护的程度和有效性完全取决于制度安排，这明显是将国家绝对置于公民环境权之上，公民环境权只是处于被保护的地位。

从2018年宪法修正案第33条我们看到我国的立宪思维已经转向尊重和保障人权的追求，我们应借助这股东风，将环境权作为一项宪法的基本权利规定下来，使环境权同公民财产权一样，成为“风能进，雨能进，国王不能进”的公民私人自治领域，① 与基本权利的不可剥夺性、不可侵犯性相契合。基本权利是一种与人身紧密关联的资格，只要宪法将某种权利视为基本权利赋予公民，一个人就不会因暂时缺乏行使这项权利的条件而失去要求权利、享有权利、行使权利的资格，这表明基本权利不因公民的身份及社会、经济、政治地位等因素的限制受到国家、社会和他人的歧视和剥夺。同时，从人类宪制的演进历史规律来看，基本人权的价值理念要求其作为一项针对国家的“防御权”来构造。“作为人与公民之权利的基本权，首先是对国家权力的防御权。针对国家权力而对个人宪法上之地位的不当侵害，这些权利使个人凭借法的手段所进行的防御成为可能。之所以在自由的宪法秩序中这种防御权仍属必要，这乃是因为：纵然是民主制度，其也是人对人的统治隐含着权力滥用的危险，而且即使在法治国家中，国家权力仍有作出行为的可能。”② 公民环境权的“不可侵犯”为禁止政府采取正面行动以侵犯个人权利奠定了基础，反映了公民环境权作为

① 刘军宁：《自由与社群》，生活·读书·新知三联书店1998年版，第152页。

② 孙笑侠：《回归法的形而下》，法律出版社2003年版，第159页。

针对国家“防御权”来构造的本质。

（三）扩展公民环境权利受保护的广度

1. 公民对政府及其生态环境职能部门监督权利的扩张

生态和谐是一项需要全社会共同努力才能实现的目标。环境质量的好坏关系到公民的切身利益，参与保护和改善环境也是维护自己的环境权益，因而在群众中蕴藏着保护和改善环境的巨大潜力，也有参与环境管理的要求。所以，在明确地方政府对本辖区内环境质量的行政责任的同时，有必要从“权利本位”出发，加强公民参与环境保护的权利，赋予公民享有良好环境的实体权利、对损害环境公共利益的行为提起环境公益诉讼的权利等。在这方面，可以借鉴《行政许可法》的做法。现行法中《行政许可法》从各个方面（包括许可的申请、授予、变更、废止等）赋予行政许可以财产权的属性，使被许可人从实体上得到了最为有效的保障，是实现以公众的财产权利制衡政府机关行政权力的有效途径。举例来说，由于我国城市的土地均属于国家所有，公民、法人或者其他组织只有国有土地使用权，在过去，大量的城市房屋拆迁所涉及的国有土地使用权都被视为政府授予的特权，政府随意的拆迁行为以及拆迁补偿的不足导致了大量的拆迁争议。实施《行政许可法》后，相对人不论是以出让方式还是以划拨方式获得的土地使用权，从性质上看均属于获得法律保护的行政许可，政府机关不能随意加以撤回或改变，即使根据法定条件加以改变，也要依法给予相对人补偿。这类行政许可事项或领域在《行政许可法》中还有许多，它们可以从根本上改变政府机关与公众之间的关系，形成良性互动。

2. 环境权利向更深层次扩张

随着公众环境意识的提高，实体上的环境权利将不断扩大。具体可以分为四个层次：第一，安全要求，即生活环境的质量要符合生态学上的安全的要求，对人类的生命不构成直接的威胁，对人体健康没有严重的危害；第二，卫生要求，即生活环境的质量要达到卫生标准的要求，人们可以放心地进行呼吸、饮水、进食等生理活动；第三，舒适性要求，即人们在这样的环境中生活比较舒适，心情愉快；第四，美学要求。这是最高层次的要求，环境本身成为人们享受的对象。[①] 环境权利的扩张必然要经历

---

① 金瑞林、汪劲：《20 世纪环境法学研究述评》，北京大学出版社 2003 年版，第 98 页。

这四个层次。我国目前基本处于第二个层次向第三个层次过渡的阶段。所谓环境舒适性是包含不能用市场价格进行评价的各种因素的生活环境，其内容包括自然、历史文化遗产、街道、风景、地域文化、社区团体、风土人情、地区的公共服务（教育、医疗、福利、防止犯罪等）、交通的便利性等。这是构成“居住时感觉愉快的程度”或“舒适的居住环境”的复合性要因的总称。① 舒适性是一个创造出良好环境的各种环境因素的综合性概念，它被认为似乎是一个具有调整对立环境因素功能的概念。环境舒适性是地域固有的财产，很难像其他财产那样作为商品进行买卖。所以说，舒适性具有地域间不均等现象。舒适性还是历史的积累，它是在长期良好环境保护的状况下实现的。同时，舒适性的丧失有时又会导致不可逆的绝对损失，而这种损失又增强了人们对舒适性的需求的欲望，成为引发公民环境保护运动的理由。此外，舒适性又是具有非排他性和集团消费性的公共财产，即具有不可分割性及非垄断性。但是，在土地私有化和大资本所具有的土地经营权取得确认的社会中，大资本可以自由利用并垄断土地，所以会将环境舒适性变成具有价值的商品，使之具有提高土地及空间的交换价值的倾向。同时还具有企业及个人占有或垄断利用具有舒适性环境的趋势。例如夏威夷大部分的瓦奇海滨就被饭店占有，而饭店的客人可以优先利用这部分海滨。所以说，公民环境实体权利从基本的安全和卫生要求向环境舒适性要求扩张是解决环境问题的根本，这种扩张应该得到环境立法上的确认，否则就会阻碍公民生活品质的提高。

（四）强化公民环境民主协商权利

对于公民来说，参与环境治理既是权利也是义务。但我国公众参与往往表现为被动参与。以公众参与环境影响评价为例。虽然我国《环境保护法》《环境影响评价法》规定了公众参与环境影响评价，但从实施10余年的情况来看，这种参与往往是被动参与，表现在：首先，规划或建设项目信息公开的内容由政府或建设单位确定。虽然法律强制要求政府或建设单位向公众公开重要的环境信息，但公开信息的内容是由政府或建设单位决定的。内容往往存在项目基本情况介绍重点不突出、项目污染特点及区域环境问题不突出、环境影响的程度与范围不全、夸大污染防治措施效

① ［日］宫本宪一：《环境经济学》，朴玉译，生活·读书·新知三联书店2004年版，第137页。

果、有意回避项目敏感问题和环境风险等现象。其次，调查对象的选择权属于政府或建设单位。由于法律对被征求意见公众范围规定的模糊性致使政府或建设单位在选择被征求意见的公众范围时存在相当的不确定性，会出现刻意回避那些敏感性强的公众、缩小调查对象范围等现象。公众参与环境影响评价是不同利益主体为了追求各自的目标而进行交涉、协商，并在此基础上采取相应行动策略的活动。公众能否与政府或者建设单位就环境影响评价机构以及环境保护行政主管部门的方案和审批意见进行有效交涉和协商，取决于其所拥有环境信息的数量和质量。如果政府或建设单位有意控制环境信息的公布，致使公众掌握的环境信息匮乏或者与建设单位或政府在掌握信息上存在严重不对称的情形，公众就可能对环境影响评价方案完全失去评价能力，这样的公众参与就只能流于形式。而对于公众代表的选取，组织环境影响评价的单位应当综合考虑地域、职业、专业知识背景、表达能力、受影响程度等因素，合理选择被征求意见的公民、法人或者其他组织。然而组织单位回避敏感性强的公众或者故意缩小参与公众的范围就会使得某些利益相关者或联盟集合体没有机会主动参与。可见，我国环境影响评价实践中政府或建设单位更多地从自身主观意愿出发，习惯于对公众参与进行命令和控制。

公众参与的有效性取决于参与者拥有的权利（力）。公众参与各项实体或程序的法律规定都只是“显像”，公众参与的原则就是让那些受到决定影响的人拥有参与和影响决定的权力。① 比如，为了保证公民在信息获取、公众参与、法律制裁以及对公共机构加以问责问题上拥有一定权利而签订的欧盟《奥胡斯公约》。这些权利尤其是实体性权利的获得和享有无疑需要政府、污染者乃至全社会的共同努力，当然也会增加政府、企业的治理成本。公众享有的环境权利要求越高，政府、污染者等付出的成本就会越高。为了保证公众环境权利的实现，达成政府、污染者与公众之间的良性互动，非常有必要在现代环境治理体系中，将协商民主理论②引入，强化公民民主协商权利，促使其主动参与环境保护。

---

① Voss, H., *Public Participation in the UK. Workshop of the EU-China Environmental Governance Programme*, Hangzhou.

② 协商民主理论所提供的解释资源与程序设计，修正了环境公众参与制度的价值预设，更新了环境公众参与制度。参见刘超《协商民主视阈下我国环境公众参与制度的疏失与更新》，《武汉理工大学学报》（社会科学版）2014 年第 1 期。

1. 强化公民结社权，成立环境自治组织主动参与

环境自治组织是由具有“环境人权意识”和“生态意识”[①]的公民组成的。它引入社会议事会和基层民主自治的理念，确定明确的组织宗旨、章程要点、管理监督及运行框架，设立监事会、理事会、议事协商会、社区环保志愿者服务队等机构。我国2006年3月在江苏试点的“社区环境自治圆桌对话机制”[②]以及2012年5月5日成都市成立的第一个社区居民商家环境自治组织——成华区猛追湾街道祥和里社区环境自治协会（联盟），应该算是我国对公民环境自治的有益探索，也是政府、企业、社会达成新的角色平衡从而形成新的法律秩序的尝试。在这些试点中，社区公众以环境自治组织为利益代表者，以社区环境自治圆桌会议为载体，使自身成为具有环境权益的独立主体，享有就牵涉自身环境权益的政府行为和企业行为与相关方进行有序协商谈判的权利。然而，从我国目前试点的情况来看，社区环境自治组织在社区环境自治圆桌会议中没有充分的话语权，社区环境自治圆桌会议主要限于政府、企业和居民代表之间的信息沟通，并没有充分实现利益相关者之间的博弈，也很少形成合意。同时，企业很少对社区环境自治组织提出的公众环境诉求正面回应和明确承诺。这些问题表明实现公众主动参与环境保护仅有环境自治形式上的要件是不够的。

改变我国公众环境自治组织的“形式化”参与就必须实现政府治理和公众自治良性互动。具体而言，首先，法律赋予环境自治组织与政府平等对话的地位。环境自治组织应该拥有足够的权利参与环境公共事务的决策、管理和监督，保证它能与政府共同形成公共权威和公共秩序，这样才能实现“善治”。其次，环境自治组织成员来自社会各个阶层和各种不同职业，具有成员组成多样化的优势。环境自治组织应该充分利用各个成员掌握的人力、物力或财力资源，弥补行政管理可能出现的懈怠和缺陷。

2. 强化公民平等参与环境治理权

在当今社会，能够有效应对生态危机的手段，不是强有力的中央集

---

① 杨通进：《生态公民论纲》，《南京林业大学学报》（人文社会科学版）2008年第6期。

② 葛俊杰、毕军：《利益均衡视角下的环境保护模式创新——社区环境圆桌会议的理论与实践》，《江海学刊》2009年第3期。

权，也不是彻底的私有化，[①] 而是“善治”，即吸收和利用社会公众力量参与国家事务、社会事务的组织和管理，通过国家权力向社会的回归来实现良好的治理。某种程度上而言，“善治”是政府与公民之间的积极而有效的合作。例如，建设项目所在地区的环境信息对于有效参与环境影响评价至关重要，而这些环境信息需要通过环境监测才能获得。我国环境监测通常由环境保护行政主管部门下设的环境监测站进行，而在国外往往由政府和公众合作进行。比如，2001 年不列颠哥伦比亚省科莫科斯山谷（Comox Valley）地区实施的米勒德/皮尔西（Millard/Piercy）流域监测计划[②]就是这样的典型。该计划涉及合作各方包括以普通民众为代表的志愿者、环保社会组织和四级政府（市、地区、省和联邦）。其特点表现为：第一，政府与公众是合作伙伴关系。政府和公众之间通过确立和认同共同的目标来实现对环境公共事务的管理。它所拥有的管理机制主要依靠的不是政府的权威而是合作网络的权威，其权力向度是多元的、相互的，而不是传统参与模式中单一的和自上而下的。第二，具有动态性特点。在该计划中，政府与公众组成一个动态、复杂的网络系统。政府是这个网络线路的管理者，但它只是社会治理主体之一，并不扮演社会中心的角色。这种合作是一种动态的过程，政府可以不断变更网络和挑选合作的伙伴，在互动的过程中创造出新的方法。该计划为科莫科斯山谷地区政府在地址分区和开发许可证等行政决策问题上提供了准确的环境信息。同时，该计划进行的水质监测发现下水道的交叉连接对贝尼斯（Baynes）海湾的贝类生存造成威胁。市政府根据该监测数据进行跟踪调查并纠正了这些基础设施存在的问题。

（五）完善公民环境权利实现的保障机制

1. 完善相关法律，赋予环保组织全面、充分的参与权

赋予环保组织内容全面、权能充分的参与权已逐渐成为世界的潮流和共识。[③] 美国的多元文化及其包容性使得美国人经常不断地结成社团。形

---

① ［美］埃莉诺·奥斯特罗姆：《公共事物的治理之道——集体行动制度的演进》，余逊达、陈旭东译，上海三联书店 2000 年版，第 145 页。

② 科莫科斯山谷位于不列颠哥伦比亚省温哥华岛的东部，属于科莫科斯—斯卓科那（Comox-strathcona）地区管辖，该山谷居住的总人口近 6 万。米勒德/皮尔西（Millard/Piercy）流域监测计划是针对科莫科斯山谷的环境包括大气、水质以及其他环境要素进行环境质量监测的计划。

③ 徐以祥：《公众参与权利的二元性区分——以环境行政公众参与法律规范为分析对象》，《中南大学学报》（社会科学版）2018 年第 2 期。

形形色色的各种社团在美国被称为“第三部门”，这些社团的非政府性、非营利性使其在美国政治经济社会生活中占有重要的一席之地。其中，著名的环保组织有美国环保协会、美国大自然保护协会、美国野生救援协会等。美国政府也非常支持这些社团的发展。联邦以及各州的环保局每年都会提供大量资金无偿资助环保组织，支持和鼓励其参与环境治理。在加拿大，政府与环保组织建立了亲密的合作伙伴关系。比如，致力于保护湿地和野生鸟类的“加拿大野鸭基金会”开展的栖息地保护、社区关系、环境政策、社会教育、生态研究等各项工作，都是借助与联邦政府、省政府建立的伙伴关系开展的。其中最著名的承担青少年可持续发展教育功能的Oak Hammock湿地互动中心，是在联邦政府的支持下由加拿大野鸭基金会和马尼托巴省政府共同修建的。[①] 欧盟对于环保非政府组织的认可和支持也是显而易见的。欧盟1998年《奥胡斯公约》第2条在界定“感兴趣的人”时，将符合本国相关法律要求，倡导环境保护的非政府组织纳入其中，并且要求缔约方对非政府组织设定要求应该秉持不歧视原则，并避免登记的技术和资金障碍。[②] 从20世纪开始就在欧洲议会上活跃的绿党，尤其是德国绿党，始终倡导“生态优先”，积极参政议政，对欧盟环境保护运动起到了重要的推动作用。

在我国，2005年有2768家环保组织，[③] 2012年数量超过了3500家。由此可见，2005—2012年，我国的环保组织数量每年的增长速度超过了5%。环保组织的不断增长情况反映了我国对公众参与环境保护的宽容态度。但是，制度建设总体上对环保组织还是保持一种约束状态。以往的环保公众参与制度强调基于环境私益即“受影响”的个人主体参与，对环保组织的关注以及相应的制度设计明显不足。[④] 比如，《环境影响评价法》通过目的性扩张解释才将环保组织纳入“有关单位”当中。[⑤] 2014年修

① 王彬辉：《2014年新修订环境保护法公众参与条款有效实施路径选择——以加拿大经验为借鉴》，《法商研究》2014年第4期。

② UNECE, *The Arhus Convention: An Implementation Guide*, http://www.unece.org/fileadmin/DAM//env/pp/acig.pdf，2021年3月28日访问。

③ 2006年中华环保联合会发布的《中国环保民间组织发展状况蓝皮书》。

④ 朱谦：《中国环境影响评价公众参与制度完善的思考与建议》，《环境保护》2015年第10期。

⑤ 唐明良：《环评行政程序的法理与技术——风险社会中决策理性的形成过程》，社会科学文献出版社2012年版，第153—189页。

订的《环境保护法》第 55 条明确规定了由符合条件的环保组织对环境污染者或生态破坏者提起民事公益诉讼，是我国环境立法领域首次承认环保组织参与环境治理的法律地位。在“常州毒地案”中，环保组织基于被告造成的土壤污染事实，向法院提起民事公益诉讼，要求被告承担侵权责任，于理于法有据。但是，从 2019 年 6 月最高人民法院出台的《关于审理生态环境损害赔偿案件的若干规定（试行）》第 17 条规定[①]来看，立法者将行政机关作为公共利益首要维护者，认为其公益代表性优于环保组织的立场显而易见。

我国可以从以下方面促进环保社会组织的发展：（1）创设宽松的制度环境。依照国务院 1998 年发布的《社会团体登记管理条例》第 9、10 条规定，申请成立社会团体，应当经其业务主管单位审查同意。同时，成立社会团体应当具备一系列条件，特别是人员和资金条件。对于环保社会组织而言，符合这两条要求有一定难度：首先，环保社会组织尤其是民间环保社会组织要找一个业务主管部门不容易。政府部门通常也不愿意为民间社团做业务主管部门，因而在实践中出现某些环保社会组织以企业形式注册，并上缴营业税的奇怪现象。其次，环保社会组织以维护环境公益利益为目标，与那些以维护特定的阶层和群体的利益为目标的私营企业家协会、消费者协会等不同，其活动经费和人员数量都非常有限，许多民间环保社会组织根本达不到《社会团体登记管理条例》的人员和资金条件。所以，我国应借鉴加拿大做法，降低环保社会组织的准入门槛，放宽环保社会组织的核准登记条件，对不参与商业经营的环保社会组织实行备案制度，为其创设一个宽松的制度环境。同时，政府还可以通过政策鼓励、税收惠免、无偿资助、合同服务等方式来培育环保社会组织。（2）建立专业性环保社会组织。公众在参与环境保护的协商与对话中面临的最大障碍就是环境问题高度的科技背景。许多环境上的危害行为或产品往往在经年累月后才被发现。此外，环境问题在因果关系的认定上亦格外困难，时常牵涉科学上的极限，难以立即给予一个固定的答案，以作为认定责任或采行相对措施的依据。环境品质的设定、环境影响的评估、环境改善的认定

---

① 最高人民法院《关于审理生态环境损害赔偿案件的若干规定（试行）》第 17 条：因同一损害生态环境行为，法院应该优先审理生态环境损害赔偿案件，中止民事公益诉讼案件的审理。

等，亦涉及科技水准的考量。[1] 为了提供有意义的环境保护参与行为，公众需要就他们工作的合法性和工作质量建立可信度，强化政府与他们合作的信心。建立专业性环保社会组织，通过环保组织的专业性优势提高公众参与的能力是一个有效的办法。比如，加拿大“气候变化的经济影响专题研究会”就是对气候变化与经济发展、社会治理的关系进行综合研究的专业性环保社会组织，其成员包括志愿参加的大学教授、企业家、政府官员、行业协会组织者等知名人士。研究会定期召开研讨会，为不列颠哥伦比亚省政府提供气候变化方面的政策建议，并在每年3月向联邦内阁提出报告。[2] 所以，我国可以建议专业性的环保社会组织，由它们运用科学的方法对普通民众进行培训以及对环境问题提出专业建议等措施提高公众参与的可信度，在一定程度上有利于减少政府对公众参与环境能力的怀疑。(3) 构建环保社会组织网络体系。2014年《环境保护法》规定了社会组织作为环境公益诉讼原告[3]的门槛，法官在审查环保社会组织的原告资格时需要核实其相关资料以确保其符合《环境保护法》规定的条件。面对数量众多的社会组织，法官如何做到高效率的审查？笔者认为有必要借鉴加拿大对环保社会组织实行的网络化管理经验。加拿大环境网，代表遍布加拿大的超过800个环境社会组织；气候变化行动网，有40个关注气候变化的环境社会组织；加拿大大自然网，是一个由360个基于社区的自然主义者组织及其各省的分支机构组成的网络。这种网络体系的优点表现在：首先，代表性。由于各种网络的成员特定的性质，具有广泛的咨询代表性。其次，可靠性。通过网络自己选择代表，解决了政府部门选择的偏好。最后，有效性。网络替政府部门解决了建立庞大的环保社会组织代表数据库的问题，提高了工作效率。

2. 举报法治化，保护公民举报权

克服信息不对称的最好方法是让信息优势者直接向信息劣势者提供信息，激励其他知情者说真话。赋予公众对环境违法行为进行举报的权利具有如下好处：(1) 环境保护机构缺乏监管资源，举报可以为展开官方调

---

① 叶俊荣：《环境政策与法律》，月旦出版公司1993年版，第24页。

② 王玉明、邓卫文：《加拿大环境治理中的跨部门合作及其借鉴》，《岭南学刊》2010年第5期。

③ 必须是在设区的市级以上民政部门登记的环保社会组织，专门从事环境保护公益活动连续五年以上且无违法记录。

查提供所需的信息。（2）如果官方已经了解违法行为并且考虑行动，咨询有关的公众将节约双倍的努力。（3）环境法律提供给政府部门多种执行法律的方式。这些方式对于阻止可能发生的损害是非常必要的。举报可以促使政府及早采取这些法律手段。[①] 2014 年《环境保护法》第 57 条赋予了公众对两种环境违法行为向有关部门举报的权利：首先，单位和个人有污染环境和破坏生态行为的，公众有权向环境保护主管部门或者其他负有环境保护监督管理职责的部门举报；其次，地方各级人民政府、县级以上人民政府环境保护主管部门和其他负有环境保护监督管理职责的部门不依法履行职责的，公众有权向其上级机关或者监察机关举报。然而，我国目前尚无统一的《举报法》，只有与举报有关的规定、条例或办法。实践证明，我国举报人的权利难以得到有效法律保护，从而影响公众举报的积极性。我国可以从以下方面确保公众举报权的实现：

首先，明确规定举报人的权利。为了实现举报法治化，有必要在法律中明确规定公众举报权的具体表现为：（1）举报的权利。任何单位和个人都无权阻挡、压制和干涉公民举报权利的行使；举报权还应包括举报人可以自由选择举报方式的权利。（2）要求保密的权利。举报人的情况、举报材料、举报案情应予以保护。对因公权机关泄密而导致举报人遭受损失的，除了要追究机关人员的法律责任，还应对举报人予以民事赔偿。（3）督促查办的权利。举报人在举报之后直至作出处理的整个过程，公民都有权监督，并有权要求国家机关对自己提供的举报材料及时进行处理。（4）举报人有获得补偿和奖励的权利。（5）提起行政诉讼的权利。举报人向行政执法机关举报违法犯罪的线索，接受举报单位拒不履行法定职责或不予答复的，举报人可向人民法院提出行政诉讼。

其次，明确举报受理机构受案范围和职责。我国现行法律规定，环境保护监督管理部门和行政监察机关以及有关上级职能部门应设立举报中心受理群众的申诉、控告、检举。但是，这些部门受理举报的权限没有明确分工，实践中出现举报受理机构之间互相推诿扯皮，影响举报案件及时依法查处的现象。同时，这些部门设立的举报中心因为人员数量限制致使运行不畅的情况时有发生，比如一些地方的“12369”存在多次拨打无人接

---

① See West Coast Environmental, “No Response: A Survey of Environmental Law Enforcement and Compliance in BC”, *West Coast Environmental Law*, 2007, p. 19.

听、长期忙音和运行不稳定等情况。

举报受理机构是受理举报的专门机构，它的设立是完善举报法治化的组织保证。对于我国举报机构的设置，有学者提出设立统一、独立的举报机构。笔者认为根据《环境保护法》受理环境违法行为的举报机构是环境行政监督管理部门和监察部门。虽然二者都是行政管理权，但是其职责是不同的，监督对象的性质、范围以及处理问题的依据也不同。“合二为一”的观点，模糊了国家机构之间的不同点，淡化了它们之间的制约关系，不符合法制建设所必需的“合理制衡”趋向，更不利于民主建设的发展。所以解决现阶段我国举报受理机构存在的问题应该注意以下方面：首先应明确规定各举报机构的受理举报范围。各举报系统，应当根据法律赋予自身的职能，界定接受举报的范围，并公布于众，以尽量减少交叉、重复的举报。各举报机构的名称也尽量反映本身的工作特点，而不应采用那些容易引起公众误解的称谓。例如，环境行政主管部门的举报中心可采用“环境违法举报中心”，监察机关的举报中心可采用“行政违纪举报中心”。各举报系统的工作范围科学界定并得到公众了解和熟悉，可以大大地减少举报内容与举报接受部门不符的情况。其次，建立案件移送制度。虽然法律明确各举报系统的受理范围，但是举报人难免发生认识偏差，从而进行不恰当的举报。此时应适宜地移送这类举报，恰当处理和回复此类举报。因此，各举报系统之间应联合制定有效的具体协调制度，设立专门小组或指定专人负责协调的联络工作，定期召开联席会议。最后，发挥检察机关法律监督者的作用，监督举报受理机构受理行为。

最后，完善举报程序。举报制度作为一项重要的民主制度要有效发挥作用，必须在举报人和举报受理机关之间必然形成一种良性关系，这需要建立一整套严密的举报程序，使举报人的举报线索能够得到及时受理，举报材料能够得到认真的审查，举报案件能够得到及时处理。目前我国法律没有规定举报的具体处理程序，导致对公众举报处理不及时或不到位的现象时有发生。比如，在处理公众通过“12369”环境投诉热线举报的案件，一些省份未在规定期限内反馈。而生态环境部门即使查处后，对企业整改的监管力度也不够，处罚没有落实到位，甚至出现污染反弹现象，导致群众再次举报。有些省份甚至对于生态环境部交办的重办件，也未认真现场调查，用历史检查情况作为查处结果上报。这些问题引发了公众对环保热线的“信任危机”，导致公众发现环境违法行为时，宁可找媒体也不找生态环境局。所以很有必要完善举报程序，具体应该包括以下内容：（1）举报的提出和受理。举报人可采取不同的方式向举报受理机构提供有关线索和情况，举报机构应该根据法律规定作出是否接受举报的决定。（2）举报材料的审查。我国相关法律应该明确规定举报机构具有认真审查举报材料的职责。（3）对举报人的答复。举报受理机关应在规定的期限内将处理结果通知举报人。（4）保密程序。应依据《国家保密法》并结合最高人民检察院发布的《关于保护公民举报权利的规定》，加大对举报人的保护力度。（5）期限。为了保证举报案件得到准确及时的处理，法律应该明确规定举报的受理、审查、查办、答复的期限。

第二节 环境法的人文精神

人文精神具有时代性和历史性。研究环境法的人文精神，要以把握时代背景为立足点、以聚焦时代主题为着眼点、以回答时代之问为关切点，以弘扬时代价值为着力点，以创新法治实践为增长点。作为一个文化上的认知概念和理论上的反思概念，环境法的人文精神是在对环境问题进行人文反思、对“人类中心主义”进行重新评价和理性超越的基础上提出的一种新的法律理念和作出的一种新的价值选择，揭示了环境法中的人的本体地位的独特性。环境法的人文精神不是一个简单的新提法和新概念，而是蕴含丰富和深刻本质内涵并充满人文理性的生态人文主义法律观。作为一个制度层面的重构概念，把人文精神作为环境法的精神要素加以弘扬，可以为环境法治实践确立生态人文主义这一价值坐标提供科学的理论指引，为推动依法治理环境实现全面协调人与自然的关系、促进人与自然和谐共生以及人类在良好环境中尊严生存之目的，提供一个法律运作上的绿色价值航标。

一 环境法人文精神的认知理路

继往以为序章。尽管人文精神是一个在历史中生成又要在历史发展变迁中不断充实和丰富自身内涵的概念，但人文精神总是包含着这样一些基本的价值判断，即崇尚和尊重人的尊严，重视人的价值，把人当作目的而不是手段，高扬人的自由和全面发展。人文精神传承于古而宣扬于今。在过去，历史的如椽之笔，写下了人文主义浓墨重彩的篇章。在当今中国生态文明建设的伟大实践中，高扬人文理性之旗，凝聚法治奋进之力，以社会主义核心价值观之光，积人文之底蕴，筑制度之基石、昌法治之文明，这是民之所幸。坚持以人为本，弘扬人文精神的时代内容，“驱天下之人而从善远罪，是刑之所以措，而化之所以成也”。

法律与人文精神存在着自然完美的契合，具有内在统一性。人文精神是法律的价值内核，是贯穿法治文明历史进程的价值主线。法律是以维护人的尊严和保障人的现实利益为价值追求，并以人的幸福和完满为旨归的人文精神的制度表达形式，蕴含深厚的人文基因、充满丰富的人文理性、具有鲜明的人文品格。随着人类社会法治文明程度的不断提高，人的价值与意义不断彰显，人的主体地位更加突出，权利保障日益完善，法治的人文色彩将越来越浓厚，人文底蕴也越来越深厚。无论中西，概莫能外。

环境保护与法的人文联结源于人权与环境保护之间有着不可分割的联系。《人类环境宣言》指出：“人类有权在一种能够过尊严和福利的生活的环境中，享有自由、平等和充足的生活条件的基本权利。”这意味着，强调保全维持生命的生态系统对于促进人权具有重要的意义。事实上，“人们越来越清楚地认识到，被污染的、生物多样性遭到破坏的环境是与令人满意的生活条件和个性发展相矛盾的，打破基本生态平衡将有损于肉体和精神的健康。”① 当今社会，人们对生存环境越来越重视，保护环境、造福人类已经成为公认的社会价值。② “即使人们只考虑个人在经济、社会和文化领域公认的权利，如果由于不负责地浪费导致资源不足，实现上述这些权利也是不能想象的。”③

人类生存境遇的恶化最直观的表现就是生存环境的恶化。从文化角度审视，中华民族自古就有深厚的尊重自然、顺应自然的传统，绵延五千余

---

① ［法］亚历山大·基斯：《国际环境法》，张若思译，法律出版社2000年版，第17页。

② 相形之下，为什么物质生活水平的提高并没有带来人们幸福感的同步提高？人类社会如何从物质丰裕的难以可持续发展的时代迈向生态丰裕的可持续发展的时代，这是一个需要从人文主义的视角去界定发展，并从自然生态是否健康、社会是否和谐、文化是否繁荣方面去深刻反思发展的得与失的问题。历史上，“不考虑环境的经济带来不经济的后果”也曾经在发达国家频现，从而引发了人们对开发利用自然资源以及选择什么样的经济发展方式的严肃思考。

③ ［法］亚历山大·基斯：《国际环境法》，张若思译，法律出版社2000年版，第18页。

年的中华文明孕育出丰富的“生态文化”，形成了勤俭节约的传统美德。[①]然而，受西方工业文明和消费主义文化的冲击，过度消耗资源、破坏环境的粗放型发展方式逐渐打破了人与自然和谐共生的状态，过度和奢侈的消费文化正在销蚀简约、适度的消费文化，由此产生了一系列生态环境难题。目前，人类与环境关系的主要矛盾已经从人类开发利用能力的制约转变为自然环境的脆弱性和自然资源有限性的制约，人对自然的依赖性不但没有减弱，反而在更多层面上加重了。尤其是环境的持续破坏给人类的生活造成的难以估计的不良影响带来了难以承受之重，这已经成为我国经济社会发展中面临的突出问题。

人与自然是以实践为纽带的互为对象性存在的统一体。自然界不仅是满足人类生存需要的对象，也是表现和确证人之本质的对象。人以怎样的方式对待自然，自然界就为人类呈现出怎样的现实本质，并确证人之为人或人之为非人。自然界的善即是人性之善，自然界的美即是人性之美，自然界的恶即是人性之恶，自然界的丑即是人性之丑。[②]生态觉悟是当代人类最大的觉悟，代表着当代人对如何建构一种合理而正当的人与自然的关系这一基本问题的自觉反思。天地者，生之本也。人类依赖于自然，并受制于生态规律。人类是生态系统的一部分，人类社会所发生的一切及继续上演的一切都是一个生态过程。人与自然都循“道”而动，是相互依赖、共存共生的关系。从生态学将生命看作有组织而非划分等级的角度看，它为人类如何理解自身提供了新的维度，有利于唤醒生命的觉知，让我们“遵道”和“贵德”。

环境保护是与人对美好生活的诉求密切相关的概念。环境是“自在

---

① 中国古代法律制度常常被称为“伦理法”，以表明道德对法律的重要影响。其实，这一点在中国古代环境法律制度中也是一样的，甚至还表现得更为突出。作为一种深刻的东方文化智慧，尽管儒家学说是关于人与人、人与社会的伦理学说，但中国特定的地理环境和农业文明的社会经济形态，决定了儒家必然要对自然以及人与自然的关系报以人文眷注。儒家生态思想既源于仁爱之心、悲悯情怀以及对生生之德的敬畏，又深深根植于“天人合一”的哲学思想，体现了对宇宙本质、人与自然关系的独特思考。儒家采用类比等思维方式，把人与人、人与社会之间的伦理道德扩大到自然万物，提出了保护生态和合理利用自然资源的思想。儒家主张的生态伦理落实到实践层面，便成为一种具体的行为规范，对中国古代的环境保护实践发挥着积极作用。

② 参见卢风、曹孟勤《生态哲学：新时代的时代精神》，中国社会科学出版社 2017 年版，第 162 页。

之物”也是“为我之物”。[①] 人与自然关系的社会目的，其实质反映的是人类现实需要的满足，即生存与发展。“环境”本身是中性的，是客观的：一个环境可能好或不好，或被破坏或需要保护等。但当我们谈到该“环境的质量使人能够过尊严的和福利的生活”的时候，环境就成为一种以人及其需要为中心的生存发展的利益需求。也就是说，纯粹的自然物不能构成人的利益，如阳光、空气和水，只有当它们和人的生存发展直接联系起来，即成为人们有用的社会条件的时候才成为人们所追求的利益。正如庞德所言：人们所追求的利益“直接涉及个人生活的要求或希望，并被断定为是这种生活的权利”[②]。这样环境保护的内容也就体现了人权的一面或者说被赋予了人权的内涵，而承认对于健康和安全的环境的保护也就成为实现人权的基本手段，权利的保障作为人类共同利益也就得到了承认。[③]

仅仅敬畏自然是不够的，还要拯救自然，尤其是用法律武器拯救自然。事实上，无论是基于理论研究的需要还是环境保护的实际诉求，环境法都需要而且应当得到人文主义的检视和诠释。这就不能不对环境法是什么以及应当是什么作一番人文审视。环境法是历史和持续的，也是多元和立体的。迥异于其他部门法，环境法的保护对象是人类赖以生存的自然环境，其目的在于保护公众健康，推进生态文明建设，促进经济社会可持续发展。[④] 这一目的的实现，将给全体社会成员带来普遍的恩惠。这使得环境法具有了广泛的社会性和公益性，最明显地体现了法的社会职能的一面。对环境法这一基本属性的认识，是我们探讨环境法的人文精神并把这个问题引向深入的基础。

在人与自然的关系中人终究是自然之子。以生态的观点看人，关心人、尊重人，自然离不开对人类赖以生存的环境报以人文眷注。这是新人

---

① 人文精神的核心内容是人类基于实践活动之上对生活整体性意义的把握和追寻，在人的活动中始终渗透着人的价值取向和主观性选择，在与外界对象的关系中始终将对象理解为“为我关系”的性质。

② ［美］博登海默：《法理学：法哲学及其方法》，张智仁译，上海人民出版社 1992 年版，第 135—136 页。

③ 这样看来，环境法的产生既可以认为是权利要求多元化的产物，也可以说是与传统部门法忽视或者对新型权利保障不周延密切相关的。

④ 环境是生命安顿之所，文明永续之基。当前，环境污染和生态破坏已经成为影响我国公众健康的重要原因和制约经济社会可持续发展的关键因素，新时代环境法治建设必须高度重视环境与公共健康安全的法治保障问题。

文理性不可替代的独特价值，也是现代人文精神得以再生之源和迈向未来的通路。然而法律终究不是一个单纯的客观事实，“法律是一个有意识服务于法律价值与法律理念的现实”①。只有当法律符合人的全面发展的需求、服务于人的全面发展的目的、体现人性尊严时，才具有价值和正当性。而环境法作为促进人与自然和谐共生的规范体系，正是人类重新认识和理解生命价值的人文情怀与确保人类文明得以延续和发展的重要制度契机。

从法文化的角度看，环境法是崇真、向善、臻美三维贯通的复合体。这一解释是丰富和深化我们对环境法认识的一个的重要维度。首先环境法是“崇真之法”。作为生态规律的法律语言，环境法是法律和科学的真正结合。对真的追求体现了环境法强烈的生态科学意识，为环境法提供了正确性指引。② 其次环境法是“向善之法”。将人道主义关怀从当代人扩展到未来世代甚至从人类社会扩展到生物圈有机体，是环境法之善的重要体现。“向善”为环境法提供了正当性指引。另外环境法还是“臻美之法”。“臻美”是人对于自身生存的美学观照和对于未来生活的理性追求，体现了人类诗意栖居的生存理想，为环境法提供了方向性指引。

继承不泥于古，创新不离于源。环境法的人文精神与法的人文精神具有同质性，需要赓续法的价值理性并从中汲取走向成熟的智慧，但又是对法的人文精神的续造。“究天人之际、通古今之变、成一家之言”是对环境法人文精神的深刻揭示。作为一个新兴的部门法，环境法是在现代工业文明导致的环境污染肆虐、生态系统被大规模破坏所引发的人的生存危机的困惑与抉择中兴起并逐步发展起来的。究其目的乃是人类为了应对自工业革命以来不断升级的环境危机，弥合人与自然关系日趋紧张的态势而设计的用以促进人与自然和谐共生的法律机制。因此，不同于一般意义上法的人文精神的话语表达，环境法的人文精神始终是围绕着人的生存环境的改善这个核心诉求展开的，既包含着对人类环境这个生命安顿之所当下安澜的近忧，又体现着对人类环境这一文明永续发展之基持续不坠的远虑。

“没有无自然的人文，也没有无人文的自然。”人文精神在环境法中

---

① ［德］拉德布鲁赫：《法哲学》，王朴译，法律出版社2005年版，第31页。

② 生态意识是生态文明思想理论体系的重要内容，是人们对于深层环境的基本观点和看法，特别是对于如何处理人与自然的关系所持有的基本立场、观点和方法。主要包括生态认知意识、生态价值意识和生态审美意识。

的体现不可能外在于人与自然的关系而仅被狭隘地理解为一般意义上的人本法律观、权利本位、以人为目的和中心、承认并保障人的利益和需求这样一些体现尊重人的价值和尊严的法律的人本要求，而且内在地包含关怀自然生态的新人文理性。环境法的人文精神是因“生态”因素的介入而科学认识和正确处理人与自然关系的一种生态化思维方式，是对传统自然观的反思而引起的法观念的变革与更新，是一种生态性趋向极为明显的法的人文导向，是一个倡导人道地对待自然、按生态学原理善处人与自然关系、尊重自然生态的人文精神。

倡导法的人文精神其根本目的在于，通过法律这一最重要的制度装置促进人的自由全面发展。而用天平与利剑托举“人与自然和谐共生”的价值诉求，用“理”与“力”的结合彰显人文使命、让生命在绿色中赢得神圣是环境法的不懈追求。正如富勒指出的：“法律应当被视为一项有目的的事业，其成功取决于那些从事这项事业的人们的能量、见识、智力和良知，也正是由于这种依赖性，它注定永远无法完全实现其目标。”①

表明一种态度是容易的，但要彻底阐述一种理论立场却是困难的。而理论只要彻底就能说服人，所谓彻底就是抓住事物的根本。但即便这样，从法文化的角度对环境法的人文精神从深、广两个方面去求取更具说服力的解释，其学术价值却是不容置疑的。正如耶林所说：“原告为保卫其权利免遭卑劣的蔑视而进行诉讼的目的，并不在于微不足取的标的物，而是为了主张人格本身及其法感情这一理想目的，与这一目的相比，诉讼带来的一切牺牲和劳神对权利人而言，统统无足挂齿——目的补偿了手段。”②

二 环境法人文精神的学术价值和社会价值

德国哲学家费希特在论及学者的使命时曾指出：“学者的真正使命在于高度重视人类一般的实际发展进程，并经常促进这种发展进程。”③ 如果缺乏“时代的尺度”，超越了现实的生活世界失去了与时代的联系，学者的述学立论就注定不能反映特定时代的人类的生存主题，这是有悖学者使命的。揆情度理，法学者作为一个掌握专门知识的社会特殊阶层，理应

---

① ［美］富勒：《法律的道德性》，郑戈译，商务印书馆 2006 年版，第 169 页。

② ［德］耶林：《为权利而斗争》，胡宝海译，中国法制出版社 2004 年版，第 20 页。

③ ［德］费希特：《论学者的使命》，梁志学、沈真译，商务印书馆 1984 年版，第 40 页。

保持高度的理性自觉意识和理论思维的敏感性，深切关注人类法治文明的苦乐年华与时代发展变迁中的人的法律命运，在思想上慎终追远，敢于提出有创建性的见解，用具有实践说服力、社会公信力、理论解释力的创新成果来表达对人类社会发展进程的时代关注，为推动法学研究和法治建设建言献策提供助力。

在我们看来，就法学以及法治的人文性而言，一切关于法学和法律问题的思考和解释，如果所有问题的起点不是“人论”，缺少了“人”这个前提，没有了关于人、关于人的世界与历史、关于生存的意义与方式的思考和解释，都可能是没有根据的。因此，无论是环境法学研究抑或环境法治实践都应当站人文精神这一理论制高点上为法的人本价值擎举“灯火”；都应当从人文理性出发，去深刻思考法的合理性问题；都应当充满人文关怀，以生态环境法治建设增进民生福祉，让粲然可观的人性光辉照亮公民权益的法治保障之路；都应当厚植人性的基础，让法律不再成为一套外在于遵从它的人而存在的规则，努力让具有“强制力”的法律规则成为实现“非强制性的”法律激励；都应当蕴含至善尽美的价值理想，为依法促进人与自然的和谐共生与共同发展和共同辉煌，确保人类走向与自然和谐的生态自由提供文化支撑；都应当坚持以人为本，让法治更加关注人的价值和生存状况；都应当开启新的思维，让法律活动中更为广泛的公众参与成为重新赋予法律以活力的重要途径；都应当尊法理、合事理、通情理，关注法的内在道德性，积极回应现代法律的制度伦理对人文主义所倡导的博爱、仁慈、宽容、同情等伦理价值，让法治充满和谐包容的精神之光，让法律成为一种关乎人的生活现实的活的社会制度的法律，努力协调好社会价值和个体利益的关系，充分激发社会的活力。而这一切应然要完成到实然的转变，无不需要环境法学，环境法治能用更多的人的尺度，以合乎人性的，即合乎真善美的方式，从人的生态自由的高度，对自身的发展变革作出自我反观与再认识。

我们知道，在法的领域中除了需要一个形而下的现实的法律公共领域，还要有一个在形而上的具有反思、评价和构建意义的文化性的法学公共领域，这是由法律的不完备性决定的。按照法学家耶林的说法：“法学就是在法律事务中的科学意识。这种意识，必须往法哲学的面向发展，以便探究现实世界法律之起源与效力所赖以成立之最终基础。”①

事实也是这样的，法的存在是一个问题，法的优劣则是另外一个问题。因为“法律不仅是世俗政策的工具，而且还是生活终极目的和意义的一部分”②。它不但能够被用来解决“问题”，同时也可以传达意义。它在任何时候都体现价值，都与目的有关。因此，法学不只是研究法律现象的学问，如何透过“功能”一类的联系去追问法律设置和法律过程后面的根据和意义，这正是作为文化性的法学公共领域的价值所在。

人文精神奠定了环境法学基础理论创新的价值基础。因为人文精神是决定环境法发展方向和命运的精神力量，是人类创设环境法律制度的基本动因和推动环境法制变革的巨大动力，还是保障环境法得以持续存在和良好运行的重要条件。因此，环境法首先要强调人文关怀、以人为本，在此前提下强调制度理性和实践智慧。这样看来，环境法的人文精神这一命题无疑是环境法学中一个带有根本性的“元问题”和“大问题”，理应成为环境法学的理论制高点。

把人文精神作为环境法学上的一种基本观念加以弘扬，旨在通过对人的理性之张扬引导人们善处人生，以实现人与自然和谐共生的生存理想。这是具有人类本性之倾向亦符合人类本性之要求和目的的法观念。开展环境法人文精神的研究就是运用法理思维，即良法善治的思维方式对环境法的合法性和正当性的揭示或论证，属于环境法之“法理”研究的范畴。其意义在于可以为我们研究环境法提供新的理论支点，激活环境法的生命之源，点燃环境法治的理性之光，具有重要的理论价值和实践价值。

求木之长者必固其根本，欲流之远者必浚其泉源。研究环境法的人文精神首先是出于深化环境法理论研究的需要。近年来，环境法学基础理论研究成果不断，涌现出一批观点新锐和具有思想深度的佳作。但由于难以在方法论与价值论上有实质性的突破，其理论价值往往是有限的。例如，以往研究多从规范或主要从规范角度研究环境法，难以从法文化的高度、法哲学的视野出发为环境法学研究提供新的观察和解决问题的观点与方法，显示了其狭隘性。既没有很好地体现出其

① ［德］耶林：《法学是一门科学吗?》，李君韬译，法律出版社2010年版，第92页。
② ［美］伯尔曼：《法律与宗教》，梁治平译，中国政法大学出版社2003年版，第18页。

理论优势，也难以全面揭示环境法的内在特质和精神意蕴，从而展示出自己不同于以往研究的独特性。而环境法的人文精神这样一个命题，则可以提升其理性思维的境界、开拓研究的视野、完善研究的质态、彰显自身的理论优势。

我们认为，环境法学的人文品格不只体现在它是能指导我们如何"立身处世"、为我们变革自然的实践提供指引的法律知识之学和法律智慧之学上，还体现在它是一种表达人性的体现和升华的法律精神境界之学这个方面。它关心的不仅是"真"还有"善"和"美"，它不仅向我们昭示怎样的生活是合理的，而且告诉我们怎样才能使生活变得更加美好。它还让我们认识到人们理想中的自由、实践中的"至善"和生活中的"诗意"并不是本能的展示或主观的任性，而是在改造客观世界的同时改造主观世界的结果，是遵循客观规律而获得的发展空间和自身价值。显然，持有一种开放的文化立场，站在一定法哲学高度对环境法的精神或基本观念作出富有人文意蕴的阐发，深刻挖掘环境法设置和良好运行背后的根据和意义，从应然的角度对环境法的人文特质作出整体诠释，有利于超越其自身功能上的局限在更为开阔的视野中理解环境法并赋予其新的内涵。

人文精神为环境法学理论创新提供了方法论。环境法的人文精神不仅是一种思维方式、一种人文价值观，还是全面认知环境法的一种基本途径和方法。从学术研究的角度看，一种新立场的确立或新方法的运用往往会伴随一些新的概念范畴的提出。这是因为只有借助于这些新的概念范畴才可以更好地表达对事物的理解，适应研究的需要。而这些概念范畴的提出、论证和积累却既可以建立起能表明自身研究价值和理论优势的概念范畴体系，又可以丰富研究的理论内涵、提升研究的水准，并推动研究不断走向深入。

人文精神是回应环境法学研究中存在的人文悖谬倾向的需要。把人文精神作为环境法学研究的价值坐标，其缘由在一定意义上可以说直接得益于对长期以来环境法学研究中存在的"见物不见人"或"重物轻人"倾向导致的主客体的颠倒，以及与法律的人文特性相抵牾现象的人文反思。出现法学研究中人文性遭受贬抑的原因，可以归结为对法律工具理性的过度诉求导致的理性自觉意识的迷失，不能坚守法是以人为中心旨归的价值初心，忘记了法学研究只有建立在人之上才能焕发出旺盛学术生命这一基本原则。归根结底，是环境法学研究中缺乏坚定的“人本法律观”的统摄和引领，不能很好把握世界对人的意义和人在世界中的地位和重要作用等重大问题，造成了环境法学研究和环境法治实践与现实中的人和具体日常生活发生了隔阂，最终引起事实与制度对人的压制和异化导致人屈服于物的结果。

不知人，焉知法？理解人是理解法的前提。人是法律之本，法律因人而有意义，而不是人因法律而有意义。不是人为法律而存在，而是法律为人而存在。无论如何，“一国的法律是否真正地具备实现国家利益，促进人民幸福的条规的问题就是该部法律的实质问题”①。一部符合社会发展规律的良法，一项促进社会进步的法治文化，是孟德斯鸠言及的特殊的“智能存在物”的文化，理应是“人的法律”而非“物的法则。”② 法律应是为人服务的，维护人应享有的自由、平等、尊严，并在现实生活中找到实现这些人文理想的途径，这是以人文精神为基础的现代文明所要求的。至于一国的法律是否真正地制作出简明正确的条文，又是否以该国人民容易知其权利义务所在的问题则是法律的形式合理性问题。

以人为本是法律价值的基础和精神实质，也是当代法的合理性的根本所在和法的现代性的核心要求，它否定任何对法律工具理性的过度诉求而导致的对人产生异化的法律。③ “一切违背人的自然感情的法律的命运，就同一座直接横断河流的堤坝一样，或者被立即冲垮和淹没，或者被自己造成的漩涡所侵蚀，并逐渐地溃灭。”④ 因此，无论基于什么样的理由，环境法学研究都不应当背离“法始终是以人的自由发展为其根本目的，它就是为人的自由而产生、存在和发展的”这个价值初心！

最后是环境保护实践诉求的需要。环境危机是环境保护与经济社会“失调”发展的产物，却与其背后的社会体制、生活方式以及价值观念密

---

① ［日］穗积陈重：《法典论》，李求轶译，商务印书馆 2014 年版，第 5 页。

② 杜宴林：《法律的人文主义解释》，人民法院出版社 2005 年版，第 2 页。

③ 作为人类文化生活的一部分，自人类生活有法律相伴随以来，对法的合理性追问就没有停止过。这种思考与法的现代性问题相结合，使得法必须体现以人为本、弘扬人文精神的时代内容。

④ ［意］贝卡利亚：《论犯罪与刑罚》，黄风译，中国大百科全书出版社 1993 年版，第 30 页。

切相关。也就是说，环境危机其实有其深刻的文化根源。[①] 因此，考察环境问题产生的根源需要从经济、政治、社会、技术等具体层面的问题着手，更需要去揭示其背后文化危机的实质并进一步探索摆脱环境危机的文化变革之路。

从制度层面对自然倾注更多的人文关怀是有效解决环境问题的迫切需要，这就要通过制度设计使人性向上的方面得到发展。把人文关怀作为法的精神要素加以弘扬，正是以它对于人类行为和社会条件的延续和改变所产生的影响，以及对环境保护实践操作上的人文式微和无力的关注为现实基础的。通过内含生态人文理性的法律制度的引导、规范和监督，使人们在追求物质利益的同时重视人自身的问题，如责任担当问题、权力异化问题、技术伦理问题，进而有效防止和消除市场经济的负外部性并致力在引导社会走向深绿色思考和行动方面有所助益，是环境法人文精神的历史使命。

三　环境法人文精神的法治实践

以自己的方式捍卫社会所承认的基本价值观是任何法律制度的一个基本目标，以人为本是当今世界法治实践必须恪守的一个基本的人文尺度。把为了人民、依靠人民、造福人民、保护人民的理念作为现代法治的价值导向和构建基底，必然能在未来为民众对美好生活的期待提供坚实的法律保障。

历史地看，环境法的每一次跃迁无不与时代之发展、社会之变革休戚相关，环境法在当代的进一步兴盛也正是以可持续发展的强烈诉求和生态文明时代的要求作为其不断成熟的时代背景。如今，“民亦劳止，汔可小康”这句《诗经》里的悠悠吟唱，穿越千年风雨，在中国特色社会主义新时代变成了现实。全面建成小康社会是中国取得的非凡人权成就，奠定了中国人权发展进步的新起点。同时，社会主要矛盾已经转化为人民日益增长的美好生活需要和不平衡不充分的发展之间的矛盾，人民对美好生活的向往更加强烈，对人权保障的要求不断提高。针对新阶段、新需求，需

---

① 生态环境问题的深层次原因在于人的思想观念和行为方式。因此，生态环境治理就不能不重视人本身的自主性和能动性。生态文明教育有利于解决生态环境问题，为生态环境治理提供了一个新方向，是成本低、效率高的“溯源治理”之道。

要环境法治有更大的人文担当。

正所谓民之所盼，法之所系；民有所呼，法有所应；民有所求，法有所为。无论是从环境法的理论超越和实践创新的角度看，还是就环境法应运时代和民生需求的角度而言，环境法治建设都必须接受时代和民需的全新检视，立足社会发展需求、顺应时代发展要求、积极回应现代生活之所需；都必须以不断满足人民群众日益增长的优美生态环境需要和促进人与自然和谐共生的理念，对现行环境法律制度进行全面评价，并按照生态文明建设的要求进行环境治理的法治创新。

创新环境治理工具，提升环境治理的法治化水平，要以规范、完备的生态环境法律制度和先进、成熟的生态环境治理实践为依托。2014 年修订的《环境保护法》对“生态是关系民生的重大社会问题”作出了重要的制度回应，承载了关怀人性、保护人的尊严的内在诉求。例如《环境保护》第 1 条将“保障公众健康”作为环境保护立法的出发点和归宿，回应了人民群众对良好环境和健康安全的期望不断提高的迫切需求，体现了“良好环境是最公平的公共产品和最普惠的民生福祉”的生态民生价值观，凸显了新时代环境保护就是要坚持以人为本的理念，从保护公众健康权益出发为人民群众提供适宜生活环境的人文精神的要求。①

为了把环境健康理念落到制度保障的实处，《环境保护法》还专门规范了环境与健康问题，从而进一步加强和完善了环境健康法制建设。例如该法第 39 条规定：“国家建立、健全环境与健康监测、调查和风险评估制度；鼓励和组织开展环境质量对公众健康影响的研究，采取措施预防和控制与环境污染有关的疾病。”这是环境健康权价值在环境法上受到重视的具体体现。

以人民为中心的环境治理不仅是一种价值选择，更指向人的多重属性和需求、有更多“人的尺度”、强调权利的重要性以及承认和尊重人的主体性的制度设计和结构安排。从制度设计上看，为了确保公众有序良好参与环境治理，《环境保护法》不仅在第 5 条将“公众参与”作为环境保护的一项基本原则加以专门规定从而确立了公众参与在环境保护领域的基本

---

① 人类健康和生存环境之间存在紧密联系。随着我国经济高速发展，严峻的环境问题对公众健康安全造成的威胁不断显现。但是保障环境与公共健康安全的法治基础在我国却十分薄弱，迫切需要加强“发展—环境—健康”和谐一体的中国环境与健康法治建设，以期全面有效地规制日益严峻的环境与健康风险，解决好环境与公共健康安全这一重大的民生问题。

价值和统领地位，而且增设了“信息公开和公众参与”的专章，明确规定公民、法人和其他组织依法享有获取环境信息、参与和监督环境保护的权利。此外，该法还具体规定了对环境违法行为可以举报以及符合规定的社会组织可以就污染环境、破坏生态、损害社会公共利益的行为，向人民法院提起环境公益诉讼的制度。

“看似寻常最奇崛，成如容易却艰辛。”值得一提的是，社会组织提起环境公益诉讼制度的确立是公众参与环境保护制度化的重要体现，为我们提供了一条通过诉讼方式推进“民治”来维护环境公共利益的制度路径，同时为公众参与环境保护的监督权落到实处提供了法律依据。体现了立法鼓励社会进行多元参与、建立社会制衡机制的政策导向，预示着我国环境政策创新的目标和发展方向开始从以政府为主导的直控型环境政策向社会制衡型环境政策的重要转型。①

从治理结构上看，《环境保护法》在走向共同体的环境治理方面迈出了坚实的一步。如该法第 6 条分别对环境领域各主体（地方各级人民政府、企业事业单位和其他生产经营者以及公民个人）的基本义务作出了相应规定，这是全社会共同治理环境的现代治理理念在立法上的重要体现，表征了环境法对人的价值的尊重。的确，仅仅旁观是不能改变世界的。在环境治理领域谁都不能沉默，人人都应该是主角。

环境治理属于开放式公共治理的范畴，其核心特质在与治理主体的多元化，核心问题在于重构公共治理系统实现治理权能的分化与转移。在这里，治理机制和治理关系发生了根本转化，即实现了治理方式的民主化重构，社会组织和公民不在简单是公共治理的客体而成为一个自主性的社会治理主体。显然，这是一个有利于实现公共利益最大化的治理过程。

法治表现为制度，但内在于精神。2018 年通过的《宪法修正案》将“生态文明”建设的重要内容历史性地写入了宪法，这是宪法制度与人文精神良性互动的产物，体现了宪法对环境人格尊严这一人文精神之现代价值的极大承认和尊重。在新时代背景下，实现生态环境根本好转和生态文明建设全面提升，事关人民生存和发展权益。因此，以宪法之名确立生态

---

① 通过立法确立并扩大社会参与环境治理的相关权益是完善社会制衡机制的基础。在这个方面，20 世纪 70 年代欧美国家的环境政策就开始向赋予公民更多环境权益（包括环境知情权、环境监督权、环境索赔权、环境参政议政权、环境结社权等），鼓励公众参与环境保护的方向转变。

文明的重要性也就不单是宪法意义上的法律确认，更彰显着中华文明对于美好生活、个人发展等人类重大命题的认识和理解。生态文明入宪言明了保护人的生存和发展所依赖的环境的重要性，是新时代宪法在弘扬人文精神方面带来的积极变化，将进一步拓展宪法上人权逻辑的发展空间，对加强人权保障具有重要的时代引领价值。

以制度创新为引领不断完善实施机制以坚守人文精神，是目前环境法治建设的显著特征。近年来，我国环境污染和生态破坏事件频仍，不仅损害了社会公共利益，也对公众环境权益造成了严重损害。建立健全生态环境损害赔偿制度，将公众的环境诉求纳入法治化轨道予以保障，是切实保障公众环境权益、维护环境公平正义、促进社会和谐稳定的重要举措。

为了破解环境受损、公众受害的不合理状况，党中央部署了生态环境损害赔偿这项改革任务。生态环境损害赔偿制度是生态文明制度体系的重要内容和生态环境保护责任制度的重要方面。该制度明确授权地方政府作为赔偿权利人，要求其对造成生态环境损害的责任者追究损害赔偿责任，压实了地方政府的生态环境保护职责。以追究损害责任为导向，强化违法主体责任，提高违法成本，充分体现了后果严惩的制度内涵。① 而以民事法律手段推动生态环境损害赔偿和修复，则是对以行政手段为主的管理方式的有效补充。② 通过整合各方力量共同推动生态环境质量改善，必将形成行政部门和司法机关密切配合，社会组织和公民个人共同参与环境治理的善治格局。

生态环境损害赔偿制度更是以人民为中心的发展思想和坚持“良好生态环境是最普惠的民生福祉”的基本民生观的重要体现。生态环境损害赔偿制度明确了违法者修复受损生态环境的义务，强化了对修复过程和结果的监督，增强了受损生态环境的修复实效，有利于保障公众生态环境权益，更好地满足人民对美好环境的需求，提升人民群众对优美生态环境

---

① 值得一提的是，生态环境损害赔偿制度体系中的“磋商赔偿机制”，是一种注重公民与行政主体间的交往对话、凸显行政过程的民主参与性质的行政治理方式，开创了生态环境损害救济的新途径。磋商赔偿可以弥补强制性行政手段和诉讼解纷机制的短板，有助于环境管理效率的提升，也有利于促进我国行政法治、行政善治的发展。

② 生态环境损害责任追究过程中坚持“主动磋商、司法保障”原则，突出和强化了行政权的主导地位和赔偿权利人的主体地位，同时又是行政资源与司法资源优化配置的一次有益尝试。据统计，截至 2021 年 11 月，全国法院共设立 2149 个环境资源审判专门机构；近三年来，各级法院审结各类环境资源案件超 70 万件，环境司法已成为推进生态文明建设的重要力量。

的获得感和幸福感。

四　环境法人文精神的回归与展望

人是环境法发展的逻辑基础，环境法的正当性和合理性都建立在对人的尊严和权利的保障基础之上。正如美国法学家弗里德曼指出的："权利是建造法律的基本材料。法律对权利的要求进行加工。法律学说主要是由有关权利的主张构成的。"① 事实上，无论是从法治理念的提出还是到具体的法治实践，使人在既定的历史情境下过上良善的生活始终是法治的根本价值和宗旨，更是法治现代性的根本体现。

风好正是扬帆时，奋楫逐浪天地宽。建设生态文明是关系人民福祉关乎民族未来的大计，是实现中华民族伟大复兴的中国梦的重要内容。生态环境是关系党的使命宗旨的重大政治问题，也是关系民生的重大社会问题。环境法治建设必须立足于服务中国共产党治国理政和社会主义法治国家建设，主动对接国家重大战略需求，在深化改革、服务需求、推进环境治理体系和治理能力现代化过程中加快发展。目前，中国已经进入高质量发展阶段，中国人权事业发展具备了多方面的优势和条件，人文精神也被赋予了更加鲜明的时代内涵和实践要求，需要环境法治强化理念更新、挖掘制度潜力，对人的自由全面共同发展价值作出更加有力的制度回应，更好实现生态环境治理的根本目的在于满足人民对日益增长的美好生活需要的制度初心。

新时代环境治理的法治创新必须坚持习近平新时代中国特色社会主义思想，坚持以人民为中心的发展思想，坚持人民幸福生活是最大的人权，将满足人民对人权保障的新需求作为依法推进环境权法治化的重要契机，使全体人民的环境权益得到充分保障，不断实现人民对美好生活的向往，为人的全面发展创造更加有利的条件；将坚持人民主体地位作为环境治理的价值内核，促进人民有效社会参与，为实现人的全面发展提供更为坚实的民主法治基础；将坚持尊重自然、顺应自然、保护自然，促进人与自然和谐共生作为法律生态化理念，推进生态文明建设，建设美丽中国，为全人类和子孙后代共享发展创造可持续条件。

---

① ［美］劳伦斯·M. 弗里德曼：《法律制度——从社会科学角度观察》，李琼英、林欣译，中国政法大学出版社 1994 年版，第 226 页。

“见出以知入，观往以知来。”进入新发展阶段，与人民群众在民主、法治、公平、正义、安全、环境等方面的新需求相比，环境法的治理效能发挥还不够充分，环境法治建设仍有许多急需补齐的短板，创新生态环境治理工具、提升生态环境治理的法治化水平面临的困难和挑战还存在。如我国至今尚未实现环境权入宪，① 还面临环境法律制度的人性基础薄弱、环境治理工具类型单一、激励性不足，环境与公共健康安全的法治保障阙如、环境法治的人民主体性的价值和意义还不够突出，以及生态环境保护的人文性不鲜明、生态环境损害赔偿制度的价值目标定位不清等问题。特别是如何以生态文明的要求去重塑新的制度文明，以发挥其在促进文明与生态共生、人与自然和谐为目的的制度建设的要求上，还存在不小的差距。显然，这些问题的妥善解决，需要很好地把握环境法治的真谛，进一步巩固和强化其人文特征，赋予其更加鲜明的人文性。否则，片面地强调环境法的工具理性而忽视其价值理性，可能会因“人本”意识的缺失和主体地位的衰退导致对人的“物化”和对人的价值与尊严的不尊重，造成环境法治的价值迷思，背离环境法治的精义。

在环境法治建设中全面深化和统筹推进人文精神的内涵，是加强社会主义法治建设的必然要求。坚持和完善中国特色社会主义法治道路的实质就是体现、满足和保护人民的根本利益，它要求在法律运行的各个环节都要合乎人性、尊重人格、体现人道、体恤人情、保障人权。因此，环境法治建设必须进行“以人为本”的法治精神的重构，建立起以尊重人的价值、维护人的尊严、确证人的个性为导向的价值机制，把确认和保障社会主体参与环境治理的广泛的自由和权利能够依法实现，作为环境法治现代化发展变革的方向和目标。

新时代，我国必须加强环境法治的人文精神建设，积极探索实现社会主义环境法治人文关怀的新机制、新途径。加强环境法治的人文精神建设首先要树立与“以人为本”的要求相适应的法治观念。法治建设对权利观念应当给予特别的关注与培育。因为，法治化状态不仅意味着有一系列良法，更要有以理解法精神之要的人文基础和权利观念。因此，加强环境

---

① 《国家人权行动计划（2021—2025）》首次将“环境权利”单独成章，对环境权的规定系统全面，具有开创性和前瞻性，开启了环境权保障的新篇章。在环境权立法保障阙如的情况下，环境权的政策保障起到了引导和补充法律保障的作用，必将对促进我国生态文明建设和环境法治进步产生重要影响。

法治建设首要的或最直接的就是要树立尊重和保障环境权的法治观念，构建以保障环境权为核心的法律制度体系，健全环境权救济渠道和方式，全面加强和促进人与自然和谐的法治保障。

尊重和保障环境权就要重视人的尊严生存对良好环境的需求。“环境生存权”强调环境资源要素对人体健康的不损害性，而“环境发展权”则包含着有益于人类持续发展的环境的舒适性、审美和文化内涵。显然，仅把环境质量维持在不对健康造成损害的水平上，就像人要吃饱穿暖一样只是人类的基本生存需要。而能否满足在一个清洁、安静、优美和舒适的环境中生产生活的需要，则是衡量人们福利水平改善和一个社会文明程度的重要标志。因此，把环境生存权看得畸重或者仅把环境权的内容止步于环境生存权，对人类健康和福祉的保障是不充分的和浅近的，缺乏整体性和长远性。

人本的法治必须重视主体性观念。人是法律之本，是有独立存在价值的主体，是不隶属于任何人的独立存在者。法律应当是激发人的解放、促进人的全面发展的重要力量，而不应当带来人的不自由与发展的异化。人民性是我国法治的基本属性，人民是依法治理环境的主体而不是客体，也必然是国家环境治理的力量源泉而不是被整治处罚的对象。过去，我国在环境保护方面过度倚重政府以“命令—控制”为主要手段的管制行政，限定了社会组织与公民个人的行动方向和活动空间，剥夺了社会、企业和公民自由选择的权利和机会，从而扼杀了社会参与环境保护的力量和积极性。因此，加强环境法治就必须为公众参与及其有效性提供更为广阔的制度空间。

在环境保护问题上，对人的主体地位的肯定、对人的价值和社会作用的承认和尊重，就意味着要有更多鼓励性和促导性的激励措施以充分调动人们在环境保护方面的主观能动性。从现实性上看，在环境法治建设中确立和贯彻激励原则不仅可以超越环境治理中“命令—控制”机制效用的有限性；从价值层面上看，“激励”也是通过消除主体的被动性、对人的主体意识的唤醒、对人的主体行动的调动来释放其在环境保护上的创造性智慧的过程，而这正是人本的法治在环境保护上可以有所作为、大有可为之处。

人本的法治必须合乎人性的正当价值取向。法治的人性化问题是一个涉及人性尊严和人权保障的问题，也是一个人的价值和尊严在法治实践中被承认、确立、维护和保障的过程。法律是人的创造性展开的重要场域。在法域中，人性的可能性是由法律的现实性和可能性提供的，法律应该也可能为人的全面发展提供条件。因此，环境法治建设理应更加关注人及其创造性以不断彰显其鲜明的为人性，更加贴近对人的理解以更好地尊重人和爱护人，为其良性发展拓展更为广阔的人性空间。

人本的法治还要坚持法治价值与法治实践相结合，做到以“善治”坚守人文精神。“善治”是良法的有效贯彻实施或者说是通过法治卓有成效的运行以满足“良法”价值追求的过程，是国家治理体系和治理能力现代化的集中体现。执法是法治实现的关键环节。执法过程不仅仅是一个简单的落实和执行法律的过程，现代执法理念的核心与基石应是对人的尊严和人的价值的认可和尊重，体现着“民主”“人权”“法治”等基本人文精神。因此，在执法上，包括环境行政执法和环境司法要善于在更新执法理念、创新执法方式、提高执法效能上做文章，要勇于破解影响公正执法和制约执法能力方面的体制性、机制性、保障性障碍，无论是具体的法律程序还是适用法律都要全面贯彻以人为本。近年来，行政执法中的人性化执法和柔性执法以及司法中的和谐和协商性司法，就是较好地体现以人为本的例证。

第十二章　环境习惯法和环境软法

第一节　环境习惯法

一　何谓环境习惯法?

演化经济学大师诺思曾说,“描述与准确勾画那些由社会设计的正式规则,要比描述与准确勾画人类曾用之以规制人类互动的那些非正式的行事方式要容易得多”[①]。这句话对环境习惯法的“描述与准确勾画”同样适用。什么是环境习惯法?乍一看,这个问题似乎很难回答甚至无法回答,因为在现有的“话语系统”中很难将其对号入座。然而,环境习惯法虽难以“描述”与“勾画”,且“对其显著性进行无争议的检验也是特别困难的事”,但这并不能表明环境习惯法没有价值和功能,而恰恰相反,这类非正式规范群“却是重要的”。[②] 本节将运用类型化的方法,通过环境习惯法和与之相关联的一组关键性概念——习惯、民间法、环境制定法之间的依次甄别,逐渐呈现环境习惯法的概念轮廓,并渐次解答“何谓环境习惯法”这一问题。

(一)“习惯法—习惯”分析框架中的环境习惯法

在“习惯法—习惯”分析框架中回答什么是环境习惯法这一问题,我们应立足于本质主义[③]立场,确定环境习惯法作为法的特殊形态而当然地具有规范这一基本前提预先,在此基础上对环境习惯进行类型化区分,分作为“事实”的环境习惯和作为“规范”的环境习惯两种类型,再分

---

① [美] 道格拉斯·C. 诺思:《制度、制度变迁与经济绩效》,杭行译,韦森译审,生活·读书·新知三联出版社 2008 年版,第 50 页。

② [美] 道格拉斯·C. 诺思:《制度、制度变迁与经济绩效》,杭行译,韦森译审,生活·读书·新知三联出版社 2008 年版,第 50 页。

③ [英] 卡尔·波普尔:《历史决定论的贫困》,杜汝楫、邱仁宗译,华夏出版社 1987 年版,第 20—26 页。

别与环境习惯法这一规范形式进行甄别。

通过对作为“事实”的环境习惯进行较为抽象的梳理，我们“可以形成一个描述性的关于‘是’的陈述”。[①] 可以说，在事实意义上，环境习惯等同于有关环境保护和自然资源利用的“乡例”“惯习”“气氛”[②]、习俗，甚至传统，是在人类未曾对其进行抽象性反思的片段和个体。具体就事实性表象而言，环境习惯有各种不同的类型，通常表现为如下三类：其一，表现为人类社会生活赖以维续的生活环境的事实性环境习惯。如藏族谚语和习俗中有“山林常青獐鹿多，江河长流鱼儿多”的朴素意识；[③] 其二，表现为人类社会各种交往模式的事实性环境习惯；其三，表现为人类生产生活技术和方法的事实性环境习惯，如春捂秋冻的穿衣起居习惯、钻木取火的技能习惯等。分析以上三种表现类型后发现，作为“事实”的环境习惯与规范意义上的环境习惯法是迥然相异的。

当然，在“事实”意义之外，环境习惯还具有“规范”意义。显然，在“规范”意义上，环境习惯不再是一个关于“是”的描述，而是以“应然陈述”出场的。环境习惯作为“规范”，一般有两种理解：其一，环境习惯表现为技术性规范；其二，环境习惯表现为一种规定性规范。对二者仔细甄别后便可发现，表现为技术性规范的环境习惯在本质上即是前述第三类型的环境习惯——表现为人类生产生活技术和方法的事实性环境习惯，因此仅有“规范”之名而无“规范”之实。而表现为规定性规范的环境习惯却是主观性、意识性的“应当”规定，与法规范之间没有本质的区别。

综上，立基于“事实”和“规范”二分的类型化研究方法，环境习惯法与环境习惯的关系便可清晰显现出来：作为事实的习惯和作为技术性规范的习惯并不具有法的规范属性，因而与环境习惯法有着本质的区别。唯有在规定性规范意义上，习惯与环境习惯法才是同质的。也就是说，环境习惯法是具有规定性规范属性的环境习惯。[④]

（二）“习惯法—民间法”分析框架中的环境习惯法

在学理研究中，习惯法与民间法有着迥然相异的出处和“定义域”。

---

① 王新生：《习惯性规范研究》，中国政法大学出版社2010年版，第19页。

② 魏治勋：《民间法思维》，中国政法大学出版社2010年版，第186页。

③ 徐晓光：《藏族法制史研究》，法律出版社2000年版，第404页。

④ 类似的研究还有李建伟：《法源意义上的习惯与习惯法合一论——以商事习惯与商事习惯法微视角的研究》，《政治与法律》2021年第11期。

习惯与非习惯相对而言，具有“非正式”特征。习惯法也正是在这一意义上区别于“非习惯”的制定法。因此，环境习惯法在与环境制定法的对比中具有了内容意义。而“民间”意指与官方、国家分野的区域和范围。在社会学概念中，“民间”即费孝通先生所指“乡土社会”。“官”与“民”这一对范畴，适足地表明了中国传统社会结构的特殊性。[①] 因此，民间法带着“中国特色”的印记在与官方法、国家法相区别的意义上诞生了。可见，习惯法与制定法相对应，而民间法与国家法相对应，习惯法与民间法具有极大的差异性。

除去作为两大“活法”之源的内在一致性之外，环境习惯法与民间法作为研究范式，分别在两种不同的分析框架中获致了不同的含义。根据前述对“习惯法—制定法”和“民间法—国家法”这两组前提性框架的理解，民间法的“民间”在与“国家”“官方”相对的角度获有意义，因此，民间法的概念在“国家—社会”二元结构背景下便具有了优于习惯法的确当性。从这一角度而言，在西方传统的“国家—社会”[②] 二元结构背景下，民间法无疑对进行法律命题研究、构建整体法律秩序有着重要的范式价值和内容蕴含。然而，在日渐发展的“国家—公共领域（‘第三领域’）—（市民）社会”三元结构背景下，民间法范式不再具有完整涵括公共领域（“第三领域”）及其自生规则的功能。在此情形下，公共领域（“第三领域”）的规则无论是自生自发的“内部规则”，抑或是组织化创建的“外部规则”，习惯法范式均能适用于对此类规则以及包括此类规则在内的国家制定法规则和民间性规则的解释。可见，在一个建诸三元结构下的开放社会中，习惯法范式获得了比民间法范式更为确当的解释功能和当下意义。也正是在范式现代转变的意义上，本节采用涵括性更为广泛的习惯法概念用以表征存在于中国非国家领域的环境习惯（法）或环境民间法。

（三）“习惯法—制定法”分析框架中的环境习惯法

环境制定法是就环境法这一新型法律部门的当下表述。在与环境习惯法相区别的意义上，诞生于工业革命之后的环境制定法还代表一种全新的现代话语系统，因此在环境习惯法与环境制定法之间形成了一条较为显见

---

① 梁治平：《清代习惯法：社会与国家》，中国政法大学出版社 1996 年版，第 35 页。

② 杨仁忠：《公共领域论》，人民出版社 2009 年版，第 336 页。

的时间鸿沟。深入考察二者之间的关系，并将环境习惯法与环境制定法置于社会整体秩序构建的场景中，二者之间并非泾渭分明，而是有着极大的对话可能。

环境制定法的兴起和发展与工业革命导源的环境污染和破坏问题休戚相关。环境制定法必须体现治理环境问题的技术性价值，于是，按照人为设计的环境制定法产生了。与此同时，以霍布斯为代表的“主权者命令”论说也在悄然兴起，在“权力创造知识”① 的主观愿望下，制定法作为“一种世俗权力的建构”方式逐步渗入法律的原本世界之中。尽管“霍布斯为法律成为规范，为法律关系纳入国家机构开辟了空间”②，但是，国家却逐渐成为“规则和执行活动的主要渊源”③，这种法律国家中心主义的一意孤行和单边主义的自娱自乐，显然忽视了建构社会秩序的其他更为重要的规则。按照哈耶克的观点，以“外部规则”呈现的环境制定法必然不是应对现代环境问题的唯一有效的途径。法律国家中心主义下的环境制定法只有在正视自身的局限性并积极摄取“深嵌于社会秩序之中”的“内部规则”之营养的过程中不断自我修正，一个有效应对各种环境问题的现代环境法才有可能形成。

简言之，在“习惯法—制定法”分析框架中，环境习惯法表现为一种真实而有力的“内部规则”，尽管其在环境制定法背景中遭致挤压的命运。同时，正是作为“内部规则”的基础性意义，使得环境习惯法成为修正和完善环境制定法的永恒性规则渊源。

二 现代环境法治中环境习惯法的价值展开

通过比较观察，现代环境法治实践的深入推进需建立在一套完善、发达的环境法律规则系统的基础之上。这样一套规则系统的构筑应当在较为微观、具体的环境法治领域展开对环境习惯法功能和价值的探讨。毋庸置疑，在实践中，环境习惯法的区域性特征与环境制定法在区域环境法治中强调区域治理、分而治之、因地制宜的方法和要求相呼应，而且因环境习

---

① ［英］韦恩·莫里森：《法理学：从古希腊到后现代》，李桂林等译，武汉大学出版社2003年版，第104、106页。

② ［英］韦恩·莫里森：《法理学：从古希腊到后现代》，李桂林等译，武汉大学出版社2003年版，第104、106页。

③ Oliver E. Williamson，“Credible Commitments：Using Hostages to Support Exchange”，73 *Am. Econ. Rev.* 519，1983，p. 520.

惯法自发性、灵活性的生成理路，在区域环境法治中发挥了比国家制定法更为切实有效的作用。本节接下来将对环境习惯法的价值在现代环境立法、地方环境管理和环境纠纷解决机制等层面的具体展开做进一步阐述。

（一）环境习惯法作为现代环境立法的间接法源

虽然在法律发展的历史过程中，制定法和习惯法的主导地位不尽一致，甚至出现如今制定法欲取而代之的景象，但制定法仅是法律渊源之一的事实并不因为其在现代法治中的“光鲜”外观而改变。在环境制定法之外，环境习惯法等法律规则也是现代环境法的重要法律渊源，它们或是补充、完善环境制定法，提高现代环境法实效的重要规则资源，或是构成现代环境法某些领域制度规则的重要基础（如在特殊区域的环境资源管理实践中）。当然，结合深刻的现代性这一背景来审视，环境制定法已然构成了现代环境立法的主要部分和直接渊源，而环境习惯法只能是现代环境立法的间接法源。要体现环境习惯法的间接法源地位，须对影响环境习惯法进入现代环境立法的制约因素进行考察，以在理论上为环境习惯法进入环境立法创造充分的条件。

影响环境习惯法进入现代环境立法的制约因素有两个方面。一方面，环境制定法与环境习惯法之间的关系尤其是环境制定法对环境习惯法的价值认同是环境习惯法进入现代环境立法的结构性（构成性）制约因素。只有在外在结构的意义上理顺环境制定法与环境习惯法的关系，环境习惯法规则系统才有具备与环境制定法规则“桥接”的可能性。从已有实践来看，结构性制约因素已呈现出破冰之势，国家正式环境法规则已在不同程度上逐渐认可环境习惯法的特殊规范价值。如2008年制定的《云南省人民政府关于加强滇西北生物多样性保护的若干意见》对“少数民族爱护自然、保护环境的优良传统文化和习俗”在完善社区共管机制中的作用的肯定；再譬如山西省人民政府《关于全民义务植树的奖惩暂行办法》的规定：“各地、市、县绿化委员会要发动群众，根据当地的实际情况，由群众自己制定爱林护树的乡规民约，互相监督，违者按乡规民约处罚”，体现了对村民自治规约价值的关注。

另一方面，环境习惯法自身的专业化水平是环境习惯法进入现代环境立法的材料性制约要素。若环境习惯法自身的材料性“建设”和“储备”相当薄弱以至于无法供给国家正式规则时，任何意义上的国家正式规则对环境习惯法的“开禁言事”都只能是一句空话。因此，真正制约环境习惯法进入现代环境立法的原因在于其专业化水平，具体包括专门研究环境习惯法的职业法学家群体，即“人”的条件和对环境习惯法知识内容的归纳和梳理，即“物”的条件（质料条件）。令人欣慰的是，我国当下已形成了环境习惯法进入环境制定法的“人”与“物”两方面的条件。一个专门从事环境习惯法研究的学术群体在民族环境习惯法、环境习惯法的特殊价值机理以及环境习惯法的现代价值拓展等领域展开了较有成效的研究，这是“借助中国特色的传统性资源来推动中国法学研究走向多样化和推动地方法学研究均衡发展的一个重要契机和机制创新”[①]。另外，清末民初两次全国范围内的“民商事习惯调查”，中华人民共和国成立后1952年到1986年陆续展开的“中国少数民族调查”，尤其是1956—1964年进行的“中国少数民族社会历史状况调查”为环境习惯法在现代环境立法中的话语入场奠定了坚实的材料基础。《民法典》更是通过认可类型化的习惯而“确认了习惯法的法律渊源地位”[②]，为当代环境习惯法进入环境立法乃至整个环境法治领域提供了最权威的“模板”。

（二）环境习惯法作为环境管理的适应性规则

复杂性和不可预期性是现代环境管理的两大显著特征。复杂性表明，现代环境管理总是与特定区域的传统文化、风俗习惯、经济发展条件等有着重要的内在关联，由此而呈现出社会—生态结构模式的多样性。循此，“自然资源管理者在实践中面临的问题是将自然管理的多维度延伸均考虑在内，这就要求文化、经济、生态等多维度同时显现在管理过程之中，并深刻意识到哪些管理模型和方法更为重要”[③]。环境管理的不可预期性则告诉我们，环境或自然资源对其承载能力的适应伴随诸多经济社会的因素或生态环境的改变而处于变化之中。对此，“我们能做的最好的只能是描述这种变化的趋势并认识到某一适应的状态。因为在通常情况下，变化是不可预测的”[④]。因此，以高度预期和“统一化”适用为特征的国家环境

① 王勇：《“陇派法学”·“西北法学”与中国法学发展——“首届陇籍中青年法学家论坛”的经验与启示》，《西部法学评论》2011年第1期。

② 高其才：《民法典中的习惯法：界定、内容和意义》，《甘肃政法大学学报》2020年第5期。

③ Richard Howitt, *Rethinking Resource Management: Justice, Sustainability and Indigenous Peoples*, Routledge, 2001, p. 78.

④ Nelson D. R., Adger W. N., Brown K., “Adaptation to Environmental Change: Contributions of a Resilience Framework”, *Annu. Rev. Environ. Resour*, Vol, 32, 2007, pp. 395-419.

制定法必然是一种力不从心的环境管理之道。综合考察环境管理的复杂性和不可预期性特征，不难发现，环境管理对于规则基础的需求应满足对管理对象的信息反馈作出有效、瞬时回应的新型机制，即反馈和回应的机理。因此，“生态管理必然是充满弹性与适应性（Adaptivity）的过程”①，适应性管理（Adaptive Management）应当是现代环境管理活动得以展开的认识论起点。

转而考察环境习惯法的特有价值机理，我们发现，区域环境管理的适应性特征不仅孕育出了环境习惯法的弹性机制，而且使环境习惯法的弹性机制在反应和调适之间得到及时的矫正，因而使环境习惯法成为一套“深谙”环境管理实践的适应性规则系统。首先，弹性机制使环境习惯法能瞬时地“认知”并回应环境管理对象的变化。在太平洋中部萨摩亚群岛上，风暴时有发生但却不能准确预知，当地人对风暴的这种认识促使他们形成对这样一套习惯规则的依赖，即（种植）多种作物将更能有效抵御风暴灾害带来的作物损失。② 就草场资源为例，经过长期的草场资源利用与管理实践，“牧民们更需要弹性的（草场）资源利用模式以及弹性的社会关系以抵抗（草场）资源自身变化所带来的不确定性”③。其次，适应性管理在效果上表现为特定的信息反馈过程，这一过程使作为管理规则的环境习惯法得到不断的矫正和延展。因此，“源自生态条件的反馈对于许多（环境）习惯法制度的形成和发展有极为重要的作用”④。在阿拉斯加地区，“当本地土著民从低纬度四十八州获得关于迁徙日期和狩猎限制的信息反馈之后，他们能够主动修正传统猎雁习惯”⑤。同样，在贝宁南部地区，棕榈油的高产量这一信息反馈使当地人调适他们的种植方式，继而复兴了传统的棕榈种植习惯。毫无疑问，“建立在社群基础上的环境资

---

① Hanna J. Cortner, Margaret A. Moote, *The Politics of Ecosystem Management*, Island Press, Washington DC, 1999, p. 37.

② Peter Orebech, Fred Bosselman, Jes Bjarup, David Callies, Martin Chanock, *The Role of Customary Law in Sustainable Development*, New York: Cambridge University Press, 2005, pp. 252, 258.

③ Fern andez-Gim enez M. E, “Spatial and social boundaries and the paradox of pastoral land tenure: a case study from post socialist Mongolia”, *Hum. Ecol.*, No. 1, 2022, pp. 49–78.

④ Peter Orebech, Fred Bosselman, JesBjarup, David Callies, Martin Chanock, *The Role of Customary Law in Sustainable Development*, New York: Cambridge University Press, 2005, pp. 252, 258.

⑤ Erika Zavaleta, “The Emergence of Waterfowl Conservation Among Yup'ik Hunters in the Yukon-Kuskokwim Delta, Alaska”, *Human Ecology*, Vol. 27, 1999, p. 231.

源等共有财产的习惯法管理制度的最大优越性之一在于这些制度能随时保持‘警觉’并能对环境变化引致的信息反馈作出迅速应对”①。

（三）环境习惯法提供环境纠纷解决的新机制

如谢晖教授所言，“中国正在经历着所谓历时性问题的共时性解决，正在从古代社会文化模式向现代文化模式转型、正在从简单社会（农民社会）向复杂社会（工商社会）的转型”②，在这一特殊的历史条件下，历时性背景中的不同法律形态产生了共时性的交叉或关联，标榜传统的环境习惯法与更为现代的环境制定法共时在特定历史背景之中。于是，环境习惯法和环境制定法各自的调整领域也相应地被并置和关联在现代性这一历史背景之中，尽管环境习惯法的调整领域和规范价值在外观上不及环境制定法。就环境纠纷的解决来看，在国家环境制定法发挥环境纠纷正式解决机制作用的同时，环境习惯法却在非正式环境纠纷解决中也发挥着可与国家环境制定法相比甚或比国家环境制定法更为有效的功能。我国民族地区和国外一些国家土著民地区③的大量案例也表明，共时性维度中环境纠纷的多元解决方式与多元的制度支持系统之间形成了相互依赖和决定的关系。

在环境纠纷的司法解决机制中，环境习惯法一般是适用极为有限的“准据法”，并在一定意义上被作为司法适用的小前提。环境纠纷的司法解决机制旨在通过精巧的制度设计和运行实现“定纷”的核心功能，在此基础上对纷争利益进行调整和分配，以达到“止争”的效果。可见，旨在“定纷”的环境纠纷司法解决机制更注重具体操作程序的微观构造，需要设计精致的制定法规范予以支持和辅助，以确定纠纷各方的权利和义务。环境习惯法的松散性特征显然无法充分满足这一需要，仅作为有限的“准据法”适用于环境司法调解之中。当然，从环境习惯法作为被结构化了的法律事实和特殊的案件事实的属性出发，其可以作为司法适用的小前提出现在环境司法裁判过程之中。

与环境纠纷的司法解决机制不同，在环境纠纷解决的替代方案

---

① Rose, C. M., “Common Property, Regulatory Property and Environmental Protection: Comparing Community-based Management and Tradable Environmental Allowances”, in The Drama of Commons, E. Ostrom, et al (eds.), *National Academy Press*, Washington DC, 2002, p. 13.

② 谢晖：《论民间法与纠纷解决》，《法律科学》2011 年第 6 期。

③ Elizabeth Ann Kronk, “American Indian Tribal Courts as Models for Incorporating Customary Law”, *Journal of Court Innovation*, 2010, pp. 231-246.

（ADR）中，环境习惯法则发挥着异常重要的作用。一方面，环境习惯法是环境纠纷 ADR 方案的主要规则支持系统。环境纠纷 ADR 方案不同于国家正式司法机制，其运行所依赖的规则是非国家制定法的其他民间规则，其中以环境习惯法为主要代表。如果没有环境习惯法的支持和“规范”，环境纠纷 ADR 方案将无从展开。另一方面，在环境纠纷 ADR 方案中，环境习惯法既可按照三段论逻辑推理的过程达到适用和规范的目的，也可以按照地方环境习惯法的特殊适用方式，如“神判”来发挥规范作用，尽管此类特殊方式在当下环境法治中被以审慎的态度对待。

总之，环境习惯法为现代环境纠纷解决机制的多元化及有效性提供了全新的视角和方法，是中国当下所面对的历时性问题得以共时性解决的有益尝试。

第二节　环境软法

不同的法治秩序，必然会有不同的法律结构。在统治模式的法律结构中，长期居于主导地位的“体现国家意志的、由国家制定或认可的、并依靠国家强制力保障实施”的“硬法”势必大行其道。随着环境法治秩序由“统治”向“治理”的转型，制定主体、程序、保障方式等方面呈现多元化、灵活性特点的软法，在环境法治建设中的必要性得以逐步彰显。

一　软法的兴起与环境软法概念的提出

（一）软法的兴起

英语中“软法”（soft law）这一术语最早出现于 20 世纪 30 年代，当时被用来指称法律草案，而用与之相对应的“硬法”指称已经颁布的立法，可以看出此时的“软法”与当下“软法”的含义截然不同。[①]

20 世纪六七十年代，国际条约的滞后性无法适应因国际社会迅速发展而出现的新情况，国际领域中人权、环境、能源、武器控制等问题面临缺少核心的法律制定权威、涉及国家根本利益且价值与规范最容易发生冲

① 参见韩春晖《社会主义法治体系中的软法之治——访著名法学家罗豪才教授》，《国家行政学院学报》2014 年第 6 期。

突也最不容易达成一致的种种困境，但同时因为被国际社会广泛关注且具有高度的国际共识而亟须确定统一的行动标准，软法这一模式的灵活性能根据国际社会环境的变化迅速调整和修正，[①] 可以为各国共同接受，因此"1983 年问世的《牛津法律词典》即收入了软法（soft law）条目，指出它是与硬法（hard law）相对应的一个国际法概念"[②]，由此"由国际组织、国家之间、国际组织之间及国家和国际组织之间制定的，用以规范国际社会主体（actors）行为及其相互关系，但不具有强制拘束力的行为规范"[③] 的国际软法应运而生。

20 世纪 90 年代，随着世界范围内国家管理危机，一元的国家管理开始过渡到多元主体共治的国家治理，在立法上，"随着人们对国家主义法律观的反思以及法社会学理论的兴起，在法的多元论对软法正当性基础的保驾护航，以及埃利希的活法（living law）、托依布纳的自创生系统论、诺内特和塞尔兹尼克的回应型法等学说的积极助力下，软法独特的规范品格及其在规范体系中的重要价值在法的社会化进程中逐渐凸显"[④]，立法随之由国家中心主义偏向于国家与社会共享，软法为我国国内公法学者所借鉴和发展，广泛应用于公共治理领域。

著名法学家罗豪才教授首先将"软法"概念引入我国公法领域，并在法国弗朗西斯·施尼德（Francis Snyder）教授所认为的"软法是原则上没有法律约束力但有实际效力的行为规则"[⑤]，概念基础上将软法定义为"那些效力结构未必完整，无须依靠国家强制保障实施，但能够产生社会实效的法律规范"[⑥]。

关于软法的含义不同学者仍然有不同观点，当前理论研究中对软法的定义方式可以分为三种情况：其一是主张软法是法并且可以被定义。主要概括为以下几种学说，即姜明安教授的"非典型法"说，其从法所应具

① 参见何志鹏、孙璐《国际软法何以可能：一个以环境为视角的展开》，《当代法学》2012 年第 1 期。

② 段海风：《我国地方软法治理的规制研究——基于"红头文件"现象的考察和论证》，人民日报出版社 2017 年版，第 8 页。

③ 罗豪才主编：《软法的理论与实践》，北京大学出版社 2010 年版，第 371 页。

④ 王兰：《公司软法定位及其与公司法的衔接》，《中国法学》2021 年第 5 期。

⑤ 梁剑兵、张新华：《软法的一般原理》，法律出版社 2012 年版，第 45 页。

⑥ 罗豪才、宋功德：《认真对待软法——公域软法的一般理论及其中国实践》，《中国法学》2006 年第 2 期。

有的三个特征：法是人们的行为规则；法是具有外在约束力的人们的行为规则；法是由一定人类共同体制定、协商、认可的人们的行为规则出发证立软法亦法，但由于软法不一定要由国家立法机关制定，不一定要由国家强制力保障实施，不一定由法院裁决其实施中的纠纷，所以软法为非典型意义的法（非严格的法）。[①] 张龑的“常规性法”说，其从软法的核心特征应当在于常规性出发，认为软法是“在一个总体上具有强制性保障的主权国家中以常规方式实现的各类法律规范的总和”[②]。梁剑兵教授的“商谈—契约法”说、“碰撞—本土资源”说以及“传统法律定义方法”说。第一，从政治国家与市民社会的契约关系角度出发，将软法认定为政治国家与市民社会通过商谈达成的契约；[③] 第二，“从软法的生成源于外来的移植法文化与本土法律传统文化的碰撞这一理路出发，将软法界定为中国法治进程中秉承西方法律传统文化的‘舶来法律’与‘本土资源’的碰撞而形成的新法域”；[④] 第三，“按照传统的法学教科书中对法律的定义方法，将软法定义为：在中国社会中客观存在的、主要是在国家和社会的相互性中形成的、以柔性的或者非正式的强制手段实现其功能和作用的法律体系”[⑤]。其一，上述学者无论从何种角度对“软法”进行界定，前提都是软法是“法”，而不是有学者所认为的软法与道德、伦理、风俗、习惯、官场潜规则、公共政策等社会规范没有区别。其二是主张软法是法，但不可或无须定义。如王申认为试图澄清软法的概念不仅是徒劳的也是没有必要的，因为概念不可言说本身就体现了后现代主义的特征。[⑥] 其三是主张软法不是法。如杨海坤、张开俊认为软法论者以能否运用国家强制力保障实施这一标准将法强行划分为软法和硬法，这种划分在一定程度上造成了保证法实效实现的二要素——认同与强制的机械分离，也引发了软法理论与既有国家法理论间的冲突。[⑦]

---

① 参见姜明安《软法的兴起与软法之治》，《中国法学》2006 年第 2 期。

② 张龑：《软法与常态化的国家治理》，《中外法学》2016 年第 2 期。

③ 参见梁剑兵、张新华《软法的一般原理》，法律出版社 2012 年版，第 32 页。

④ 梁剑兵、张新华：《软法的一般原理》，法律出版社 2012 年版，第 33 页。

⑤ 梁剑兵、张新华：《软法的一般原理》，法律出版社 2012 年版，第 34 页。

⑥ 参见王申《软法产生的社会文化根源及其启示》，《法商研究》2006 年第 6 期。

⑦ 参见杨海坤、张开俊《软法国内化的演变及其存在的问题——对“软法亦法”观点的商榷》，《法制与社会发展》2012 年第 6 期。

（二）环境软法概念的提出

软法作为一种法现象，同样出现于国际和国内环境法治秩序中，并且首先出现于国际环境法秩序，由于气候变化、生物多样性保护等全球性环境问题本身的复杂性，以及由此引发的国与国之间政治与经济利益的冲突与矛盾较难调和，难以在短时间内制定出明确、具体且为国家认同的条约文件，但这些问题又是关乎全球共同利益的问题，因而“国际社会不得不制定一些灵活性较大、约束力不强的可以为各国共同接受的环境保护原则，这就是所谓的‘国际环境软法’”①，“以此作为柔性法律手段来达到全球环境保护的目的”②。如气候变化问题作为国际环境法中的焦点问题及典型场域，1992 年通过的《联合国气候变化框架公约》，成为国际社会在应对全球气候变化问题上进行国际合作的基本框架，该公约的核心内容基本为宣示性、原则性的软法规范，在具体减排措施上不仅基本采取自愿行动模式和宽松程序性义务，而且未设置惩罚性保障机制，这在国际气候变化法初创时期对建构良好的全球气候治理秩序、进一步减少碳排放以应对全球气候变化问题打下了坚实的基础。1997 年通过的《京都议定书》“确立了以强制性减排机制为代表的义务机制，明确设置附期限的量化减排指标，还形成了以惩罚性遵约机制为代表的保障机制”③。但《京都议定书》所规定的一系列硬法规范常常使得签约各国围绕共同责任与区别责任的履约进行博弈，未能达到预期治理效果，第一承诺期减排目标实现情况并不理想，使第二承诺期亦丧失意义，可见《京都议定书》过多的硬法规范是导致京都机制崩溃的重要原因之一。国际气候变化问题受制于利益多元性、客体不确定性、主体不稳定性等特殊性，2015 年达成的《巴黎协定》采用在实体性规定倾向于宽松性和弱义务约束性，在保障方式上采取非对抗、非惩罚的方式，而在程序设置上较为严格的软硬共治方式，可以最大限度地发挥各国凝聚减少碳排放的意识，以应对气候变化国际环境问题，从而形成更加广泛的全球气候治理新模式。

---

① 汪劲：《环境法学》，北京大学出版社 2006 年版，第 640 页。

② 何志鹏、孙璐：《国际软法何以可能：一个以环境为视角的展开》，《当代法学》2012 年第 1 期。

③ 张金晓：《试论国际环境法中的软硬法共治——以气候变化法为例证》，《环境保护》2021 年第 15 期。

软法的出现不仅扩展和丰富了传统以国际条约为主要载体的国际环境法的内容，同时国际环境法的发展也影响和推动了现代意义上国内环境法的兴起与勃发。自1979年全国人大常委会通过《环境保护法（试行）》开始，我国环境法律规范体系日趋完善，但与总体环境法治发展水平形成鲜明反差的是，我国生态环境状况日益恶化，环境污染、生态破坏等环境问题日益加剧，由于传统的环境法律规范主要是环境管制模式下的产物，致其在实践中运行效果不佳。随着作为新兴公共治理重要组成部分的环境公共治理模式的兴起，环境软法在其中的作用和发挥的实效已经远远超过传统的硬法规范，例如《大气污染防治法》和《水污染防治法》虽然出台多年并历经多番修改，但其在环境治理中的作用远不如国务院分别于2013年9月和2015年4月出台的《大气污染防治行动计划》和《水污染防治行动计划》,[①] 在《土壤污染防治法》颁布实施之前，我国土壤污染防治工作以及土壤环境保护均依赖于国务院2016年5月颁布的《土壤污染防治行动计划》。上述文件虽然是由国务院颁布，但由于不满足《立法法》中规定的“法”所必备的法定程序和法定形式要求，不能依靠国家强制力保障实施，因而不能纳入一般法的范畴，但是这些文件却以其自身特有之机制在环境治理实践中取得良好效果，对这些不依靠国家强制力保障实施，但又产生一定环境法律实效的、称为“环境软法”的规范，有必要在环境法治建设中予以重视。

既然肯定了环境软法对环境法治建设的重要意义，那么关于何为环境软法，便是首先需要回答的问题。因为迄今为止尚无统一的软法定义，前文已经提到有的学者强调软法需要将其与硬法置于同一语境下才能明晰其含义，有的偏重从法的特征出发界定软法的含义，有的则感兴趣于或许软法本身仅是一种研究范式的转变，并无特定之含义，五花八门，莫衷一是。

不论从何种角度界定软法的概念，软法都是“一个对特定法形式的广义称谓，在这个广义的称谓之中，包括了不同部门法的软法规范”[②]。环境法作为独立的部门法亦分布或者存在一定数量的软法规范，这些存在

---

① 参见徐忠麟《基于社会资本理论的中国环境法治考察》，中国社会科学出版社2016年版，第133页。

② 罗豪才主编、王瑞雪执行主编：《软法与治理评论》第2辑，法律出版社2016年版，第105页。

于环境法体系中的软法便被称为环境软法。一方面，环境软法不能包容或者涵盖所有软法的内容，它仅仅是对环境法体系中软法概念和形式的揭示；另一方面，环境软法具有软法的一般属性，其中它提供行为规则的非正式性和弱效力性就是最为明显的特征。①

有学者根据软法的特点以及环境软法的特殊性，尝试界定何为环境软法。如徐忠麟认为“环境法治的软法规范是环境治理多元主体基于理性商谈并经一定程序而人为设计的正式制度”②。王树义、李华琪从法律效力的角度，认为环境软法“与环境法律体系中有国家强制力保障实施的硬法相比较而言，是指没有法律约束力但却能在环境治理中取得良好实效的规范，并直接或间接对社会公众产生效力”③。

环境软法之所以能被称为法，是因其具备法作为行为规范的一般属性，不论采取何种视角界定环境软法的含义，环境软法的特殊规范效力主要在创制主体及方式、协商程序和效力实现方式等维度上获取并集中呈现。首先，在主体维度上，环境软法的创制主体及方式具有多元化、扁平化的特点，创制主体上不仅包括国家机关，更有政治组织以及行业协会、专业机构等社会共同体组织，还包括超国家组织和次国家组织。其次，创制方式较为原则、灵活和柔和，重在指导或建议，不作硬性规定。再次，在协商程序上，环境软法的创制程序虽然不强调严格的层级关系，但是仍然属于人为设计而非自生自发形成的制度，其更加关注参与者的代表性与广泛性，参与者的意志是否得到了充分的表达，能够直接、广泛地体现民意，通过磋商、谈判等多元参与方式，从而更好地推动共识下最佳规范的达成。最后，在效力实现方式上，环境软法效力的实现不依靠国家强制力，而是依靠国家权威、社会舆论、自律、内部监督、激励等利益诱导机制推动环境法治目标的实现。

二　环境软法的识别

软法的类型依照不同的标准存在多种不同的分类方式，其中按照创制

---

①　参见罗豪才主编、王瑞雪执行主编《软法与治理评论》第2辑，法律出版社2016年版，第105页。

②　徐忠麟：《环境法治的软法规范及其整合》，《江西社会科学》2016年第10期。

③　王树义、李华琪：《论环境软法对我国环境行政裁量权的规制》，《学习与实践》2015年第7期。

主体和适用范围的标准可以将软法分为国际软法和国内软法。在环境保护领域便同时存在国际环境软法和国内环境软法。

（一）国际环境软法

众所周知，国际环境法的渊源主要包括国际条约和国际习惯法，国际环境软法并不属于获得普遍认可的国际环境法渊源，但其主要运用联合国决议，以及政府间国际组织等制定的国际文件等柔性法律手段，在全球环境治理中发挥着不可或缺的作用，达到了全球环境保护的目的。①

不同学者对国际环境软法的具体形式有不同的观点，可能出于学者个人对"软法"的不同见解，乃至偏好。其中周华兰认为：国际环境软法的表现形式有：（1）技术规范，如：ISO 14000 环保型管理系列标准为企业提供了一套可供执行的环保型管理范式，而获得 ISO 14000 认证的企业必然更具市场竞争力；（2）非政府国际组织章程，如：作为国际环境法领域最重要的非政府组织——世界自然保护同盟（IUCN）的章程性文件；（3）国际组织规范性文件，如 1972 年 6 月 16 日联合国人类环境会议全体会议斯德哥尔摩通过的《联合国人类环境会议宣言》对今后指导各国政府和人民维护和改善人类环境奠定了基础性作用。②

王曦则将国际环境软法分为以下三类：（1）国际组织有关环境保护的方针建议和决议，如《国际民航组织关于环境保护的持续政策和做法的综合声明》；（2）有关全球环境保护的原则宣言，如《联合国人类环境会议宣言》；（3）有关环境保护的行动计划，③ 如《人类环境行动计划》《世界自然宪章》《内罗毕宣言》《里约环境与发展宣言》《21 世纪议程》等大量的文件。④

综合来看，尽管不同学者对国际环境软法类型的具体呈现方式有不同看法，但总体来说国际环境软法是指国家、国际组织对全球面临的共同环境问题，经商谈达成并通过，能够有效规范缔结各方的行为，但对缔约各方没有直接、强制的法律约束力，却可以产生重要法律效果的一系列决议、宣言、声明、指南、协议、计划、标准或者行为守则，在名称上国际

---

① 参见何志鹏、孙璐《国际软法何以可能：一个以环境为视角的展开》，《当代法学》2012 年第 1 期。

② 参见罗豪才主编《软法的理论与实践》，北京大学出版社 2010 年版，第 378—384 页。

③ 参见汪劲《环境法学》，北京大学出版社 2006 年版，第 640 页。

④ 参见黄小喜、郑远民《国际碳交易法律规范的软法性研究》，《深圳大学学报》（人文社会科学版）2012 年第 5 期。

环境软法便有较好的可识别性。

（二）国内环境软法

我国国内软法主要集中于行政法等公法研究领域，关于公域之治的软法类型不同学者亦有不同见解，其中最广义上的软法渊源包括除硬法规范以外的所有规范，甚至将促进型法、弹性法条、习惯法、政策、专业标准、道德、习惯、价值观念等均纳入其中，软法成了“大箩筐”，所有不具备完整的“行为模式+法律后果”等法规范逻辑结构的规范均成为软法的表现形式；而狭义的软法仅包含两类，一是国家机关制定的不符合《立法法》规定的法律外在形式的各种规范性文件和政策；二是政治组织、社会组织和自治组织制定的规范其组织以及组织成员的规范。此外有学者还认为，在广义与狭义软法渊源之外，还存在中义软法形式，其“较之广义软法不包括道德、习俗、价值理念等自生自发的规范，而更强调人为设计的规范，‘它不依赖国家强制力保障实施，由部分国家法规范和全部社会法规范组成’”①。

环境软法作为软法研究的子部门，不少学者在软法表现形式的基础上对如何识别国内环境软法类型提出不同看法。

王树义、李华琪、王晓田等均认为我国实践中的环境软法主要分为四类。第一类是立法机关创制的环境法律、法规、规章中的弹性法条，主要包括两种：第一种是《清洁生产促进法》和《循环经济促进法》等环境柔性法律文本；第二种是在环境硬法文本中鼓励性、指导性、建议性以及自由裁量性的软法条款。第二类是环境保护政策。第三类是民间环境自治规则。第四类环境行业相关行业标准。② 马波则主要从公域软法类型出发，认为我国国内环境法实践中主要存在：环境合同（协议）、环境保护政策、民间环境自治规则、环境保护自律规范、环境保护相关行业标准、环境行政指导规范、环境行政奖励规范、环境行政调解协议和具有规范作用的惯例等环境软法形态。③ 钟健生、徐忠麟从狭义软法的角度认为“生态文明建设中的软法规范可以分为两大类：一是环保 NGO 等社会组织制

---

① 徐忠麟：《环境法治的软法规范及其整合》，《江西社会科学》2016 年第 10 期。

② 参见王树义、李华琪《论环境软法对我国环境行政裁量权的规制》，《学习与实践》2015 年第 7 期；王晓田、傅学良、王轶坚《中国环境法中的软法现象探析》，《政治与法律》2009 年第 2 期。

③ 参见马波《环境法“软法”渊源形态之辨析》，《探索与争鸣》2010 年第 5 期。

定的自治规范和自律规范；二是相关国家机关和执政党等官方制定的生态环境政策文件以及签署的生态环境行政协议等不属于法律规范的规范性文件和行政协议”[①]。张荣芳等则聚焦于福建省环境保护的具体情况，认为环境保护领域的软法主要包括内部软法与外部软法两部分，其中内部软法“是指调整对象为政府环境职能部门及其工作人员的软法，这类软法常见于通知、考核办法、实施意见、行政裁量基准等”[②]，“外部软法是指调整对象为除政府环境职能部门及其工作人员之外的其他政府职能部门、组织和个人的软法，这一类软法主要有环境标准、地方性法规和地方性规章中的弹性条款”[③]。

综合上述学者关于环境软法表现形式的观点虽有细微差别但大体一致。其中一致的地方在于均将环境理念、环境习惯、环境习俗以及环境文化等社会规范排除在外，这些规范是一定区域内的社会成员在长期历史实践中自生自发形成的，调整人与生态环境之间关系的一系列理念标准和价值准则。[④] 这些规范并不满足法所具有的普适性、公共性以及规范性等特征，所以根本不属于法的范畴，而环境软法具备法的一般特征，只是更加强调制定主体、实施机制、纠纷解决和争议裁决的多元化。因此上述规范既然无法纳入法的范畴，自然也就不是环境软法的表现形式。而差异之处便在于：环境软法是否包含立法机关创制的环境法律、法规、规章中的弹性法条，即是否包含环境柔性法律文本和环境法律文本中的鼓励性、指导性、建议性以及自由裁量性的软法条款。其中环境柔性法律文本强调政府主导下的社会参与的积极性和广泛性，与一般的环境管理型立法相比，其不强调权利义务与责任的对应，在规范的设计方式上采用大量的任意性规范、授权性规范和鼓励性规范，仅有少量的义务性规范，[⑤] 主要以激励等实施机制为主，可见环境柔性法律文本的兴起缘由和特征与软法几近相同，因此环境法治实践中的促进型法这类柔性法律文本可谓环境软法的一种类型。至于另一种即环境法律文本中的鼓励性、指导性、建议性以及自由裁量性的软法条款，如果将其认定为环境软法的类型，不能单从形式上

---

① 钟健生、徐忠麟：《生态文明制度的冲突与整合》，《政法论丛》2018 年第 3 期。
② 张荣芳、沈跃东等：《公共治理视野下的软法》，中国检察出版社 2010 年版，第 62 页。
③ 张荣芳、沈跃东等：《公共治理视野下的软法》，中国检察出版社 2010 年版，第 71 页。
④ 钟健生、徐忠麟：《生态文明制度的冲突与整合》，《政法论丛》2018 年第 3 期。
⑤ 参见李艳芳《“促进型立法”研究》，《法学评论》2005 年第 3 期。

进行判断，即认为在形式上不符合“行为模式+法律后果”的完整法规范逻辑结构的条款均为环境软法。应当将该条款置于整个环境法规范体系的视野中，不能仅就一个简单的法律条款便将其认定为环境软法。[①] 不论是基于何种视角，得到学者普遍认同的国内环境软法表现形式主要集中于以下几种：

第一，由国家机关和执政党等官方制定的、不属于一般环境法律、法规、规章的环境政策型软法。“对于环境立法的思考，传统上都聚焦于管制的问题，亦即谁来管、管什么、管制目的与工具选择的问题”[②]，像早期的《环境保护法（试行）》《水污染防治法》均为此类。但随着国内外环境问题的推陈出新，生态文明建设的持续推进，环境治理方式由单一国家管理模式向环境多元治理方式转变，这也带来我国环境法治方式由单一硬法之治向软硬共治方式的转型。在新旧环境议题交叉且日益复杂的情况下，环境立法应在环境治理多元化理念指导下，充分发挥像国家政策、政党政策或《生态文明体制改革总体方案》《关于加快推进生态文明建设的意见》《关于构建现代环境治理体系的指导意见》等兼具国家政策与政党政策双重属性的环境政策类规范性文件等政策型软法灵活性、可操作性强的特点，使其成为环境法律制度实施的重要补充，与环境硬法规范在一起共同发挥构建良好环境法治秩序的作用。

第二，环保组织、其他社会组织、环保行业协会等组织制定的，规范其内部机构及内部成员行为、调整内部关系的环境自治规范和自律规范。为了实现环境自我规制的目标而产生的环境自治与自律规范，主要依靠主体自主参与、自我约束或社会公权力保障实施，通过沟通、协商实现利益平衡，比主要依靠国家强制力保障实施的硬法规范更能转化为人们的内在信仰，其所产生的实际法律效果自然优于主要依靠“命令—服从”模式的环境硬法规范。

第三，非强制性环境标准。环境标准依照效力来源和程度的不同可以分为强制性环境标准、推荐性环境标准和指令性环境标准。其中强制性环境标准兼具技术属性和法律属性，既非规章也不属于规范性文件，其约束

---

① 参见罗豪才、宋功德《软法亦法——公共治理呼唤软法之治》，法律出版社 2009 年版，第 301 页。

② 叶俊荣：《环境立法的两种模式：政策性立法与管制性立法》，《清华法治论衡》2013 年第 3 期。

力来自援引该强制性环境标准的法律规范，并与该环境法律规范结合在一起共同构成环境硬法体系的重要组成部分。① 而推荐性环境标准与指令性环境标准在适用范围上早已突破国家的边界，其非由国家制定或者以国家的名义制定，也不依赖于国家强制力来保证实施，相关利益方有充分的意见表达与协商机会，这与软法重自治、协商、沟通的特性相契合。② 因此可以说非强制性环境标准是环境软法治理的具化，是环境软法的表现形式，之所以要将非强制性环境标准分离出来作为一种独立的环境软法表现形式，是因为环境法本身具有较强的科学技术性，环境法中的很多法律制度都是由技术规范上升而来的，离开了科学技术空谈环境法是没有意义的。③

虽然一般学者均认为国际软法与国内软法分属不同层次，在环境治理领域，国际环境软法与国内环境软法的形成以及表现形式也不尽相同，但国际环境软法与国内环境软法仍然呈现出相互作用的关系。国际环境保护领域的大多软法规范中国均参与其中，并且国际环境软法的精神与具体规范经常直接作用于国内环境保护实践中，如 1987 年联合国世界环境与发展委员会《我们共同的未来》中正式提出的，并由 1992 年联合国环境与发展大会的《里约环境与发展宣言》和《21 世纪议程》等国际环境软法文件予以丰富和具体的“可持续发展原则”，早已恰当地在国内被各级法庭用在司法判决中作为法官推理过程的基本因素，且已经在正式的法律文本中获得规范地位。④ 另外，国际环境软法与国内环境软法也在一定程度上共同体现着软法弥补硬法存在的结构性缺陷之作用。

第三节 环境习惯法及环境软法的地位和作用

一 环境习惯法的地位及作用

（一）汲取并重建本土法文化

在中国，外源型法制现代化进程使现有法律制度体系与中国本土文化几乎完全决裂。建立在中国传统文化基础之上的中国古代法或各类民间习

① 参见尤明青《论环境质量标准与环境污染侵权责任的认定》，《中国法学》2017 年第 6 期。

② 林良亮：《标准与软法的契合——论标准作为软法的表现形式》，《沈阳大学学报》2010 年第 3 期。

③ 参见韩德培主编《环境保护法教程》（第七版），法律出版社 2015 年版，第 26 页。

④ 陈海明：《国际软法论纲》，《学习与探索》2018 年第 11 期。

惯法虽自成体系且在历史舞台上发挥过重大的作用，但近代工业文明在西方社会的兴起及引发的社会结构的深刻变革促成了西方法律制度在中国的产生和发展，同时也迫使中国固有文化传统在社会治理权威和效果上的大面积“倒戈”。虽然以“形式的或者经济的‘期待’来衡量”西方法律实证主义在中国的实效“却是不尽合理的”①，而且“更重要的是，一向决定着中国法律发展的文化和社会因素，以及中国古代法发展趋向本身，都是与形式法律的发展背道而驰的”②，但是，受以形式、自足为特征的法律实证主义的直接影响，通过国家立法产生并标榜经济、科技、效率等价值的西方法律制度在我国现代社会发展中获得了绝对权威，而中国古代法因其无法承受助益工业文明之大任而只能被迫退居幕后，直至销声匿迹。结果，悲剧发生。经济偏好和科学技术癖嗜上演了人与自然、社会道德伦理冲突的中国版本：环境污染和破坏日益加剧、功用主义盛行、技术统治主导社会生活的方方面面、利益主体之间的摩擦与对抗有增无减，等等。实证主义自身弊端暴露无遗。而要克服中国版本的实证主义在法制领域里的先天不足，共有两种途径可循，即要么全盘摒弃，重拾作为自然秩序和谐手段的中国法文化传统；要么通过发掘中国法文化的合理部分来抵制、消弭其漏弊，达到中西法文化在“世界结构背景”下的良性互动与协调，以最终构建具有“主体性”的中国法律制度体系。③ 而第一种途径无论是从我国现今所处的社会历史条件还是从全球社会所共同面对的深刻现代性考察，显然都是行不通的，因为这种全盘性解构必然面临解构之后政治、经济、社会等领域制度依赖的瞬间缺失以及随之而来的社会结构的崩塌，且为现代市场经济模式下的政治意识形态及法律的精致性要求所不许。这样，只有第二条途径可供选择。虽然选择第二条途径会在短时期内带来中国文化与西方法律制度之间的抵牾、冲突，但从长远来讲，却是现代法律制度汲取传统文化养分、重建中国法律文化和制度“主体性”的必由之路。在这一意义上，梁治平也说，“法律改革的命运在根本上取决于文化建设的成败。法律问题最终变成为文化问题”④。“主体性”法律制

---

① Max Weber, *On Law in Economy and Society*, Touchstone, 1967, pp. 264-265.

② 梁治平：《寻求自然秩序中的和谐》，中国政法大学出版社 2002 年版，第 380 页。

③ 邓正来：《谁之全球化？何种法哲学？——开放性全球化观与中国法律哲学建构论纲》，商务印书馆 2009 年版，第 251—252 页。

④ 梁治平：《寻求自然秩序中的和谐》，中国政法大学出版社 2002 年版，第 382 页。

度重建的当务之急无疑是法律文化的识别和重建，无论这种识别和重建的进程如何艰难，扼杀法律实证主义的梦魇而重释社会历史、文化生活的本质及借以指导我们当如何行为的机制的本质显然是十分必要和紧迫的。

在识别和重建中，中西文化形态的轮廓逐渐清晰起来。就中国传统法文化而言，悠长的历史勾勒出了一幅以人与人、人与自然秩序和睦为轴心的画卷。中国文化关于社会、人生、自然、宇宙等事物都有自己的独到认知。这种认知的核心就是“和”。“和”是“中国历史文化的特征向量、古代先哲的生命信仰和思维基础”①。如，老子提出“知和曰常，知常曰明”的思想；孔子提出“礼之用，和为贵”的思想；荀子提出“万物各得其和以生”思想；管子提出“畜之以道，则民和”的思想；等等。“和”的思想与西方文化旨趣迥异，构成了中国文化的基本范式和立场，也直接影响并形成中国法文化的基本价值取向和精神——自然秩序的和谐。而就西方法文化来说，一方面，主客二分的主导范式导致人与自然关系的极度紧张；另一方面，强调利益分配、形式正义以及资本主义之后对经济和技术的热衷“追随”使法律飘摇游离，迷失了方向。显而易见，抵制西方法文化的弊端，回归以维护自然秩序的和谐为目标的中国法文化传统是我国法律发展和变革的主要方向。只有如此，才可实现中西法文化的良性互动与协调。然而，传统法文化的回归需要我们置身传统法文化生长的田地之中。曾在中国古代社会借以生长传统法文化的两块沃土——历代国家制定法和民间习惯法中。其中，历代国家制定法已全然让位于西方法文化主导下的现代制定法，因而丧失了传统法文化生长的空间。找寻官方颁布的法律中的法文化传统只能寄希望于“死去”的古文本典籍。但令我们欣慰的是，存在于民间的习惯法依然是中国传统法文化再生、延续的沃土。尽管国家制定法极力压制习惯法的生存空间，但习惯法，尤其是民族地区习惯法（包括民族环境习惯法②）在现代制定法疯长和蔓延的缝

---

① 叶小文：《中国文化“和”的内涵与民族复兴的“文明依托”》，《理论前沿》2005 年第 6 期。

② 一般认为，民间习惯法包含民族习惯法，包括行业习惯法、团体和社群习惯法、宗教习惯法和地缘习惯法等一切与官方法律相对的民间法律文化现象，而民族习惯法更接近于其中的地缘习惯法，具有中国乡土社会的地域性和封闭性特点，所以民族环境习惯法仅仅是民间习惯法的一种表现形态。民族环境习惯法是挖掘、整理环境习惯法并实现其现代价值的主要“素材”。参见梁治平《清代习惯法——社会和国家》，中国政法大学出版社 1996 年版；于语和《民间法》，复旦大学出版社 2008 年版。

隙中顽强生存了下来，为我们找寻传统法文化提供了极大的方便。

作为中国本土文化的载体与符号，环境习惯法承载着方法论解释和社会规范的重要功能，因而极大地补给和拓展了环境制定法的功能局限。就方法论解释而言，环境习惯法的功能主要体现在对文化的符号意义和文化衍生规范的现实意义作出确当性解释与回答。就社会规范层面而言，环境习惯法的功能是基于本土文化的传承性而所发挥的可被中国社会“认同”的社会关系调整意义。

由文化开始，一切问题均可以得到解释和解决。钱穆先生曾提出，“一切问题，由文化问题产生。一切问题，由文化问题解决”①。而环境习惯法正是基于文化的方法论解释功能而获得文化传承的意义。人类学家的研究也表明，文化概念实质上是一种符号学的概念，“文化就是这样一些由人自己编制的意义之网，因此对文化的分析不是一种寻求规律的实验科学，而是一种探求意义的解释科学”②。具体而言，文化的解释意义体现在中西法文化的个体性特质上。“西方社会伊始便选择了以‘法’治作为主要的秩序手段，以外发外求的宗教作为基本的意义工具。”③ 无论是《圣经》教义，还是中世纪神学的大繁荣，均标榜了“法”作为社会秩序手段的重要性。而且在西方宗教所构筑的上帝、人、自然三位一体的世界结构中，人与自然之间始终处于对立与冲突之中。囿于对“自然之魔”④ 的恐惧和“法”之于社会秩序手段的工具性，西方社会形成了一套独立于人的“外在化”法律机制。而在中国，礼法主治的法文化是社会规制的主要手段，且以“自发内求的天道和谐理念”⑤ 为基本内核。与宗教衍生的西方“外在化”法律机制不同，中国社会的规范机制是宗族关系、人伦道德所形成的内在道德强制，因而没有西方社会的“外在化”调控机制及其赖以运行的法文化背景。中

---

① 钱穆：《文化学大义》，中正书局 1981 年版，第 3 页。

② ［美］克利福德·格尔茨：《文化的解释》，韩莉译，译林出版社 2002 年版，第 5 页。

③ 历尽国：《法治视野中的习惯法：理论与实践》，博士学位论文，山东大学，2007 年，第 42 页。

④ 在西方，由上帝、人和自然构成的三位一体结构中，自然一般被看作魔鬼、猛兽的化身，人与自然重视处于对抗性关系之中。也正是基于对自然的恐惧，西方社会衍生出一套预防和让对方“恐惧”的“外在性”规范系统。而在中国本土文化所构筑的天、地、人的三位一体结构中（或神，人，自然），三者相互之间可以相互“进入”，也可和谐共生。

⑤ 历尽国：《法治视野中的习惯法：理论与实践》，博士学位论文，山东大学，2007 年，第 42 页。

西法文化的对比解释使文化的符号意义获得了自洽性，也使环境习惯法作为“和谐”“内在”法文化所衍生的社会规范的中国意义得到进一步证立。

在方法论意义之外，环境习惯法还承载着法文化的秩序功能。从历史角度考察，法文化是社会秩序的主要维护者或社会结构稳定的“调整器”。法文化的持续传承往往伴随着社会结构的稳定，而法文化的激变却总是导致原社会结构的覆灭与新结构的重建。在中国历史上，本土法文化孕育了一个超稳定的社会结构系统，尽管在王朝的更替中上演着社会结构的周期性循环，但从长期来看，中国社会结构在漫长的历史中仍然保持着动态平衡，形成了独有的中国“文化生态系统”。直至近代西方法律植入之前，中国社会结构的这种动态平衡一直没有被打破。在法文化所主导的社会结构系统中，由于长时期的文化“内在”渗透，整个系统已成为由文化所牵绊的自足体。在这一自足结构中，环境习惯法等传统法文化的工具性符号完全满足维系结构稳定与动态平衡的目的。然而自近代以来，西方法律的植入置换了原有的规则系统，却因“文化启蒙”的滞后，形成了社会结构系统的文化牵绊与规则系统之间的巨大背反。在环境法治领域，出现了国家环境法治的高预期与实践中低效率的尴尬。而环境习惯法虽独居一隅，但其对本土法文化的传承以及与中国社会结构的内在契合性，必将是发挥本土法文化的秩序功能，弥补环境制定法由于文化断裂所造成的规制缺陷，进而实现环境法治预期效果的重要规则。

（二）重塑法律信仰

“法律必须被信仰，否则它将形同虚设。”人类步入法制文明社会之后，信仰曾在很长一段历史时期内支撑人类对精神和价值王国的虔诚追奉。在西方，两千多年前的希腊人就已开始对伫立于人类社会生活之上的真理王国的发现之旅。在柏拉图那里，法律的合法性正是建立于对终极真理矢志不渝的信仰基础之上。亚里士多德认为，人类社会生活的全部是对宇宙万物的目的性和终极性——善的渴望，因而，法律作为一种工具，应将人类引向普遍的善，即法律的目的必须服从对善的道德性选择，否则将是不正义的恶法。自奥古斯丁开始，神学与世俗权力的结盟引导法律忘我于对彼岸世界的朝圣之途，“信仰启示我们，帮助我们在不同的目标中进行正确的选择，用崇高神圣的目标取代世俗的目标”[①]，因而世俗法律必须符合源自上帝理性的自然法。在托马斯·阿奎那的学说中，真正的法律是上帝给人类的恩典，必须是铭刻在人的心灵和意愿之中。这样，上帝洒向人性的神光指引人类战胜痛苦和恐惧，并达到最终的完满。自托马斯·霍布斯始，上帝之爱因法律的世俗化而被消解，对产生宇宙的能力的敬畏和困惑的情感——自然主义宗教又是利维坦世界中信仰的目标。信仰的自然主义倾向瓦解了上帝的本体论，人类对上帝的敬畏和崇拜进而转变为一种对自然功能的认识和态度，但这种权威的转变丝毫没有影响到利维坦世界中世俗法律信仰自然法则、理性力量的信心。因此，法律尽管是主权者的命令，但必须在符合自然法则——生命、自由和平等的前提下才是可靠的。在康德那里，法律作为人类实践理性的一种方式或工具，必须服从于自然界普遍的道德法则这一“绝对命令”。只有对道德法则的信仰，人类才能走出“他治”而达到自由的最高境界；也只有对道德法则的信仰，人类才能从强制性法律中解放出来，并最终走向世界范围的人类伦理共同体。[②] 黑格尔也同样论述了信仰和理想之于法律合理性的绝对意义。在黑格尔看来，法律发展的推动力量是信仰理性的存在与认识的原则，这是法律的“伦理生命之所在”。只有法律拒绝成为单纯的意义浅显的事实问题，拒绝成为展示强者混乱而武断的意志的空洞工具时，它才能成为合理的法律。[③] 在法律发展的这一历史脉络中，信仰始终伴随左右。虽然信仰的内容在不同历史时期各不相同，但不管是纯粹理性、善，还是上帝、自然理性，抑或是道德法则、法之伦理，都为人类生活的终极意义的关切指明了皈依和献身的目标。因此，法律不仅是工具理性的产物，而且是被深深烙上有关终极意义的各种价值印迹。不乏信仰的法律不仅能凸显其解决纷争、分配权利的工具性价值，也能确保其工具理性不会逾越人类终极关怀所设定的实质理性的边界。

然而，法律功利主义、法律实证主义以及实用主义等思想的盛行不仅宣告了尼采之后上帝在法律王国的彻底“死亡”，而且使实质理性、道德

---

① ［英］莫里森：《法理学：从古希腊到后现代》，李桂林等译，武汉大学出版社 2003 年版，第 63 页。

② ［英］莫里森：《法理学：从古希腊到后现代》，李桂林等译，武汉大学出版社 2003 年版，第 159 页。

③ ［英］莫里森：《法理学：从古希腊到后现代》，李桂林等译，武汉大学出版社 2003 年版，第 182—183 页。

法则等上帝之子被绞杀于须臾之间。代之而兴盛的“现代法律纯是世俗的、合理（即合功利性目标之理——笔者注）的，是用以贯彻特定政治、经济和社会政策的工具，而与生活终极意义一类观念无涉”[①]。法律只关心自己的工具、程序性事务，而上帝、道德、理性均为虚无之物，因而统统不予关注。法律没了信仰，唯“利”是图。主体与客体、实然与应然对立的二元模式随之产生并主导西方社会人们的认知世界，法律的神圣性丧失殆尽。如此一来，仅凭工具理性的“推导与功利的计算，怎能唤起人们满怀激情的献身？不具有神圣意味的法律又如何赢得民众的衷心爱戴？”[②] 于是，缺乏灵魂的纯粹功利性法律在社会治理中的无能日渐凸显。各种严重犯罪行为屡禁不止、愈演愈烈，人们大多急功近利、忽视人性，人与自然的关系更是面临前所未有的挑战。面对法律的这般“修为”，我们怎么有勇气说人类社会尚处于不断超越和进步的过程之中呢？

在中国古代社会，儒学对人们心灵的洗涤和行为的引导使儒家思想的伦理精神沉淀为华夏民族社会生活所遵循的普遍性道德律令。中国古代社会的法律也离不开儒家精神的包裹，儒家精神就是道德化的法律，而法律就是儒家精神的道德律令，二者在很广泛的意义上共生共存。就社会个体而言，对法律的道德信仰和对道德的律令服从也同样融为一体。信仰儒家道德精神的中国古代法律在王朝更迭的历史沧桑中始终没有迷失方向，因为它在解决纠纷、分配利益的同时始终没有忘记自己的终极目标追求。儒家思想培养了中国人较为持久的信仰品格。直到今天，我们仍在反思信仰。可是，不久前西方法文化的植入割断了我们赖以信仰的一切基础。在我们今天的法律体系中，没有多少把我们的传统体现出来，“这里不但没有融入我们的历史、我们的经验，反倒常常与我们固有的文化价值相悖。于是，当我们最后不得不接受这套法律制度的时候，立即就陷入无可解脱的精神困境里面。一种本质上是西方文化产物的原则、制度，如何能够唤起我们对于终极目的和神圣事物的意识，又怎么能够激发我们乐于为之献身的信仰与激情？”[③] 于是，我们必须穷自己之力以获取本土信仰的重生，

---

① 梁治平：《法辨——中国法的过去、现在与未来》，中国政法大学出版社 2003 年版，第 286—287 页。

② 梁治平：《法辨——中国法的过去、现在与未来》，中国政法大学出版社 2003 年版，第 288 页。

③ 梁治平：《法辨——中国法的过去、现在与未来》，中国政法大学出版社 2003 年版，第 295 页。

并以重生的信仰潜移默化舶来的法律，使法律始终面向信仰所指的方向。而如何才能获取信仰的重生呢？我们发现，在现有法律体系的边缘，若隐若现的各类民间习惯法依然承载着我们对传统伦理精神的信仰。首先，习惯法是中国古代法律生活和法文化思想的现代延伸，是重获基于我们固有文化价值信仰的“活化石”。其次，习惯法本身即是人类社会文化生活的动态过程，这一过程发生在国家制定法辐射不到的广大乡土社会之中。由于乡土社会是一个生于斯、长于斯的社会，① 乡土居民的世代定居和不变是其主要特点，因此，生长于乡土社会中的习惯法历经世代沧桑，仍保有其最原初的文化价值和信仰意蕴。再次，习惯法作为“活法”，比历史上的法律文本典籍更具有追求意义。已被抛入历史尘器之中的各代法律文本典籍尽管最为逼真地承载了传统文化价值，也在一定程度为本土信仰的重生提供了真实资料，但与习惯法这一本土信仰的“活”的承载体相比较，过分依赖法律文本典籍来追寻本土法文化信仰，往往极易转移追寻者的视线而变为对典籍中法律制度本身的狂热，这势必将引起中西法律制度在我国现有法律制度语境下的巨大冲突，从而，对本土法文化信仰的追寻却被遗忘或遮挡在狂热和冲突之外。最后，没有中断的习惯法在历史生活中始终承载本土法文化信仰并获得永生，足以鉴证习惯法在西方法文化已经植入的现代社会仍具有顽强的生命力，而沉寂多年的文本典籍曾经承载的本土价值信仰能否在法律范式西化的今天复活则是一件未知之事。毋庸置疑，对习惯法的挖掘和整理是我们孜孜以求的本土法文化信仰得以重建的最重要的渊源。结合环境习惯法来考察，生长于中国民间社会，尤其是广大民族地区的环境习惯法凝结着历代人民对自然环境、宇宙万物的顶礼膜拜和对自然力量的虔诚信仰，这种信仰的力量无疑是现代环境法治中重要而鲜活的“制度”依赖或有力辅佐。另外，就环境习惯法规范自身的特殊性而言，其所包含的信仰元素远远超出了其他习惯法规范，不但深刻体现保护自然环境、实现人与自然和谐共生的环境保护意识和理念，更为重要的是，这种由信仰而生的环境保护意识和理念在环境习惯法规范中的深深植入将在环境法治实践中，尤其是环境管理中发挥“双管齐下”“名实相副”的实效。相比较而言，信仰参与的环境法治远远超出了环境制定法的意义范围。因此，基于信仰重塑的追求而对环境习惯法的深掘和梳理

---

① 费孝通：《乡土中国》，北京出版社2005年版，第2页。

过程必将是一次意义深远的发现和重建之旅。

（三）环境制定法的技术理性祛魅

与18世纪英国爆发的工业革命相伴，科学技术在过去的几个世纪里获得了迅猛发展，为人类社会生产力水平的发展和经济生活水平的提高作出了巨大贡献。20世纪以来，科学技术更是以前所未有的发展速度和规模逐渐变身为社会历史舞台的主角，并受到人们狂热的追随。科学技术以战胜自然、聚集财富，甚至解构传统、无所不为的勇气和能力捍卫了作为“第一生产力”和当今时代全球统治力量的地位。毋庸置疑，技术癖嗜取代了人文精神，并标榜工具理性，成为人类社会压倒性的价值评判标准。时至今日，“统治不仅通过技术而且作为技术而使自身永久化并不断扩大，技术为不断扩大的、同化所有文化领域的政治权利提供了很大的合法性”①。科学技术作为社会第一生产力的地位已使其完全意识形态化。科学技术的意识形态化明显具有掩盖意识形态本质、影响更为深远而难以抗拒以及替换政治手段为纯技术操作规则等特征，并且更加凸显出宰制大众意识、诱导大众行为的操纵功能和抹杀目的行为合理性、压制人性的压抑功能。② 同时，韦伯还有独到的见解，现代社会因拒绝宗教，拒绝对世界的形而上学或者迷信的解释（即缺乏信仰），而唯独偏爱经验的解释，即对实证主义的痴狂，由此把世界简约为“因果机器”。因此，社会就变成了以“机器生产技术和经济条件”驱动着的现代世界。理性过程的继续前行，不断助长了“铁笼”的建造。生活本身变得并不比运动更为严肃，在整个技术运动的过程中找不到真正的目标，即生命的意义和价值。③ 工具理性颠覆了人类传承至今的人文精神。伦理、道德、法律、宗教等在工具理性的横眉冷对中遭受彻底性的现代祛魅，继而要么被划为神秘的形而上学范畴（如伦理、道德和宗教）而被束之高阁，要么在发挥有限作用之时（如法律）皈依科学技术门下，并假工具理性之名而大行其道。

毋庸讳言，法律最普遍、最直接的功能体现在对社会关系的调整上，因此工具理性理当为法律所推崇。但同时，法律应当在解决纠纷、分配权利的同时关切人类生活的终极目的，并以对这一终极目的的持久信仰而铸

---

① ［德］马尔库塞：《单向度的人》，刘继译，上海译文出版社1989年版，第134—135页。

② 崔永杰：《“科学技术即意识形态”——从霍克海默到马尔库塞再到哈贝马斯》，《山东师范大学学报》（人文社会科学版）2007年第6期。

③ 周书俊：《技术理性的鬼魅：评施米特的经济技术理性》，《新视野》2007年第6期。

就自己的伦理、道德和宗教生命，即法律的工具理性不应代替、侵噬法律的价值理性。[①] 考察工具理性和价值理性之间的关系，虽然在把社会生活中的人看作沟通二者的桥梁的时候，工具理性和价值理性之间事实和价值的张力在逐渐消退并呈相互包容和交叉之势，故二者之间的分野更似理论视域的"理想类型",[②] 但工具理性和价值理性各自的侧重点却相去甚远。工具理性和价值理性在既定的法律制度中仍然清晰可辨。因此，当代社会"理想"的法律应当是体现科学精神和人文精神相结合，"既顺应技术发展潮流，吸纳技术发展成果，适时对技术进步带来的社会关系的变化进行调整，同时又高度重视对人的存在价值的关怀，关注人的发展的长远利益的法律"[③]。然而，现代法律却以机器般的精妙设计在任何时代法律文明的比较中独领风骚，人工智能和专家系统的现实化等"推论自动化"系统的发展已"为法律领域卓有成效地开辟了一个非常吸引人的和收效显著的研究方向"[④]。显然，我们已被技术唯理性驱使得太远，我们这个社会的法律化是技术唯理性的一部分，因此"以至于忘记了人类和人类的基本关怀"[⑤]。法律不再具有人文精神的气息，更不用说是人文精神的使者。

将环境习惯法和环境制定法放置在工具理性和价值理性的思辨中，我们将有更为清晰的认识。追本溯源，在国家制定法意义上，现代环境法的兴起与工业革命和科学技术引起的环境迅速恶化不无关系。也正是这一独特的社会历史背景，决定了现代环境制定法自诞生之日起已经具有先天的适应科技并适时反钳科技的技术性本能。这一技术性本能要求现代环境制定法优先彰显工具理性，成本效益方法、经济模型的指导和套用、环境保护的技术手段、环境科学技术支持环境修复等构成了现代环境法律制度的绝大部分内容。工具理性导向使现代环境法在价值关切方面与传统法律部

---

① 工具理性和价值理性是一种相关意义上的概念。工具理性又称技术理性，或形式理性，是关于事实的判断，表现为手段和秩序的可计算性，强调客观合理性；价值理性又称实质理性，是关于抽象价值和因果关系的判断，表现为目的和后果的终极性，因而强调主观合理性。

② ［德］马克斯·韦伯：《经济与社会》（下），林荣远译，商务印书馆 1997 年版，第 461 页。

③ 范在峰、李辉凤：《论技术理性与当代中国科技立法》，《政法论坛》（中国政法大学学报）2002 年第 6 期。

④ ［德］阿图尔·考夫曼、温弗里德·哈斯默尔：《当代法哲学和法律理论导论》，郑永流译，法律出版社 2002 年版，第 556 页。

⑤ 转引自［德］阿图尔·考夫曼、温弗里德·哈斯默尔《当代法哲学和法律理论导论》，郑永流译，法律出版社 2002 年版，第 23 页。

门严重决裂，现代环境法的灵魂也被形形色色的科学技术手段和五颜六色的经济策略模型所填充，而应当倡导的人文精神和价值关怀却被排挤于千里之外。不仅如此，环境制定法的技术本能以无所不为的勇气拓展技术统治的疆域，唯一仅存的彰显自然主义宗教精神和人与自然和谐共生思想的环境习惯法在环境制定法的浩大声势下几乎无容身之处，只在环境制定法的边缘地带——遥远的民间乡土社会顽强地存活了下来。就像环境习惯法自身被排挤和驱逐的命运一样，环境习惯法所尊崇和传承的价值理性同样受到排挤和驱逐，而无法传播到环境制定法的工具理性所能辐射到的范围之内。在环境制定法的强势话语下，散落在民间的环境习惯法只有在很少有人问津的角落默默“品鉴”孤芳自赏的凄美。今天，在一个热衷法律工具理性、压抑法律价值理性的技术王国里，我们不得不考虑矫正二者之间严重的失衡关系，还工具理性和价值理性兼备并更加凸显价值理性的环境法之原貌。

于此情景，工具理性和价值理性思辨的启示是：首先，环境习惯法本身即是人们社会生产生活过程的高度提炼，是人们对自然万物情感的最真实表达，也是人与自然关系的真实写照。环境习惯法不但真实存在，而且其所传递出的自然主义宗教思想和对人与自然和谐共生的道德认知是人们行为的最高价值准则。因此，环境制定法的工具理性不应也不能侵扰和试探环境习惯法的价值理性，否则，环境制定法的工具理性将在环境习惯法生存的有限范围内招致被彻底驱逐的命运。其次，环境习惯法崇尚自然、对自然道德关怀以及调和人与自然关系的价值理性能在环境制定法的工具理性所不能及的范围内发挥重要的替代作用。因此，环境制定法没有理由忽视环境习惯法的功能和价值。再次，环境制定法不仅要正视环境习惯法的功能和价值，而且应当主动为释放环境习惯法的许多功能和价值提供必要的条件，并广泛吸纳环境习惯法的价值理性和多种功能以补充和完善自身工具性价值与功能的诸多不足。最后，通过环境习惯法和环境制定法之间的充分沟通和选择，消解环境制定法工具理性的鬼魅，拓展环境习惯法价值理性的功能空间，从而达到现代环境法的“进化性理性”和“建构性理性”① 的最佳平衡。

---

① 在哈耶克的《自由秩序原理》一书中，“进化性理性”侧重于对各种传统价值的解释，而“建构性理性”侧重于对唯理性的建构和追求。参见杜宇《重拾一种被放逐的知识传统——刑法视域中“习惯法”的初步考察》，北京大学出版社 2005 年版，第 166 页。

(四) 拓展现代环境法治的发展路径

西方法律发展至今，逐渐获得权威地位的法律实证主义忠贞不渝于这样一个信条：虽然任何一个社会的法律都可能反映道德、文化和政治选择，但在法律和道德等因素之间并没有必然的或者概念上的联系，因而认为“有效的法律并不需要具有道德性”①。在法律实证主义创始人奥斯丁那里，“法律的存在是一回事；其优缺点是另一回事”；而哈特有更为极致的认识：“对法律概念或含义的研究不同于对法律产生的原因或起源的历史研究，不同于对法律和其他社会现象的关系的社会学研究，不同于用道德、社会目标、功能或其他标准对法律所作的评判或评价。”② 显然在法律实证主义的方法视野中，法律体系更似一个“封闭的逻辑体系”，其自足性无须摄取源自体系之外其他因素的养分。不仅如此，在这一自足法律制度体系的“权威下”，习惯被认为从属于立法，因而习惯法可能被法规剥夺其法的资格。③ 缺乏社会道德考量的法律实证主义乐此不疲于其自足的王国，但在面对工业革命迅猛发展中的诸多问题时，却日渐力不从心。法律实证主义只关注经济立法与规制的自足而无视经济立法与规则的外在因素，只关注技术入法的自足性而无视技术的负面之害。在倡导逻辑和科学的实证主义那里，“人变成了哑巴，只有科学在讲话”④，经济偏好和科学技术癖嗜继而成为现代文明辉煌的统治与核心。而事实却是，法律实证主义的“功利”性自足规则已在一定程度上将人类引入与自然、社会伦理相决裂的冰火时期。对道德和传统的忽视注定实证主义“是天真而狭隘的”⑤。“实证主义单纯重视认识对象而无视认识主体、单纯强调逻辑和科学方法的作用而抹杀人的情感和欲望的功能、单纯推崇事实而忽视价值”，必“将带来灾难性的后果”。⑥ 在环境法治领域，科学与技术的统治已然形成并有愈演愈烈之势。标榜实证主义的环境制定法无视环境法治中文化道德、习惯规则等其他规范的价值，缺乏与传统和文化之间的关

---

① ［英］莫里森：《法理学：从古希腊到后现代》，李桂林等译，武汉大学出版社 2003 年版，第 6 页。

② H. L. A. Hart, *The Concept of Law*, Oxford University Press, 1961.

③ ［英］哈特：《法律的概念》，中国大百科全书出版社 1996 年版，第 102 页。

④ Habermas, *Towards a Rational Society*, Beacon Press, 1970.

⑤ 刘放桐等：《新编现代西方哲学》，人民出版社 2000 年版，第 465 页。

⑥ 陈学明、罗富尊：《评“西方马克思主义”对科学技术社会功能的批判》，《西南师范大学学报》（社会科学版）2005 年第 5 期。

联，因而形成环境制定法规范与环境法治实践的巨大抵牾，使环境法治的实效极为低下。

在西方后现代话语中，人们开始怀疑并逐渐反思“为什么在我们时代给出一种有关社会进步以及我们制度意义的连贯叙事变得如此艰难？”①这种怀疑和反思的结论是，在社会历史生活中，法律不是也不能作为独立自足之物而置身于相互关联的体系之外，而应当从制定法体系之外获取足够的补给，以使其成为真正具有意义的规则。而从环境法治视角对这一问题的怀疑和反思是：环境制定法必须注重与诸多制约因素之间的联系，并在借鉴和摄取体系之外的其他知识供给的基础上逐渐自我完善。唯有如此，环境法治的实效才能全方位实现。在其他知识供给中，环境习惯法的价值尤为显著。总体而言，环境习惯法的价值贡献主要体现为环境法治所依赖的规范系统在生成和运行上的路径拓展。由于国家立法的属性，环境制定法是国家统一性环境法治意志的体现，因而环境制定法在生成和运行的路径上主要体现为一种“自上而下”的逻辑路径。而环境习惯法则是产生于民间社会领域的规则系统，因而它对环境法治的参与必然是一种“自下而上”的逻辑路径展开。因此，从环境制定法立场来考察，环境习惯法的价值贡献主要在于通过另外一套逻辑路径“自下而上”地将文化、传统、习惯等因素引入环境制定法体系，以达到自我完善的目的；从环境习惯法作为独立规则体系的立场分析，环境习惯法的价值贡献则是在环境法治的地方实践中，持续发挥环境习惯法作为自生自发规则的“路径依赖”优势。

具体而言，环境习惯法的路径拓展功能及对环境法治的影响体现在如下方面：首先，在环境制定法“自上而下”路径模式运行的基础上开拓环境习惯法“自下而上”的路径模式，是实现环境法治实践的特殊性与一般性相互统一的重要途径。作为国家立法之一，环境习惯法不可避免地具有大一统的特点，因而在很大程度上难以应对适用区域和适用对象的特殊性需要。而环境习惯法则不同，当我们谈及作为规范的环境习惯法时，它们总是以个体性表现出来。因为环境习惯法产生于不同的自然区域，体现了各地方社会与自然条件的独特组合，因而自然区域的不同，往往形成

① ［英］莫里森：《法理学：从古希腊到后现代》，李桂林等译，武汉大学出版社 2003 年版，第 14 页。

各具特色的环境习惯法规范。因此，“自下而上”模式的拓展无疑使现代环境法治在体现国家法平等、统一适用的同时，不失特殊区域环境法治的有效性。其次，“自下而上”路径的拓展实现了环境习惯法的适应性与环境制定法的强执行力的统一。除了形式上环境习惯法和环境制定法存在特殊性与一般性的区别以外，二者在规范属性和功能上也体现出较大的差异。在环境法治实践中，尤其是在环境管理领域，环境习惯法规范具有极强的自反馈和自增强机制。这种机制使环境习惯法能及时对环境变迁作出有效回应，这就是环境习惯法的适应性。[①] 相比之下，环境制定法规范则由于创制程序的烦琐和适用范围的宽泛，往往无法对规范对象的变化作出瞬时性的立法应对，表现出更多的刚性特征。但同时，环境习惯法规范的执行力由文化、道德等因素决定，而缺乏国家权威作为执行力的后盾，因而时间中往往表现出弱执行力的特点。而环境制定法规范却具有以国家强制力为后盾的强执行力特点。结合两者的优越性，通过“自下而上”路径将环境习惯法引入现代环境法治，必然使现代环境法治所依据的规范在适应性和执行力上都有提高。最后，“自下而上”路径的持续拓展使环境习惯法对环境制定法的持续性知识供给成为可能。“自上而下”的路径模式“以国家制定法的主导性”和“最优法律制度的唯一性”[②] 为立足点，而“自下而上”的路径模式却注重环境习惯法作为规范体系的独立性。因此，两种路径模式分别代表了环境制定法和环境习惯法的不同价值立场。因此，“自下而上”路径模式的拓展将会使环境习惯法的特殊价值供给于环境制定法的完善之中。而且，在比较意义上，环境习惯法更接近于自生自发的内部规则，体现了人类社会规则系统的历史演化与持续发展的属性，所以“自下而上”路径的持续拓展将使大量的内部规则以环境习惯法的形式源源不断地供给于现代环境立法，使现代环境法成为以内部规则为基础而建立的外部规则系统。

二　环境软法的地位及作用

环境软法虽然在国际环境法规范秩序与国内环境法规范秩序中有不同

---

① Peter Orebech, Fred Bosselman, Jes Bjarup, David Callies, Martin Chanock, *The Role of Customary Law in Sustainable Development*, New York: Cambridge University Press, 2005, p. 246.

② William Easterly, "Institutions: Top Down or Bottom Up?", *American Economic Review: Papers & Proceedings*, No. 2, 2008, pp. 95-99.

的表现形式，但其均为不具有法律拘束力但产生的实际法律效果不容忽视的法规范。在国际环境法规范秩序中，“1972 年斯德哥尔摩会议和 1992 年里约会议等国际会议产生的各种宣言和文件具有软法的法律地位，但实际上它们现在代表着国际环境法基本要素的编纂”[①]。在环境问题复杂性以及各国尚未准备好就特定环境问题达成有约束力的协议的条件下，环境软法的非约束性以及灵活性可以让各国在解决共同环境问题上更快地行动，也推动了国际环境法的发展和国际环境法秩序的形成。而环境软法在国内环境法治实践中的地位和作用主要体现在以下几个方面：

（一）回应环境多元治理，推动环境治理现代化发展

西方工业革命以来，以工业化为代表的市场经济发展一直占据主导地位，工业化的发展，在带来生产富裕、生活良好的同时也带来了发展的负面效应——环境问题的大规模爆发便是主要表现。与其他国家应对环境问题的模式相比，我国并未经历社会调整和市场调整不能时期，始终以“命令—控制”环境规制模式为主。此种环境规制模式“在规制那些有害性已经明了的特定物质、行为，在遏制急剧扩大的产业污染方面起到了极大的作用”[②]。

由于社会经济不断发展，环境污染呈现出点源污染向面源污染转移且不断扩大之态势，各类自然资源加速消耗以及新型环境问题及环境风险的出现，使得“命令—控制”的环境规制模式呈现出一定程度的不适应性，环境治理效果不尽如人意。与这种模式遥相呼应的是由政府及其相关部门主导环境立法过程并影响立法的内容，所形成的环境法律规范在内容上“重政府环境权力轻政府环境义务、重政府环境管理轻政府环境服务、重政府环境主导轻公众环境参与、重对行政相对人的法律责任追究轻对政府的问责”[③]。这也说明缘何我国在环境立法速度如此之快、立法数量如此之多、门类如此之齐全的环境法律规范体系日益完善的基础上，“我国生态环境并没有随着环境法律规范体系的完善而明显改善，生态环境恶化的

① Arif Ahmed and Md. Jahid Mustofa，“Roleof Soft Lawin Environmental Protection：An Overview”，*Global Journal of Politics and Law Research*，Vol. 4，No. 2，March 2016，p. 9.

② 参见郭红欣《环境风险法律规制研究》，北京大学出版社 2016 年版，第 27 页。

③ 李雪梅：《环境治理多中心合作模式研究——基于环境群体性事件》，人民出版社 2015 年版，第 41 页。

趋势总体没有得到控制甚至不降反增”①。

环境治理的复杂性以及传统生态环境单一治理模式的弊端，催生了以开放的环境公共管理为前提，以广泛的公众参与为基础的环境多元治理模式的发展。其充分发挥政府、企业、公众以及各类社会组织等环境治理主体的优势，能够不断改善我国的生态环境质量，不断深入推进国家环境治理体系和治理能力现代化进程。与传统的“命令—控制式”环境管理模式不同，环境多元治理与软法具有内在关联性，其不可能建构于纯粹的“国家—控制”法范式的环境硬法之上，环境法治的发展应当是软硬共治，而非环境硬法一枝独秀。

环境软法作为环境多元治理模式下的产物，“有自己不同于硬法的治理领域和治理方式，有自己独立的运作空间”②。大致来说，环境软法主要从以下几个方面回应环境多元治理模式的确立：首先，环境软法主要体现为通过建议来影响主体的行为选择，一般没有直接的法律效力，而具有“证明力、解释力、指引力、评判力和软制裁力”③；其次，环境软法与硬法虽然均具有惩罚功能，但硬法中的惩罚主要是外部的、直接的、有形的、物质上的，所带来的大多都是否定性的法律后果，而软法则主要是内部的、间接的、无形的、精神上的，其更多依靠舆论导向、利益机制、道德约束等激励性机制的软约束力发挥作用；最后，环境硬法与软法在评价主体、评价程序、评价结论、评价后果等方面存在显著差异，硬法对主体行为的评价机制主要是官僚性的与封闭性的，评价结论具有法律效力，有可能引起国家的强制执行，而软法的评价机制则多为民间性与开放性的，评价结论未必具有法律效力，也未必能够引起国家强制。④

正是由于环境软法全面回应了环境多元治理模式推崇治理主体、行为方式和保障机制等方面多元化的内在需要，因此可以在创制环境多元治理的行动结构与推动环境治理现代化发展方面发挥积极作用。一方面，环境软法不仅是从意识与理念上，更是通过具体规范形态回应环境多元治理的

---

① 徐忠麟：《基于社会资本理论的中国环境法治考察》，中国社会科学出版社2016年版，第13页。

② 罗豪才、周强：《软法研究的多维思考》，《中国法学》2013年第5期。

③ 段海风：《我国地方软法治理的规制研究——基于“红头文件”现象的考察》，人民日报出版社2017年版，第35页。

④ 参见罗豪才、宋功德《认真对待软法——公域软法的一般理论及其中国实践》，《中国法学》2006年第2期。

需求，从而为环境多元治理提供多元化的法律依据；另一方面，“法律是社会控制的主要手段”①，环境多元治理的兴起也对法律调整提出了新的、更高的要求，尤其是在规范和保障多元主体、多种方式参与环境多元治理的需求方面更甚，这便为环境软法作用的充分发挥提供了平台，并有力刺激环境软法形成、实施机制的不断完善，推动环境软法不断向前发展，以进一步符合环境治理现代化的发展需要。

（二）弥补环境硬法之不足，有力补充现代环境法律规范体系

党的十八届四中全会审议通过的《中共中央关于全面推进依法治国若干重大问题的决定》将中国特色社会主义法治体系的建设分为五个组成部分，即形成完备的法律规范体系、高效的法治实施体系、严密的法治监督体系、有力的法治保障体系、形成完善的党内法规体系。环境法治体系作为中国特色社会主义法治体系在生态环境领域的体现，其现代化也应包含上述五个体系的形成与发展。近年来，我国环境法律规范体系日趋完善，环境立法速度快、数量多、门类齐全，生态环境部和自然资源部的设立解决了环保行政机关职能碎片化问题，按日连续计罚等制度的确立提高了环境行政执法的权威性，环境司法专门化的持续探索使我国环境法治实施体系建设取得新进展，此外，环境法治监督体系、保障体系以及党内环境法规体系亦处于初步建设阶段，可以说我国已经初步形成了与生态文明建设相适应的环境法治体系，但与环境法治体系的发展与完善相对的并不是我国生态环境状况的迅速、持续好转，而是生态环境状况的持续恶化，新兴环境问题越来越多。导致这一现象的原因甚多，环境法治失灵便是重要原因之一。环境法律规范作为环境法治运行的前提和基础，只有完成了环境法律规范的创制活动，才能启动环境法的正式运行，但我国现有环境法律规范却因为“主要是外生性规则而缺乏本土资源的支撑以致其在实践中的运行效果不佳”②。

当前我国环境治理面临着由传统国家管理向现代公共治理的转型，“这一转型带来治理工具、治理模式乃至观念、体制、机制等全方位的转

① ［美］罗斯科·庞德：《通过法律的社会控制》，沈宗灵译，商务印书馆 2010 年版，第 12 页。

② 徐忠麟：《基于社会资本理论的中国环境法治考察》，中国社会科学出版社 2016 年版，第 133 页。

变"[①]。如果仍然固守传统国家环境管理模式下环境法律由单一机关制定、依靠国家强制力保障实施等方式的话，必将在日益强调协商、民主、参与等多元特性的环境治理语境下遭遇困境。

环境软法可以在正式立法机关制定某一立法或实施某一环境法律制度之前，通过说明该环境立法或环境法律制度的必要性、意义和核心内容，为该环境法律文件或制度的公布与实施提供思想和物质上的准备。环境软法虽然不具有国家法律拘束力，却是能产生法律实际效果的行为规则，可以为环境硬法的制定提供重要参考，例如自党的十九大以来，中央从生态文明建设的战略高度，提出了一系列新思想、新规划、新理论、新战略、新要求，并对生态文明体制改革作出科学合理的规划。中共中央、国务院颁布的《生态环境损害赔偿制度改革方案》这一软法形态所确立的生态环境损害赔偿制度与修复制度，切实解决了因污染环境、破坏生态所导致的生物要素不利改变及生态系统功能退化等生态环境损害救济问题。在经过试点经验且相对成熟之后，才正式进入《民法典》侵权责任编的规范之中。

此外，环境软法还可以在环境硬法制定后在其具体应用过程中"填补硬法的空白，弥补硬法的不足，既可以补充硬法的不完善、不全面、不可用的问题，也可以补正硬法过于僵化、刻板的缺陷"[②]。尽管我国正在逐步加快环境立法进程，全国人大与全国人大常委会制定和修改的环境法律不计其数，但与环境法治实践需要仍相去甚远。由此可见，单纯依靠环境硬法由于立法和实施成本过高将产生法治供应不足的问题，从而导致处理环境问题时无法可依。环境软法可以借助利益诱导机制产生社会压力，及时根据环境问题之需求作出相应调整，填补环境硬法调整环境问题留下的空白。正是基于环境软法的行为实效性才有效地避免了环境硬法在制定和实施过程中的滞后性，最大限度地满足了环境法治建设的要求。

强调多元主体共同制定，内容上广泛、形式多样，制定程序灵活、能迅速出台，保障方式上不依靠国家强制力，而是借助舆论、媒体、道德等社会影响力，或者自律、互律机制的运用实现其效果，此种具有试错成本

---

① 罗豪才、周强：《法治政府建设中的软法治理》，《江海学刊》2016年第1期。

② 罗豪才、周强：《软法研究的多维思考》，《中国法学》2013年第5期。

更小、适应性更强、执行效率更高[①]的环境软法规范适应了我国环境法治体系建设的发展需要，回应了生态文明建设的需求。因此，环境软法有力地补充环境法律规范体系的内容，是我国环境法治体系建设不可或缺的一部分，我国环境法治秩序的确立和环境法治体系的建设离不开环境软法之治。

（三）助力现代环境法治体系的完善

“如果说功能是立法者附加在法律之上的目的和希望，那么，作用就是功能在社会生活中的实现程度。”[②] 环境法作为一类法律规范，也具有法的规范作用、处罚作用、保障作用、引导作用、教育作用等一般作用。环境软法作为环境法的重要组成部分，自然在不同程度上践行上述法的作用，环境软法有助于多元的环境治理主体在更为广泛的领域达成共识，共同促进环境法治目标的实现。因此，在当下，环境软法在环境法治体系建设中的作用主要表现在以下三个方面[③]：

首先，环境软法助力生态环境多元法律规范体系建设。环境问题的复杂性、突发性与环境硬法的稳定性、滞后性间形成激烈的对抗与冲突，环境硬法的制定一般有严格的主体和程序限制，不能及时出台调整环境社会关系和维护生态环境保护秩序功能的环境立法，而经济利益与环境利益的对立，使得环境立法模式主要是利益主导的分散式立法，国家正式出台的环境硬法之间存在冲突，还存在许多立法空白现象，这些问题都掣肘了生态环境问题的有效解决。环境软法富有较高的制定、实施弹性，在难以获得共识的情况下，可以在一定程度上解决那些不能、不宜及时通过制定环境硬法来加以规范的空白环境法治领域，有效地填补了环境法律规范领域的空白，生态环境柔性法律文本、生态环境政策性文件、非强制性环境标准、环境保护自治规范和自律规范等环境软法形态与环境硬法规范体系形成一种相互照应的环境法治状态，共同组成了环境多元法律规范体系。

其次，环境软法推动了环境法治实施体系的完善。“法治实施体系包括执法、司法和守法等诸多环节。”[④] 近年来，虽然我国在环境执法与司

---

① 参见罗豪才、周强《法治政府建设中的软法治理》，《江海学刊》2016 年第 1 期。

② 罗豪才等：《软法与公共治理》，北京大学出版社 2006 年版，第 346 页。

③ 王晓田、傅学良、王轶坚：《中国环境法中的软法现象探析》，《政治与法律》2009 年第 2 期。

④ 周强：《形成高效的法治实施体系》，《求是》2014 年第 22 期。

法能力上有较大提升，但环境守法却一直是我国环境法治实施体系建设中的短板。“环境守法是政府、企事业单位和公民等主体按照环境法律规范行使权利和履行义务的活动，主体对环境法律法规的遵守和信仰程度是衡量环境法治的重要因素。”① 其中环境守法动力决定着相关主体能否主动按照相关环境法律法规约束行事，虽然缺乏环境守法动力并非我国独有，但美国通过赋予环保组织和公众直接将不作为的环保部门和污染企业诉至法庭等完善的司法体系为公众的环境守法动力找准了突破口。我国环境司法是近几年才发展起来的，不足以达到赋予相关主体环境守法动力能力。② 从目前看来，提高我国相关主体环境守法能力的最好方式便是环境软法中所要求的，吸引来自社会各界的广泛参与，一并参与到环境治理中来，由此推动环境守法。

最后，环境软法促进了环境法治监督体系和保障体系的发展。不论是环境法治监督体系面临的各种监督方式之间缺乏协同性问题，还是环境法治保障体系一系列的保障手段成碎片化分布，未成体系。环境软法从社会商谈理性出发，通过多元化的主体参与，发挥为环境硬法提供补充、解释、先行试验的功能，可以在一定程度上消解环境法治监督方式间、环境法治保障手段间的冲突因素。

环境软法是我国环境法治运行的有力补充和重要支撑，亦推动了我国环境法治体系的建设，但我们应当在看到环境软法积极效应而委以重任努力发展之时，更应该关注到其本身负面效应的存在。软法含义及类型至今尚存争议对我们如何识别环境软法设置了障碍，而软法本身的多元化也使得其自身的创制、实施和保障机制尚需健全。进一步改进和完善环境软法，以正当化、规范化和系统化的手段使其能够持续推动环境法治目标的全面实现。

---

① 徐忠麟：《基于社会资本理论的中国环境法治考察》，中国社会科学出版社 2016 年版，第 14 页。

② 《促进环境守法须明确中国式路径》，https：//www.h2o-china.com/news/213659.html，2022 年 2 月 22 日。

第十三章　外国环境法、比较环境法和国际环境法

第一节　外国环境法

一　外国环境法概述

（一）外国环境法的形成和发展

虽然人类社会历史上，早已出现关于环境保护的律令，但从世界范围来看，现代环境法首先萌芽和发展于欧美、日本等较早地开启现代化进程的国家。第一次工业革命以后，随着资本主义工业和城市的发展，科学技术突飞猛进，社会生产力水平不断提高，人类活动的范围日益扩大，人类活动对自然环境的影响日益加深。环境问题突出地表现为工业废水、废气、废渣造成的点源污染和区域性污染对人体健康的威胁，以及掠夺性地利用自然资源所造成的资源破坏与浪费。早期发达工业国家制定的法律较多地是针对防止工业“三废”污染。在行政法、劳动法、民法等其他法律法规中，也出现了关于环境保护的条款。工业革命爆发到20世纪60年代，是工业化国家环境法的初步发展阶段。这一阶段的特征是公害事件的发生催生了专项环境立法在数量和议题上的快速增长。如英国颁布了《清洁河流法》《水资源法》《噪声控制法》等法律；美国颁布了《清洁空气法》《固体废物处置法》等法律，修订了《水污染控制法》等法律；联邦德国仅在20世纪60年代就制定了《联邦河流净化法》《空气污染控制法》《建筑物噪声管理法》《自然保护法》等30多部环境法律和法规，涉及工业、交通、城市建设、流域管理等许多部门。

1972年联合国人类环境会议召开后，各国的国内环境法空前发展和完善，并开始步入体系化阶段。很多国家通过宪法和法律修改，制定综合性环境保护法律等，为国内环境法和管理体制构建基本框架。与此同时，

各国针对特定环境问题的单项环境立法也大大发展。在环境立法数量增加的同时，强化环境法律制度的实施和保障机制。国内环境法与国际环境法相互影响、相互借鉴、相互推进。

这一阶段，整体上，环境保护在国家发展战略和法律体系种的地位大大提高。部分国家开始制定或修订环境保护的“统领性”或“综合性”法律。这一时期大多数国家环境保护的“综合性”法律更多的还只是停留在污染防治或公害防止领域的“小综合”。如日本 1967 年制定《公害对策基本法》时，在总则中规定“保护生活环境的目的，在于协调经济的健全发展”；1970 年国会在修改基本法时删除了上述规定。1974 年，修订后的《公害对策基本法》，突出强调环境保护的重要性：“鉴于防治公害对维护国民健康和生活有极大重要性，为了明确企业、国家和地方政府对防治公害的职责，确定基本的防治措施，以全面推行防治公害的对策，达到保护国民健康和维护其生活环境的目的，特制定本法。”[①] 此外，美国 1969 年制定的《国家环境政策法》（NEPA）是这一时期的代表性环境立法。这部法律的核心是要求行政机关通过环境影响评价制度，将环境利益的考量纳入行政决策过程。美国《国家环境政策法》的这项制度发明对各国核心环境法律制度的构建产生了深远影响。

1992 年联合国环境与发展大会后，各国开始在宪法或环境保护综合性立法种融入国际环境法的可持续发展理念或原则，突出保护环境、维护人体健康的立法目的。各国相继修改宪法，从根本大法上确认环境权利或环境利益，增加环境保护相关内容，或将环境保护确立为基本国策。

近年来，后起的发展中国家基于本国环境治理的客观需求和参与国际环境治理事务的需要，开始打破早期工业化国家在环境立法体系和环境法律制度构建上的垄断地位，以中国、印度、菲律宾、墨西哥等国家为代表的发展中国家在环境司法等领域进行了极富想象力的、适应本国特色的制度创新。

当今世界上有 200 多个国家和地区，还有各类国际组织和区域性组织，要对这些国家、地区和组织的环境保护法律法规做全面的收集和梳理既缺乏可行性，也不十分必要。但我们可以从总体上审视外国环境法的形成和发展的基本脉络和主要特点：

---

① 康树华：《日本的〈公害对策基本法〉》，《法学研究》1982 年第 2 期。

第一，外国环境法的形成和发展具有明显的时空差异性。现代意义上外国环境法的形成伴随着工业化和经济高速发展的进程，一般而言，工业化程度越高，经济越发达，本国环境法的萌芽越早，体系越趋完善。美国、日本、德国、英国等国家都是如此。而随着发展中国家经济社会发展水平的提升甚至赶超，发展中国家的环境法在移植了早期工业化国家的立法形式和制度内容的基础上，结合自身的政治和经济体制，也创造了一套独具特色的环境法律制度并逐步体系化。一方面，经济社会发展水平的分殊决定了当前环境法所呈现的样态的区别；另一方面，尽管发展中国家与早期工业化国家之间的整体差距在缩小，但历史发展阶段的先后所塑造的国家政治和法治环境仍然从根本上决定了各国环境法在运行机制上的不同。

第二，各国环境法的发展呈现一定程度的同质性甚至相互融合。例如：在环境法的形成阶段，呈现环境保护的法律化与法律的生态化并存并相互协调的现象；从立法体系上看，环境法的发展经历了从单行法向综合法，从分散的、具体的规则向政策性、规划性立法，甚至向法典化发展的过程；对环境的概念外延的认知，对环境价值认定的深化，尤其是可持续发展理念，对各国环境立法理念和立法体系的构建产生深刻影响；大陆法系国家和英美法系国家在环境法领域内开始出现强烈的相互吸收借鉴的倾向。

（二）外国环境法的体系

外国环境法的体系，顾名思义，是由各国的环境法体系构成的。而各国环境法又按照一定的标准和形成方式，由环境保护相关法律法规、司法判例、法律原则等构成。

在英美法系国家，如美国，其环境法体系是以联邦和各州成文法为主体，司法判例、普通法为补充的体系。美国联邦宪法没有直接提及环境保护，但宪法种的部分条款，如治安条款、州际贸易条款、财产剥夺条款等，在环境司法判例中广泛运用，为司法判例提供宪法依据。此外，美国部分州宪法对环境权作出政策宣告。如马赛诸塞州宪法规定：“人民拥有对清洁空气和水、对于免受过量和不必要的噪声侵害和对于他们环境的自然的、风景的、历史的和美学的质量的权利……”①

---

① Mary R. Sive, *Environmental Legislation: A Sourcebook*, Praeger Pubilishers, 1976, p. 97.

1969年制定的《国家环境政策法》在美国环境立法史上占据非常重要的地位。它提出："联邦政府与各州和地方政府以及有关的公共和私人团体合作，运用包括财政和技术援助在内的一切可行的手段和措施，以旨在促进发展和普遍福利的方式创造和保持人类与自然的在建设性的和谐中生存的各项条件，实现当代美国人及其子孙后代对于社会、经济和其他方面的要求。"① 该项法律还首创了环境影响评价制度，强化了联邦机构和普通民众的环境意识，促进了环境保护从末端治理向前端预防的战略性转变。此外，成文法体系还包括联邦和州层面的污染防治、自然资源利用和保护、生态保护等方面的法律，如1963年《清洁空气法》、1972年《联邦水污染控制法》②、1976年《资保护与回收法》、1980年《综合环境反应、补偿、责任法》、1964年《荒野法》、1973年《濒危物种法》等。

普通法层面，基于妨害、侵入、疏忽、严格责任、公共信托原则等诉因的普通法救济均可用于环境保护。历史上，普通法曾作为防止环境损害的主要法律救济渠道。随着成文法体系的完善，成文法规定的环境规制占据主导地位，但普通法救济仍有一席之地。

在大陆法系国家，如日本，其环境法体系的生成遵循的是单一向综合、部分向整体的发展路径，在公害防止和自然环境保护等领域的立法体系比较完备后才制定综合性的环境基本法。

1967年，日本制定《公害对策法》，从该法对立法目的的阐述来看，明显反映了工业优先的思想。③ 1970年经过修订后，突出了环境优先的立法目的。此外，通过制定大气污染防治法、水污染防治法、土壤污染防治法、噪声控制法、恶臭防治法等领域相关法律，初步建立起公害防止与对策法律体系。在此基础上，通过制定《公害纠纷处理法》《公害健康受害补偿法》等法律，以及通过司法判例确认公害健康损害无过错责任、忍受限度论、因果关系证明的盖然性原则等，建立公害救济与纠纷处理法律体系。

随着环境权的提倡，环境保护的目的逐步从纯粹的公害防止和对策发展为防止环境污染保全清洁的环境，进一步形成良好的区域性环境。1972

① 王曦：《美国环境法概论》，武汉大学出版社1992年版，第215页。

② 1977年修正后称为《清洁水法》。

③ ［日］野村好弘：《日本公害法概论》，康树华译，中国环境管理、经济与法学学会编，第75页。

年《自然环境保护法》明确了自然环境保护的基本理念。20 世纪 90 年代以来，在可持续发展战略的影响下，《推进形成循环型社会基本法》《促进资源有效利用法》等法律相继制定。1993 年《环境基本法》的制定明示了环境对策理念，从“公害对策”向“环境管理”转变。①

以上两例是两种法系的众多国家和地区的代表。关于美国和日本两个国家的案例考察总体上反映了外国环境法发展较为常规的路径和理解框架。自 20 世纪 60 年代以来各国发展起来的环境法，大体上都不同程度地呈现出几个特点：在环境法体系的形式方面，无论是传统的英美法系、大陆法系抑或其他法系国家，成文法与判例法相互支撑；立法理念阶段性拓展，尤其是受可持续发展的影响，各国对于环境的认知从公害防止和自然资源利用逐渐拓展到生态系统保护，人类健康维护和社会全面发展。

此外，欧盟虽不是传统意义上的国家，但鉴于联盟性质的特殊性，尤其是欧盟在环境治理和环境法律法规体系构建上的特色，可将欧盟环境法作为一个特殊组成部分列入外国环境法体系。在国家范围内，环境法体系的内部构成取决于一国的法治结构。作为区域性联盟，欧盟环境法体系由规章、指令、决定、建议等构成。在欧盟法的框架下，规章直接适用于成员国国内，指令则需要经过转化才能使用。欧盟环境法多以指令形式颁布，在设定了区域性环境保护的总体目标框架后，具体的执行措施由各成员国根据自己的情况作出具体规定。

二　外国环境法研究的视角与功能

对外国环境法的考察可以从两个视角展开。其一是按照国家和区域，对一国环境法的政治背景、历史形成、理念、原则、制度、体系、运行等进行定性考察。这种考察可以是全景式的，如“美国环境法”“法国环境法”“日本环境法”“欧盟环境法”等；也可以选择某一个特色性方面深入具体的。在整个外国环境法体系中，每个国家都是独特的，各国环境法体系的形成没有一定之规，呈现多元样态，并在环境法的某一理论、原则、立法体系、法律制度、法治运行体制、法治实施机制等方面逐渐凸显自己的特色。如美国首创的环境影响评价制度，法国、瑞典等国环境法的

① 参见［日］原田尚彦《环境法》，于敏译，法律出版社 1999 年版，第 19 页。

法典化，印度成为环境司法专门化的新星，发展中国家对环境权入宪的青睐，[①] 澳大利亚联邦和各州在环境司法实践中对可持续发展理念的践行，法国等国对综合性、政策性环境立法的创新，英国等国公众共用物理论、英美法系国家环境公共信托，等等。

其二是基于某一特定范畴或问题导向，选取若干不同的国家或地区，开展定量研究。这一研究视角与后文将要阐述的比较环境法研究既相似，也有区别。相似之处在于研究对象和内容上的相近，区别在于目的和功能。比较研究的主要目的是以一国（通常是本国）为中心的情况对比和经验借鉴，而在外国环境法研究的框架下，对若干不同国家或地区的整体性研究，主要目的在于掌握特定范畴或问题在一定范围内（区域或全球）的基本情况。如宪法环境权条款的全球概览，学者从地域、时间、条款类型、宪法位置等方面进行统计并得出基本结论，以环境权入宪时间为例，据考察，环境权写入宪法最早是在 1974 年，在整个 20 世纪 70—80 年代，环境权入宪的国家数量很少。而仅仅在 90 年代的“黄金十年”，通过宪法确认环境权的国家就多达 43 个。因此，20 世纪 90 年代也成为环境权入宪的分水岭。[②]

当然，了解外国环境法的基本情况本身并非研究的目的，整体性定量考察的下一步，也通常是为下一步的比较研究提供素材。因此，外国环境法研究的主要功能还是在于为比较研究打基础。外国环境法研究对我国环境法发展的功能还经历了阶段性的嬗变。在我国环境法的形成和早期发展阶段，与前期工业化国家相比，中国环境法起步晚，整体水平低，环境法学研究在学术水平、范围广度和理论深度等诸方面都存在着差距。在这一阶段，对外国环境法的研究主要是为了学习和借鉴，换言之，当时我国环境法和环境法学的发展水平还不具备与发达国家进行比较的可比性。学习和借鉴也往往停留在低水平移植和重复的层次。随着中国环境法体系的不断完善和向发达国家的追赶，环境法学研究也更加关注引进制度的本土化问题，比较研究逐渐成为外国环境法研究的进一步深化，学者们站在更加客观的角度，对比不同的环境问题在各个国家发生的背景以及不同的环境

---

① 从各洲情况来看，环境权入宪的国家数量在非洲是最多的，而在大洋洲是最少的，亚洲、欧洲和美洲则介于二者之间。参见吴卫星《环境权理论的新展开》，北京大学出版社 2018 年版，第 77 页。

② 参见吴卫星《环境权理论的新展开》，北京大学出版社 2018 年版，第 78 页。

法律制度在各个国家运行的情况，进而为我国环境法的发展进行有选择性的经验吸收。近年来，作为国家发展战略的生态文明建设和中国在应对气候变化、保护生物多样性等方面的切实行动，塑造了全球环境治理舞台上全新的中国形象，在环境法治方面，中国也从“输入型”国家向“输出型”国家转变。包括环境法学在内的整个社会科学研究侧重于本土化研究的转换并不意味着对外国环境法研究的忽视，这一阶段，持续关注外国环境法的发展除了比较和相互借鉴以外，还有助于为中国的环境法在全球环境法体系中进行准确定位，以更明确未来的发展方向和目标。

第二节　比较环境法

一　比较环境法概述

比较环境法是指对不同国家或区域的环境法律、环境法律实践和环境法学研究进行比较研究，识别国家和区域之间的共同性与差异性，以为本国环境法治的发展道路和模式提供借鉴，并拓展本国环境法学研究。与之对应，比较环境法学是指用比较研究的方法对不同国家和区域之间或本国与外国之间的环境法和环境法学进行研究而得出的环境法学知识体系。

从比较环境法的定义可知，比较环境法兼具比较法学和环境法学的特性。与外国环境法不同，比较环境法的研究对象是两个或两个以上的国家或地区的环境法律、环境法律实践和环境法学，它以比较的方式研究和阐述各国环境法。外国环境法学则集中研究并阐述某一特定国家或地区的环境法。研究比较法学必须研究外国环境法。只有了解外国环境法才能进行比较。①

比较法通常是以本国为中心，从本国情况出发，识别问题，选择比较对象。比较法之余本国环境法的功效主要体现在以下两个方面：

其一，比较环境法促进环境法治建设。立法方面，比较环境法学可以对各国的环境立法方法、立法技术立法背后的理念和思想、立法效果的评估等，进而为本国环境立法提供借鉴。以中国为例，回顾我国 20 世纪 70 年代后期的环境立法活动，以及重要的环境法律制度及其运行机制，可以明显看出我国对西方国家环境法移植的轨迹。法的实施方面，通过比较、

① 王曦：《中国比较环境法学初探》，《法学评论》1994 年第 4 期。

鉴别从执法、司法、守法等方面为本国环境法的实施梳理可供鉴察的明镜。对照世界各国，特别是市场经济国家的政府在环境执法中的地位、作用、职责和措施，看看它们是如何运用法律手段来实现经济可持续发展和环境利益的协调；比较世界各国的守法方面，探寻各国特别是市场经济国家的环境法律是否得到遵循及其相应的原因。[①] 此外，比较环境法还有助于协调国内环境法与国际环境法的需要。国际环境法与国内环境法密切相关、相互渗透和相互补充，它们之间可以通过“移植”“吸纳”和“接受”而相互转化。[②] 比较环境法通过对各国环境法的研究，掌握各国环境法和国际环境法发展的最新动态，这些信息可以帮助决策部门对内和对外决策的科学化。

其二，推动环境法学教育和研究的发展。比较环境法学是环境法学教育和研究的一个重要方面。比较法学引领学者从内外不同的角度审视本国环境法的发展，有助于加深对本国环境法和外国环境法的认识。这一认识反过来能拓展环境法学教育和研究的视野。此外，比较环境法学研究所要求的多种教研方法和教研形式，还能够丰富研究成果的形式和教学内容，为环境法和环境法学的长远发展助力。

二　比较环境法的可比性分析

（一）作为基础和前提的可比性

可比性是比较的基础和前提。所谓可比性，实际上包含两层含义：共同性和差异性。二者都是比较的基础和前提，通过同中求异和异中求同，方显比较的意义。我们可以从共同性和差异性两个方面来理解和阐述比较环境法的可比性。

比较环境法可比性的共同性基础是环境问题和环境治理的全球通约性。从整体上看，世界范围内的各个国家或地区的环境法之间存在共通性。这种共通性实质上是由环境要素的共通性决定的。水、空气、土壤、其他物种等环境要素是人类健康、舒适的生存皆需要正确处理的对象，在此意义上不分民族、国别、任重、语言等条件。[③] 从斯德哥尔摩人类环境会议到里约热内卢环境与发展大会，从巴黎协定到生物多样性公约，对美

① 王树义等：《环境法基本理论研究》，科学出版社 2012 年版，第 435 页。
② 参见王树义等《环境法基本理论研究》，科学出版社 2012 年版，第 432 页。
③ 秦天宝：《比较视野下的环境法》，《郑州大学学报》（哲学社会科学版）2016 年第 4 期。

好环境的追求是人类共同关注的课题。具体而言，环境法的公益性、技术性、新兴性等特征为比较环境法的展开提供了支撑。

其一，环境法具有公益性。环境法确认的公益范围内，无论是环境问题制造的妨害还是环境治理产生的效力都具有跨域性。共同的利益催生共同的行动，因而环境法确认的公益范围的广泛性、整体性和同一性为比较环境法的生成提供了基础。

其二，环境法具有技术性。环境法是一种建立在自然规则基础之上的法律，这种基础包括生物、化学和物理原理。[①] 这使得环境法必须把大量的技术规范、操作规程、环境标准、控制污染的各种工艺技术要求等包括在法律体系之中。[②] 技术性较强的法律往往更容易跨越政治边界的限制，使得环境法在制度上更具有可移植性。例如环境影响评价制度自美国1969年在《国家环境政策法》中规定后，已经被美国超过25个州和瑞典、澳大利亚、法国、新西兰等多国效仿。[③] 环境法的技术性也决定了一般性环境科学的概念向不同国家和区域扩散的广度，进而，在共同接受和认可的概念前提下，各个国家和区域探讨在不同的秩序范围内对环境科学新概念的法律回应，则具备了相同的话语体系。一个典型的例子是近年来人类世概念在各国环境法学界的植入。

其三，环境法具有新兴性。相较于民法、刑法等传统部门法，环境法没有参与国家的政治理论和政权构建，国家和民族的历史习惯没有根深蒂固地嵌入环境法的生成过程，[④] 因而新兴的环境法法系色彩较淡[⑤]。大多数国家的环境法是伴随着国家现代化的进程而生成的，这就决定了各国环境法生成背景的相对同质性。这在很大程度上降低了不同国家环境法相互比较、借鉴和移植的障碍。

比较环境法可比性的差异性基础则体现在环境问题和环境治理在不同国家和区域的阶段性和类型性差异。自20世纪以来，环境问题以公害污染、资源枯竭、生态退化、生物风险等不同形式，在不同国家和区域的不

---

① A. Kiss & D. Shelton, *Manuel of European Environmental Law*, Cambridge: Cambridge University Press, 1994, p. 7.

② 参见金瑞林主编《环境与资源保护法学》（第二版），高等教育出版社2006年版，第14页。

③ 参见郭少青《比较环境法对中国环境法治之功效》，《清华法治论衡》2013年第3期。

④ 参见才慧莲主编《比较环境法》，湖北人民出版社2009年版，第1页。

⑤ 参见肖剑鸣《比较环境法》，中国检察出版社2001年版，第17页。

同阶段作为问题开始显现，成为人类生存和发展的威胁。在应对不同层次、不同阶段、不同类型的环境危机的过程中，各国在政治、经济、社会、文化、伦理等不同层面探索解决之道，形成各具特色的环境治理风格，构建多元化的环境治理工具体系。这就使得环境问题和环境治理既具有本质上的共同性，又存在时空和治理方式上的差异性。各个国家和区域在以法律为工具开展环境治理的过程中，相互的借鉴和制度移植成为可能。

国外环境法的发展，用百余年时间确立了大量环境单行法规，又用百余年的时间形成了复杂的环境法体系。我国环境法从产生、形成到开始完善，仅用了30余年的时间。这一比较显示，西方国家环境法发展的步履非常清晰、稳健，通过单行法对局部环境问题的解决，逐步积累经验，在单行法不断成熟的基础上，制定综合性的环境资源法，确保了环境法体系内在的逻辑性、合理性。① 环境治理应环境危机而生，环境法律的基本原则和主要制度应各类环境问题的治理需求而设计，相较于法理学、民法学等传统部门法以理论构建制度的形成路径，后发国家环境法的体系构建往往是先构建或移植具体制度，再通过制度运行的实践总结经验，反哺理论构建和文化伦理。不同的发展路径和时间消耗造就了各国环境法的异质性。不要忘了，还有各国不同的政治、经济、历史、文化和法律传统，从根本上决定了各国环境法生成土壤的特殊性。

（二）作为方法的比较环境法

关于比较法的性质，学界有“独立学科”和“方法论”之辩。有学者认为，比较环境法只在方法意义上存在，另有学者则将比较法学看成一门独立的学科。

从方法的意义上理解，将比较的方法系统地运用于不同秩序的环境法律及其制度、环境法律实践和环境法学的对比研究之中，并通过全面分析、综合评价来获得新的有价值的结论或见解，便是比较环境法学。②

比较法学是超越定性研究和定量研究的混合性的研究方法。从本质上看，比较环境法强调通过比较方法来认识环境法现象，通过比较来弥补其他研究方法的不足。由于不同国家所处的发展阶段不同，环境问题的具体

---

① 才惠莲：《中外环境法历史发展比较分析》，《理论月刊》2008年第8期。

② 万劲波、周艳芳：《比较环境法的概念及其特征》，《法学杂志》2002年第1期。

表征和应对方式不同，环境法与整个社会和政治现象的交互作用受多重因素影响，研究者往往难以清楚地确认某一项法律制度与环境治理效果之间的因果关系，通过比较不同社会和政治背景下，某一项法律制度运行和环境法治效果的异同，有助于更接近准确地理解环境法律制度的构建和运行与环境保护效果之间的关联度。

当比较环境法作为一种研究方法时，如何开展比较环境法的研究？如何识别比较环境法学的研究意义和问题起点，进而选择和确认比较的对象、内容和范围？作为研究方法的比较环境法学不同于传统的法学研究方法，它并不提供具体的技术性方法步骤，而更多的是研究思路的体现。比较环境法学的思路主要包括：第一，宏观、中观和微观比较。宏观比较是各个国家或地区环境法的整体性比较，如环境法的形成、环境法的体系、环境法律文化、环境法发展模式等；中观比较侧重于环境法的一个分支领域的比较，如水污染防治、大气污染防治、野生动植物保护、生物多样性保护、应对气候变化等；微观比较则是基于某一具体制度或机制的比较，如环境影响评价制度的比较、环境公益诉讼的诉讼资格的比较等。第二，理论、制度和功能比较。理论比较通常是比较某一种理论在不同国家的适配情况。如环境权理论、公众共用物理论、环境法的调整论等；制度比较是静态的制度设计和制度规范的比较，功能比较则侧重于制度在不同的社会、经济、政治和文化背景中的运行过程的动态比较。第三，本体和方法比较。本体比较是站在环境法自身的角度，对环境法的整体或部分、理论或制度等不同层次和面向的比较，方法比较则是站在环境法学研究的角度，对比不同国家环境法学研究的方法、路径、研究热点或特色等。

三　比较环境法在中国的发展

比较环境法在各国的形成起始于20世纪60年代，随着公害和资源问题的日益严重，出于对本国环境治理的需要，学术界开始关注比较环境法学研究。比较环境法学首先兴起于美国、日本和西欧发达国家。这些国家的环境立法和环境规制发生较早，环境法的整体发展水平较高、速度较快，相应地推动了环境法学和比较环境法学的研究。自20世纪70年代以来，随着发展中国家现代化进程的推进和经济增长与环境保护矛盾的显现，中国、印度等国家环境法的发展产生了内生需求。加之国际社会对环境保护和可持续发展的倡导，发展中国家加强了本国环境法制建设的力度，也积极参与国际环境保护活动，进而比较环境法学的对象和主题都向发展中国家拓展。

近代以来中国现代化的进程交织着复杂的中西关系，呈现出西力东侵和西学东进两道线索。中国现代法制也带有明显的外源性和西化色彩。从中华人民共和国生态环境治理的发端来看，中国是在“并没有发生严重的环境问题的情况下开始进行环境法制建设”[①] 的，也就是说，客观上没有对环境法治的紧迫需求，主观上无论是党、政府还是社会民众，都尚未充分意识到环境问题的重要程度。但回顾中国环境保护的立法史便不难发现，20 世纪 70—80 年代是中国环境立法的高峰期，《环境保护法》《海洋环境保护法》《大气污染防治法》《水污染防治法》《森林法》《野生动物保护法》等一系列环境立法体系的主干性专项法律都在这一时期首次制定。这一现象与中国对当时环境立法对域外相关环境法律的移植有密切关系。挖掘上述法律制定的过程可以发现，对各国相关法律的研究无一例外成为立法前期工作中不可缺少的一部分。迄今为止，在环境立法领域，在前期调研和草案撰写过程中，域外相关法律的考察仍然是十分重要的环节，可见这一立法传统影响之深远。

近年来，比较环境法学的热点包括环境司法专门化、环境公益诉讼制度、流域法、环境法的法典化、健康法、生物多样性保护等话题。比较环境法学在中国的研究紧紧围绕中国环境法治发展在不同阶段的重点命题，以此为出发点和问题导向，向外辐射，选定比较对象，开展比较研究。需要注意的是，比较法的方法在环境法中的应用也并非总能带来预期的功效。由于整体运行环境的不同，同样的制度在落地过程中往往经过本土化改造甚至出现制度“变异”。近年来，也有学者开始对比较环境法学研究展开反思，这一反思的过程，也是环境法学界打破对西方制度范例的迷信的过程，而整个社会科学研究的本土化倾向和历史转向在一定程度上也强化了这种反思和调整的趋势，在这一趋势的引导下，比较环境法学有望向更实质化、更深入、更有意义的阶段迈进。

---

① 李启家：《环境法的代际发展》，本文是作者 2009 年 3 月在上海财经大学法学院举办的“财经法律论坛”的演讲，根据记录整理，https：//wenku. baidu. com/view/a4082f82bceb19e8b8f6bae7. html。

第三节　国际环境法

一　国际环境法概述

（一）国际环境法的形成

自工业革命以来，人类在生产与生活中造成了严重的环境污染与生态破坏。环境问题的危害后果已不限于某个国家或地区，而是演变为气候变暖、臭氧层耗竭、酸雨等全球性环境问题。国际环境资源的开发和利用、污染物防治、生态系统的利用和保护等人类活动必须纳入国际法的轨道，依靠国际法的资源保护人类共同的环境，国际环境法应运而生。

国际环境法，是指国家和地区之间制定的以全球环境与生态保护为目的的国际法规范的总称。国际法形成于国家、地区和国际组织之间，主要以跳跃、协定、习惯法等规则的形式存在并得以适用和执行。[①] 一般认为，国际环境法是环境法体系的一个重要组成部分，同时也是国际法的一个特殊领域或新的分支。相较于国内环境法，国际环境法的特征主要表现为公益范围的广泛性和规制效果的局限性。一方面，国际环境法在保护的利益范围和调整的利益关系范围上已不同于传统国际法单纯以国家和国家间的行为为主要对象，而是将保护对象扩大到地球生态系统和全人类共同利益等各个方面；另一方面，国际环境法是国家、国际组织等国际社会成员在国际交往中形成的，调整因开发、利用、保护和改善环境资源而发生的国际关系的法律规范或法律渊源的总称。[②] 同国际法一样，国际环境法的主要渊源包括国际条约、国际习惯、一般法律原则、司法判例、国际会议或组织通过的宣言和决议等。实践中，国际环境法的共同规则的制定和遵循往往在很大程度上取决于国家力量的对比和国际关系的大环境。加之环境保护是国际关系中出现的新兴领域，基于对环境问题科学认知的不确定性和高度技术性，很难制定相对具体并能够为大多数国家所接受的法律规则。因此，在国际环境法领域，更为常见的是一些灵活性较大而约束性不强的“软法”规则。这就从规范性质上决定了国际环境法规制效果的局限性。

---

① 参见汪劲《环境法学》，北京大学出版社 2006 年版，第 638 页。

② 蔡守秋主编：《新编环境资源法学》，北京师范大学出版社 2009 年版，第 408 页。

一般认为，1972 年联合国人类环境会议是国际环境法成形的标志。国际环境法的历史可以追溯到 19 世纪中期的一些关于捕鱼和保护渔业资源的条约和协定。[①] 如 1815 年《关于保护国际河道的规定》、1885 年《莱茵河捕鱼协定》、1867 年《英法渔业公约》、1882 年《北海过量捕鱼公约》、1902 年《关于保护和利用多瑙河渔业资源的公约》等。此外，也有一些零星的关于野生动物保护和防止环境污染的条约或协定，如 1900 年《保存非洲野生动物、候鸟和鱼类公约》、1902 年《保护农业益鸟公约》、1916 年《英美保护美国和加拿大候鸟公约》1933 年《保留自然状态中的动植物公约》等，以及 1900 年《莱茵河沿岸关于腐蚀性和有毒物质运输管理的公约》、1909 年《美加水界条约》等。

这一时期发生的国际涉及环境纠纷解决所确定的原则对今后的国际环境法产生了积极影响。1893 年的太平洋海豹仲裁案是一起涉及保护国家管辖范围以外的生物资源的案例，该案确认，国家无权对其管辖权之外的自然资源主张管辖权，要求对国家管辖权之外的自然资源予以适当保护和保存。[②] 1938 年和 1941 年特雷尔冶炼厂案则是一起跨国界环境责任案。该案确认，任何国家在使用或允许使用其领土时，无权对他国领土或者财产、生命造成损害，进而确立了一国对损害他国的行为承担国家责任的原则。[③] 1949 年国际法院科孚海峡案是国际法院成立后受理的第一起案件。该案确定了基于人道主义考虑的通告义务和一国不得允许其领土被用于损害他国权利的行为原则同样适用于跨界污染损害的情况。[④]

1945 年联合国成立后，全球性和区域性国际组织开始关注国际环境问题，并通过签订公约、组织召开国际会议等方式采取切实行动。如 1954 年联合国召开保护海洋生物资源会议，1954 年在伦敦签订了《国际防止海上油污公约》，此后又制定了一系列防止海洋石油污染的公约。值得一提的是，1948 年，在联合国教科文组织的支持下，全球第一个国际环境保护组织——世界自然保护联盟（IUCN）在瑞士成立。

总体而言，在联合国人类环境会议召开之前，国际环境法在国际条

---

① 王曦编著:《国际环境法》(第二版)，法律出版社 2005 年版，第 20 页。

② 王曦:《论国际环境法的可持续发展原则》,《法学评论》1998 年第 3 期。

③ Trail Smelter Arbitration（United States v. Canada），1938，in Reports of International Arbitral Award（RIAA），Vol. 3，16 April 1938 and 11 March 1941，p. 1920.

④ Corfu Channel Case（UK v. Albania），Merits，Judgment of 9 April 1949，I. C. J. Reports（1949），p. 4.

约、国际组织、判例、法律原则等方面都有所发展，但这些发展是零散的，环境保护在国际法的框架下还没有正式成形。

1972 年联合国在瑞典斯德哥尔摩召开人类环境会议，会议通过三项不具有约束力的文件：《人类环境宣言》《行动计划》《关于机构和资金安排的决议》。其中，《人类环境宣言》通过 26 项原则的确立，阐明了全人类对保护和改善环境的责任，指明保护和改善人类环境是所有国家的义务。① 此外，联合国大会还决议在联合国内设立一个新的机构——联合国环境规划署（UNEP），作为联合国系统内第一个也是迄今为止唯一一个专门致力于国际环境事物的机构。本次会议是国际环境法历史上的第一个重大里程碑。此后，大量国际环境保护条约缔结，呈现数量多、范围广、保障性增强等特点。这一时期缔结的重要国际条约包括 1973 年《濒危野生动植物物种国际贸易公约》、1982 年《联合国海洋法公约》、1985 年《保护臭氧层维也纳公约》、1989 年《控制危险废物越境转移及其处置巴塞尔公约》、1992 年《跨界水道和国际湖泊保护与利用公约》等。

此外，关于国际环境纠纷解决的司法判例也有了进一步发展。1991 年墨西哥金枪鱼案是涉及贸易与环境争端的经典案例。该案明确提出了环境与贸易的关系这一关键问题，引起国际社会的广泛关注。

随着相关国际条约在数量、内容、实施保障方面的跃升，在国际法领域内，环境保护涉及的范围越来越广，与经济和社会发展的连接越来越紧密，国际环境法作为一个新兴的领域已初步发展成形。

1992 年联合国在巴西里约热内卢召开的环境与发展大会是国际环境法发展史上的又一个里程碑。会议通过了三项布局法律约束力的文件：《里约宣言》《21 世纪议程》《关于森林问题的原则声明》。此外，会议还将《联合国气候变化框架公约》和《生物多样性公约》两项条约开放签署。《里约宣言》重申了斯德哥尔摩《人类环境宣言》的各项重要原则，确认和发展了国际环境法领域的一些基本原则，如预防原则、污染者负担原则、共同但有区别责任原则等，提出了人类社会和经济发展的新模式——可持续发展。②

---

① Declaration of the United Nations Conference on the Human Environment, UN Doc. A/CONF. 48/14/Rev. 1. 16 June 1972,（1972）11 International Legal Materials 1416.

② Rio Declarition on Environment and Development, A/CONF. 151/26（Vol. 1）, 12 August 1992.

这次被称为“地球首脑会议”的盛会召开后，国际社会相继订立了一些新条约，并对部分已有条约进行修改或增订议定书。后起的发展中国家开始出现并活跃在国际环境法的舞台，各国都把实施可持续发展战略作为国家任务，写进本国法律或发展规划。

2015年9月，联合国在纽约举行可持续发展峰会，会议通过了《改变我们的世界——2030年可持续发展议程》的文件，该议程包括17项可持续发展目标，气候变化、陆地与海洋生态系统等全球环境治理目标被纳入可持续发展框架。①《可持续发展议程》标志着全球进入了落实可持续发展的新阶段，在国际环境法层面，也意味着综合性公约与专题性公约协同建构的、更有约束力的国际环境法治体系正在形成。

值得注意的是，在当下跌宕起伏变化急速的国际局势下，加之突发的新冠肺炎疫情影响，全球正在经历一轮新的逆全球化浪潮，国际环境法的发展受其冲击。一个典型事件是特朗普当选美国总统后，全面清除奥巴马时期的气候政策，并宣布推出《巴黎协定》。虽然拜登政府在2021年重返《巴黎协定》，但国家政策的不确定性和国际环境的不稳定性意味着未来国际环境法的发展仍将面临潜在风险。

（二）国际环境法的基本原则

国际环境法一方面必须适用国际法的基本原则，另一方面需要确立一些新的原则调整国际环境法领域的一些特殊问题。同时还应注意国内环境法基本原则和国际环境法基本原则的区别与联系。目前被各国广泛接受并在实践中普遍适用的原则包括：国家资源开发主权权利和不损害国外环境责任原则、风险预防原则、国际合作原则、损害担责原则、共同但有区别责任原则、可持续发展原则。

1. 国家资源开发主权权利和不损害国外环境责任原则

1972年《人类环境宣言》第21条原则规定：“各国有按照自己的环境政策开发自己的资源的主权，并且有责任保证在它们管辖或者控制之内的活动，不致损害其他国家的或者在国家管辖范围以外地区的环境。”②1992年《里约宣言》之“原则二”重申了这一原则：“根据《联合国宪

① https：//sustainabledevelopment. un. org/content/documents/21252030% 20Agenda% 20for% 20Sustainable%20Development%20web. pdf.

② Declaration of the United Nations Conference on the Human Environment, UN Doc. A/CONF. 48/14/Rev. 1. 16 June 1972，（1972） 11 International Legal Materials 1416.

章》和国际法原则，各国拥有按照其本国的环境与发展的政策开发本国自然资源的主权权利，并负有确保在其管辖范围内或其控制下的活动不致损害其他国家或在各国管辖范围以外地区的环境的责任。”①

从该原则的表述来看，国家资源开发主权权利和不损害国外环境责任原则包含互相关联的两个方面，是国家的权利与义务相结合在法律原则层面的表达。一方面，各国对其管辖范围内的环境和自然资源自由处置是该国的主权权利。联合国大会于 1952—1962 年通过了一系列决议，确认国家对自然资源的永久性主权。1962 年联合国第 17 届大会通过《关于自然资源之永久主权宣言》，宣布“各民族及各国行驶其对天然财富与自然资源之永久主权，必须为其国家发展着想，并以关系国民之福利为归依”②。另一方面，国家在行使主权权利时，其边界在于不损害国外环境。这里的“国外环境”，包括其他国家的环境和不属于国家管辖范围的环境，具体包括国际海底区域、公海、南极地区以及大气空间、外层空间和月球等。相互尊重国家主权是国际法的基本原则之一。体现在国际环境法中，即被细化为对国家以外环境利益的共同维护。

由国家资源开发主权权利和不损害国外环境责任原则延伸出来的是损害预防原则，即国家有义务在损害发生之前采取措施制止、限制或控制在其管辖范围内或控制之下的可能引起环境损害的活动或行为。损害预防原则为很多国际环境法律文件确认。1992 年《气候变化框架公约》第 2 条规定，公约的目标是将大气中温室气体的浓度稳定在防止气候系统受到危险的认为干扰的水平上。③ 1992 年《生物多样性公约》的序言规定：“注意到预测、预防和从根源上消除导致生物多样性严重减少或丧失的原因，至为重要。”④

当损害在事实上没有被及时有效地避免时，应适用国家资源开发主权权利和不损害国外环境责任原则延伸出来的另一个原则——损害担责原则。风险预防原则 1972 年《人类环境宣言》第 22 条规定：“各国应进行合作，以进一步发展有关它们管辖或者控制之内的活动对它们管辖

---

① Rio Declarition on Environment and Development, A/CONF. 151/26 (Vol. 1), 12 August 1992.

② 蔡守秋，《论环境权》，《金陵法律评论》2002 年春季卷。

③ http://unfccc. int/resource/docs/convkp/convchin. pdf.

④ https://www. cbd. int/doc/legal/cbd-zh. pdf.

以外的环境造成的污染和其他环境损害的受害者承担责任和赔偿问题的国际法。"[①] 1992 年《里约宣言》之"原则十三"确认和强调了这一原则："各国还应迅速并且更坚决地进行合作，进一步制定关于在其管辖或者控制范围内的活动对在其管辖外的地区造成的环境损害的不利影响的责任和赔偿的国际法律。"[②]

2. 风险预防原则

1992 年《里约宣言》之"原则十五"："为了保护环境，各国应按照本国的能力，广泛适用预防措施。遇有严重或不可逆转损害的威胁时，不得以缺乏科学充分确实证据为理由，延迟采取符合成本效益的措施防止环境恶化。"[③] 风险预防原则是环境法的一项个性化原则。不同于损害预防原则，风险预防原则强调采取预防措施以避免环境恶化之可能性，所针对的是严重的、不可逆转的环境损害之威胁或者风险，这些特定的威胁或风险往往是尚未得到科学明确的确认，但一旦等到科学证实后再采取相应措施就会为时已晚。《气候变化框架公约》和《生物多样性公约》均对风险预防原则作出确认。《气候变化框架公约》第 3 条规定："当存在造成严重或不可逆转的损害的威胁时，不应当以科学上没有完全的确定性为理由推迟采取这类措施。"[④]《生物多样性公约》的序言规定："生物多样性遭受严重减少或损失的威胁时，不应以缺乏充分科学定论为理由，而推迟采取旨在避免或尽量减轻此种威胁的措施。"[⑤]

值得注意的是，风险预防原则不仅是国际环境法原则，很多国家还将其移植到国内环境法律实践，并在环境立法、行政和司法等环境予以确认和执行。

3. 国际合作原则

国际合作原则是国际法的基本原则之一。《联合国宪章》第 1 条第 3 款规定，联合国的宗旨为"促成国际合作，以解决国际属于经济、社会、

① Declaration of the United Nations Conference on the Human Environment, UN Doc. A/CONF. 48/14/Rev. 1. 16 June 1972, (1972) 11 International Legal Materials 1416.

② Rio Declarition on Environment and Development, A/CONF. 151/26 (Vol. 1), 12 August 1992.

③ Rio Declarition on Environment and Development, A/CONF. 151/26 (Vol. 1), 12 August 1992.

④ http://unfccc. int/resource/docs/convkp/convchin. pdf.

⑤ https://www. cbd. int/doc/legal/cbd-zh. pdf.

文化，及人类福利性质之国际问题”。国际合作原则为国际环境法所特别强调，国际合作是国际环境法律规则形成和实施的必要条件。环境问题的全球共通性与各国在政治、经济、文化、历史等方面的差异和利益冲突所造成的合作的障碍决定了，唯有各国遵循国际合作原则，才能共同致力于环境保护。

国际合作原则不仅包括国家间的合作，还包括机构间的合作，涉及的领域包括防止污染跨境转移、国际环境纠纷的和平解、环境保护能力共同建设等。在国际环境法的实践中，它表现为相关具体制度的设计和运行机制，如环境情报交流机制、跨境项目的环境影响评价制度等。

4. 共同但有区别责任原则

共同但有区别责任原则又称公平承担责任原则，它是指在环境保护的全球行动中，各国在责任承担问题上实行“共同但有区别”原则。共同但有区别责任原则从客观历史事实和各国不同发展阶段出发，以公平为基本准则形成。首先，它承认所有国家，无论是发达国家还是发展中国家都对全球环境保护负有不可推卸的责任和义务。在此基础上，它要求发达国家和发展中国家在分担具体责任时有所区别。历史上，发达国家的工业化进程基本按照“先污染、后治理”的路子，经历了向自然环境过度索和排放过量污染物的过程。总体上，发达国家在资源消耗和污染物排放方面的总量和人均水平均超过发展中国家。当前，发达国家和发展中国家正处在不同的发展阶段，前者拥有更雄厚的经济基础和前沿的科技力量，用以化解经济增长与环境保护之间的矛盾。当然，共同但有区别原则主要是给予发达国家的历史责任而形成的，基于共同但有区别责任原则，发达国家应该在当前的全球环境保护中承担更多的降低污染物排放量、转变生产方式和消费方式、保护生态系统等方面的责任。

1992 年《里约宣言》之“原则七”：“鉴于导致全球环境退化的各种不同因素，各国负有共同的但是又有差别的责任。发达国家承认，鉴于它们的社会给全球环境带来的压力，以及它们所掌握的技术和财力资源，它们在追求可持续发展的国际努力中负有责任。”①

虽然从历史发展的视角看，共同但有区别责任原则是完全成立的，但

① Rio Declarition on Environment and Development, A/CONF. 151/26 (Vol. 1), 12 August 1992.

从逻辑上看，共同但有区别责任原则的设计并非完美无缺。作为一项原则，共同但有区别责任原则无法对发达国家与发展中国家的责任提出更为具体的、可操作性的分配规则。此外，关于这一原则，在逻辑上尚有一些疑问有待澄清，诸如：发达国家与发展中国家的责任差异是否是永久性的？换言之，随着发展中国家经济发展水平的提升和发达国家环境治理能力的提高，发达国家与发展中国家出于不同发展阶段而形成的责任落差是否可能在未来实现替换性互补？那么共同但有区别责任原则是否应继续作为国际环境法的基本原则之一？

共同但有区别责任原则是国际环境法实践中最受争议的原则，其实施也遭遇不同程度的阻碍。主要表现为发达国家拒绝履行甚至承认。而当这种情况发生时，在绝大多数情况下，也缺乏强制发达国家遵循共同但有区别责任原则的保障机制。

5. 可持续发展原则

1987 年，挪威首相布伦特兰夫人领导的世界环境与发展委员会发表著名的研究报告《我们共同的未来》，这篇报告提出了一个日后人们耳熟能详的概念——可持续发展。根据该份报告，可持续发展是指既满足当代人的需要，又不对后代人满足其需要的能力构成危害的发展。它包括两个重要概念：“‘需要’的概念，尤其是世界贫困人民的基本需要，应将此放在特别优先的地位来考虑；‘限制’的概念，技术状况和社会组织对环境满足眼前和将来的需要的能力施加的限制。”①

可持续发展原则包括代际公平、代内公平、可持续利用和环境与发展一体化四个方面的内容。该原则在 1972 年《人类环境宣言》得到反映。环境与发展一体化是 1992 年联合国环境与发展大会的主题。在《里约宣言》的 27 项原则中，有多项直接涉及可持续发展：“原则三”提出为了公平地满足今世后代在发展与环境方面的需要，求取发展的权利必须实现；“原则四”提出为了实现可持续的发展，环境保护工作应是发展进程的一个整体组成部分，不能脱离这一进程来考虑；“原则五”提出各国在根除贫穷这一基本任务上进行合作是实现可持续发展的一项必不可少的条件……

---

① 世界环境与发展委员会编著：《我们共同的未来》，国家环保局外事办公室译，世界知识出版社 1989 年版，第 19 页。

目前，可持续发展已被许多国家的法律所确认。但在法律体系中，是将可持续发展确认为一项制度还是原则，或是更为抽象的一种理念，可持续发展如何在法律的实施中形成具体而有力的规制等一系列问题，还有待理论和实践的进一步解答。

二　中国与国际环境法治的相互建构

（一）人类命运共同体与当代国际环境法治的发展

随着国际环境法规则体系的日益完善，进入21世纪以来，国际环境法的重点转为建立健全完善的国际环境法实施机制、国内法律与国际环境法的衔接等方面。由于国际环境法在适用对象和范围上不断扩展，国际环境法的碎片化问题开始引起关注。自1972年《人类环境宣言》通过以来，与环境与资源有关的国际环境条约超过500项。虽然多边环境协定为各国提供了高度自由，但如果没有得到妥善的整理和协调，会使国际环境法律制度中存在越来越多的冲突和重复性工作，它们的扩散可能导致各方之间的义务不一致，加上环境机构的增加给财政和人力资源方面带来的挑战，使得环境协议的执行变得越发困难。[①]

为了克服国际环境法的碎片化现象，2017年，法国法学家俱乐部起草《世界环境公约（草案）》（*Global Pact for the Environment*）。随后，法国总统马克龙将公约草案提交至联合国大会。2018年5月10日，联大以143∶6通过了“迈向《世界环境公约》”的议案。决议要求成立特设工作组，讨论制定一项国际环境规范性文件的可行性。遗憾的是，在全球化退潮的影响下，《世界环境公约》谈判暂时遭遇困顿。

《世界环境公约》的困境揭示了当前各国在全球环境问题上缺乏深度交流与合作的现实。虽然各国签署了诸多环境保护公约，开展了很多国际环境保护交流与合作活动，但这些合作与交流的广度和深度都尚未达到使各国充分认识到其共同利益的程度。[②] 从当前国际环境法发展的客观需求来看，国际环境法的未来发展趋势是由双边、多变条约和协定发展成区域性的公约，进而发展为全球性的国际环境法。如何推进这一趋势成为现实，需要有新的思路定位国际环境法的历史方位，为其注入新的发展动力。

---

① 王菲：《〈世界环境公约〉谈判面临的困境及其成因与出路》，《环境保护》2021年第8期。

② 王曦、郭祥：《人类命运共同体理念对拜托全球环境治理困境的启示》，《环境保护》2021年第6期。

2017 年，党的十九大报告明确提出："坚持和平发展道路，推动构建人类命运共同体。"人类命运共同体是新时代中国面对全球治理提出的新方案，它的基本内涵是"建设持久和平、普遍安全、共同繁荣、开放包容、清洁美丽的世界"。由此可见，人类命运共同体视域下的全球治理蕴含了政治、安全、经济、文化和生态五个方面，环境治理是全球环境治理的重要面向。人类命运共同体理念并不是对现有国际环境法秩序的颠覆，而是超越国家本位从人类整体角度出发推动国际环境法治朝更加公正合理的方向不断进化，这正是国际环境法治所急需的鲜活养分。[①]

（二）中国参与国际环境法治的立场与行动

1972 年，周恩来亲自率中国代表团参加斯德哥尔摩人类环境会议，将国际环境保护的浪潮引向中国。在 1992 年里约会议上，中国政府阐明了中国对解决全球环境问题的原则立场，即愿意承担与国家发展水平相适应的国际环境保护责任和义务，积极为解决世界环境与发展问题进一步推进国际合作。此后，中国参与或签订了《生物多样性公约》《联合国气候变化框架公约》《防治沙漠化公约》等重要的国际环境公约。随着综合国力的提升，中国渐渐融入国际环境法的舞台。在 2002 年的约翰内斯堡可持续发展世界首脑会议上，中国政府进一步阐述了中国促进可持续发展的五点主张：深化对可持续发展的认识、实现可持续发展要靠各国共同努力、加强可持续发展中的科技合作、营造有利于可持续发展的国际经济环境和推进可持续发展离不开世界的和平稳定。

近年来，中国正由全球环境治理的参与者、贡献者向引领者进行角色转变。在生态文明和绿色发展理念的指引下，中国多次在国际环境治理的舞台上发出倡议，提供全球生态治理的中国方案，并引发世界共鸣：2013 年，联合国环境规划书理事会会议通过决定草案，推广中国生态文明理念；2016 年，联合国环境规划书发布《绿水青山就是金山银山：中国生态文明战略与行动》；中国一直积极参与《世界环境公约》相关工作。2018 年公约（草案）审议期间，中国代表团提交了《关于联大迈向〈世界环境公约〉特设工作组的评论意见》。[②] 在 2019 年中法《关于共同维护

① 吴昂：《人类命运共同体视域下国际环境法治实现研究》，《中国矿业大学学报》（社会科学版）2021 年第 2 期。

② 黄国璋：《"联合国大会"迈向〈世界环境公约〉特设工作组正式启动》，载《中国国际法年刊》，法律出版社 2019 年版，第 212—232 页。

多边主义、完善全球治理的联合声明》中，第 12 条指出："两国将继续努力，共同支持'迈向《世界环境公约》'特设工作组根据联大决议授权开展工作，迈向密切沟通，以改善国际环境法及其执行。"

2021 年，习近平主席在出席第七十六届联合国大会一般性辩论发表讲话时承诺："中国将力争 2030 年前实现碳达峰、2060 年前实现碳中和，这需要付出艰苦努力，但我们会全力以赴。"随后，中国发布了《2030 年前碳达峰行动方案》，要求将碳达峰贯穿于经济社会发展全过程和各方面。同年，《生物多样性公约》第十五次缔约方大会在云南昆明成功举办，与会各国通过"昆明宣言"，达成了确保最迟在 2030 年使生物多样性走向恢复之路的共识。而中国已在近年来成为《生物多样性公约》及其议定书核心预算的最大捐助国、全球环境基金最大的发展中国家捐资国，并已批准实施了 30 多项与生态环境有关的多边公约或议定书。

中国参与国际环境治理，推动国际环境法体系建构和实施完善的实际行动推动了中国与国际环境法体系的相互建构，也表明了中国坚持以国际法为基础，坚决维护公平合理的国际治理体系，积极建构更加完善的国际环境法体系的立场。

正如习近平主席在《生物多样性公约》第十五次缔约方大会领导人峰会上的主旨讲话中提到的："我们要践行真正的多变主义，有效遵守和实施国际规则，不能合则用、不合则弃。设立新的环境保护目标应该兼顾雄心与务实平衡，使全球环境治理体系更加公平合理。"

第四节　外国环境法、比较环境法和国际环境法的区别与联系

在环境法体系和环境法学研究体系中，外国环境法、比较环境法和国际环境法是一组较为特殊的概念。三者之间既有区别，又密切关联。在分别阐述外国环境法、比较环境法和国际环境法的概念、形成、体系、特征等要素的基础上，进一步分析它们之间的交互关系，有助于加深对基本概念的理解，推进相关研究。

外国环境法的研究起点是基于某一国家或区域的基本特质、基本结构、基本功能等各个维度而形成的环境法现象。在国别和区域研究的框架下，外国环境法与中国环境法在问题本质和研究方法上是同构的，其差别

在于作为研究对象的国家和区域的差别。真正意义上的外国环境法的研究，应在区域与国别研究的总体框架内，基于某一国家或地区的历史，在其政治、经济、社会、文化体制内考察其环境法现象，遵循由内而外、自古至今的研究逻辑。从这个意义上看，对单一国家或区域环境法的研究是独立的，却是有深度的。

比较环境法是在外国环境法的基础上生成的，如果一个国家或区域根本没有环境法律现象的存在，那么这个国家或区域不可能参与国家和国家、区域和区域、国家和区域之间环境法的比较。与之对应，比较环境法的研究也是以外国环境法的研究为基础的。但从方法上看，比较环境法研究的开展并不以对外国环境法体系化的、完全的研究为前提，它更强调对个案的选择和作为比较对象的具体内容的设计。也就是说，比较环境法研究作为一种方法，可以适用于两个以上国家或区域环境法的整体性比较，也可以适用于两个以上国家或区域在某一个环境现象、环境法律制度、环境法律原则等更为具体的要素的比较。换言之，比较环境法研究的真正前提在于比较对象的可比性。因此，更为确切地说，作为比较环境法研究基础的是外国环境法的某一个部分或面向。也是从这个意义上看，比较环境法的研究反过来会推进外国环境法研究的深化。比较环境法的研究是在个案研究基础上有选择地横向串联。

国际环境法与外国环境法、比较环境法最显著的区别在于研究对象。后两者的研究对象从本质上看都是个案的，聚焦某一个或几个国家或区域，而国际环境法的研究对象本身就是由国家或区域组成的国际社会的共同体。虽然国家或区域内部决定其对外关系，但国际环境法研究的视域主要是已经呈现在国际关系之中的环境法治相关问题。由于法在一国或区域范围内与在国际社会中的概念、内涵和作用的本质区别，国际环境法的形成和运行逻辑也不同于一国或区域范围之内的环境法。但是，外国环境法和比较环境法有助于加深对组成国际社会共同体的国家或区域的内部特征和内在环境的相互理解，进而，在国际社会关于环境法治发展的共同努力中，为国家或区域之间的沟通、协商和形成合力创造有利条件。

要深化对外国环境法、比较环境法和国际环境法三者之间联系与区别的认识，还有一个概念不容忽视——全球环境法，或环境法的全球化。全球环境法是国际环境法原则、各国环境法原则以及跨国环境法原则的混合产物，它的出现借助于环境法移植、法律和治理体系的聚合，以及国际国内监管体系的整合协调一致。[①] 全球环境法的形成在现象上表现为出现了各国环境法律趋同现象，包括环境立法目的趋同、环境法律基本原则趋同、各国环境管制工具趋同等。[②] 另一个表现是国际环境法的趋同现象，包括各国国内环境法与国际环境法趋同化，具体包括传统上一直属于国内管辖的事项置于国际公约的约束下，以及国际环境法与各国环境法有强烈的理论、制度、规则上的互动和互融。[③] 全球环境法概念从更高的视角考察外国环境法、比较环境法和国际环境法的连接，它突破了传统国内法和国际法的框架，凸显了环境法相较于传统法律分支的特殊性。在全球环境法的概念框架下为外国环境法、比较环境法和国际环境法定位，有助于更准确地理解其各自功能、相互影响和连接意义。

综上所述，国别环境法研究是独立的，比较环境法研究是串联的；国别环境法研究是纵深的，比较环境法研究是横向的。国别环境法研究可以为比较环境法研究提供个案基础，比较环境法研究可以推进国别环境法研究的深化。比较环境法研究是在独立的个案研究的基础上，通过比较研究法的运用，识别具有可比性的国家和区域案例或更为具体的制度现象，考察其共同性与差异性。从国家视角出发，比较环境法的功能在于为本国环境法的发展道路和模式提供多样化的经验借鉴。从全球环境法学研究视角出发，比较环境法的功能在于从整体上了解各个国家和区域环境法的特殊性和多样性，探索通约性的环境法治理念和原则在不同秩序环境下的适应性。此外，外国环境法和比较环境法还具有方法意义上的价值。

国际环境法则在研究对象上与外国环境法和比较环境法不同，其研究对象本身就是国家与国家、区域与区域、国家与区域之间构成的共同体及其相互联系。对国际环境法的考察，主要遵循的是国际法或国际关系的运行逻辑，而非一国范围内由国家保障的、具有强制执行力的国内法的运行逻辑。外国环境法和比较环境法与国际环境法的联系在于前者所提供的国家和区域信息以及通过比较而寻求的共同性和理解的差异性，可以助力于国际环境法的形成和运行过程中的交流与合作。

---

① ［美］杨泽铭：《国际环境法的十大趋势》，吴千里、王慧译，《江苏大学学报》（社会科学版）2015 年第 6 期。

② 参见王树义等《环境法基本理论研究》，科学出版社 2012 年版，第 399—414 页。

③ 参见李一丁《里约 20 年来国际环境法发展述评》，《河北法学》2013 年第 2 期。

第十四章　环境法典编纂

第一节　法典编纂概述

法典是了解人类社会法律制度文明最集中的典籍。①

一　法典的概念

从词源上看，汉语“法典”，是一种规模宏大的、由官方正式发布的有关规范人们行为的重大法则的总称。英语法典（code）和拉丁文法典（codex）的原义为“树干”，引申为“木板”，指书写在一块木板上的各种规定的汇集。

学理上可以对法典作如下分类：

其一，广义法典与狭义法典。广义法典，是法典的泛称，包括古代以习惯法汇编形式出现的综合性法典，大陆法系近现代意义上的部门法法典，英美法系以法律汇编形式出现的法典。狭义法典，特指大陆法系近现代意义上的部门法法典。②

其二，体系型法典和汇编型法典。体系型法典是指把确定法律后果的规则和表达特定价值的原则整合成内部没有矛盾、外部独立于其他法律体系的法典。体系型法典的“总则”或“一般规定”部分具有提纲挈领的体系整合功能，更倾向于使用抽象概念。汇编型法典包括两类：第一类，适用于已经拥有法典的部门法，在法典中保留仍然能够维持法典本身体系融贯的规范，特殊和例外的立法则被留给特别立法。第二类，适用于准备法典化的领域。汇编型法典只需有一编关于各分编的程序性、原则性规范

---

① 周旺生：《法典在制度文明中的位置》，载封丽霞《法典编纂论：一个比较法的视角》，清华大学出版社2002年版，“序言”第8—9页。

② 封丽霞：《法典编纂论：一个比较法的视角》，清华大学出版社2002年版，第12页。

的“一般规范”，各分编继续保留原有文本，与“一般规范”集成于一部典籍中。[①]

二　法典编纂的界定

法典是法典化或法典编纂的结果和产物，如何界定法典编纂有不同的学说：

（1）过程说。法典编纂是一个以产生法典为目的，并可以划分为若干阶段的过程。

（2）活动说。以法典编纂过程中的各项活动为内容来定义法典编纂。

（3）目的或结果说。从法典编纂的目的或结果的角度来界说法典编纂。

（4）技术或方法说。从法典编纂的技术或方法的角度给法典编纂下定义。从技术上讲，采取综合的方法，评价有关法律规范的合法性、合理性，对同类法律规范进行提炼、合并、扬弃，辅之以必要的补充，形成新的法律文件。从程序上说，必须经过相应的法定程序。

（5）综合说。法典编纂是指特定的立法主体，依据一定的职权和程序，运用一定的技术，在整理、改造和完善现有规范性法律文件的基础上以制定或产生法典为直接目的的国家最高级别的立法活动。[②]

三　法典编纂的历史

（一）古代社会时期

成文法典的第一个存在样式是奴隶制法典。迄今所知，世界上最早的成文法典是两河流域乌尔王朝的《乌尔纳姆法典》。古巴比伦王朝的《汉穆拉比法典》是现存最古老、最完整的成文法典。《十二铜表法》是古罗马第一部成文法典，开创了罗马法的新纪元。《国法大全》则是罗马法的精华和集锦，也是古代最庞大、最完备的奴隶制法典，对后世大陆法系法典编纂传统的形成、发展和法学研究产生了深远的影响。

早期法典编纂的特点体现在：内容上，法典规范是法律规定、宗教教义、道德戒律、伦理习惯等的混合物。结构上，是内容综合、结构单一的

---

① 朱明哲：《法典化模式选择的法理辨析》，《法制与社会发展》2021 年第 1 期。

② 封丽霞：《法典编纂论：一个比较法的视角》，清华大学出版社 2002 年版，第 16—23 页。

法典，采取诸法合体或诸法并用的法典编集形式。编纂技术上，早期法典比较简单、粗糙。

（二）近现代社会时期

1. 大陆法系国家的法典编纂

近现代法典编纂兴起于19世纪。盛行于欧洲的法典化趋势与法国大革命的巧妙融合，产生了《法国民法典》等一系列法典。《法国民法典》不仅是法国私法的核心，也是整个大陆法系私法法典的伟大范例，标志着欧洲近代法典化运动的顶峰。它制定之后各国争相模仿，在很长时期内成为世界各国编纂新法典时借鉴、参考的基础性法典。[①] 随着《法国民法典》海外传播的巨大成就，一个以《法国民法典》为样板和基础，奉行法典编纂传统的资本主义最大的法系——大陆法系逐步确立起来，这也是19世纪欧洲法典化运动的最主要成就。[②] 1896年颁布的《德国民法典》则是对这一传统的继承、巩固和发展。作为潘德克顿法学法典化的产物，《德国民法典》是该学派严谨、深邃、精确和抽象的知识的产物。

2. 普通法系国家的法典编纂

大陆法系和普通法系的法典虽在形式上相似，但实质上截然不同。普通法系的法典通常在体系和结构上缺乏系统性、逻辑性和完整性，在内容上缺乏抽象性和一般性，往往是对先前制定法的汇编或判例法的成文化，实现的是对以往某类法律规范的系统整理、集成和分类组合，并常以法律汇编的形式表现出来。[③]

美国的法典编纂处于大陆法系和普通法系法典编纂范畴的交叉地带，融入了大陆法系法典的系统性、全面性，实现了大陆法系法典编纂所追求的精简法律、统一法律、便于公众查询和执法者适用的目的。但美国法典是一种“法律汇编式法典”，是将特定领域的相关制定法收集在一起，经过一些技术处理之后成册出版。此种方式更接近于理论界对现行法律规范的学术梳理，以便利于法律实践活动。

（三）21世纪新时期

21世纪是法典化时代还是非法典化时代是一个争议性话题。“二战”

---

① 封丽霞：《法典编纂论：一个比较法的视角》，清华大学出版社2002年版，第94—95页。

② 封丽霞：《法典编纂论：一个比较法的视角》，清华大学出版社2002年版，第100页。

③ 封丽霞：《法典编纂论：一个比较法的视角》，清华大学出版社2002年版，第108—109页。

后，全球局势相对稳定，发展经济成为主旋律。各国加强了对社会经济生活的干预，表现在国家立法活动日益频繁，法律变得异常复杂和庞大。法律形式出现融合与互补的趋势，法典、单行法和判例法相互借鉴、互补不足，大陆法系和普通法系之间不再存在一条不可逾越的鸿沟。而且，在瞬息万变的数字时代，立法越来越多采用专门的单行法形式，传统形式的法典出现脱离时代需求的迹象。

对于已建立发达的法典体系的国家来说，适当采用单行法和判例法形式弥补法典的不足是无可非议的；在判例法国家，法典和其他成文法也是必要和有益的补充。有学者认为，在目前的中国，编纂一系列重要法律部门的法典仍是我国法治进程的必经之路，21 世纪立法工作的中心任务仍然是实现基本法律部门的法典化。①

四　法典编纂的理论基础

认识论是关于人类认识外部世界、把握客观真理能力的哲学范畴。如果认为人类不仅能够认识外部世界，而且可以把握自然界和社会的全部真理，即绝对主义可知论；如果认为人不可能了解世界和认知客观规律，即怀疑主义不可知论；如果认为人的认识有所知也有所不知，人们能够认识世界的某些部分和把握真理的某些方面，即中间论或折中论。②

1. 绝对主义可知论的法典编纂观

如果法典编纂者认为立法者认识能力的局限性是不存在的，相信自己能够把握过去和预见未来的一切，就必然计划制定出一部包容一切社会关系的法典，而认为法官无拾遗补漏的必要，实现法典编纂中的绝对的严格规则主义。《法国民法典》第 5 条规定："禁止法官对其审理的案件以一般原则性笼统条款进行判决。"《法国民法典》的立法者自认为预见到了一切，要求法官必须以法典条款为依据作出判决。

2. 怀疑主义不可知论的法典编纂观

如果法典编纂者对自己信心不足，认为外部世界和真理是超出人类认识范围之外的，那有可能放弃法典法，而交由法官实行完全的自由裁量，排斥法典编纂行为。

---

① 封丽霞：《法典编纂论：一个比较法的视角》，清华大学出版社 2002 年版，第 145 页。

② 封丽霞：《法典编纂论：一个比较法的视角》，清华大学出版社 2002 年版，第 202 页。

3. 折中主义认识论的法典编纂观

如果法典编纂者持有折中主义认识论，那就会把已为人类认识和把握的社会关系和行为规范以法典的形式规定下来，而对于人类无法认识或暂时没有认识到的新出现的人类行为和社会关系交给法官处理。折中主义认识论是《德国民法典》和《瑞士民法典》共同的认识论基础。《瑞士民法典》第 1 条第 2 款规定："无法从本法得出相应规定时，法官应根据习惯法裁判；如无习惯法时，依据自己如作为立法者应提出的规则裁判。"法典编纂者承认自己认识能力的不足，赋予法官一定的自由裁量权。①

法典编纂者应承认认识能力的不足，通过不断地修改、补充以及周期性的法典编纂活动来实现对完整性的无限接近，同时还应以法官的认识能力来弥补立法者认识能力的不足，使法典成为一个开放的体系。

五　法典编纂的意义

法典编纂的意义体现在多个方面，包括对整个社会历史的意义、对法律自身以及对法学研究和法学教育的意义等。

（一）对社会历史的意义

（1）巩固革命或改革胜利的成果，标志新的国家政权建立和新的统治合法化。

（2）实现法律制度统一，推动国家和民族统一。

（3）实现统治者的政治抱负和治国方略。

（4）推行重大的改革或变法措施，挽救统治危机或民族危亡。

（5）被迫或自觉移植国外法律制度，加速社会的转型或落后国家的发展。

（二）对法律自身的意义

（1）有助于法的简化和规范化。编纂法典过程中，可以修改或废止不适于社会发展的需要而丧失可行性的现行法律文件；可以改善法律规范间冲突和抵触；可以弥补现行法律规范的疏漏和空白。②

（2）完善一国法律体系的重要方式。一个国家法律体系的完善和健全很大程度上取决于该国部门法法典的完备。

---

① 封丽霞：《法典编纂论：一个比较法的视角》，清华大学出版社 2002 年版，第 208 页。

② 封丽霞：《法典编纂论：一个比较法的视角》，清华大学出版社 2002 年版，第 242—243 页。

(3) 为全社会提供统一的行为标准，推动国家法治的统一。法典编纂有利于消除法律规范之间的矛盾，实现不同位阶法律的协调一致，促进国家法治的统一。

(4) 便于民众对法的认知和执法者适用。条理清晰、结构完整和语言规范的法典有助于普及法律知识，便于执法者适用法律，有助于公众了解和接受法律规定。

(三) 对法学研究和法学教育的意义

(1) 法典编纂对法学研究的内容和方式影响甚大。一方面，法典编纂影响法学研究的方向和方法；另一方面，法学研究对完善法典形式、增强法典内容的科学性以及提高法典编纂技术也有不可磨灭的作用。

(2) 有无法典对教科书的编写和法学教育也会产生深刻影响。

六　法典的局限性

法典有不少优点，但也存在固有的局限性，归纳如下：

(1) 法典的静止性与滞后性，即法典一经颁布就处于静止状态，不能伴随社会的发展而变革，甚至可能成为阻碍力量。

(2) 法典的统一性、普适性与调整对象的个体差异性之间存在一定的矛盾。

(3) 法典的不周延性，即任何法典都不能涵盖调整领域的全部事项。

(4) 并非所有的法律都适合编纂成法典。有些部门法没有法典，而是由若干地位平行的单行法律所组成，譬如行政法，少有国家将其编纂成法典。

(5) 法典可能束缚法学家的思想，加重法律实证主义和民族主义倾向。

(6) 后现代主义、语言哲学对法典编纂的挑战。成文法的不确定性源于语言载体的不确定性。语言本身存在自身难以克服的障碍，因此由书面语言建构的成文法也必然存在自身难以克服的局限性——不确定性。[①]

七　法典编纂的技术模式

法典编纂的技术模式是指法典编纂过程中采用或遵循的经验、规则、

① 封丽霞：《法典编纂论：一个比较法的视角》，清华大学出版社 2002 年版，第 252—266 页。

知识和操作方面的技巧等诸多因素共同形成的一般做法或标准样式。[①] 大体可以分为以下几种模式。

（一）自我创新模式

自我创新模式，指编纂者抛开旧有法典的影响，在内容或结构上摆脱现存法典窠臼，以出陈布新的技术方法编纂出具有首创性和新颖性的法典。

（二）基本继承前人模式

这种模式注重传统的延续，因袭前人法典的内容与结构，贯彼旧章，承前启后，会根据实际需要作增补和改进，但不影响精神实质和内容。

（三）移植外国模式

这种模式，是在编纂过程模仿和引进国外法典，移植可能是外力强加的，也可能是自觉模仿。

（四）综合模式

综合模式是上述四种模式的统一和结合。在修补国内同类法律的基础上，移植他国的法典和继承前人经验，根据社会发展和实际对法典内容与形式进行改革，最终形成一部融合本国历史因素和国外先进做法的法典。这是当代各国普遍采用的技术模式。[②]

八　中国的法典编纂之路

对于中国是否要编纂法典，学界多数学者持这样一种观点，当代中国应采取以法典法为核心、以制定法为主体的法律形式，即当代中国应该走编纂法典的道路。

（一）中国选择法典化道路的历史渊源

法典化道路是继承和发扬中国悠久的法典编纂传统的必然要求，也是中国近代法典化经验的历史总结。中国是中华法系的发祥地和主体国家，很早就开始公布成文法。自李悝制《法经》、秦汉改法为律后，历代封建王朝均以前朝之律为参照修订本朝律典，直至最后一个封建王朝的终结，代代相继。经过两千余年的积累和沉淀，形成了悠久的法典编纂传统。作

① 封丽霞：《法典编纂论：一个比较法的视角》，清华大学出版社 2002 年版，第 297 页。

② 封丽霞：《法典编纂论：一个比较法的视角》，清华大学出版社 2002 年版，第 297—301 页。

为法典的“律”在各朝各代的制定法中占有绝对的主导地位。

（二）中国如何走法典化道路

1. 中国法典编纂的原则

（1）理性主义与经验主义相结合。理性主义要求对法典的内容和体系作理性的思考。同时，法典又是对过往历史传统和实践经验的总结。

（2）本土化与世界化。立足本土和大胆借鉴外来文化的统一，即编纂过程中的本土法与外来法、民族化与世界化的统一。

（3）稳定性与应变性的统一。

（4）统一性与特殊性原则。统一性指坚持社会主义方向和党在社会主义初级阶段的基本路线，遵循社会主义的立法宗旨与目的，维护法制的统一和尊严。特殊性是指法典不宜规定得过细，应允许作灵活、变通的伸缩性规定，留有自由裁量的弹性空间。①

2. 尝试编纂汇编型法典的新型路径

如前文所述，传统法典面临21世纪新形势的挑战，中国在参考传统法典立法经验的基础上，可以选择一条新型的汇编型法典之路。选择这种路径的原因主要有以下几个方面。

（1）法律碎片化。对体系型法典的挑战首先来自当代法律规范的碎片化，法律碎片化产生于法律渊源的多样化和跨部门法争议的大量出现。规范的呈现机制越来越分散，既有国家制定法这种传统的硬法形式，也出现了社会组织内部规范、社区自治规范、商业机构争议解决规范等具有软法属性的规范形式。同时，跨部门法案件层出不穷，部门法的横向划分已无法完成维系法律安定性的任务。

（2）规范产生的分散机制。在全球化时代，法律渊源的多样化远远超出从前的限度，法律渊源的扩展已经超越了国家的地理边界。首先，各国法院逐渐开始对外国法持有一种开放的态度。其次，随着跨国法律纠纷增加，一个案件多个法院管辖的情况常常出现，一些国家的司法机关对与本国连接非常松散的案件也主张管辖权。最后，非正式的规范创造在国际交往中扮演越来越重要的角色，各种私人主体通过合同、行为守则、生产标准改变了投资目的地国的法律适用。

---

① 封丽霞：《法典编纂论：一个比较法的视角》，清华大学出版社2002年版，第423—431页。

（3）新型案件的出现无法再保证部门法的严格划分。在体系型法典中，同一个部门法追求的目标和价值往往可以统一，不同的部门法则追求不同的价值。体系的融贯性同时借由各个部门法内部的价值统一和不同部门法之间的价值差异而得以体现。但传统部门法划分模式因出现大量可以依据不同部门法裁判的案件而受到挑战。①

第二节　域外环境法典编纂

一　域外环境法典编纂概况

鉴于环境立法的分散与冲突，欧洲国家自20世纪末开启了编纂环境法典的浪潮。1988年颁布《瑞典环境法典》，是世界上首部真正意义上的环境法典。德国分别于1988年、2006年进行了两次编纂环境法典的尝试，但均以失败告终。法国议会授权政府以法令形式于2000年、2007年分别通过了环境法典的法律与法规部分。2006年颁布的《意大利环境法典》，介于法律汇编与法典编纂之间。

欧洲国家环境法典编纂模式分为实质编纂与形式编纂：前者旨在通过创制一套互相耦合的规则来系统化地革新法律秩序，而后者则仅是对现行法进行类型化的重述与汇集。目前主要的环境法典可依此进行学理划分：《德国环境法典（草案）》和《瑞典环境法典》属于实质编纂，《法国环境法典》与《意大利环境法典》属于形式编纂。

综观这些法典或草案文本，不仅理念不同，区别还体现在对法典体系化的期望及对现行立法的态度两方面。

第一，采用形式编纂思路的国家对环境法典的体系化编排仅具有一定程度的条理要求，而实质化的环境法典追求逻辑严密的框架结构。《意大利环境法典》的立法者仅希望加强现有立法，将欧盟指令转化为国内法，无意创新，编纂过程也缺乏持续性。编纂思路是将部分环境立法与欧盟指令直接汇入各编进行形式上的统一。《德国环境法典（草案）》则沿袭了法典传统学说汇纂的特色，特别是教授草案，整体上总分结构明显，总则部分高度抽象化，分则之间的编排也有据可循。

第二，形式编纂是对现行法的梳理与统一，而实质编纂在此基础上还

① 朱明哲：《法典化模式选择的法理辨析》，《法制与社会发展》2021年第1期。

存有对环境法秩序进行革新的目标。《法国环境法典》的编纂缘由是增强法律的可读性，即通过编纂法典统一现行立法而使公众易于理解，这也体现了法国法典化是希望将文本的革新与自身法典编纂的经验相分离的特点。《瑞典环境法典》在协调环境立法之外，还有更新价值理念、增加监管领域以及变革法律制度的需求，在环境法庭制度、环境影响评价与环境处罚费等方面有所革新。

这两种编纂模式并非泾渭分明，具体到某一法典文本，通常介于形式编纂与实质编纂之间。譬如同属实质编纂的瑞典与德国，《瑞典环境法典》虽在制度革新方面具有重大突破，但在整体体系结构上不如《德国环境法典（草案）》严密；而同为形式编纂的法国与意大利，在范围覆盖面与结构严密度上，《法国环境法典》比《意大利环境法典》更胜一筹。①

二　域外环境法典的一般结构

欧陆国家在环境法典体例上基本都遵循了论理体，整体呈总分之势，但具体结构又不一。

（一）环境法典的总则建构

是否采取总分结构在法典体例的讨论中似乎是一个不证自明的结论，但对环境法而言，答案取决于法典化的程度。具体体现为规范关联方式，即环境法规范是在垂直抑或水平维度上被切割的。若依据规范所针对的环境问题进行垂直切割，则法典内每个部分将会自成体系而不需要总则；若依据规范之间普通与特别的关系进行水平切割，则普通性规范自然会形成总则。总分结构的关键在于区分抽象与具体、普通与特别的关系，即适用于环境法各领域的规范抽象化后放在总则编，而特殊规范放在具体的分则编。从总则的功能建构看，各国主要通过抽象原则与综合制度这两方面来实现总则对分则的抽象统摄，分则则是对总则的具体延伸。

1. 概括抽象原则条款

《德国环境法典（草案）》（2008 年版）高度概括了三项原则，《法国环境法典》归纳出九项原则，《瑞典环境法典》详细列明了十项原则，

① 李艳芳、田时雨：《比较法视野中的我国环境法法典化》，《中国人民大学学报》2019 年第 2 期。

最为形式化的《意大利环境法典》也规定了四项原则。较为普遍的有风险防范原则、污染者负担原则、公众参与原则、预防原则以及合作原则等。

2. 创建综合性制度

《瑞典环境法典》在总则部分创制了环境质量标准制度与环境影响评价制度，《法国环境法典》在公共参与部分规定了环境影响评价制度，而《德国环境法典（草案）》（2008 年版）最为引人注目的就是综合性项目许可制度，甚至《意大利环境法典》也在分则部分首先规定了战略环境评价和综合环境许可制度。可见，环境法典总则在综合性制度层面的重点是环境影响评价与综合环境许可制度，而且二者存在融合趋势。《瑞典环境法典》明确规定环境影响报告应当与环境危害活动、水务作业、采石业、农业等活动所需的许可申请一同提交。德国综合项目许可制度要求考虑开发行为所可能引起的所有环境影响，即在实体要素上融合了环境影响评价制度，而程序上是将之前双轨并行的污染防治法与水法上的许可合并为一。①

（二）环境法典的分则编排

环境法典分则编的体系编排遵循一定的逻辑，体现为内容整合与形式构造两方面。

1. 内容整合方面

分则编整体以资源、污染与生态的类型化方式进行内容整合。《瑞典环境法典》将国家公园、自然保护区及沿岸保护区等生态保护内容与动植物物种保护统一纳入“自然保护”的第二编，第三编“污染防控”主要涉及环境危害活动、环境污染区治理、水务作业、采石业、农业、基因工程以及废弃物生产等相关活动。该法典实际上把资源并入生态归为自然保护，与污染防控分立。《法国环境法典》的分则分卷，第二卷规定水、海洋、大气等传统环境要素的污染防治，第三卷规定沿海区、公园、保护区与风景区等自然空间，第四卷规定动植物、渔业资源等自然遗产，第五卷则涉及化学物质风险、转基因生物、放射性物质与核设施等环境风险。该法典将防治对象区分为环境损害与风险妨害，将保护对象区分为自然资

---

① 李艳芳、田时雨：《比较法视野中的我国环境法法典化》，《中国人民大学学报》2019 年第 2 期。

源与生态区域。《意大利环境法典》没有对生态区域保护的专门编章，但在第三卷规定了土壤保护和抗沙漠化的内容，并对同一类环境要素的资源保护与污染防控进行整合，譬如将水污染防治和水资源管理并入同一卷。

2. 形式构造方面

在形式构造方面，分则各编既有对法典整体有序的追求，也有自成一体的样态。区分的依据是各分编内部是否存在一般性规定或责任条款。《瑞典环境法典》分则各编基本是直入主题，即开篇不再作一般规定，而法律责任在法典最后统一规定。分则整体根据“从预防到管制再到救济”的动态逻辑进行编排，按照自然保护与特定活动到环境司法与监管，再到处罚与赔偿的顺序展开。这种编排方式整体逻辑更加清晰，但缺乏针对环境法亚部门的一般性规定，因而对总则的概括程度要求较高。《意大利环境法典》有所不同，第三卷的土壤保护、水污染防治与水资源管理部分各自有一般规定，但损害赔偿、行政与刑事处罚的相关内容又规定在法典的最后。分则中保留一般规定是因为《意大利环境法典》总则较为薄弱，此种编排无须对现行立法伤筋动骨，但也存在法典内部分裂的问题。《法国环境法典》原先的处罚条款分散在各个部分当中，后来将共同性的内容放进总则。[①]

三　德国的环境法典编纂

（一）概况

德国历经两次环境法典编纂过程，均未成功，共公布了四个版本的草案。第一个是 1994 年的“教授草案”，第二个是 1997 年的“专家委员会草案”，第三个是联邦环境部 1999 年的“工作草案”，第四个是“2009 年立法草案”。

德国第一次提出环境法典是 1976 年的联邦政府环境报告。1978 年德国环境署进一步研究了环境法统一的可能性。但法学界深受萨维尼“法典完备性”思想的影响，普遍认为环境法典几乎不可能实现完备性：一是由于环境法界限难分，较难确定哪些法律规范应当被纳入环境法；二是环境问题存在多样化和不确定性，从而导致环境法律一直处于修订中，这

---

① 李艳芳、田时雨：《比较法视野中的我国环境法法典化》，《中国人民大学学报》2019 年第 2 期。

种变动性使得环境法没有能力构建一套严密的逻辑体系，很难满足法典要求的完备性。①

（二）德国环境法的客观现实促成环境法典的编纂

1. 环境法去“破碎化”的需要

德国是世界上环境保护制度体系最完善的国家之一，其环境法律也十分全面、庞杂。联邦层面的环境法数量很多，有数十部法律、无数的法律条例和行政规范，以及大量等同于规范的规定。环境法律体系的庞大臃肿导致体系内部的协调性和一致性下降，引起规制范围重叠或者规定重复、矛盾，最终加剧了法律体系层次不清、碎片化等问题。这种现象被德国学者描述为“满是污渍的地毯”。鉴于德国环境法律体系的破碎化现象，学者们希望通过编纂环境法典实现环境法律体系之间的协调，并创设出统一适用的法律规范，有利于加强执行。

2. 简化环境法、提升企业竞争力的需要

德国环境法层次混乱、不透明和晦涩难懂的特征，不但影响了环境保护的力度，也给企业带来额外的负担，最终影响了治理效果和治理效率。譬如环境行政许可证的审批，由于各类资源所属部门不同，各部门有各自的流程要求，企业在对一个项目申请不同的环境许可时需要向不同的主管部门多次办理手续，给企业带来大量的时间成本和资源成本。出于效率和经济性的考量，德国经济界期待通过环境法典整合、简化和协调规范，推动行政程序简化。②

（三）编纂形式的选择：从整体化编纂转为分阶段编纂

1. “法典完备性”对法典编纂的掣肘：从整体化编纂开始

德国长期受“法典完备性”思想影响，认为法典编纂必须满足逻辑体系严密、语言表达准确、内容确定的要求。因此，“教授草案”追求法典的完备性——体系上采取“总则+分则”的结构，内容上追求全面。其内容从整个环境保护领域的视角规定了环境法的普遍性原则、目标、一般性规范、环境保护的手段和行政程序规定等指导性内容，并涵盖自然保护、水体保护和水管理、土壤保护、核能管理、污染防护与废物治理等方面，涵盖了大部分联邦环境法律。“专家委员会草案”也追求整体化，甚至纳入了非传

① 施理：《德国环境法法典化立法实践及启示》，《德国研究》2020 年第 4 期。

② 施理：《德国环境法法典化立法实践及启示》，《德国研究》2020 年第 4 期。

统的环境法调整范围（如基因技术、能源供给和交通设施及危险物质）。

2. 对“完备性”掣肘的突破——转向分阶段编纂

但整体性编纂难以协调环境法典稳定性与社会创新之间的冲突。环境法典的固定性和稳定性面临两大挑战：其一，如何应对新出现的环境问题。环境问题层出不穷，环境法的规制对象也在不断变化。其二，如何应对欧盟环境法的挑战。德国必须遵守欧盟的环境立法，而欧盟的环境立法日益增多，导致成员国环境法落后、过时。如果环境法典过于稳定且不开放，将难以应对欧盟环境法的快速变化。荷兰实施了分阶段编纂的方法，为德国提供了经验。荷兰从 1979 年《环境保护的一般性规定之法令》到 1993 年《环境政策法》，采取分阶段编纂法典的进程，通过逐步附加的六章内容对法典进行扩展，并为转化欧盟指令对法典进行了数次修订。[①]

德国第一次采用分阶段编纂是 1999 年的“工作草案”。欧盟 1996 年《关于综合避免和减少环境污染指令》、1997 年《关于特定环境公私领域的环境影响评价条例》要求成员国转换为国内法。联邦环境部没有充分时间追求完备性，只能开始采用分阶段编纂方式，先完成各州享有偏离立法权的水和自然保护领域的编纂，再展开其他环境领域的编纂工作以对接已经完成的环境法典。[②]

（四）德国环境法典编纂失败的原因

德国两次环境法典编纂最终均告失败，但两次的原因不尽相同。

1. 第一次编纂失败的原因

第一次失败的官方理由是联邦层面没有立法权限，违反了当时《德意志联邦共和国基本法》（以下简称《德国基本法》）第 72 条第 2 款及第 75 条第 2 款的规定。在水资源和自然保护领域，联邦立法权弱于各州立法机构，联邦仅能制定框架性规定，具体内容由各州单独制定。编纂法典的目标是用一部完整的法律来调整全国的环境问题，这就要求联邦在环境法典涉及的所有领域内都有独占立法权，但《德国基本法》的立法权限规定使得环境法典编纂存在宪法上的法律障碍。比如，当时联邦在水资源领域仅享有框架性立法权，但环境法典草案却对水资源保护的定义、目的、基本义务等具体内容作出规定。这不符合当时的《德国基本法》。但

① 施理：《德国环境法法典化立法实践及启示》，《德国研究》2020 年第 4 期。

② 施理：《德国环境法法典化立法实践及启示》，《德国研究》2020 年第 4 期。

事实是各联邦州都没有以立法权限为由反对草案，以此为由提出反对的是联邦政府其他部门。部分德国学者认为，职权上的利己主义及经济界的反对才是导致第一次编纂失败的主要原因，是德国各联邦部门的利益之争。

2. 第二次编纂失败的原因

第二次编纂吸取了第一次失败的教训。当时的默克尔政府迅速扫清了第一次编纂的障碍：第一，修改《德国基本法》，扩大联邦在环境领域的立法权限；第二，联邦环境部尽可能将环境法典编制工作权限限定在环境部门职权范围内，以避免其他部门的抵制。在 2008 年的部长级表决会议上，联邦环境部与联邦总理府、联邦经济技术部、食品及农业部、司法部等各部门达成一致意见，部门利益不再是障碍。

但第二次编纂仍然失败了，原因是联邦与联邦州之间的利益冲突。2006 年德国联邦制改革，允许各州在狩猎、自然保护和景观保护、土地分配、空间规划和水管理等领域享有偏离立法权，以解决各州经济发展水平和环境保护水平不均衡的问题。但这也成为第二次失败的直接导火索——巴伐利亚州提出行使偏离立法权，拒绝遵循“2009 年立法草案”最核心的“一体化许可审批制度”，坚持适用本州的环境许可审批程序。两种环境行政许可审批制度并行，最终直接导致法典编纂宣告失败。①

四 法国的环境法典编纂

（一）概况

1990 年法国环境部公布环境法典编纂计划，1992 年正式启动编纂工作。但直到 1998 年，法典草案仍未能获得议会通过。1999 年议会采取委任立法的方式，授权法国政府以法令形式通过包括环境法典在内的 9 部法典的立法部分。2000 年法国政府宣告通过环境法典的立法部分。环境法典（立法部分）获得通过时只有六卷。2003 年，议会在环境法典（立法部分）增加了关于南极环境保护的第七卷，形成了现在立法部分分为七卷的形式。后续，法国环境部继续开展环境行政法规的编纂工作，2007 年行政法规部分最后提交审议的一卷获得通过，标志着法国环境法典编纂

① 施理：《德国环境法法典化立法实践及启示》，《德国研究》2020 年第 4 期。

工作完成。[①]

（二）《法国环境法典》的体例与主要内容

《法国环境法典》由立法部分、行政法规部分和附录三部分构成。立法部分和行政法规部分又各自分为七卷，每卷下设编、章、节、分节、段和具体的条文。立法部分条文的前标为 L，行政法规部分条文的前标为 R 或 D。每一条行政法规条文的编号与其对应的立法条文的编号保持一致。立法部分七卷总体呈“总—分”结构：第一卷为总则，第二卷到第七卷为分则。七卷的主要内容如下。

第一卷“共同规定”，开宗明义地规定了环境法的基本概念、基本程序和基本制度。“第一编 总则”开篇第 L110-1 条说明了环境法典的立法目的，即“陆地和海洋的自然空间、自然资源和自然环境，景区，早晨和晚间的风景，空气质量，生物和生物多样性”属于法国全民族共同的遗产，对此遗产的认识、保护、开发利用、修复、管理、对其产生的效果的保护等具有公共利益的性质，有助于实现可持续发展目标。该条同时提出了实现可持续发展目标的九项原则，即谨慎预防原则，预防行动与纠正行动并举原则，污染者付费原则，所有人都有权获取公共机关所掌握的环境信息原则，参与原则，生态互助互济原则，可持续利用原则，环境、农业、水产业和森林可持续管理之间的互补性原则和不倒退原则。第 L110-2 条是基本权利和义务条款。第一卷还规定了公开听证、环境评价、公众调查、地方磋商等信息公开和公众参与程序（第二编 信息和公民参与），相关的机构（第三编 机构）和社会组织（第四编 环境保护协会与地方政府），相关的基本财务制度（第五编 财务规定），环境污染的预防和修复（第六编 对环境造成的特定损害的预防与赔偿），相关的行政和刑事检查和惩罚的措施和程序（第七编 与检查和惩罚相关的共同规定），以及环境许可程序（第八编 行政程序）。

第二卷“物理环境”，包括与水域、海洋和大气环境相关的管理规定。第一编涉及水域和海洋要素，包括水域和海洋治理的一般原则（第一章），相关规划制定（第二章）及行政和财务机构设置（第三章），水域和海洋有关活动、设施以及对水域和海洋的利用（第四章），非公有水道的相关规定（第五章），相关检查与惩罚（第六章），相关国防问题

---

① 莫菲：《法国环境法典化的历程及启示》，《中国人大》2018 年第 3 期。

（第七章），海洋环境污染防治（第八章）及海洋政策（第九章）。第二编涉及空气和大气要素，包括空气质量检测和信息公开制度（第一章），低碳、大气保护、城市交通、污染物排放等规划（第二章），应急措施（第三章），大气污染防治和合理利用能源的技术措施（第四章），相关财税规定（第五章），相关检查与惩罚（第六章），放射性物质相关规定（第七章）及温室效应问题（第九章）。

第三卷“自然空间”，规定了沿海和湖滨（第二编 沿海地带），国家公园、自然保护区、大区自然公园、被保护海洋区域、生物圈保护区和具有国际重要性的湿地区域（第三编 公园和保护区），景点（第四编 景点）及风景（第五编 风景）等自然空间的创建和分级（公园、保护区和景点）、相关机构的设置、整治和管理、保护和刑事制裁等。本卷还规定了人类在自然空间活动时应遵循的原则（第六编 接触自然），涉及机动车交通、户外运动和事故处理等。

第四卷“自然遗产”，包含与动植物有关的三编。第一编包括动植物的保护和监测（第一章），动植物利用的框架（第二章），非家养动物的圈养（第三章），自然栖息地和野生动植物群的保护（第四章）及刑事制裁规定（第五章）。第二编和第三编分别为狩猎法和渔业法的相关规定。

第五卷“污染、风险和损害的防治”，内容最为丰富，包括为环境保护目的对各类设施进行分类的制度（第一编），化学、除生物剂和纳米颗粒态物质的管控、市场准入及健康和环境风险防范（第二编），转基因生物的有限使用、扩散、监测及相关的行政和刑事制裁规定（第三编），废料的预防和管理（第四编第一章），放射性物质和废料的可持续管理（第四编第二章），地下、空中或水下工程的安全（第五编第四章），天然气或相似气体、碳氢化合物和化学品运输管道（第五编第五章），被污染景点和土壤（第五编第六章），危险产品和设备管理（第五编第七章），自然风险预防（第六编），噪声污染防治（第七编），广告和标牌管理（第八编第一章），视觉污染防治（第八编第二章），光污染防治（第八编第三章），核安全和基础核设施（第九编）等。

第六卷“适用于新喀里多尼亚、法属波利尼西亚、瓦利斯和富图纳、法属南方和南极洲领地和马约特岛的规定”，是适用于自治程度较高的法国海外行政区域和海外属地的规定，包括环境保护协会、海洋水域和海路、废水废物、噪声污染、大气污染等。

第七卷“南极环境保护”，规定了为实施1991年《关于环境保护的南极条约议定书》，南极活动应遵循的原则和要求，及相关的行政和刑事监督处罚等。

五　瑞典的环境法典编纂

（一）概况

瑞典环境立法从单行法逐步体系化之后，法典化也提上议事日程。1998年《瑞典环境法典》正式颁布，其被认为是“世界上第一部具有实质编撰意义的环境法典”。瑞典编纂环境法典的原因有三：其一，环境立法众多、难以综合理解，监管结构需要协调；其二，针对公路及铁路等严重破坏环境的领域监管不足；其三，新环境问题的出现需要更广泛的关注。[①]

（二）《瑞典环境法典》的体例与主要内容

《瑞典环境法典》在组织形式上分为编、章和条三级，大体结构可分为总则与分则。法典融入了15项环境立法，由七编33章组成，近500个条文。

第一编是总则，包括立法目的和适用范围，以及需要考虑的一般原则。法典开篇（第1章）表明旨在促进可持续发展，以确保当代和未来世代拥有一个健康良好的环境，因而原则上法典适用于一切可能危害环境的人类活动，并具体列举了五类活动。不过，在水利事业、基因技术、化学品处理等一些特定领域，法典相关规定的适用范围有限。第2章规定了十项一般原则，包括：证明责任原则、必备知识原则、预防原则、最佳适用技术原则、合理选址原则、产品选择原则、资源管理和生态循环原则、成本合理原则、污染者负担原则与危险活动停止原则。第3章和第4章对土地和水域管理作出规定。第5章规定环境质量标准。第6章规定环境影响报告和其他决策所需的文件等。

第二编是自然保护，涉及保护区和动植物物种保护。第7章涉及国家公园、自然和文化保护区、天然遗迹、植物和动物保护区、海岸保护区、环境保护区、水保护区等区域的保护。第8章涉及动植物物种保护的特殊

① 竺效、田时雨：《瑞典环境法典化的特点及启示》，《中国人大》2017年第16期。

情形，例如禁止伤害、外来物种移植及贸易。

第三编对特定活动作出特别规定。环境危害活动和健康保护（第 9 章）；被污染的区域（第 10 章）；水上作业（第 11 章）；开采业、农业和其他活动（第 12 章）；基因工程（第 13 章）；化学产品和生物技术有机体（第 14 章）；废弃物和生产者责任（第 15 章）。

第四编规定了案件和争议事项的审查。除审查的一般规定（第 16 章）外，还涉及许可证（第 17 章）和被上诉决定的政府审查（第 18 章）、由行政机关和市级政府进行审查的事项（第 19 章）、环境法庭的案件及其诉讼程序（第 20 章至第 24 章）及诉讼相关费用（第 25 章）等。该法典创设了地区环境法院取代国家环境保护许可委员会和水法庭；在斯维亚上诉法院增设环境上诉法庭（即高等环境法庭），并在瑞典最高法院设立环境终审法庭。

第五编是监管。第 26 章规定了监管体制，包括政府机关的监管职责、其可依授权发布指令的规定，及活动行为主体的自我监督机制。第 27 章涉及监管费用的相关规定。第 28 章规定政府机关及私主体为履行其环保职责，有权进入不动产、建筑等相关设施。

第六编是处罚规定。第 29 章规定刑罚和没收，这章与刑法中的环境犯罪有衔接，既加重了处罚力度，又将入罪门槛由重大疏忽降低至一般程度上的疏忽。第 30 章规定“环境处罚费”，取代环境保护费，明确严格责任，并且不排除适用刑事处罚。

第七编是补偿与赔偿。第 31 章规定补偿与赔偿的适用情形，即由于公共部门干预而致使财产权受到影响，及由于水上作业等许可申请程序所致的财产损害。第 32 章规定环境损害赔偿及其他私人请求权主张。损害赔偿适用于人身和财产损害，属严格责任；私人可提起诉讼要求停止违法活动或采取防护措施。第 33 章规定从事环境危害活动的行为人需支付环境损害保险与环境修复保险的费用。前者适用于人身和财产损失的情形，后者适用于清理污染和恢复环境。

六 意大利的环境法典编纂

（一）概况

意大利“环境法典”的官方表述是 Norme in materiaambientale，即“有关环境的法规”。意大利的编纂模式是将应对各类环境问题的单行法整合出一个“统一文本”。2004 年，意大利第 308 号法律授权政府以统一文本的形式，就重要的环境领域，诸如垃圾处理、水土保持、保护区管理等，进行重新调整和补充。2006 年，意大利环境法规（D. Lgs 152），即“环境法统一文本”颁布，基本上取代了以往有关环境的单行法律法规。编纂者在整合了最初 6 个草案的基础上，又增加 3 个“共通规定”的条款。整个文本由 6 个部分组成，各个部分根据内容的多寡，下设编、章、节、条、项，其后附加数十个附件。目前仍在修订、补充过程中。

从法典编纂角度评价，“统一文本”距真正的“法典”尚有明显差距。“统一文本”表现出一种介于单行法规汇编和法典之间的“四不像”状态，总则和分则之间的区别不明显。法典化不完全、体系特征不明显是其最受诟病之处。立法程序和技术的不足也使整体效果大打折扣。[①]

（二）《意大利环境法典》的内容

第一部分“一般规定和基本原则”。即有关环境法规适用的一般性规定，包括适用的领域、战略环境评价、环境影响评价、综合环境许可，针对土壤、水资源、垃圾处理和空气污染的治理以及环境损害赔偿。明确立法目的。规定环境法的制定原则、环保活动的原则、可持续发展原则、辅助性原则和忠实配合原则，以及环境信息的取得权和合作目的的参与权。

第二部分“战略环境评价、环境影响评价和环境综合许可的程序”，共 6 章。设定环境影响评价和战略环境评价制度，设立环境综合许可制度。明确相关的基础性概念、规范的对象，明晰有关主管部门的行政职权，设立环境影响核查技术委员会和环境综合许可调查委员会，并就评价与许可的一般程序及二者之间的协作与简化作出规定。

第三部分“土壤保护和抗沙漠化、水污染防治和水资源管理的规定”。该部分涉及土壤和水资源两个领域，共三编，11 章。第一编关于土壤保护和抗沙漠化，旨在通过塌陷防治、排除危险情况和抗沙漠化等途径实现土壤和地下土的保护和治理，以及对域内水文环境的治理。第二编关于水污染的防治，旨在减少对地表水、地下水和海洋等水资源的污染，通

---

① 李钧：《一步之遥：意大利环境“法规”与“法典”的距离》，《中国人大》2018 年第 1 期。

过适当手段保护并改善水资源质量。第三编关于水资源的管理，以水资源管理规范和综合水利服务为对象，涉及环境和竞争的保护、确定提供综合水利服务的根本等级，以及相关职权单位的基本职能。第四编补充临时性规定与最终规定。

第四部分“废弃物管理和污染场所改造的规定”。本部分共设 6 章，规定废弃物的整治应遵循的原则，废弃物、包装和特种废弃物的管理措施，以及废弃物的焚烧、城市废弃物管理费的征收和污染场所的改造。

第五部分“空气保护和大气减排的规定”，共 3 章。设定大气质量目标、预防和减少对大气排放，针对可能向大气产生排放的设备（包括民用取暖设备）设定排放限值，规定排放许可和活动规范、排放物的取样和分析方法，以及用以评价测量值与排放限值是否相符的标准。

第六部分“环境损害赔偿的规定”，共 3 章。分别规定了环境损害赔偿的适用范围，既包括排放污染物和垃圾处理等专业活动，也包括故意或过失的非专业活动；既针对实际产生的环境损害，也针对可能发生的潜在损害威胁。规定了环境损害威胁的预防措施和修复措施。授权环境和土地海洋保护部行使损害赔偿诉权，向造成损害的主体诉请民事赔偿。

第三节　我国环境法典编纂的探索

我国环境法典编纂议题从 20 世纪 90 年代就已提出，并随着环境法治推进的时代背景而几度起起落落。经过 40 多年的发展，中国环境法目前已经形成了以《环境保护法》为综合性法律，涵盖污染防治法、自然资源保护法、生态保护法、循环经济法、绿色低碳法等领域，由法律、行政法规、部门规章和地方性法规等层级法律规范构成的环境与资源法律体系。

一　我国环境法典编纂理论探索的发展

国内对环境法典编纂的探索，可以分为以下几个阶段。

（一）起步阶段

从 1998 年到 2003 年，是我国环境法典编纂探索的起步阶段。1998 年，在“中德法律继受与法典编纂”研讨会上，德国哥廷根大学教授派纳提交了论文《公法法典化的思考——以环境法和营业法为例》，自此环境法典编纂议题进入国内法学界的视域。① 学者们开始思考我国是否应该进行环境法典编纂。

（二）发展阶段

2003年到2011年是我国环境法典编纂的理论发展阶段。2003年我国立法机关首次表达了编纂环境法典的意向，理论界开始展开热烈的探讨。随后理论界和实务界展开了全面的研究。

（三）沉寂阶段

2011年到2017年是环境法典编纂的相对沉寂阶段。这一时期，学界对环境法典的研究基本消失，成果也相对较少。

（四）深化阶段

2017年至今是环境法典编纂研究的深化阶段。2017年“环境法典编纂纳入全国人大立法计划”正式提出，法学界开始新一轮环境法典编纂的探讨。尤其在我国《民法典》编纂和颁布实施的大背景下，学界的讨论掀起了新的高潮。环境法典编纂的讨论力度更深、广度更大，研究成果也更具体系化。

二 我国环境法典编纂的争议

如前文所述，环境法典编纂与后现代社会“解法典”思潮正好处于同一时期，加之环境法的独特性，学者们对环境法是否要编纂法典有不同的见解。对于编纂环境法典，有人赞成，也有人反对。

（一）赞同编纂环境法典的观点

（1）从政治、经济角度看，我国正大力推进生态文明建设，需要环境法律体系系统化。② 生态文明建设要求确立完整的生态文明制度体系。环境法律体系既是生态文明制度体系的重要组成部分，又是生态文明建设的根本保障，编纂环境法典是对国家发展战略的制度回应。低碳、绿色经济同样需要环境法典作为支撑。

（2）社会观念层面，环境法典的编纂有助于生态文明理念更加深入

---

① 李燕萍：《中德法律继受与法典编纂——第四届费彝民法学论坛综述》，《南京大学法律评论》1999年第2期。

② 王灿发、陈世寅：《中国环境法法典化的证成与构想》，《中国人民大学学报》2019年第2期。

人心，进一步增强公众环境意识，促进环境治理水平和治理能力的提高。同时，环境法典编纂的理论研究，有助于环境法学术理论体系的建构，从而为法学教育和法学研究产生积极效果。

（3）从法律体系规范的建构看，编纂环境法典有利于解决现行环境立法的弊病。我国环境法体系虽已初步建立，但仍然存在立法分散、碎片化、缺乏协调性等与其他国家共性的问题。环境法典的编纂有助于整合、协调整个环境法律体系。

（4）从环境法典编纂所具备的条件上看。其一，我国有数千年制定法典的传统，具有深厚的法典化本土基础。其二，我国的环境法律体系和制度已经比较完善、成熟，为编纂法典奠定了规范基础。其三，学术界和实务界储备了一定数量的研究成果和不少实践经验，为编纂法典夯实了理论和实践基础。其四，欧洲一些国家的环境法典编纂取得成功，为编纂法典提供了经验借鉴。其五，《民法典》的出台为编纂法典积累了丰富的本国法典化经验。

（二）反对编纂环境法典的观点

（1）环境法律体系具有开放性、动态性，难以作出精准的界分。而且我国环境法尚处于自我完善时期，自身缺乏稳定性。因此，“法典完备性”理论指导下的法典编纂模式不可行，且未必是完善环境法律体系的最优选择。

（2）环境法学术界对环境法学理论体系和核心范畴的研究尚不成熟，环境法典编纂的理论支撑不足。

（3）目前，我国环境法所面临的最迫切问题是环境司法与执法领域的实践问题。行政执法上，多头环境监管体制造成环境法律体系条块分割。没有对环境监管体制进行大刀阔斧地改革，环境法典编纂只能是空中楼阁。司法领域，诸多新型环境司法制度仍处于试点阶段，需要积累更多的判决案例。环境法典编纂如未将新型制度纳入，则法典的优势荡然无存；如要纳入，制度尚未完全成形，可能需要时常修订，如此则会对环境法典的稳定性产生不良影响。

（4）还有一种“部分反对”的观点。编纂环境法典是我国环境法律体系完善的长期目标，目前时机尚未成熟。可以先充实、完善环境保护的综合性基本法、各单行法，待时机成熟后再着手编纂环境法典。

三 我国环境法典编纂模式的选择

即便是赞同编纂环境法典的学者，对采取何种编纂模式也是大相径庭，有不同的主张。当然，学者们不同时期的观点也会发生变动。大体可分为形式编纂模式和实质编纂模式。

（一）形式编纂模式

支持采用形式编纂的观点不少，具体建议有所不同，甚至有不赞同编纂环境法典的学者主张如有必要，可以先采取汇编式编纂模式。有学者提出，当下我国尚不具备编纂环境法典的条件和能力，应循着从整合环境法律与政策，到实现单行立法的精致化与科学化，再到形成汇编式法典这一进路而逐渐展开。对环境法典的定位不应拘泥于外在表现而应关注实质上的内容，通过形式性法典实现实质性法典的目标。[①] 有学者提出，应参考法国环境法典编纂的经验，进行汇编式编纂。[②] 还有学者认为，环境法律体系的高度繁杂性决定了无法在整体意义上实现法典化，可以先在比较成熟的污染防治领域制定环境法典。主张以《环境保护法》作为总则，污染防治单行法作为法典的主要内容，排除核污染和海洋污染两个特殊的领域。[③]

形式编纂难度较低，相对易于实现。但这种编纂模式一般仅是对现行环境法律体系的汇编和整理，很难有实质性的创新，难以实现环境法律体系的和谐统一性和相对稳定性。同时，离编纂环境法典所期望实现的政治、经济、社会目标也有不小的差距。

（二）实质编纂模式

早期，就有学者提出，整合各环境单行法中共通的部分形成总则，消除单行法之间冲突和重叠的部分，同时由不同法律位阶的行政法规、部门规章和地方性法规加以补充，实行“开放性”的环境法典编纂模式。[④] 有学者主张动态性适度法典化，法典和单行法共存。“动态”是指环境法典

---

① 党庶枫、郭武：《中国环境立法法典化的模式选择》，《甘肃社会科学》2018 年第 6 期。

② 汪劲：《环境法的法典化：迷思与解迷》，《中国地质大学学报》（社会科学版）2010 年第 3 期。

③ 别涛：《新时期最好的环保法——新修订的〈环保法〉评析》，《环境经济》2014 年第 5 期。

④ 夏凌：《环境法的法典化——中国环境立法模式的路径选择》，博士学位论文，华东政法大学，2007 年。

编纂应当实行渐进式、阶段性的路径，“适度”是指要根据环境法律的现实和发展现状的具体情况来加以判定。[①] 动态化的编纂模式如能成功，则是我国环境立法模式的创举，将为世界范围内的环境法典编纂提供丰富的经验。[②] 这种观点得到了众多学者的认同，并对此进一步提出有所不同的具体方案。有学者主张，以编纂适度化环境法典为目标方向，既追求实质性法典框架结构的完整性和内容体系的逻辑性，又不过分追求法典的全面和精细。整合环境法律规范的基本价值和共通原则，形成框架体系型法典，同时保留单行法，用于规制局部领域和无法纳入法典的规范。[③] 这一模式结合了形式编纂与实质编纂的优势，既不同于形式性法典的标准，也有别于实质性法典的理念，结合了实质性法典体系严谨、逻辑清晰和形式性法典内容松散、分类安排、集中排列的共同优势。[④] 也有学者比较全面地总结了这种模式的优点。首先，符合环境法作为后现代法律部门的要求，在形式法典和实质法典之间寻求平衡。其次，由于现代社会发展迅速，法律理念革新较快，框架性法典之外，预留授权单行立法正好可以解决传统法典僵化的弊端，有利于将法典的稳定性和适应性结合起来。最后，避免了频繁修法的弊端。现代社会的易变性和生态环境的复杂性要求环境法律及时地与环境问题的解决进行对接，要求环境法律及时作出修改，框架性法典与授权性单行法并行的模式可以解决这一困境。[⑤]

四　中国环境法典编纂的展望

前文对比了赞同和反对编纂环境法典的不同观点，也解读了赞同编纂环境法典的学者们的不同理论。下面结合众多学者的研究成果，介绍我国环境法典编纂的选择方案。

（一）模式选择

“适度法典化”的环境法典编纂方案基本成为理论界较有共识的方案。通过整合各类环境法律规范的基本价值、共性原则，消除各单行法之间冲突和重叠的部分，建立清晰、严谨的体系，形成具有基础涵盖力及综

---

① 张梓太：《论我国环境法法典化的基本路径与模式》，《现代法学》2008 年第 4 期。

② 张梓太、李传轩、陶蕾：《环境法法典化研究》，北京大学出版社 2008 年版。

③ 吕忠梅、窦海阳：《民法典“绿色化”与环境法典的调适》，《中外法学》2018 年第 4 期。

④ 李艳芳、田时雨：《比较法视野中的我国环境法法典化》，《中国人民大学学报》2019 年第 2 期。

⑤ 王树义等：《环境法学重大理论问题论争》，中国社会科学出版社 2022 年版，第 155 页。

合协调力的框架体系型环境法典；同时保留环境单行法，用于规范环境保护的局部领域和无法纳入法典的内容，对法典起到补充、细化的作用。[1]此种模式整体上吸纳了形式法典和实质法典的优势，具有理论弥合的功效。在编纂实践中也具有更高的可行性，难度要小于编纂完全符合“法典完备性”理论的实质法典。

（二）法典体例

1. “总则+分则”的编纂体例

对于环境法典的编纂体例，各国已制定或正在制定中的环境法典大都采取“总则+分则”的体例。众多国家（包括我国）的《民法典》也采用了“总则+分则”的模式。赞同编纂环境法典的多数学者也认同该种体例模式，建议以整体性思维及体系整合的基本路径展开法典编纂。

主流的观点认为，总则部分一般应包括环境立法的目的、基本原则、基本制度、主体及其权利义务、监管体制、公众参与、环境标准、环境行政许可、环境影响评价等普遍适用的制度。分则部分应包括污染防治、自然生态保护、绿色低碳、法律责任等内容。

2. 总则的内容

对于总则的内容，学者们提出诸多观点。大体上认为，总则以现行《环境保护法》为基础，对单行法的共同部分进行提炼和整合，以“提取公因式”的方式，规定环境保护领域具有普遍适用性、指导性、统辖性的制度。

总则具有统领作用和全局意义，主要应当规定环境法的立法目的、基本原则、生态环境监管体制、基础性制度、各类主体的基本权利义务、一般性法律责任等。[2]

总则的编纂重点从以下方面展开：第一，基于生态文明的环境宪法任务要求，以现行《环境保护法》为蓝本，同时对各单行法中的共同部分提炼整合，规定立法目的、基本原则、权利义务、环境信息、公民参与、基本制度、环境机构、环境资金、环境责任等。第二，鉴于我国的环境法律体系还处在动态发展之中，一些领域还存在立法空白；同时，随着经济社会的发展，未来还会出现新型环境风险，需要出台新的立法加以规制。

---

① 王树义等：《环境法学重大理论问题论争》，中国社会科学出版社 2022 年版，第 168 页。

② 王灿发、陈世寅：《中国环境法法典化的证成与构想》，《中国人民法学学报》2019 年第 2 期。

在编纂法典过程中，应当预留足够的立法空间，在总则部分确立具有前瞻性的立法理念、基本原则或预留制度接口。[①]

3. 分则的内容安排

对于环境法典的总则部分，学者大体都有了共识，但对于分则如何编排则有很大的分歧。分则各编是对生态环境保护各领域的内容进行分类的规范。编纂环境法典的目的是对现有环境法律规范按照一定的逻辑进行重组和整编，因而不能固守单项调整和综合调整的划分，而应当从整体角度通盘考虑、合理安排。[②]

目前，学界对于环境法典分则部分的体系构成有多种观点，下面择其要者作一介绍。

（1）我国环境法典分则可以按照“风险预防—过程控制—损害救济”的环境问题防控逻辑确定分则制度的顺序。[③]《瑞典环境法典》即是遵循此种逻辑的典范，其分编以“自然保护、污染防治、环境纠纷处理、法律执行监督、处罚、环境损害救济”为顺序进行编排。[④] 有学者建议我国可以借鉴瑞典的这种编排方式。

（2）有学者认为，分则应包括污染防治编、生态保护编、自然资源编、可再生能源和资源的综合利用编及法律责任编等，其中自然资源编包括资源本身的保护和开发利用中的环境保护两大部分。[⑤]

（3）有学者认为，环境法典需要对包括环境保护法与自然资源法在内的所有单行法律进行全面的整合，把相关内容吸纳到法典中来。因此，分则应包括污染防治编、自然资源编、生态保护编、区域自然人文环境养护编和环境资源综合管理与调控编五个部分。[⑥]

（4）也有主张体系化程度更高的“行政学理体例”。从学科属性上讲，环境法更接近行政法，因此应当根据行政法的学理安排。此种观点将环境法典分则的内容按照“环境资源行政管理体制编、环境资源行政公

---

① 王树义等：《环境法学重大理论问题论争》，中国社会科学出版社 2022 年版，第 169 页。

② 张梓太：《论我国环境法法典化的基本路径与模式》，《现代法学》2008 年第 4 期。

③ 吕忠梅、窦海阳：《民法典“绿色化”与环境法典的调适》，《中外法学》2018 年第 4 期。

④ 竺效、田时雨：《瑞典环境法典化的特点及启示》，《中国人大》2017 年第 15 期。

⑤ 王灿发、陈世寅：《中国环境法法典化的证成与构想》，《中国人民法学学报》2019 年第 2 期。

⑥ 张梓太：《论我国环境法法典化的基本路径与模式》，《现代法学》2008 年第 4 期。

众参与编、环境资源宏观调控编、环境资源微观管制编、环境资源纠纷解决编、附则编”进行编排。[①] 这种主张将各单行法的原本制度体系完全解构，重构出一套具备更高的体系性与完整性的制度体系，基本上涵括了环境法律体系的实体规范和程序规范，在理论架构上具备“完备性”，同时可以有效地避免制度间的重复与冲突。但缺点是法典编纂难度大，原单行法制度散落于分则各篇章中，不易查找与系统整合。[②]

（5）有学者认为，分则可以分为环境污染防治编、自然资源保护编、自然生态保护编、循环经济与废弃物综合利用编、能源节约和资源综合利用编、应对气候变化法编、生态环境损害救济编。[③]

（6）有学者认为，分则可以分为污染控制编、自然生态保护编、绿色低碳发展编、生态环境责任编。[④]

（三）环境法典与单行法的关系

环境法典的编纂应最大限度地吸收单行法的内容，但对某些特殊领域的内容无法作出具体规定的时候，仍然需要由单行法作出具体规定或细化补充。因此，确定环境法典与单行法的地位和关系也非常重要。

（1）法典相对稳定，在法律体系中居于主导地位，是单行法的“母法”，单行法的规范内容不得与法典的内容相冲突。

（2）单行法在法典规范的基础上进行具体补充，同时在体系和内容上保持开放，以更新单行法的方式减少法典可能存在的僵化弊端。

（3）为了解决法典和单行法之间的衔接问题，应当在法典中预留制度接口、提供立法指引或作出授权规定，以此来建立联结关系。

---

① 张梓太、陶蕾、李传轩：《我国环境法典框架设计构想》，《东方法学》2008 年第 2 期。

② 张忠民、赵珂：《环境法典的制度体系逻辑与表达》，《湖南师范大学社会科学学报》，2020 年第 6 期。

③ 王树义等：《环境法学重大理论问题论争》，中国社会科学出版社 2022 年版，第 169—172 页。

④ 吕忠梅教授组织的环境法典编纂组方案。

第十五章　环境法学的研究对象和研究方法

研究对象和研究方法是环境法学中的重大问题，二者之间存在密切关联：环境法学研究对象是环境法学学科的基础，而环境法学研究方法是环境法学学科发展的动力；环境法学研究对象与环境法学研究方法之间是选择与被选择的决定性关系，环境法学研究对象的特殊性决定了其必然要选择特定的研究方法。

第一节　环境法学的研究对象

法学即法律科学，是以“法”这种社会现象作为研究对象的科学，是人文社会科学的重要分支。研究对象的不同也是部门法学区分的重要标志，每个部门法学都有自己特定的研究对象，环境法学亦不例外。环境法学是新兴的法学学科，其在研究对象上既有与传统部门法学有所相同，也与传统部门法学有所区别。

一　环境法学研究对象论说

目前我国学界对环境法学研究对象的认知并不统一，众说纷纭。其中有代表性的观点有五种：

（一）环境法学研究对象即环境法调整对象

有学者认为环境法学研究对象具有独特性，不同于其他部门法学的研究对象。“环境法学的主要研究对象，从法律法规方面讲是环境法这一新兴法律部门，从法律关系方面讲是人与自然的关系以及与环境有关的人与人的关系。”认为环境法基本上以调整人与自然的关系为主，也调整与环境有关的人与人的关系。① 但学界并不完全认同环境法调整对象是以人与

① 蔡守秋主编：《环境资源法学》，湖南大学出版社2005年版，第64—65页。

自然为主的关系，调整对象说本身仍有争议。有学者就旗帜鲜明地提出“环境保护法不能直接调整人与自然的关系”，认为前述观点违背了法学的基本原理，混淆了法律规范与技术规范的界限，并且否认了人的主观能动性，还把人之子系统与生态大系统对立起来。[①]

（二）环境法学研究对象即环境法及其实施

有学者认为：“环境法学的研究对象是环境法及其实施，即环境法制建设。首先要研究环境法律规范的创制，即立法问题，包括环境保护立法的目的、原则、体系、立法程序、立法技术等；其次要研究环境法的实施问题，包括执法、司法、守法和实施环境保护法的保证等。环境法学作为法学的一个部门，要着重研究环境法律规范及其实施的特点，认识和概括其发展的规律。”[②] 此处的环境法治建设其实是环境法治。

（三）环境法学研究对象即环境法本身

有学者认为：“环境法学的研究对象是环境法及其实施，即环境法制建设。首先要研究环境法律规范的创制，即立法问题，包括环境保护立法的目的、原则、体系、立法程序、立法技术等；其次要研究环境法的实施问题，包括执法、司法、守法和实施环境保护法的保证等。环境法学作为法学的一个部门，要着重研究环境法律规范及其实施的特点，认识和概括其发展的规律。”[③] ——具体而言，环境法学的研究对象包括环境法的理论基础与基础理论、环境立法问题、环境管理法律制度、环境法律责任体系、亚部门法（环境污染防治法、自然资源法、特定区域生态环境保护与建设法、自然灾害防治法）法律规范及实践、外国环境法的理论与实践、国际环境法的基础原理与发展动态及其对国内环境立法的影响，其他部门法学自然科学及社会科学相关原理的环境意义。[④]

（四）环境法学研究对象的八分说

有学者将环境法学研究对象归纳为八个方面：（1）环境法学基本理论，主要研究环境法的理论基础问题；（2）中国环境法，包括我国的环

---

① 李爱年：《环境保护法不能直接调整人与自然的关系》，《法学评论》2002年第3期。

② 马骧聪：《中国环境法学的发展与展望》，载中国社会科学院法学研究所主编《纪念中国社会科学院建院三十周年学术论文集（法学研究所卷）》，方志出版社2007年版，第374—375页。

③ 《环境科学大辞典》编委会主编：《环境科学大辞典》（修订版），中国环境科学出版社2008年版，第287页。

④ 王权典主编：《现代环境法学概论》，华南理工大学出版社2004年版，第8页。

境基本法、污染防治法、自然资源保护法以及保护和利用改善自然资源和人类可持发展为目的法律、法规，综合性的或有关环境与资源保护的法律、法规；(3) 外国环境法，主要研究外国特别是发达国家的环境法律；(4) 国际环境法，包括国际环境与资源保护条约、重要的国际环境会议宣言和章程及议定书、国际环境合作与环境外交，国际环境法的渊源、原则和制度，国际环境法史，区域性环境法；(5) 比较环境法，包括各国环境法的法律规范体系比较和司法体制模式比较；(6) 环境政策；(7) 环境侵权责任；(8) 其他。研究与环境法学密切相关的环境管理、环境科学、环境与发展理论。“总之，环境法学的研究对象应该是以有关环境因素、环境问题、环境资源的保护和改善为基本研究对象，而且环境法学的研究对象也将随着对环境法研究的不断深入而日益深化。”①

(五) 环境法学研究对象的三分说

有学者认为环境法学的研究对象应与环国家环境立法希望达到的目标或实现的结果紧密联系，并将环境法学研究对象归纳为三个方面：(1) 中国环境法，包括环境法学的基本理论、污染防治法、自然资源保护法以及保护和利用改善自然资源和人类可持发展为目的法律法规、综合性的或有关环境与资源保护的法律、法规；(2) 外国环境法以及国际环境法，包括国际环境法的基本知识和基本理论、主要外国国家的环境与资源保护法、国际环境与资源保护条约和宣言、环境外交及 WTO 与环境政策法律；(3) 比较环境法，包括各国环境与资源法的比较、中国与外国环境资源法的比较、各区域环境资源法的比较。②

二　环境法学研究对象评说

我国学界对环境法学研究对象的前述界说，我们并不完全赞同。首先，环境法学研究对象并不等同于环境法调整对象。法理学认为法的调整对象是人的行为，而法学的研究对象则是法律现象，二者不应混淆。这条基本法理适用于所有部门法，环境法亦不能例外。况且，秉持前述等同论的学者还主张环境法调整对象主要是人与自然的关系，这就更有悖于前述基本法理。其次，环境法学研究对象也不同于环境法制建设。环境法制建

---

① 陈泉生主编:《环境法学》，厦门大学出版社 2008 年版，第 161—164 页。

② 莫神星:《环境法学的研究对象探讨》，载《2001 年环境资源法学国际研讨会论文集》，福州，2001 年，第 4—5 页。

设只是环境法学研究对象的一部分而非全部，环境法学研究对象的范围包括但不仅限于环境法制建设。况且，持前述观点的学者在用词上也不够讲究。环境立法问题以及包括执法、司法、守法和实施环境保护法的保证等环境法的实施问题，应合称为“环境法治”而非“环境法制”。法治指法运行的全过程，而法制仅指法的制定和法律制度。但环境法学研究对象也不仅只是环境法治。再次，环境法学研究对象也不仅仅是环境法本身。法本身固然是法律现象，且是最重要的法律现象，但它并不是法律现象的全部，法律现象的范围包括但不仅限于法本身。因此，环境法学研究对象在环境法之外还有更丰富的内容。最后，在环境法学研究对象上，无论是“三分说”还是“八分说”，都有失偏颇。前者偏颇在于中国环境法涵盖的内容过宽，将环境法学基础理论以及污染防治法、自然资源保护法以及保护和利用改善自然资源和人类可持发展为目的法律法规、综合性的或有关环境与资源保护的法律、法规通通纳入其中；而实际上这些内容外国环境法也涉及。后者总体而言比较全面，但将环境政策、环境侵权责任独立于环境法学基本理论、中国环境法、外国环境法、国际环境法和比较环境法之外的划分方式却难说合理。环境政策、环境侵权责任既是环境法学基础理论的重要问题，也是中国环境法、外国环境法、国际环境法和比较环境法的重要问题。

三　环境法学研究对象新说

在对前述诸说进行去粗取精的基础上，我们认为环境法学研究对象应是环境法律现象。这种新说的合理性一方面在于，它遵循了法学的研究对象是法律现象的基本法理，使环境法学在研究对象问题上保持了与其他部门法学的一致；另一方面在于，“环境法律现象”这个概念具有较大的涵盖性，可以将环境法学中诸多要研究的内容包含在内。有学者认为：“所谓法律现象是指法律以及由法律引起的相关的各种社会现象。”并据此指出法学研究对象的三个层次：一是法律，包括古今中外的各种法律规范和法律制度；二是与法律这一特定社会现象相关的其他社会现象，如人的法律行为，社会的普遍观念等；三是法律及法律现象的规律，既包括法律产生、变化和发展的规律，也包括法律自身运行的规律。[①] 在前述关于环境

① 孙笑侠主编：《法理学》，中国政法大学出版社 1996 年版，第 1—2 页。

法学研究对象诸说中，后两种论说属于列举式而前三种论说则属于定义式，但列举有失偏颇而定义又有失精准。我们既要将环境法学研究对象定义为环境法律现象，也要依据前述学者对法学研究对象的层次划分，对作为环境法学研究对象的环境法律现象进行列举。环境法学研究的环境法律现象包括但不限于以下：

（1）环境法律制度。环境法律制度是环境法学研究对象的本体。从空间上划分，环境法律制度又可分为中国环境法律制度、外国环境法律制度和国际环境法律制度；从时间上划分，环境法律制度又可分为现行环境法律制度、以往环境法律制度（即环境法制史）和未来法律制度。这两个维度相比较，又衍生了环境法律制度的空间比较与时间比较，即比较环境法。从性质上划分，环境法律制度又可分为环境基本法律制度、污染防治法律制度、自然资源保护法律制度、生态保护法律制度甚至能源法律制度、自然灾害防治法律制度，等等。这三个维度既相互交叉又延伸出诸多更为细致的划分，如中外环境基本法律制度比较、外国污染防治法律制度历史沿革、中国现行生态保护法律制度、国际能源法律制度未来发展等，不一而足。

（2）环境法律规律。环境法律规律是环境法学研究对象的内核。环境法律规律是对环境法律产生、变化、发展和运行等诸多问题内在联系的探究和总结，其上升到理论高度就是环境法学基本理论。在这其中，环境法律的产生、变化、发展构成环境法制史；环境法律的运行是个动态的过程，其依次包括环境立法、环境执法、环境司法、环境守法和环境法律监督，被合称为环境法治。如果说环境法存在律制度是环境法的静态存在，那么环境法治就是环境法的动态存在。环境法学基本理论中还包括一系列基本范畴，如环境法的概念与特征、性质与本位、目的与作用、功能与地位、渊源与体系、权利与义务、基本原则、法律关系、法律分类、法律责任、学科方法及方法论等，它们构成环境法学最基本的话语体系。

（3）环境法律环境。环境法律环境在环境法律之外但又与环境法律密切联系，它们包括诸多层面：从经济层面看，其包括经济发展与环境保护的关系、生态经济、循环经济等；从政治层面看，其包括生态文明建设、环境政策、绿色政治等；从包括层面看，其涉及社会发展与环境保护的关系、民众环保意识、“两型”社会建设等；从文化层面看，其包括中国传统生态思想、当代西方环境伦理、马克思主义生态观、环境习惯法等；从法理层面看，其包括一国法律体系里宪法、民法、刑法、行政法、诉讼法等部门法中与环境法相关的制度与条款；从自然科学层面看，其包括生态学、环境科学的知识和规律以及自然科学方法论等。环境法律环境既是环境法与环境法学的滋生土壤，又是深入理解环境法与环境法学的重要路径。

第二节　环境法学的研究方法

“工欲善其事，必先利其器。”研究方法本身是否科学和正确，是决定科学研究活动成败的关键因素，法学作为科学亦不例外。环境法学是整个法学体系中最具科学性的分支学科，这意味着研究方法问题在其研究中具有特别的重要性。环境法学的研究方法有广义和狭义之分，前者在层次上由高到低依次包括环境法学的研究方法论和研究方法以及环境法律方法三个层面，而后者仅指环境法学的研究方法本身。

一　环境法学的研究方法论

什么是研究方法论？通俗地说是对方法的提炼和总结，是有关方法的指导思想，即“方法的方法”。就此而言，方法论在层次上要高于方法。环境法学方法论“是运用生态整体论的认识论，对法学研究方法进行研究，指导法学领域具体研究方法，在原有理论基础上将人与自然协调发展认识基础运用其中，从而形成有别于传统法学方法论的一般性法学研究理论”①。环境法学研究方法论虽然在环境法学研究中具有重要意义，但目前我国对何为环境法学研究方法论仍在探讨中。环境法学者总结了我国环境法学方法论研究上的成就，例如“环境法学方法论的生态化”“将生态哲学的基本预设引入环境法学”“环境法学的后现代主义方法”和“环境法学方法论的整合主义”，② 又如“扣准环境法学的学科性质和因应生态社会的来临提出方法论生态化命题”“在生态社会的到来之际借助生态哲学修改环境法学对人的基本预设”和“因应人文社会科学的方法论转向建构环境法学上的后现代主义方法”；但也指出了其中存在的问题，即

① 陈泉生等:《环境法哲学》，中国法制出版社 2012 年版，第 87 页。

② 王树义、汪再祥:《中国环境法学三十年（1978—2008）》，载姜明安编《中国法学三十年（1978—2008）》，中国人民大学出版社 2008 年版，第 475—476 页。

“一次创新能力”和“沟通能力”存在不足，价值立场之间和思维方式之间也存在冲突。① 还有学者指出，我国“环境法学方法论研究的滞后导致了环境法学研究的‘虚假繁荣’，方法论的缺失使得环境法学学术共同体缺乏基本的学术共识”②。

纵观我国的环境法学界，能称得上“方法论”的主要有：

（一）主客一体化

“主客一体化”其实是指环境法学的一种研究范式。“环境法学研究范式的确立对环境法学理论体系的建构、指导环境问题的解决有重要的意义。”③ 我国环境法学可以称得上属于自己的研究范式，即由以蔡守秋教授为代表的学者们创立的“主客一体化”论。“主客一体化”论又称整体论世界观或生态世界观范式，是指将主体与客体或者主观与客观这二者联系起来、结合起来，综合地（全面地、辩证地）考虑主体与客体的问题以及它们之间的关系，“既关注人，又关注物，并且将人与物联系起来；既研究人与人的关系，又研究人与自然的关系，并且将研究人与人的关系和研究人与自然的关系结合起来”。这种理论对世界的看法不是“二分法”而是“多分法”，在强调世界物质的多样性时重视各种物质之间的联系性和统一性。它反映了环境资源法学应持有的世界观、价值观、伦理观、认识论和方法论，其理论要点概括起来主要包括以下四个方面：首先，可以从“人与物”或“人与自然”、主体与客体的角度去认识、了解和研究世界或者法律世界，但必须先要区别现实世界中的“人与物”和“主客二分法”中的“人与物”（物权法中的物），要区别广义的物与受人控制和支配的物（物权法中的物）这两个概念。要注意和重视“人与物”或“人与自然”、主体与客体的相互联系、转化和统一；不宜绝对地认为除了人与物（物权法中的物），就没有其他，也不要将人等同于主体、物等同于客体。其次，认为在现实世界以及法定关系、法律案件和法律控制的活动中，人主要是主体，经常是主体，但人也可以成为客体，人既是主体也是客体。其他非人物主要是客体，经常是客体，但在某些法律

---

① 李可、李明华：《当代环境法学方法论——学术检讨与体系建构》，《浙江学刊》2007年第6期。

② 刘超：《环境法学研究中的个人主义方法论》，《昆明理工大学学报》（社会科学版）2010年第3期。

③ 陈德敏、杜辉：《环境法学研究范式变革的基础与导向》，《南京师大学报》（社会科学版）2009年第3期。

或情况下也可以是主体。再次，认为人有内在价值和意志自由，有法律主体资格、法律主体地位、享有法律权利并承担法律义务；大自然特别是高级动物也有内在价值和自身目的，也可以有法律地位、法律主体资格甚至法律权利和法律义务。最后，认为从本原上看，自然界是第一性的，人是第二性的，人由自然界产生；人的身体决定并形成人的心（思想、灵魂、精神或意志）。同时承认和重视人对自然的重要作用和影响，人的心（思想、灵魂、精神或意志）对人的身体的重要影响和作用；重视和承认人与自然、人心与人身的统一。这种"主、客一体化"的基本特征是对世界或所研究的各种对象采取多分法，将其分为三种或多种类型，即人与人的关系、物与物的关系和人与物的关系（或人与自然的关系）这三种关系，认为人与自然关系的变化可以同时影响人与人的关系和物与物的关系，人与自然的关系是和人与人的关系同时存在的关系，这两种关系相互联系、相互影响、相互作用。①

（二）逻辑起点

逻辑起点大概是指为构建完整学科、确立理论体系或解决诸多深层次问题而进行研究的初始点。对环境法学的研究逻辑起点问题，目前国内学界众说纷纭，其代表主要有行为说、环境损害说、环境危机说、环境说和"人"说等观点。行为说主张以行为作为环境法学的研究逻辑起点，认为"从环境资源法调整人与自然关系的角度看，与权利、义务、主体和客体等法律规定的要素相比，行为（在环境资源法中主要指环境行为）具有更本源的意义，因而行为最有资格和条件成为环境资源法学研究的逻辑起点"②。环境损害说主张以环境损害作为环境法学的逻辑起点，认为"环境损害是环境法学逻辑起点的必然选择"，"环境损害本身已经蕴含着环境法学所要解决的主要矛盾的萌芽，从环境损害出发可以确立环境法学的若干基本范畴，建立环境法学的基本观点，构建起环境法学的完整理论体系"③。环境危机说主张以环境危机作为环境法学研究的逻辑起点，认为"环境危机是人们对人类所面临的各种具体的环境污染与生态破坏进行具体分析以后形成的一般规定性，是对环境问题共性的抽取，因而它是环境

① 蔡守秋：《论追求人与自然和谐相处的法学理论》，《现代法学》2005 年第 6 期。

② 蔡守秋：《调整论：对主流法理学的反思与补充》，高等教育出版社 2003 年版，第 863 页。

③ 徐祥民、刘卫先：《环境损害：环境法学的逻辑起点》，《现代法学》2010 年第 1 期。

法所关切之对象（环境问题）中最简单、最普遍和最常见的东西”，同时体现了环境法研究对象中最基本的矛盾即人与自然的矛盾，并且还是“逻辑与历史相统一的原则使然”①。环境说主张以“环境”作为环境法学的研究逻辑起点，认为“‘环境’一词的概念是环境法的理论基石，也是环境法学研究的逻辑起点”②。“人说”主张以“人”作为环境法学研究的逻辑起点，认为人类生存和发展需要是人类社会实践的终极价值尺度，人的利益是环境法学的出发点和终极目的；③ 环境法学应将人视为包括当代人和未来世代人在内的过去、现在、未来的统一体，从社会运行和可持续发展的历史向度来把握人，体现了环境法学所坚持的可持续发展理念；而更确切地说，环境法学的逻辑起点所称的“人”是“生态人”。“所谓的‘生态人’就是指已经具备了生态保护的意识，能够在实际生活中有效地约束自己的环境行为，以自然规律为行为准绳，从而实现人与自然和谐相处、经济与社会可持续发展的人。”④

（三）生态化

生态化今天似乎已成为潮流。“生态化的生存、生态化的发展、生态化的变革、生态化的转向已经成为具有时代特色的追求。”⑤ 而法学界生态化的热潮就发端于环境法学。环境法学的研究对象决定了其必然要采用生态学的研究方法和生态伦理的研究路径，从而较早地确立了生态化的研究方法论。有学者认为：“生态化是将生态学原则和原理渗透到人类的全部活动范围内，用人和自然协调发展的理念去思考和认识经济、社会、文化等问题，根据社会和自然的具体情况，最优地处理人和自然的关系。”⑥ 也有学者认为生态化就是“将每一个与利用自然环境有关的行为生态化”，有学者认为生态化的含义包括了六个方面：第一，将自然生态系统中的那些具有重要生态功能和经济意义的自然环境要素与自然资源列为国家法律保护的对象，用法律的手段将其保护起来，给予它们和它们之间的

---

① 孙蕾：《论环境法学研究方法论之逻辑构成》，《求索》2013 年第 7 期。

② 李明华、李可、陈立琴等：《可持续发展与环境法学方法论》，吉林人民出版社 2005 年版，第 225—235 页。

③ 孙蕾：《论环境法学研究方法论之逻辑构成》，《求索》2013 年第 7 期。

④ 孙蕾：《论环境法学研究方法论之逻辑构成》，《求索》2013 年第 7 期。

⑤ 李培超：《伦理拓展主义的颠覆：西方环境伦理思潮研究》，湖南师范大学出版社 2004 年版，第 159 页。

⑥ 钱俊生、余谋昌：《生态哲学》，中共中央党校出版社 2004 年版，第 416 页。

生态联系以应有的法律地位，以保证生态系统各要素应有的质与量，维护生态系统的平衡。第二，将对自然资源的利用、保护和环境保护实施监督管理的机构在国家现行立法中固定下来，明确其法律地位。第三，将生态利用人的范围在现行立法中固定下来，明确规定他们的法律地位。第四，将生态利用人进行生态利用活动应当遵守的规则在现行立法中固定下来。第五，将违反生态利用规则所应当承担的法律责任在现行立法中固定下来。第六，实现各法律部门立法的生态化。[①]

（四）基石范畴

在法学研究中，“基石范畴是中心范畴中的主导范畴，它构成了整个法学范畴体系的逻辑起点和基石，进而构成了整个法学理论体系的基石”[②]。目前在我国环境法学界，有关环境法学基石范畴的界定，以往存在“权利说”和“义务说”两种不同主张，现在又有学者提出了“法权结构说”。“权利说”主张应以环境权作为环境法学的基石范畴，认为环境权是环境法学的基石范畴或基本范畴，[③] 在环境法学中的地位显赫；[④] 环境权作为环境法学的基石范畴其作用巨大。有学者指出由于环境权构成了环境法历史起点的逻辑统一，揭示着环境法的深层特性，还是环境法制度安排围绕的核心，并且规范着环境法体系的设定，因此是“是贯穿于环境法律现象逻辑联系的各个环节的基石范畴”[⑤]。“义务说”主张应以环境义务作为环境法学的基石范畴，认为人类要应对环境危机、解决环境问题，在环境面前就必须自我限制，以此为基础的制度设计处处都是限制，其“在法律的权利义务安排上表现为以义务为本位”[⑥]。环境法学的基石范畴与环境法学研究的基石范畴也有所不同。如前所述，环境法学的基石

---

① 王树义：《俄罗斯生态法》，武汉大学出版社 2001 年版，第 46—48 页。

② 刘红臻：《经济法基本范畴研究论纲》，载樊崇义主编《部门法学哲理化研究》，中国人民公安大学出版社 2007 年版，第 2711 页。

③ 吕忠梅指出：“环境权是环境法学的基本范畴，也是环境保护法律制度的权利基石。”吕忠梅：《环境法学》（第 2 版），法律出版社 2008 年版，第 73 页。吴卫星指出：“环境权是环境法的基石范畴。”吴卫星：《环境权研究》，法律出版社 2007 年版，第 1 页。

④ 蔡守秋指出：“环境权理论问题是环境法中的一个核心问题，是环境立法和执法、环境管理和诉讼的基础，也是环境法学和环境法制建设中的基本理论。”蔡守秋：《环境政策法律问题研究》，武汉大学出版社 1999 年版，第 80 页。

⑤ 王彬辉：《论环境法的逻辑嬗变——从“权利本位”到“义务本位”》，科学出版社 2006 年版，第 232—233 页。

⑥ 刘卫先：《环境法学基石范畴之辨析》，《中共南京市委党校学报》2010 年第 1 期。

范畴被认为是权利或义务，而环境法学研究的基石范畴则被认为是利益。在环境法学中，“就环境资源问题而言，更是多重利益冲突之焦点所在，环境资源法即发轫于多重利益争执之间隙并力图为利益之平衡寻求出路”①。因此将利益作为环境法学研究的基石范畴更为合适。

二　环境法学的研究方法

环境法学在研究方法上既有法学学科传统的研究方法也有其自身较独特的研究方法，这是由环境法学研究对象的特殊性决定的。“环境法学的研究方法大致由法学研究的基本方法和环境法学的特有方法所构成。”②既是环境法学的特有研究方法更是环境法学与其他部门法学的区别之处，主要是自然科学的方法。

（一）传统的法学研究方法

环境法学究其本质仍属法学学科范畴，因此传统的法学研究方法是其最基本的研究方法。

1. 唯物辩证法

唯物辩证法是马克思主义的精髓，也是认识世界和进行学术研究必须遵循的基本方法。在我国这样的马克思主义国度，法学这样意识形态性极强的学科，必须遵循这种研究方法。唯物辩证法是法学研究总的方法，是整个法学研究方法体系的核心。相对其他部门法学研究而言，唯物辩证法在环境法学研究中更为重要。“各环境因素之间、人同环境之间、污染物同环境之间、各环境保护措施之间以及环境、资源、人口和发展之间是相互联系和相互制约矛盾统一的关系。反映这些客观关系的环境法和环境法学本身就充满了唯物辩证法。”③ 环境法学必须遵循物物相关、相生相克、能流物复、负载定额、协调稳定和时空有宜等生态学基本规律，这些规律不仅是人们通过唯物辩证法认识的，且其中很多本身就是唯物辩证法的生动、具体的体现。例如前两者就体现了唯物辩证法中的联系观、因果观。“环境法学的研究必须坚持运用唯物辩证法，着眼于环境法整体性、综合性的特点，深入研究各环境因素之间、人同环境之间、污染物同环境间、

---

① 张璐：《环境产业的法律调整：市场化渐进与环境资源法转型》，科学出版社 2005 年版，第 24 页。

② 秦天宝主编：《环境法：制度·学说·案例》，武汉大学出版社 2013 年版，第 12 页。

③ 戚道孟主编：《环境法》，南开大学出版社 2001 年版，第 30 页。

各环境保护措施间以及环境、资源、人口和发展之间的相互联系和相互制约的矛盾统一关系。"①

2. 阶级分析方法

阶级分析法是马克思主义法学中使用最频繁且占据核心地位的方法。"马克思主义给我们指出了一条指导性的线索，使我们能在这种看来迷离混沌的状态中发现规律性。这条线索就是阶级斗争的理论。"② 对环境法有无阶级性的问题有三种主张，即认为环境法没有阶级性，或强调环境法的阶级性，或不否认环境法具有阶级性但认为阶级性不是环境法的唯一本质属性。③ 环境法并非没有阶级性，只是相比其他以人际关系调整为主的部门法，其更关注人与自然的关系。"环境法作为法的一个部门，当然要反映制定或认可它的统治阶级的意志和利益即具有阶级性。但同阶级性与政治职能较强的宪法、刑法等公法部门比较，环境法较少体现阶级利益的对立与冲突，而着力于解决人与自然的矛盾。"④ 环境法学在研究方法上不能否定阶级分析法，而应根据当代阶级阶层的新变化在研究环境问题时有所创新。如坚持从环境危机时代或环境问题时代现实的阶级关系出发。当代环境领域的分歧和斗争是不同阶层分歧和斗争的一个方面，改革传统生产方式、消费方式和人与自然的关系是当代"阶级斗争"和"阶级革命"的重要内容，从实际出发运用阶级分析方法分析当代阶级政党的演变，研究调整人与自然关系在阶级斗争和政党建设中的作用。

3. 实证研究方法

实证研究法是法学研究及环境法学研究的重要方法。"对环境法的研究既要从法律本体、价值观和'应然法'的高度进行分析，也要从法律的实体、实在法的角度进行分析。因此，环境法学的研究是一种既采用价值分析法，又采用实证分析法。"⑤ 环境法学研究之所以要采用实证研究方法，主要是因环境法学的研究对象和任务的特殊性或者说特殊要求决定的。作为环境法学研究方法的实证研究方法，其内容与运用具有侧重于对多元利益的细化分析与衡量、涉及科学数据和社会条件的广泛实证分析以

---

① 史学瀛主编：《环境法学》，清华大学出版社 2010 年版，第 10 页。

② 《列宁选集》（第 2 卷），人民出版社 1995 年版，第 777 页。

③ 金瑞林主编：《环境法学》，北京大学出版社 2002 年版，第 23 页。

④ 王权典主编：《环境法》，中国农业出版社 2005 年版，第 11 页。

⑤ 蔡守秋：《调整论：对主流法理学的反思与补充》，高等教育出版社 2003 年版，第 907—908 页。

及要做到自然效果和社会效果的最佳结合等特点；与此同时，实证研究方法将成为环境法学研究向纵深发展的重要支撑，将在环境法学研究的进步中实现自身的充实。“对自然科学研究方法的借鉴在环境法学研究方法的转向之中，实证研究方法的引入和确立无疑是最为显著的发展趋势，也是推进环境法学研究纵深发展、实现环境法制预期效果的必然。”[①] 在环境法学研究中，实证研究方法必须与规范研究方法结合。“在具体制度研究方面，注重规范研究与实证研究的结合，无论是对国外的制度还是国内的制度，都应本着实事求是的态度，全面而完整地研究每一制度产生的社会经济背景、制度实施的内部与外部条件、各项制度之间的联系与协调、制度创新与制度继受之间的关系、制度实施后的反馈与调整等问题，以保证中国环境法的制度模式选择具有系统性、科学性和可操作性，真正成为连接环境法理论与实践的桥梁。”[②]

4. 价值分析方法

价值分析法常被认为是与实证分析方法完全不同的研究方法，其在法学研究中也具有极为重要的“价值”。价值分析法是指通过认知和评价社会现象的价值属性，揭示、批判或确证一定社会价值或理想的方法。环境法学研究极为关注价值分析方法，其主要原因有三个方面：首先，环境资源价值或大自然的价值首先表现为人与自然或环境资源的关系，表示环境资源对人的有用属性。环境法学的价值分析法就是从环境资源价值这一基本概念出发，分析人与自然关系的重要性、必要性和用法律保护的可能性。其次，环境法学有其特定的价值观。环境法提倡、强调和维护的特有价值观主要包括环境安全（生态安全）、环境利益（生态利益）、环境秩序、环境正义、环境公平（代内公平、代际公平）、环境道德（生态伦理）、环境民主（公众参与）、人与自然和谐，等等。这些价值和价值观是环境法和环境法学发展的重要因素。环境法采用价值分析法，目的就在于伸张“保护环境、尊重自然、热爱大地、追求人与自然的和谐共处的价值观”，并用这种价值观去说服和抵制“污染环境、掠夺资源、破坏生态、破坏人与自然关系的价值观”。最后，从价值分析方法的起源来看，

---

① 刘国涛：《我国环境法学研究方法的特质与转向——实证分析法应用于环境法学研究的思考》，载徐祥民主编《中国环境法学评论》（2011 年卷），科学出版社 2011 年版，第 21 页。

② 吕忠梅：《中国环境法的革命》，载韩德培主编《环境资源法论丛》（第 1 卷），法律出版社 2001 年版，第 10 页。

这一方法也理应受到环境法的重视。

5. 比较研究方法

比较研究法是传统法学的重要研究方法，对法学的比较研究是指在"法学研究过程中，通过对不同法律、法律制度的比较，揭示其异同的一种方法"[①]。比较研究方法也是环境法学研究的重要方法。"由于环境保护是世界各国面临的共同问题，由于环境保护的法律调整既受各国社会经济制度制约又受客观自然规律制约，各国的环境法制建设既有各自的特点也有许多共同之处，可以相互借鉴，取长补短……特别要进行系统的比较研究，探索世界各国的成功经验和失败教训，找出共同的规律，汲取具有普遍适用性的环境保护法律措施，促进我国的环境法制建设。"[②] 环境法学比较研究的内容主要包括"研究同一法系不同国家、地区的环境法律、环境法律实务和环境法学，又对不同法系的环境法进行移植研究……而且，环境法所研究的内容不局限在具体内容的优劣对错上，而是着重研究各国环境法的形成、发展、特点，不同国家或地区环境法的内容、法律制度、法律规范、法律意识的特点及产生原因、背景等"[③]。

6. 历史分析方法

历史分析法是传统法学研究常用的方法。"法律是凝结的历史，法律是以人类的史实为依据而发展的，所以对法律进行历史考察，联系历史实际来研究法律和法律现象，是合乎科学的方法。"[④] 孟德斯鸠的《论法的精神》、梅因的《古代法》都是运用这种方法进行研究的典范，而最具代表性的则要数以此闻名的德国历史法学派。"历史分析法，主要指在法学研究中，注意对研究对象（包括研究事项和问题）进行历史考察和分析，探求问题的历史根源、历史原因和历史发展，批判地继承历史上的有关成果，为现实的法学研究和法制建设实践服务。"[⑤] 众所周知，环境法作为新兴的独立部门法存在的历史并不长，但历史分析方法对其研究依然具有非常重要的作用。"运用历史的分析和归纳方法来研究环境法，我们可以发现指导环境法立法目的不断转变的思想是日益为人们所接受的生态思想

---

① 孙国华主编：《中华法学大辞典·法理学卷》，中国检察出版社 1997 年版，第 139 页。

② 马骧聪：《中国环境法学的发展与展望》，载中国社会科学院法学研究所主编《纪念中国社会科学院建院三十周年学术论文集（法学研究所卷）》，方志出版社 2007 年版，第 379 页。

③ 王树义等：《环境法基本理论研究》，科学出版社 2012 年版，第 436 页。

④ 张文显主编：《法理学》，高等教育出版社 2011 年版，第 7 页。

⑤ 蔡守秋主编：《环境与资源保护法学》，湖南大学出版社 2011 年版，第 84 页。

和环境伦理观以及有关环境保护学说，它们与新兴的环境科学领域的其他学科一道对环境问题和环境法律制度作了更为广泛的分析，并为环境立法提供了理论依据和可供选择的方案。”① 如前所述，历史分析方法虽然是传统法学研究常用的方法，但它在我国环境法学研究中并未受到重视，鲜有这方面的论著就是其中体现。

7. 文化分析方法

“法律是文化的一部分，并且是历史悠久和根深蒂固的一部分。”② 任何法律制度的产生和发展都有其特定的文化背景。文化分析方法是指对人类社会发展过程中的社会制度变迁从哲学、宗教、政治思想、法律思想和伦理道德等观念层面加以分析，揭示人类文明发展中的精神推动力量和制约力量。物质文明是环境法产生必要的原动力，文化背景内在地孕育、提炼出环境法。“改革开放之初，我国环境问题的主观建构性更强，诸如国际社会背景、中国政府宣传教育等，同时物质文明的发展也逐渐走上正轨，实际上，主要还是由于文化的连续性和习得性促成了我国环境法的产生。”③ 生态文化是环境法产生的原动力。现代环境法的产生主要是在世界日益严重的环境压力下，人类生态文化不断发展演进的产物。文化分析法是环境法学研究中非常重要的方法。“将环境法资源法的一些基本制度纳入法律文化的视域展开研究是一种颇为新颖的方式……以文化视角洞察新兴的环境资源法，不仅丰富了环境资源法学理论和法律制度的研究领域与方法，更进一步启发了我们在广阔的社会与文化层面深入探索。”④ 运用文化分析方法将有助于我们了解环境法产生、发展“背后的故事”，丰富我们对环境法的了解，也有助于环境法被人们所接受。

8. 经济分析方法

经济学研究范式被引入法学领域后出现了法学研究的经济分析方法，又被称为法经济学或法律经济学。“经济分析法学是用经济学的方法来分析法律问题的新兴边缘学科。它立足于西方新制度经济学理论，运用微观

---

① 金瑞林、汪劲：《20 世纪环境法学研究评述》，北京大学出版社 2003 年版，第 24 页。

② ［美］约翰·亨利·梅利曼：《大陆法系》，顾培东、禄正平译，法律出版社 2004 年版，第 151 页。

③ 王伟：《论环境法产生及发展的文明与文化背景》，硕士学位论文，武汉大学，2005 年，第 68 页。

④ 王伟：《论环境法产生及发展的文明与文化背景》，硕士学位论文，武汉大学，2005 年，第 68 页。

经济学、公共选择理论及其他有关实证和规范方法，考察、研究西方法律制度的形成、结构、过程、效果、效率、创新及未来发展。”[①] 这种方法与环境法学具有密切联系。一方面，法学的经济分析方法在确立其理论基础时引用了大量环境法中的例子。法学的经济分析中许多著名的理论和案例，诸如负外部性、“公有地的悲剧”“农夫和牧人”及科斯定理等，大都出自环境法领域或与环境保护和开发利用有关的领域，大都牵涉人与自然的关系，因而可以运用经济分析方法来解决人与自然关系问题。[②] 另一方面，经济分析方法是进行环境法学研究的重要方法。经济分析法的引入使得环境法学研究朝着科学化的方向又迈进了一步，也解决了环境法领域某些制度所面临的困惑；将法律经济学的相关理论应用到环境法研究中来，做到法律实施的内在公平正义与外部经济效益并举，有利于传统观念的转变，避免陷入“片面重视环保而忽视经济效益”的误区，更好地协调好经济发展与环境保护的关系，缓解二者的矛盾。

9. 社会学研究方法

法学研究从某种意义上说属于广义的社会学研究范畴。就环境法学而言，社会学研究方法即“运用调查、统计、询问和组织等方式考察环境问题的社会根源，以对症下药地实施法律干预”[③]。在环境法学研究中之所以要运用社会学方法，主要是因为环境问题也可以被归入社会问题之列。在人类社会进入工业化时代后，环境问题才日渐成为重要的社会问题。环境问题虽然主要表现为自然现象，但它并不仅仅是单纯的自然现象。环境状况的恶化和自然资源的枯竭将影响人们的社会生活甚至社会稳定，因此从某种程度上说环境问题的实质是社会问题。西方社会学中的结构功能学派、社会冲突学派及互动学派都对作为社会问题的环境问题的成因作出了各自的解释。[④] 环境问题作为社会问题的实质决定了环境法必然要以社会利益为本位，因此以社会问题为主要研究对象的社会学理论及其方法将在环境法学研究中得到很好的应用。“社会学的方法，也是环境法学研究的重要方法。环境问题是一个社会问题，环境保护是一种社会活动

① 钱弘道：《经济分析法学》，法律出版社 2005 年版，第 186 页。

② 蔡守秋：《调整论：对主流法理学的反思与补充》，高等教育出版社 2003 年版，第 882 页。

③ 汪劲：《中国环境法原理》，北京大学出版社 2008 年版，第 12 页。

④ 董小林：《当代中国环境社会学建构》，社会科学文献出版社 2010 年版，第 99—100 页。

和事业，环境法是一种社会现象。因此，我们必须运用研究社会和社会问题的社会学原理和方法，去考察环境问题，分析其产生的原因，对症下药地对人类的活动进行适当的法律干预，实现保护、改善和合理利用环境的目的。在这里，特别需要运用具体社会学方法，包括调查方法、统计方法、询问方法、组织方法等。”①

10. 权利研究方法

权利是法学的基石范畴。权利范畴较之其他范畴在法学上更有特殊的方法论意义，② 因此权利研究方法也成为最能体现法学研究的法学性的研究方法。环境法学研究只有紧紧把握住它，才能不偏离其作为法学研究的方向。“环境权是环境法学的基石范畴，所有环境法具体法律制度的设计和法律理论的展开都是围绕着环境权的保护与实现这一目的。”③ 自20世纪末以来，我国环境法学界围绕环境权的概念、范围、特征、分类、主体、客体、内容以及救济等诸多问题展开研究，不仅形成了内涵丰富的理论体系，而且形成了以其为核心的研究方法，即环境法学的权利研究方法。我们认为凡属以环境权为路径对环境法学展开的研究，都属于这种研究方法的范畴。不可否认，国内早期环境权研究主要从其他学科切入，并没有自己的研究方法；直到后期摒弃其他成分，才彰显出其法学品格，从而形成自己的研究方法。“对环境权的研究逐渐从伦理学、政治学、社会学、哲学等宏观价值层面转向从法学内部包括公法和私法等学科进行规范分析和技术构造，弱化其价值属性，强化其法学品格。”④ 与环境法学传统的伦理学研究方法相对而言，权利研究方法是较新的研究方法，正是它的出现将环境法学研究方法从哲学方法推进到法学方法阶段。

（二）独特的科学研究方法

这里说的“科学”即自然科学。环境法学作为法学与生态学、环境科学交叉、融合的产物，其必然要体现自然规律因而也表现出强烈的自然科学性。这意味着其研究不仅要遵循传统法学研究方法，更要引入自然科学研究的方法。“环境法学研究方法的变革还在于它不仅要继承传统法学

---

① 马骧聪：《中国环境法学的发展与展望》，载中国社会科学院法学研究所主编《纪念中国社会科学院建院三十周年学术论文集（法学研究所卷）》，方志出版社2007年版，第37—377页。

② 张文显：《法学基本范畴研究》，中国政法大学出版社1993年版，第13—18页。

③ 吕忠梅主编：《环境法导论》，北京大学出版社2010年版，第173页。

④ 张宝：《问题与方法之间——环境法学研究的片段感悟》，载徐祥民主编《中国环境法学评论》（2011年卷），科学出版社2011年版，第36页。

的所有研究方法，包括对法律的经济学分析、哲学伦理学方法、数学方法、历史分析法、价值分析法、实证分析法、社会学方法等，更为重要的是，基于环境法学是跨越自然科学和社会科学的交叉学科这一独特性，仅用传统的法学研究方法不足以建立完善的解决环境问题的法律机制，由此引入自然科学领域的研究方法（如生态学的方法、系统论、控制论、博弈论、耗散结构论、协同论、突变论等）建立有别于传统的法学研究方法体系。"①

1. 生态学方法

在环境法学研究中，"生态学方法是最基本的方法，也是具有特色的研究方法"，可以说整个环境法学研究方法就是"以生态学方法为主的综合分析法"②。环境法学作为法学与生态学、环境科学交叉、融合的产物，以解决环境问题和维护生态平衡为主旨，理应遵从生态学和环境科学规律并运用其方法。生态学关于"生产和生活废弃物的排放量不超过环境容量的极限"和"生产对资源的需要量同环境对资源的可供量之间保持平衡"等基本要求，应成为人类处理环境问题所遵循的基本原则，也成为指导环境政策和立法的理论基础。③ 生态学方法"一般指根据'对维持生态系统结构和功能所需的生态相互作用和过程的最佳理解'进行管理……是指一种以科学为基础保护和管理自然资源的全面方式"④。在生态学的视域中，人类永远都不是孤立存在的物种。人类在生物圈里之所以能存续发展至今，离不开所生存的整个生态环境的供给，如空气、水、阳光等。人类过去总是忙于内部事务和纷争纠葛，以至于人与自然的和谐、共处、共存的同构关系日渐被遗忘和丢失。尤其是进入现代社会以后，随着工业化的飞速发展，人类与生态的关系面临严重失衡的情境。而生态学则是连接生命、环境和人类社会的有关可持续发展的系统科学。生态学里的生态控制论原理，包括开拓适应、竞争共生、连锁反馈、乘补协同、循环再生、多样性主导性、生态发育、最小风险等原理都可以作为环境法学

---

① 陈泉生、郑艺群：《论科学发展观与法学方法论的生态化》，《现代法学》2008 年第 3 期。

② 蔡守秋主编：《环境资源法学》，人民法院出版社 2003 年版，第 69 页。

③ 金瑞林编著：《环境法——大自然的护卫者》，时事出版社 1985 年版，第 12—14 页。

④ 蔡守秋主编：《环境与资源保护法学》，湖南大学出版社 2011 年版，第 90 页。

应用的基础理论。[①] 现在生态学方法在国际海洋环境法、国际生物多样性保护法、国际环境资源公约中都得到了很好的体现和应用。由此可见，运用生态学方法来从事环境法学的研究，既具有经验基础又是法学研究方法发展的必然趋势。目前大量与生态有关的新专门词组或术语不断涌现，如生态危机、生态问题、生态发展、生态政策、生态标准、生态优先、生态安全、生态要求等。它们都正在或即将进入环境法学的研究视域，成为环境法学研究的范畴。[②]

2. 环境科学方法

环境科学方法不同于生态学方法，这是因为生态学和环境科学是有密切联系但又各有侧重的两个学科。“生态学是环境科学的基础理论，也是环境科学的组成部分，是研究生物与环境之间关系的一门科学。生态学对环境科学的主要贡献是提供生态系统的观点和方法。生态系统是生态学研究的基本单位，也是环境科学的核心问题。人是生态系统的组成部分，人的环境也是生态系统的环境，所以，生态学的研究为环境科学的兴起奠定了理论基础。”[③] 前者重点研究生物与环境的相互关系，研究生态系统及其有关的各种过程，包括研究环境对生物的影响，以及生物对环境的反作用；而后者则重点研究与人类有关的环境过程，研究人类社会对环境过程的影响，及环境变化与人类的关系。环境法学研究不能只强调运用生态学的研究方法，还必须运用环境科学的研究方法，不能顾此失彼、有所偏废。环境科学方法实际上是一系列方法的综合，它包括运用、移植和综合其他学科的研究方法（如数学、统计学、化学分析、区划和规划等的研究方法）在环境科学方面的应用；也包括利用新技术（如系统分析、遥感和信息技术等）在环境科学方面的应用；还包括将其他学科的理论转化为方法论，例如生态学的许多基本理论就被转化为环境科学方法论，用于环境质量和环境影响评价等方面。就此而言，环境科学方法与生态学方法有所不同，前者是建立在后者基础上的，二者不能相互替代。因此在环境法学研究中除生态学方法外还必须运用环境科学方法。

---

① 吴国贵：《环境法学研究方法论》，http：//www. riel. whu. edu. cn/article. asp? id = 25919，访问日期：2013 年 8 月 6 日。

② 马波：《关于环境法学研究方法的几点看法》，《西北政法成人教育学院学报》2003 年第 3 期。

③ 文祯中主编：《自然科学概论》，南京大学出版社 2012 年版，第 125 页。

（三）计量方法

计量方法是目前世界法学研究的前沿方法。“作为一种定量的研究方法，计量方法在法学中的运用，是指以一定的法学理论和统计资料为基础，综合运用数学、统计学与计算机技术，以建立数学模型为主要手段，研究具有数量关系的法律现象。”[①] 它在涉及数量变化关系的部门法中有较好运用，而环境法亦不例外。环境法中涉及很多这类法律现象，其所反映的主要是环境科学规律。环境法学需要计量研究方法，一是在于环境法是法学与环境科学融合的产物，而环境科学中则涉及很多定量问题。这些问题大到生态效益衡量、资源估量，小到污染物浓度测定、环境质量评价，其中有些甚至是环境立法的先决问题。例如污染物排放浓度标准和数量确定。二是在于法律既可以定性研究也可以定量研究，而环境法作为法律中的一种亦不例外。法律究其本质上乃是一种理性的表达，这种理性在西方主要表现为数学理性。数学对于法律科学发展最重要的功用，突出地表现在促进法律的科学化方面。而定量研究恰正是数学方法运用的体现。

在国内环境法研究中最早引入定量研究的，主要集中在对于环境法特别是对环境法制度的经济分析中。

对环境法的定量研究主要可用于以下领域：首先是污染防治法。污染物并非天生就是“污染”，反而它们都是自然界正常存在的物质。它们被称为环境要素污染，“是指外界物质进入环境，其数量超过环境要素的本底含量或自净能力，导致环境要素某种性能的改变，从而引起环境质量下降而有害于人类及其他生物正常生存和发展的现象”[②]。污染的实质就是数量或浓度问题——自然物质在环境中的数量或浓度问题；通常是在人类生产生活活动的介入下，其在环境中的数量或浓度猛增的问题。因此立法上污染物数量或浓度的确定，是以人及环境对其的承受程度为限的。如果没有超过这个限度即不构成污染，而如何判定超过限度这就需要计量研究了，这是污染防治立法要考虑的先决问题。其次是环境评价法。在《环境影响评价法》制定后，环境影响评价已成为按照法律规定的原则和方法，对环境质量优劣程度进行的定量描述，其评价的

① 屈茂辉、张杰、张彪：《论计量方法在法学研究中的运用》，《浙江社会科学》2009 年第 3 期。

② 吕忠梅：《环境法》，法律出版社 1997 年版，第 36 页。

内容和方法都涉及计量分析。我国《环境影响评价法》规定，建设项目的环境影响报告书中的有关建设项目周围环境现状，如对环境可能造成影响的分析、预测和评估，环境保护措施及其技术、经济论证，以及对环境影响的经济损益分析等都是需要作出定量评价的，其评价结果很多也都需要用数字体现；环境影响评价中需要运用到的矩阵法、组合计算辅助法、指数法、区域预测法、投入—产出法、投资—效益分析法、环境承载力分析法等方法，其实质都是计量分析的方法。再次是生态补偿法。法学意义上的生态补偿，是指“国家依法或社会主体之间按照约定，针对损害或增益资源环境的行为，由资源环境开发利用者或其他受益者缴纳税费，或支付费用或提供其他补偿性措施”[①]。生态补偿更早是在生态学、经济学中被研究，其研究始于生态价值量化评估。美国学者科斯坦萨等人就对世界生态系统服务价值和自然资本进行了评估，其结果表明全球生态系统每年的服务价值平均为33万亿美元，相当于全世界GNP的1.8倍。[②] 而生态系统所具有的服务功能价值，实际就是生态补偿所补偿的主要对象，对生态系统服务功能价值进行的测定，主要也是通过运用计量方法来进行的。最后是资源保护法。自然资源之所以要通过立法加以保护，最主要就是由于它具有有限性的特点，实际上很多资源在数量上都是有限的。非再生资源随着人类开发而日渐枯竭，其在地球上的储量整体上呈递减之势；而可再生资源的承载和恢复力也有限，人口的过快增长总使它们呈短缺之势。因此资源研究必须建立在定量基础上。“只有把资源系统定量化、规模化，才有可能比较精准地了解各因素之间相互联系和相互制约的机制，既可进行定性分析，又可同时进行定量化研究。”[③] 非再生资源立法应建立在定量研究上，要对某种资源现有的总储量进行估量，资源的丰裕与稀缺程度直接影响立法；特别是除以人口基数后的人均占有量，是资源立法需要考虑的首要因素。

对环境法进行定量研究具有重要意义。首先，有些定量研究是环境法中的先决问题，同时它还是环境法科技性的重要保证。环境法分为污

---

① 杜群：《生态保护法论：综合生态管理和生态补偿法律研究》，高等教育出版社2012年版，第322页。

② Robert Costanza, Arge, Rudolf De Groot, et al., “The Value of the World’s Ecosystem Services and Natural Capital”, *Nature*, 1997 (387), pp. 253-260.

③ 刘成武、杨志荣、方中权等编著：《自然资源概论》，科学出版社1999年版，第21页。

染防治法和自然资源法，而如前所述污染的确定和资源的保护，都需要以定量研究作为其立法的前提。它通常是以环境标准这种形式出现的。而环境标准的确定就是定量研究的结果，它是环境法的重要组成部分之一。其次，定量研究有助于实现环境法的精确性，进而实现在此基础上的环境法的正义性。以往中国环境法学研究注重定性研究，而定量分析另辟了环境法研究的路径，是对以往其价值研究范式的补充，从而促进了环境法价值研究的发展。再次，环境法是法学与环境科学交融的产物，定量研究促进了这两者间的相互融合，从而促进了环境法的发展走向深入。环境法所具有的强烈科学技术性特征，决定了其不仅要运用法学的研究方法，同时也需要运用自然科学的研究方法。最后，环境法的计量研究还具有方法论意义。目前来看环境法研究主要有两种方法，即思辨研究的方法和实证研究的方法，环境法计量研究主要属于后者的范畴。如果说在环境法研究中引入实证方法，相对其传统思辨研究方法是一种飞跃；那么在环境法研究中引入计量的方法，则是在其实证研究方法内的再次飞跃。

三 环境法律方法

“法律方法”主要服务于司法实践、解决法律适用问题，“法律适用步骤的法律适用方法，即所谓的‘法律方法’”[①]。现有法律方法的论域主要是在民刑法等传统法律部门中得到拓展的，环境法作为晚近才兴起的新兴法律部门在法律方法问题上遵循传统法律部门的论域。传统法律方法主要包括法律发现、法律推理、法律判断、法律论证和法律拟制等方面，环境法律方法包括但不仅仅限于这些方法。

（一）法律发现

法律发现是指法官在司法活动中面对案件找不到直接法律依据或具体规定时，在法律世界内或在案件事实及相关的其他社会规范中寻找适宜于当下案件裁判依据的法律方法。环境案件涉及人与自然生态之间的关系，非常复杂，在环境司法活动中更有可能出现找不到直接法律依据或具体规定的情形，这时就需要运用法律发现这种法律方法。目前在环境司法活动中被采用较多的是民法的有关规定，但实际上涉及环境保护的有关宪法条

① 孔祥俊：《法律解释方法与判解研究》，人民法院出版社2004年版，第6页。

款、国家政策甚至生态学和环境科学规律都可以成为在“于法无据”情形下环境案件的裁判依据。特别是后两者引据起来在法理上有一定困难，也需要法官具备一定的生态学和环境科学知识。

（二）法律推理

法律推理是指以法律与事实等已知判断为前提，运用科学地方法和规则，为法律适用提供正当理由的逻辑思维活动，同时也是一种重要的法律方法。夹杂着自然生态规律的环境案件非常复杂，其中所运用的科学方法和规则除法律科学的方法和规则外，还包括了生态学和环境科学的方法和规则。这都对环境司法活动中的法律推理提出了更高的要求。当然，在法律推理活动中除了运用逻辑推理方法外，还需要运用非逻辑的价值分析等，例如涉及从生态伦理角度进行的价值分析。因此，法官的环保意识和环保情怀都将影响到环境司法活动中的法律推理。

（三）法律判断

法律判断是应用法律所产生的具有约束力的判断，它既是法律推理的前提也是构成法律推理的基本要素。“法律判断是法律家在综合考虑法律规范以及立法意图，社会目标和社会环境诸要素的基础上，在相互争执的利益之间进行的一种权衡和选择。”[①] 因此法官在作出这方面的法律判断时，不仅要考虑环境法律法规，还要考虑能体现其立法意图，作为其依据渊源的国家环境政策和经济、社会、环境协调发展的目标，以及人口、资源和环境等综合性的环境要素。而且环境案件所涉及的利益也非常错综复杂，要作出正确的权衡和选择往往也不容易。因此这都对法官提出了更高的要求。

（四）法律论证

“法律论证则是通过提出一定的根据和理由来证明某种立法意见、法律表述、法律陈述和法律决定的正确性和正当性。”[②] 法律论证在司法活动中具有重要意义。“法律论证也是阐明法律人自己所认定法律的理由，从而不仅说服自己也说服当事人。如果经过充分的法律论证，也能在公众中树立起法治的信心。”[③] 在环境司法活动中据以证明其中立法意见、法律表述、法律陈述和法律决定的正确性与正当性的根据和理由除了环境法

---

① 黄竹胜：《行政法解释的理论建构》，山东人民出版社 2007 年版，第 81 页。

② 陈金钊：《法律论证及其意义》，《河南省政法管理干部学院学报》2004 年第 4 期。

③ 陈金钊：《法治与法律方法》，山东人民出版社 2003 年版，第 224 页。

律法规等规范性文件，还应当包括生态学和环境科学甚是环境伦理或称生态伦理等。这同样也对法官提出了更高的要求。

（五）法律拟制

法律拟制这个概念由英国著名法学梅因所创制。法律拟制是指法律有意识地将两个不同的事实构成等同，以期待取得预期的法律后果。[①] 即“明知不同，而基于法律的规定，故意等同视之”。实际上民法上的法人等概念都是法律拟制的结果。法律拟制在环境司法活动中具有重要的意义。法律拟制主体观是环境资源成为环境法主体的理由和理论之一。不仅如此，实际上法官在环境司法活动中运用“自然的权利”来进行法律论证等活动时也是一种法律拟制，因为迄今为止“自然的权利”都只是环境伦理上的主张而并非法律规定的权利。

（六）法律方法的生态化

环境法所调整的是“人—自然—人”关系，这意味着它必然与调整“人—人”关系的其他部门法在法律方法上有所不同。环境法学的生态学及环境科学方法启示我们应在生态学和环境科学方法基础上形成环境法特有的法律方法。在环境法律方法体系中，如果说传统法律方法需要“继承”，那生态化方法就需要“发展”。这主要包括三个方面：首先，要高度地重视生态化方法作为环境法律方法中有别于传统法律方法的特殊方法而存在的意义。传统法律方法是所有各部门法法律方法的共性，它是保证环境法律方法作为法律方法的基本属性；而生态化方法则是环境法的法律方法的个性，它是环境法律方法成为环境法的法律方法的特殊属性。环境法作为新兴部门法，它是涉及有关人与自然关系的法律，更应当形成自己独有的法律方法，那就是生态化方法。其次，要注意生态化方法与传统法律方法中的法律解释、法律逻辑与推理、法律论证和利益衡量以及法律发现等法律方法的具体结合。生态化方法只有与这些传统法律方法具体结合才能成为环境法特有的法律方法，如法律拟制的生态化、法律解释的生态化、司法中利益衡量的生态化、法律推理的生态化、法律论证的生态化、法律思维的生态化以及法律发现的生态化等。最后，从生态化方法的系统性、整体性特征出发，促进环境法律方法体系的形成。“法律方法体系是

---

① ［德］魏德士：《法理学》，丁小春、吴越译，法律出版社2003年版，第66页。

逻辑自洽的，能够相互分工配合、构成逻辑一致的关系。”[①] 从这个意义上说，环境法律方法作为法律方法之一也应当形成自己的体系。由于生态化方法本身就是从生态出发整体性、系统性思考问题的方法，因此生态化方法的融入将更加有助于环境法律方法体系的形成。从这个意义上可说，生态化方法是环境法律方法的融合剂。

① 陈金钊主编：《司法方法与和谐社会的建构》，北京大学出版社 2009 年版，第 187 页。

第十六章　环境法学与相关学科

“在当代，法学不再是一个独立或自主的知识体系，法律的实践也不再能与其他学科的实践整齐地分开。法律至少在三个方面影响着其他学科和其他职业，并受到其影响。首先，其他一些知识领域以及与之相关的学科和实践有时会成为法律控制和监管的对象。其次，另一个有组织的知识体系所提供的专业知识，有时可能是解决特定法律问题所必需的。最后，法律可能是另一门学科的主题。因此，法律研究不仅可以被合理地认为是为职业做准备，而且可以被视为人文或社会科学的一个分支。如果是这样，那么文学、哲学、文化研究、经济学、历史或社会学都可以为法律的性质提供深入的见解。”① 生态学的第一定律，即“物物相关”（everything is connected to everything else），也形象地说明环境法领域的这种跨学科现象。“环境法的根源可以在传统法中找到，其价值和原则可以在伦理学、科学和经济学中找到。而破产、证券监管和刑法等不同法律领域都受到了环境保护要求的影响。”② 在某种意义上，可以说环境法是法学、经济学、伦理学与自然科学等学科的合成品，因此本章对这种学科交叉现象予以介绍。

自然科学包括从生物学和地质学到化学、物理学和数学等学科，社会科学包括人类学、考古学、经济学、历史学、政治学、心理学和社会学，而人文科学包括哲学、文学研究、语言研究、历史学等学科。③ 如果一一展开环境法学与这些学科的关系，画布将大得惊人，实在超出笔者的能力。因此，有效的策略是选择这些大学科中的某个分支为例来窥斑见豹。

---

① Law and Other Disciplines，https：//curriculum. law. georgetown. edu/jd/law-other-disciplines.

② Environmental Law J. D.，https：//curriculum. law. georgetown. edu/jd/environmental-law.

③ ［美］I. 伯纳德·科恩：《自然科学与社会科学的互动》，张卜天译，商务印书馆 2016 年版，第 8 页。

第一节 环境法学与其他法学学科

一 环境法学与其他法学学科的交叉现象

环境法是较晚才被承认的一个法学分支学科,[①] 而由于环境问题的复杂和广泛性，必然会与其他法学分支学科发生交叉。这一点，从环境法学上研究的一些专章名称就可以看出，如“环境侵权”“环境刑法”“环境公益诉讼”“环境司法”“国际环境法”等。环境法学与传统法学学科的交叉问题在环境法学界素来讨论颇多。在此，介绍美国环境法学家 Dan Farber 以气候变化为例的论述。他指出传统上被认为是非环境法的课程，现在越来越多地与气候变化纠缠在一起。[②]

能源法就是一个典型的例子。它曾经是公用事业管制课程和一些学校中石油和天然气法课程的一个相当小众的组成部分。基于可再生能源带来的行业转型，能源法现在吸引了更广泛的学生兴趣。与可再生能源相关的新法律问题，使得能源法主题不仅变得更加有趣，而且在就业方面一直是一个增长领域。

土地使用法是另一个可能因气候变化而改变的学科。一方面，我们可能会看到从持续的绿地开发到住房改造的重大转变，这将为律师带来新的问题和工作机会。许多城市地区对气候变化的脆弱性也可能为律师创造更多的工作，从而引起法学院学生的更多兴趣。

由于气候变化，其他法律领域的变化可能会更明显。与过去相比，水法可能是一个更广泛的关注点，目前整个美国西部的严重干旱就是明证。随着保险市场受到气候变化的干扰，保险法也可能会吸引更多的兴趣。

财产法。由于气候变化，须将财产所有者从受海平面上升威胁的海岸迁移，这就涉及财产“征用”和补偿问题。我们还将开始看到更多河流、湖泊和海岸的重大变化引发所有权问题的案例。此外，当实际情况发生超出任何早期预期的变化时，法院将不得不弄清楚现有的地役权和契约如何适用。传统的财产规范未能认真考量产权、自然资源的使用和生态系统健

---

① Chris Miller, “Environmental Law: The Weak versus the Strong”, *Environmental Law Review*, Vol. 1, No. 1, 1999, pp. 36-51.

② Dan Farber, *Climate Change in the Law School Curriculum*, https://legal-planet.org/2021/11/11/law-school-and-climate-change.

康之间的联系，而这种方式在正严重损害着生态系统健康。因此，需要对财产规范进行重新评估，纳入财产使用对生态完整性影响的更大责任。[①]

侵权法。有大量针对石油公司排放的损害案件，这些案件只要有任何一个获得成功，就肯定在侵权课程中得到反映。更有可能的是，我们将看到许多基于对气候变化准备不足的诉讼，例如不足以应对洪水的堤坝。

公司法和证券法。投资者要求公司考虑气候变化，并有可能转化为关于公司治理和向股东披露的诉讼。而 ESG（环境、社会和治理）理念的提出，可能对公司未来产生更大的影响。

国际法。国际法课程通常更关注战争与和平问题、国际义务的一般规则和人权。随着减排、热带森林和适应气候变化的国际法律制度变得更加广泛和成熟，气候变化问题可能更加逼近国际法的中心。如果地球工程成为一种既定的实践，那肯定会成为国际律师的一个重要问题。

二　环境法的独立性

环境法与其他法学分支学科的交融是否意味着学科的分野或各部门法的基础原理不再重要。有人从公私法划分的角度讨论了这一问题。新的环境监管模式据说已经超越了公私法的鸿沟。这些新的监管计划——被称为非强制性秩序、自我监管、共同监管、元监管和社会监管——将监管实体、被监管实体和监管工具的正式性质放在一边。我们不问监管的手段、对象和制定者是公共的还是私人的，而是关注监管在减轻环境危害方面的实质性和有效性。尽管这些主张经常由新治理的支持者提出，但公私法的分界实际上仍然存在，并影响着各种监管方案的合理性和合法性。该学者通过分析在国际环境监管中三个实体的作用来说明这一论点：国家（及其对主权的看法）、地方政府和民间社会实体（包括非政府组织和商业公司）。对公私法划分的否定会导致三个不良后果：对私人的“倾斜”；倾向于隐藏冲突和分歧，投射出一个无摩擦的世界形象；阻碍对超越嵌入其中的社会生活结构的不同世界的想象。[②]

此外，这些交叉问题到底属于环境法学还是其他法学学科，在法学界

---

① Lynda L. Butler, “The Pathology of Property Norms: Living Within Nature’s Boundaries”, *Southern California Law Review*, Vol. 73, No. 5, 2000, pp. 927-1015.

② Yishai Blank & Issi Rosen-Zvi, “The Persistence of the Public/Private Divide in Environmental Regulation”, *Theoretical Inquiries in Law*, Vol. 15, No. 1, 2014, pp. 199-228.

也不乏争议。这涉及环境法作为一个部门法的地位问题。最近，环境法学界为摆脱这种地位之争，而将环境法学称为“领域法学”，即围绕着环境保护的法律问题而展开研究的学科。[①] “领域法学”的说法虽然框定了环境法学的研究范围，但还是没能彰显环境法学的研究特点。关于环境法学的研究特点或特征，仍然是环境法学基础理论须探索的问题。

第二节 环境法学与相关自然科学

一 自然科学对环境法的贡献——以生态学为例

“环境法从生态学、工程学和经济学中借来了基本原则，但是生态学最为重要，因为它为所有的环境保护提供了理性基础，从科学上说明了广泛的人类活动造成的负面后果。”[②] 生态学对环境法的贡献大体上包括以下几个方面：

1. 生态学为环境法提供了正当性基础

生态学为环境法提供了客观、合理、冷静的分析而不是简单的道德义愤。例如，卡逊夫人的《寂静的春天》之所以直接影响了环境立法，除了她唯美、感人的笔触以外，更重要的是其科学知识对 DDT 的专业性批判使大众都能信服和接受。生态学使法律体系能用环保主义而不是传统价值来作为建构一个新的法律分支的正当性资源，因为生态学用科学原理揭示了人类粗暴对待自然所得到的恶果——人类所处环境的普遍恶化。

2. 生态学促进了环境法的发展与演变

美国环境法学界从历史角度总结了生态学与环境法之间关系的四个演变时期：争吵、追求、含羞的拥抱以及结合四个并不严格截然分开的时期。[③] 20 世纪 90 年代，生态学和环境法发展到顶峰关系。不仅保育生态学作为一门科学以及生物多样性作为一个概念成为国家森林和濒危物种管理的一部分，而且主要的法院判决也采纳了这些观念。相关的联邦机构也在努力采纳合适规则来保护生物多样性。毫无疑问，生物多样性受关注导

---

① 王明远：《专题絮语》，《清华法学》2018 年第 5 期。

② A. Dan Tarlock & Fred P. Bosselman, “The Influence of Ecological Science on American Law: An Introduction”, *Chicago-Kent Law Review*, Vol. 69, No. 1, 1994, p. 847.

③ Richard O. Brooks, Ross Jones and Ross A. Virginia, *Law and Ecology: The Rise of the Ecosystem Regime*, Farnham: Ashgate Pub Ltd, 2002, pp. 370-373.

致生态学与法律之间的紧密联系。另外，美国环境保护局和各州开始考虑促进生态系统管理。一系列背景性的法律原则指导着法律推理。环境保护的公共文化也在导入法律运作时的生态视野。更具体的法律原则，如预警原则也会明示、暗示地在法律实践中操作。

3. 生态学使环境法具有可操作性

生态学为环境法的运作提供了可操作性。例如，生物多样性的保护。由生态学知识可知，我们既要保护物种的多样性，也要保护物种栖息地的多样性，还要保护物种个体的多样性。而从保护途径来说，护伞种、指示种等提供了具体的操作样本。例如，生态指示种。生态指示种是能指示和判断自然环境的类型与特点的生物的总称，而我们通过指示种的状态就可以大致判断一块生态系统的状态，如植物经常被用作水和土壤状况的指示生物。①

具体来说，生态学在增进环境保护的可操作性方面的作用包括：全面考察人类活动对环境的影响；充分利用生态系统的调节功能（生态系统的自净功能）；解决近代城市中的环境问题（编制生态规划、进行城市生态系统的研究）；综合利用资源和能源（生态工艺和生态农场）；其他包括阐明污染物质在环境中的迁移转化规律、环境质量的生物监测和生物评价、为环境标准的制定提供依据、通过人工模拟生态系统来研究污染防治对策。②

4. 生态学使法律的重心发生转移

生态学也促成了法律重心的转移，即从补救、向过去看转向预防、向未来看。原先的法律以确定性和补偿为中心，而现今的法律以风险和预防为重心，这是环境法不同于传统法律的重要方面。全球经济危机使环境问题变为延后处理的问题，即在经济复苏后再处理。生物多样性保护、清洁水的短缺、土壤营养的失去以及危急的生态系统等议题不再是紧迫的议题。这样的迟延是错误的。我们忽视这些问题将付出巨大代价，自然服务不是免费和无限的。“生态系统服务理念——辨识和量化自然为我们提供的资源及其过程——给我们一个框架来衡量自然界为我们作出的贡献以及

---

① 李晓文等：《指示种、伞护种与旗舰种：有关概念及其在保护生物学中的应用》，《生物多样性》2002 年第 1 期。

② 参见何强、井文涌、王翊亭编著《环境学导论》，清华大学出版社 2004 年版，第 47—57 页；程发亮、常慧编著《环境保护基础》，清华大学出版社 2002 年版，第 16—17 页。

失去它们的代价。它提供了一个可靠的方式来联结人与自然，超越情绪化论调，指导我们提出实际的解决方案。这就是为什么我们前所未有地拥抱生态系统服务，它提供保育的基础，使我们在改变、掠夺、管理和保护自然时有所担心。”① 只有向未来看，才能避免我们犯类似先污染后治理的错误。

5. 生态学在方法论上对环境法学的启发

生态学在方法论上对环境法学的启发主要有整体主义方法论。生态整体主义的核心思想是：把生态系统的整体利益作为最高价值而不是把人类的利益作为最高价值，把是否有利于维持和保护生态系统的完整、和谐、稳定、平衡和持续存在作为衡量一切事物的根本尺度，作为评判人类生活方式、科技进步、经济增长和社会发展的终极标准。反过来，这种整体主义伦理观是对人类中心主义和生物中心主义的纠偏。② 生态整体主义超越了以人类利益为根本尺度的人类中心主义，超越了以人类个体的尊严、权利、自由和发展为核心思想的人本主义和自由主义，颠覆了长期以来被人类普遍认同的一些基本的价值观；它要求人们不再仅仅从人的角度认识世界，不再仅仅关注和谋求人类自身的利益，要求人们从生态整体的利益而不只是人类自身的利益自觉主动地限制超越生态系统承载能力的物质欲求、经济增长和生活消费。生态学的整体主义扩大和深化对所有环境因素的关注。这对环境法也有着促进作用。“通过指出生态系统每一部分的基本地位，即如果一个部分被消去，系统就被削弱并且丧失稳定性，生态学已经走上了对价值等级做水准测量的方向上。③ 每一部分对整体的健康运行都贡献相同的价值。所有有生命的事物，作为一个可以养活的生态系统之整体的部分，都有权利。防止因生物成员灭绝造成生态系统崩溃，这种必要性是 1973 年‘濒危物种法令’中若干章节的一个论据。”④ 也正因如

① Susan Ruffo & Peter M Kareiva, “Using Science to Assign Value to Nature Using Science to Assign Value to Nature”, *Frontiers in Ecology and the Environment*, Vol. 7, No. 1, 2009, pp. 3-4.

② 张炳淳：《论生态整体主义对“人类中心主义”和“生物中心主义”的证伪效应》，《科技进步与对策》2005 年第 11 期。

③ 原文如此，疑为翻译之误，应为“生态学已经走上了作为价值等级的测量水准的方向上”。

④ ［美］卡洛琳·麦茜特：《自然之死——妇女生态和科学革命》，吴国盛等译，吉林人民出版社 1999 年版，第 325—326 页。

此，也才有小鱼反对大坝的成功案例。[①] 而生态学上的生态系统整体观也促发了环境法上的生态系统管理。“生态系统管理注重综合运用现代自然技术科学和人文社会科学的基本理论和科学方法，综合考虑生态、社会、经济、法律和政策多方面因素，生态系统整体上考虑其功能和生产力，系统地分析生态系统内部和外部因素及其相互关系，综合采用行政的、市场的、社会的调整机制，以求经济效益、社会效益和环境效益相统一的最佳综合效益，促进经济、社会和环境的全面、协调和可持续发展。它不是仅对单项环境介质、单个资源要素的单项管理，不仅局限于单一的土地类型、保护区域、政治或行政单位，更是多种介质、多种目标的全过程管理，是一种跨部门、跨区域、多元主体参与的系统管理，涵盖所有的利益相关者，将经济、社会和环境因素有效整合到管理目标中。”[②]

在环境法学研究中也应注重整体主义方法论，这不仅因为在现代生态学中，整体性是生态系统最重要的特征,[③] 即环境保护的对象具有整体性，而且因为生态的溢出效应。例如，北极融冰，生态学家吓坏了，大家也为北极熊的生存问题而忧心忡忡，可是俄罗斯却当它是便宜、省时的新航道（亚欧新航道），高兴地宣布，未来走此航道可少走大约 5500 千米，减少 10 天航行时间并因此显著节省燃料。[④] 因此，“没有胸怀全球的思考，便不能树立环保的严正性与完整性。全球责任并非限于考虑全球性的利弊得失，它也意指应用一种整体思维方式，改变公共政策和公民行为中屡见不鲜的支离破碎、见木不见林的思维方式”[⑤]。

二　生态学对环境法贡献之局限

生态学对环境法的这些贡献也是有局限的，原因在于：生态学的基础并不牢靠；当代的知识理论打破了科学客观中立的神话；法律是科学

---

① 陈冬：《小鱼与大坝的对话——美国〈濒危物种法〉的实施及其所引起的思考》，http：//www. 7265. cn/2004/0306/304. html；黄鸣鹤：《不会说话的鱼和会说话的法律》，http：//www. dffy. com/fayanguancha/sd/200809/20080909213906. htm。

② 蔡守秋：《论综合生态系统管理》，《甘肃政法学院学报》2006 年第 3 期。

③ 刘相溶、王彬辉：《环境法学权利研究方法论》，《现代法学》2008 年第 6 期。

④ 《北极融冰亚欧新航道通了》，http：//www. scol. com. cn/focus/shwx/20090915/200991511 0938. htm。

⑤ ［美］丹尼尔·A. 科尔曼：《生态政治：建设一个绿色社会》，梅俊杰译，上海译文出版社 2006 年版，第 112—113 页。

理性与价值理性的结合体，不单单服从科学理性。生态学还是一门很弱的学科，其原因不在于它缺乏持续的资金支持，而是因为它缺乏稳定的理论。它所研究的庞大而无法验证的抽象观念和不可能得到解决的问题太多了。① 在生态化时代背景下，环境法与生态学需要与生态学更紧密地接触和结合，形成强有力的合力来应对环境危机。然而，环境法要尊重甚至遵从科学，但法律不是科学的崇拜者、朝圣者和追随者，环境法应当反思性地接受生态学：在法律和科学之间进行更多的相互对话和理解，支持跨学科的反思性学习方法，并以评估和论证原则为基础。归纳和演绎形式的推理有助于对话，科学不被视为对环境法律和政策的自主和外部投入，而是被视为监管过程的内在因素。现有的认识论/方法论框架必须转变，以适应不同的视角，这种视角具有足够的反思性，以促进有效的学习，特别是与对应于可识别环境问题的解决方案相联系。反思性的学习过程应该与不断变化的、多样化的管理方式以及环境问题的分散性和复杂性相联系。②

第三节 环境法学与相关社会科学

一 社会科学对环境法学的影响——以经济学为例

社会科学大致以实证为特点，更能诊断出法律制度在实践中运行的效果。由于“经济学帝国主义”的存在，大部分社会科学都被经济学所渗透，因此，这里以经济学为例来讨论社会科学与环境法的关系。在过去的30年里，经济学对环境法律和政策的影响已经大大扩展。政治家和评论家曾经质疑可交易的排放许可证是否赋予道德上非法的“污染权”，而今天，即使是环境倡导组织在讨论气候变化和其他紧迫的环境问题时，也主要从市场手段和经济效率的角度来发言。③ 经济学对环境法的影响大致可以从以下几个方面来说明：

---

① ［美］唐纳德·沃斯特：《自然的经济体系——生态思想史》，侯文蕙译，商务印书馆1999年版，第431页。

② J. McEldowney & S. McEldowney, “Science and Environmental Law: Collaboration Across the Double Helix”, *Environmental Law Review*, Vol. 13, No. 3, 2011, pp. 169-198.

③ William Boyd, Douglas A. Kysar, and Jeffrey J. Rachlinski, “Law, Environment, and the ‘Non-Dismal’ Social Sciences”, *Annual Review of Law and Social Science*, Vol. 8, 2013, pp. 183-211.

1. 提供对环境问题性质的认识

最典型的例证是“公地悲剧”（tragedy of the commons）。公地悲剧是指共享资源系统中一种情况：其中个体用户根据自己的利益独立行事，却与所有用户的共同利益相反，从而大家不约而同地一起消耗或破坏了该资源。这个概念最早由经济学家威廉·福斯特·劳埃德（William Forster Lloyd）在1833年写的一篇文章提出，1968年由生态学家加内特·哈丁（Garrett Hardin）撰写的文章而被广泛认识。[①] 此后，公地概念扩展到指任何共同和不受管制的资源，如海洋、河流、鱼类种群，甚至是办公室的冰箱。大气就是一个经典的“公用物”（public goods）。气候变化问题是世界上最大的公地悲剧，每一个人消耗能源，排放温室气体，却根本不必为气候变化承担责任。[②] 在这种情况下，公众的利益只能由公众规则来维护。[③]

2. 提供解决环境问题的手段

鉴于“命令—控制规制”（command-and-control regulation）过于刚性，不能适应环境的复杂、多变性，以市场为基础的管理工具被推荐。例如，总量控制和交易是一种越来越受欢迎的减排政策。它包括两个方面：(1) 污染者获得允许其最大污染物排放量的配额；(2) 污染者在节约的配额可以在市场上交易。因此，总量控制和交易制度包括两个步骤：首先，政府向污染者发放配额或者污染者通过拍卖购买配额；然后，排放量较少的污染者可以向其他不能达到其允许排放限额的污染者销售（或交易）其配额。[④] 温室气体排放总量控制和交易也得到IPCC的赞许，而欧盟和美国也都在开展温室气体排放总量控制和交易计划。又如，应对气候变化的手段——碳税。碳税是指对温室气体排放行为征税。碳税可以在上游（靠近排放处），也可以在下游（靠近消费者），或者介于二者之间的某处征收。例如，消费者在加油站加油时支付碳税（下游），或者石油生

---

① Garrett Hardin, “The Tragedy of the Commons”, *Science*, Vol. 162, No. 3859, 1968, pp. 1243-1248.

② ［美］理查德·H. 泰勒、卡斯·H. 桑斯坦：《助推：事关健康、财富与快乐的最佳选择》，刘宁译，中信出版社2009年版，第202页。

③ ［美］斯潘赛·沃特：《全球变暖的发现》，宫照丽译，外语教学与研究出版社2008年版，第188页。

④ Ann E. Carlson, “Designing Effective Climate Policy: Cap-and-Trade and Complementary Policies”, *Harvard Journal on Legislation*, Vol. 49, No. 2, 2012, p. 209.

产商在批发石油时支付碳税（上游），或者对排放温室气体的产品（如汽车或汽油）征收碳税，或直接对排放行为征税。一般来说，税率设定在较低水平，然后随着时间的推移而增加，以应对通货膨胀，并逐步阻止排放。因此，碳税通过使能源更昂贵而显著减排，这是政府补贴的逆向战略。[①]

3. 环境管制的“成本收益分析”（cost-benefit analysis，CBA）

CBA 是指一种非常严格的平衡利弊的方法，使用经济分析来量化一项行动的成本和收益。在这个过程中，一切都被转换成货币等价物。[②] CBA 可以说是经济学的传统技艺，但是，在环境问题上，有些情形的成本与收益计算比较棘手，争议颇大。例如，栖息地和濒危物种、未来人的价值以及环境管制所拯救的生命数量或健康效益等。[③]

当然，经济学将环境法本身作为一个研究课题，如环境管制是否阻碍经济发展问题。证据显示，环境法规在短期内会对贸易、就业、工厂位置和生产力产生明显的不利影响，特别是在一个明确的污染和能源密集型部门，但这些影响相对于生产的一般趋势来说是很小的。同时，有证据表明，环境法规诱导了清洁技术的创新，但由此产生的效益似乎并没有大到足以超过法规导致的被监管实体的增加成本。随着解决竞争力影响的措施越来越多地被纳入环境法规的设计，未来的研究将需要评估这些措施的有效性和效果，并确保它们与政策的环境目标相一致。[④]

二　将经济学研究融入环境法学

如何将经济学研究成果应用于法律实践也具有争议。20 世纪 50—60 年代，综合的福利经济学形成并被用于经济计划和政策实践。这种应用被证实是困难的：在 1960 年，大卫·布雷布鲁克和查尔斯·林德布洛姆在他们的经典著作《决策战略》中仔细检讨了其中的困难。他

---

① Shi-Ling Hsu, *The Case for a Carbon Tax: Getting Past Our Hang-ups to Effective Climate Policy*, Washington: Island Press, 2011, p. 15.

② Daniel Farber, *Cost-benefit Analysis: FAQs*, https://legal-planet.org/2021/10/25/cost-benefit-analysis-faqs.

③ 对于环境价值估算难题的详细分析，参见 Frank Ackerman and Lisa Heinzerling, *Priceless: On Knowing the Price of Everything and the Value of Nothing*, New York: New Press, 2004。

④ Antoine Dechezlepretre & Misato Sato, "The Impacts of Environmental Regulations on Competitiveness", *Review of Environmental Economics and Policy*, Vol. 11, No. 2, 2017, pp. 183-206.

们辨识出福利经济学和实际经济决策的两种不同的思维方式：综合性和工具性。福利经济学的综合方法：假定在价值或参数上的综合设定方面有一致性，综合列出变动和相互关系的详细目录，从而提出所有相关的经济政策。这种综合进路将通过全面计划来实施。他们发现，通过全面直接应用福利经济学的努力失败了。他们列举了直接应用综合方式的决策失败的原因有：全面综合方式不适应决策者解决有限问题的能力；这些方式没有考虑信息的不充分以及收集和分析信息的无尽成本；这一方法既没有提供一个评估资料的手段，也没有因具体决策情境中的事实与价值之间紧密联系而调整；这个方式不适应系统的开放性，其中，外部变动将影响系统的运作；这一方式没有为解决问题提供随机性策略，从而不适应政策问题的多样形态。①

当前，环境法律与政策对经济手段的选择更加具有综合性和语境性。第一，在与政策选择相关的所有方面，没有任何一种工具是明显优越的，甚至在单一方面的排名也往往取决于相关的情况。第二，在选择工具时要进行重大的权衡，如确保合理程度的分配公平往往需要牺牲效益。第三，有时设计混合工具是可取的，它结合了各种“纯”工具的特点。第四，对于许多污染问题，可能涉及不止一个市场失灵，这可能证明（至少在效率方面）使用一个以上的工具是合理的。第五，需要仔细考虑环境政策工具之间和监管机构之间的潜在互动关系。② 例如，关于排放权交易和污染税的选择问题。传统上，学者们在辩论排放权交易和污染税作为环境政策工具的选择时，没有考虑政策之间的相互作用。相反，他们把这些环境保护工具孤立起来考虑。但政府通常不会完全依靠税收或交易项目来解决重大的环境问题。相反，污染税或交易项目几乎总是与其他项目一起运作。多种方案的存在提出了一个问题，即哪种基于市场的工具与其他方案配合得最好。有研究指出，污染税与其他项目的配合要比排放交易好得多。污染税为污染源提供了额外的动力，使其接受补充监管。污染源执行其他的减排要求，最终会减少他们的税单，并进一步提高环境质量。此外，由于每吨污染都要缴税，当更具体的减排要求适用于他们时，排污者

---

① David Braybrooke & Charles E. Lindblom, *A Strategy of Decision*: *Policy Evaluation as a Social Process*, Detroit: Free Press, 1970.

② Lawrence H. Goulder and Ian W. H. Parry, “Instrument Choice in Environmental Policy”, *Review of Environmental Economics and Policy*, Vol. 2, No. 2, 2008, pp. 152-174.

就会有动力去考虑更进一步减少污染。相比之下，排污权交易项目系统地破坏了补充措施。额外的方案通常不会产生额外的减排量，因为任何由补充方案产生的额外污染减排量通常会产生信用额度，可以出售给污染者作为他们在当地遵守交易方案的替代。因此，与交易一起工作的新方案往往提高了履约成本，限制了灵活性，而不一定增加环境效益。①

在综合性方面，因研究公共资源而获得诺贝尔经济学奖的埃莉诺·奥斯特罗姆提出复杂系统的多中心治理理论。她对自己的研究成果做了如下总结：

当代对管理公共资源和公共产品的各种制度安排的结果的研究是建立在经典经济理论的基础上的，同时发展新的理论来解释那些不适合“市场”和“国家”二分法的现象。学者们正在慢慢地从假设简单的系统转向使用更复杂的框架、理论和模型来理解人类在当代社会中互动所面临的各种困惑和问题。我们研究的人类有复杂的动机结构，并建立了不同的私人—营利性、政府和社区的制度安排，这些制度安排在多种规模上运作，以产生生产性和非生产性以及破坏性和反常的结果。我从 20 世纪 50 年代末开始学习研究生课程以来的半个世纪的知识历程。早期为了解加州的多中心水产业所做的努力对我来说是有意义的。除了与 Vincent Ostrom 和 Charles M. Tiebout 一起工作，因为他们提出了管理大都市地区的多中心系统的概念，我还研究了一大批私人和公共水生产商的努力，他们面临着沿海地区地下水盆地过量的问题，看着盐水入侵威胁到长期使用的可能性。然后，在 20 世纪 70 年代，我和同事们一起参与了对服务于美国大都市地区的多中心警察行业的研究，发现大规模改革建议所依据的主流理论是不正确的。大都市地区由大型和小型生产商共同提供服务，可以在一些警察服务的生产中实现规模经济，并避免在其他服务的生产中出现规模不经济。随着时间的推移，这些早期的经验研究导致了制度分析和发展（IAD）框架的发展。一个符合博弈论的共同框架使我们能进行各种实证研究，包括对世界范围内现有的大量共用资源系统的案例研究进行元分析。在实验室里精心设计的实验研究使我们能测试结构变量的精确组合，从而发现孤立的、匿名的个人会从共有资源中过度捕捞。仅仅允许交流或

① David M. Driesen, "Emissions Trading versus Pollution Taxes: Playing Nice with Other Instruments", *Environmental Law*, Vol. 48, No. 1, 2017, p. 29.

“便宜谈话”，就能使参与者减少过度采伐，增加共同收益，这与博弈论的预测相反。对尼泊尔的灌溉系统和世界各地的森林进行的大型研究对政府在组织和保护重要资源方面总是比用户做得更好的假设提出了挑战。①

第四节　环境法学与相关人文科学

一　环境法学的亲缘学科——环境伦理学

在人文学科中，环境伦理学与环境法最具亲缘关系。自环境法诞生以来，环境法与环境伦理的关系就是学界的一个重点研究问题。“伦理学是对人们应当如何度过一生的理由的充分解释。环境伦理学之所以存在，正是由于许多人对与进步相关的实践表示出了怀疑。”② “环境伦理学旨在系统地阐释有关人类和自然环境间的道德关系。环境伦理学假设人类对自然界的行为能够而且也一直被道德规范约束着。环境伦理学的理论必须：（1）解释这些规范；（2）解释谁或哪些人有责任；（3）这些责任如何被论证。”③ 环境伦理学主要包括两大流派：人类中心主义和非人类中心主义。人类中心主义认为：“只有人类本身是重要的，其他物种和物理环境只有在影响到人类福祉时才显得重要。大多数人类中心主义热衷于为了人类的总体利益而支配资源。”④ 人类中心主义又可分为经济人类中心主义和非经济人类中心主义。前者主要从经济学视角来看待环境问题，后者则关注人类幸福，认为以经济核算方式不能充分把握许多人类中心主义的关切，如与审美、家庭和国家遗产相关联的价值。非人类中心主义认为，人类虽然重要，但其他存在物也具有理应被尊重的自主价值。非人类中心主义包括功利主义、以权利为基础的理论、整体论等类型。⑤ 在这两大流派之外还有第三条道路，如“环境协同论”。环境协同论认为，当两个或更

---

① Elinor Ostrom, “Beyond Markets and States: Polycentric Governance of Complex Economic Systems”, *The American Economic Review*, Vol. 100, No. 3, 2010, pp. 641-672.

② ［美］彼得·S. 温茨：《现代环境伦理》，宋玉波、朱丹琼译，上海人民出版社 2007 年版，第 2 页。

③ ［美］戴斯·贾丁斯：《环境伦理学》，林官明、杨爱民译，北京大学出版社 2002 年版，第 12 页。

④ ［美］彼得·S. 温茨：《现代环境伦理》，宋玉波、朱丹琼译，上海人民出版社 2007 年版，第 19 页。

⑤ ［美］彼得·S. 温茨：《现代环境伦理》，宋玉波、朱丹琼译，上海人民出版社 2007 年版，第 20 页。

多的事物一起运作时产生的结果胜于分别运作结果的总和时，协同作用就是存在的。“从长远来看，当人类和其以外的自然都被认为拥有自身价值的时候，人类和自然的整体结局才会更好。”① 可持续发展伦理也可以视为人类中心主义和非人类中心主义的第三条道路。

二 环境伦理学对环境法的支撑作用

环境伦理思想源远流长，在环境法的发展历史上有着极为重要的影响。这种影响又是通过人类中心主义和非人类中心主义两条路径，分别从环境法学研究范式、环境法治各个环节和环境法律思维等三个层面表现出来的。(1) 在研究范式上，打破了“主客体二分”模式；(2) 在立法、执法、司法和守法等各个环节都有环境伦理学的影子；(3) 在法律思维上，确立了整体、系统观。② 尽管环境伦理为环境法提供价值来源与支撑，但还是必须回答环境伦理进入环境法“是否可能”和“如何可能”的问题。③ 环境法与环境伦理有着更为复杂的纠葛关系。

2013 年，杜克大学教授杰迪戴亚·普迪（Jedediah Purdy）指出，40 年前，环境法诞生之时，法律和哲学领域的杰出人物都断言，环境伦理学将与环境法这一新领域紧密相连。然而，后来的实践证明，这两个领域却戏剧性地分开了。普迪教授诊断了这种分离，并推荐二者重归友好。随着公共价值观念的变化，环境法成长起来。由于这栏或那样一些原因，如果没有伦理学，环境法不可能发展起来。在环境政治领域中的大量开放式问题上，法律与伦理最为彼此相关：立法者只会在伦理观念清晰浮现时才采取行动，而法律本身又会协助伦理发展。这一过程在一系列新兴议题中都有真实的表现，如食品安全、动物权利以及气候变化。普迪教授观察到：小到人们的日常言语与行动，大到政治选举口号和公共辩论话语，环境伦理已经潜移默化地渗透其中，而这反过来又影响食品安全、动物权利与气候变化法律的兴起。他从哲学、历史与心理学角度对这些新兴领域的伦理变化作出了考察，并提出法律改革建议以培育这些伦理发展。他认为我们

---

① ［美］彼得·S. 温茨：《现代环境伦理》，宋玉波、朱丹琼译，上海人民出版社 2007 年版，第 20 页。

② 屈振辉、王锐：《论西方环境伦理思想对环境法的影响》，《江西理工大学学报》2020 年第 4 期。

③ 陈海嵩：《环境伦理与环境法——也论环境法的伦理基础》，《环境资源法论丛》2006 年卷。

已经进入新型时代，需要对环境伦理与环境法的关系进行重新定位，即围绕人在自然世界中的位置来建构伦理命题和法律制度。[①] 普迪教授试图克服环境伦理学长期面临的两大困难：（1）环境伦理学与自由市场主义、功利主义的长期战斗；（2）环境伦理学内部关于人类中心主义、非人类中心主义和生态中心之间的流派争议。他尝试回归伦理学以人为基点的思考，从而融合上述分歧，进而将抽象的思辨转化为法制实践。普迪教授的研究可以说是对过去40年来环境伦理与环境法关系问题的经验观察的总结，而且他借助哲学家罗尔斯的正义理论而提出自己的观点。尽管普迪教授的研究立意高远、论述宏阔，受到广泛好评，但是就基本原则的归纳与具体制度的设计而言，还是显得不足。或许，这些是他后续研究的着重点。我们拭目以待。

三　环境法进一步从环境伦理学中汲取资源

纵观讨论环境伦理与环境法关系较多的美国环境法学界的研究状况可以简短地概括出以下基本特点：[②]

1. 环境法确实需要环境伦理作为支撑

无论是从历史，还是现实，环境伦理都给予环境立法与实践相当的助力。早在美国环境立法的高峰时代，正是由于环境伦理思潮兴起，才使环境立法获得大众强有力的赞同，也才有各种环保团体针对污染行为的大量诉讼。

2. 环境法与环境伦理有着错综复杂的关系

尽管环境伦理为环境法提供了正当性（justification），但是环境伦理如何从信念与原则转换为具体的法律制度与规范，其实还没有得到环境法学界的共识。而正是对这种转化的制度渠道的认知不清，才使人们感慨，在后来的历史发展中，环境伦理与环境法分道扬镳了。

3. 环境伦理自身也存在各种弱点，使其不能为环境法提供基础理论的“脚手架”

---

① Jedediah Purdy, “Our Place in the World: A New Relationship for Environmental Ethics and Law”, 62 *Duke Law Journal* 857-932 (2013)，转引自黄莎、曹胜亮《环境法与环境伦理的关系：美国环境法学界研究的状况》，《湖北第二师范学院学报》2016年第11期。

② 黄莎、曹胜亮：《环境法与环境伦理的关系：美国环境法学界研究的状况》，《湖北第二师范学院学报》2016年第11期。

由于环境问题的复合性与不确定性，环境伦理自身分裂为各种对立的流派，使得环境伦理并没有出现大一统的理论，因此，环境伦理并不能像启蒙思潮那样为现代法治提供奠基性框架。环境伦理常常表现为口号和标语，并不能有效转化为操作规则。

可以说，当下的美国环境法并没有从环境伦理学那里获得更多、更强的理论启迪和思想支援。尽管如此，美国环境法学界还是热切希望能够从环境伦理那里获得强有力的支撑，也不断反思与探索环境伦理与环境法的互动关系。这也正可以作为我们之镜鉴。

小　结

环境问题的历史表明，“让我们的知识达到尽可能好的状态”并不是一项单一的事业。环境问题的多中心和多面性意味着，虽然知识是发现环境问题的基础，但没有任何学科、知识实践或个人能提供环境问题的全面情况。许多学科和观点揭示了环境问题的不同层面。所有学科和观点都有其盲点和（或）局限性。因此，对多元知识的理解和运用是环境法律人的一种“认识论责任”（Epistemic Responsibility）。环境法律人需要明确认识到他们正在对社会如何选择“理解”环境问题作出抉择。有时这些抉择很容易，有时它们并不容易。即使是决定“服从”某个特定的学科或声音，也是在决定什么知识是重要的。律师和学者的选择是关于社会中什么是权威的选择。它们也是可能导致“认识论上的失败”和“社会不公正”的选择。承担认识论上的责任意味着，作为一个学者，我们需要认识到，在使用的方法、材料、提出的问题、倾听的声音以及写作的受众方面，都需要作出积极的选择。每个项目都需要有一套明确的如何使学术研究“有效”的决定。例如，有许多方法来实现分析的严谨性。一种方法可能适合于某种情况下的问题，但不适合于另一种情况。我们需要确保忠实于所使用的材料，需要避免专心致志地追求一个单一目的，还必须认识到，所有这些选择都是关于环境法中什么是重要的规范性选择。所有这些说起来容易做起来难，但这并不意味着我可以避免作出这些选择。①

---

① Liz Fisher, “Environmental Law, Scholarship, and Epistemic Responsibility”, *Journal of Environmental Law*, Vol. 33, No. 3, 2021, pp. 521-529.

多元知识的认识论责任显然要求跨学科研究。大体上说，环境法学与相关学科的关系可以概括如下：自然科学为环境问题提供自然世界运作的原理机理，社会科学为环境问题提供社会运作的机理，而人文学科为环境问题提供价值导向，而传统法学为环境问题提供规范法理，环境法学就是在这些指引和脉络中对话、融汇和推陈出新。

但是，如何在跨学科研究中不丧失环境法学的特色或者环境法律人的主体性。这可能需要一种“法律内在主义”。法律内在主义指的是法律实践的常规参与者对法律形成的内部观点，即认为法律是规范的、在认识论上自成一体、逻辑上具有连贯性。非常重要的是，法律内在主义代表了一种行为和社会现象，而不是一种理论构造，这使得它与关于法律自治的抽象主张不同。法律内在主义反映了法律和社会偶然性之间的双向关系的存在，强调法律本身必然是意识的构成：在法律内部将一套制度固化为一套可识别的概念、原则和分析思想，并在引导法律演变方面起着关键作用。①

Springer 出版社在策划 LITES（Legal Issues in Transdisciplinary Environmental Studies）系列时的简介中反映了这种法律内在主义，可供参考：根据社会生态系统（SES）的新范式，环境概念被认为是生态和社会因素（包括文化和经济因素）之间关系的复杂系统。在这个概念框架中，法律的主要目的是保持社会生态系统基本生存条件的持久性和保护所有层次的生命（个人、社会、生态系统）。LITES 系列旨在从跨学科的角度探索法律和环境科学之间的关系。一方面，自然和社会科学需要整合法律的观点：这需要从规范和制度变量的角度来研究 SES 的复杂性，以权利、义务、权力、责任和程序保障等范畴为视角。另一方面，法律被要求审查其自身的内部几何结构，在科学辩论中用整体的方法来面对可持续性。因此，法律应该改变方法，现有的方法到目前为止在处理诸如环境、农业、林业、景观和文化遗产、能源和食品等密切相关的事项时，已经导致了过度滋生和关节脱落问题。②

---

① Shyamkrishna Balganesh & Taisu Zhang, “Legal Internalism in Modern Histories of Copyright”, *Harvard Law Review*, Vol. 134, No. 3, 2021, pp. 1067-1130.

② Book series, *LITES-Legal Issues in Transdisciplinary Environmental Studies*, https://www.springer.com/series/15038.